主　编◎黄　创
副主编◎陈志杰　徐　亮　于红波

Thinking & Studies

思考与研究

——国家行政学院第十四期青年干部培训班学习研究成果集

国家行政学院出版社

图书在版编目(CIP)数据

思考与研究/黄创主编. —北京:国家行政学院出版社,2015.12
ISBN 978-7-5150-1674-0

Ⅰ.①思… Ⅱ.①黄… Ⅲ.①社会科学—文集 Ⅳ.①C53

中国版本图书馆 CIP 数据核字(2015)第 300465 号

书　　名　思考与研究
　　　　　　——国家行政学院第十四期青年干部培训班学习研究成果集
主　　编　黄　创
副 主 编　陈志杰　徐　亮　于红波
责任编辑　吴蔚然
出版发行　国家行政学院出版社
　　　　　　(北京市海淀区长春桥路 6 号　100089)
　　　　　　(010)68920640　68929037
　　　　　　http://cbs.nsa.gov.cn
编 辑 部　(010)68928764
经　　销　新华书店
印　　刷　北京九州迅驰传媒文化有限公司
版　　次　2015 年 12 月北京第 1 版
印　　次　2015 年 12 月北京第 1 次印刷
开　　本　787 毫米×1092 毫米　16 开
印　　张　25.5
字　　数　432 千字
书　　号　ISBN 978-7-5150-1674-0
定　　价　76.00 元

编委会名单

主　　编　黄　创

副 主 编　陈志杰　徐　亮　于红波

执行主编　于红波　李　平

编　　委　（以姓氏笔画为序）

于红波　冉小鸿　乔建伟　李　平

李伟峰　沈瑞华　陈　峰　陈志杰

徐　亮　徐　腾　黄　创　黄瑞轸

盛　炜　戚柳斌　梁天琛　路万青

序　言

勤于思考、善于研究，是领导干部应具备的基本素质，也是国家行政学院干部教育培训的着力点。第十四期青年干部培训班的28名学员，将自己在国家行政学院一年学习培训的思考和感悟，结合各自工作的实际和需求，在学院教师的精心组织和悉心指导下，编写了这本《思考与研究》。这是广大学员知识、智慧的结晶，也是一年学习收获和成果的体现。该书收录的5篇课题研究报告和28篇论文，涉及公共管理、经济、法律、政治、社会文化和应急管理等各个方面，覆盖面广，既有前沿问题的理性思考，也有现实情况的探索创新，既有扎实的理论依据，也有丰富的实践基础。在广大学员即将完成学业时，看到这本书付梓出版，甚感欣慰，特向第十四期青干班学员表示祝贺。

广大青年干部处于改革发展稳定第一线，是落实党的路线方针政策的重要骨干力量。青年干部素质高低、能力强弱、作风好坏，关系干部队伍整体形象，关系党和国家各项事业的未来。加强青年干部教育培训，对于提高干部队伍素质，提高党的执政能力和水平，推动国家治理体系和治理能力现代化建设具有十分重要的意义。国家行政学院认真贯彻落实中央关于建设马克思主义学习型政党的战略部署，充分发挥中高级公务员培训主阵地作用，坚持问题导向，突出“行政”特色，始终把青年干部培训班作为学院的品牌班次，系统培训，重点培养，着力为党和国家培训战略储备人才。一年来，学院坚持理论与实践相结合、素质与能力相融合，创新教学理念，丰富教学内容，改进教学方式，精心组织校内优秀教师和校外知名专家为青干班学员授课，内容涵盖了政治、经济、文化、法治、管理等各个学科。通过学习培训，广大学员的党性修养、公仆意识、行政能力、领导水平都有了全面提升，为今后做好工作打下了坚实基础。

习近平总书记指出：“领导干部肩负领导责任，知识水平如何直接影响工作水平、领导水平和思想政治水平。”当前，中国特色社会主义事业正处在一个新的历史起点上，协调推进“四个全面”战略布局，实现“两个一百年”奋斗目标和中华民族伟大复兴的中国梦，目标宏伟远大，任务艰巨繁重。面对世情国情党情的深刻变化，要胜任我们党所肩负的历史重任，取得新的更大的胜利，迫切需要忠诚、干净、担当的高素质干部队伍，迫切需要广大领导干部加强学习，增强能力，提高执政水平。党和国家为青年干部提供了广阔舞台，时代赋予青年干部崇高使命。国家行政学院一年的学习只是人生旅途中一次“充电”和“加油”，希望青年干部以这次学习为新的起点，在今后的人生旅程中，始终带着使命、带着责任、带着感情，不断自我净化、自我完善、自我革新、自我提高，在为人民谋福祉、为党和国家做贡献中实现人生价值。

杨克勤
2015 年 11 月

目 录

上 篇

我国政府构建创业创新公共服务体系的思考 …………………… 3
——以中关村为例
指 导 老 师:刘小康　尹艳红
课题组成员:冉小鸿　丁洪亮　孙晓军　张好　陈志杰　查振华
课题组组长兼统稿执笔人:冉小鸿

大数据背景下政府数据开放问题研究 …………………………… 43
指 导 老 师:顾平安　何哲
课题组成员:路万青　杨海燕　沈瑞华　陈峰　范宏　王耀纲
课题组组长:路万青

北京市经济发展绿色化问题研究 …………………………………… 86
指 导 老 师:王茹　黄锟
课题组成员:于红波　乔建伟　李平　李伟峰　徐腾　黄瑞轸
课题组组长:李伟峰　统稿执笔人:于红波

共青团组织参与政府购买服务研究 …………………………… 132
指 导 老 师:舒绍福　宋雄伟
课题组成员:尕玛格拉　吉卓(女)　盛炜　谢小义
课题组组长兼统稿执笔人:盛炜

基于首都战略定位的北京城市交通拥堵问题研究 …………………… 179
指导老师:胡颖廉　李志明
课题组成员:李园　贾晔　徐亮　戚柳彬　梁天琛　潘震宇
课题组组长兼统稿执笔人:梁天琛

下篇

发展军民融合产业　推动开发区创新发展 ……………… 乔建伟　225

浅析电子商务发展对传统商贸业的影响 ……………… 孙晓军　230

完善信访工作应处理好八个关系 ……………………… 盛　炜　237

我国高校学生意外伤亡事件处置工作的难题与对策 … 于红波　244

打造旅游人才就业洼地、创业福地、创新高地
——以湖北省旅游人才队伍建设为例 ……………… 李　平　250

农村社会组织参与农村社会治理的探索
——以广东青年发展现代农业促进会为例 ……… 黄瑞轸　256

韩日农业运动经验对海南热带现代农业发展的启示 … 徐　腾　267

那曲地区牧民增收问题探索 ………………………… 吉　卓　273

浅谈环兰高速公路交通事故应急处置存在的问题
及对策 …………………………………………………… 贾　晔　278

坚持科技创新　努力提升治江水利科技工作水平 …… 丁洪亮　284

共产党员信仰宗教的现实表现及危害 ……………… 王耀纲　290

关于吉林省城乡规划工作现状和对策建议的调研报告…… 徐　亮　296

未成年人保护工作问题研究
——以湖南省株洲市为例 …………………………… 梁天琛 303

民族自治地方立法困境与对策思考
——基于广西民族立法实践的分析 ……………… 李 园 310

从四个全面的维度看重庆交通 …………………… 潘震宇 315

如何加强和推进藏区共青团和青年工作 ………… 尕玛格拉 320

对贵州茶产业发展中政府行为的思考 …………… 张 妤 325

共青团承接政府购买服务研究
——以陕西共青团组织为例 ……………………… 谢小义 331

互联网+热背后的政府治理冷思考 ……………… 戚柳彬 337

浅谈我国大学生创业教育中创新精神的培养 ………… 杨海燕 343

浅论青年自组织与现代社会治理 ………………… 李伟峰 349

让“追求卓越”成为青年工作的价值准则
——创建“上海青工卓越共青团组织”的探索
与实践 ……………………………………………… 陈 峰 357

创造“人才红利” 实践人才强校
——对合理构建地方新建本科高校人才队伍的若干
思考 ………………………………………………… 查振华 364

广西企业“走出去”现状、问题与对策 ……………… 路万青 370

让自由裁量权不能太“自由”
——规范行政执法机关自由裁量权的思考 ……… 冉小鸿 377

对构建清朗网络空间的思考 …………………………… 范　宏　383

关于构建“大数据警务”的几点思考 ……………………… 沈瑞华　388

浅析 PPP 模式在兵团新型城镇化进程中的可行性应用 … 陈志杰　394

后记 ………………………………………………………………… 401

上　篇

我国政府构建创业创新公共服务体系的思考

——以中关村为例

指导老师：刘小康　尹艳红
课题组成员：冉小鸿　丁洪亮　孙晓军　张妤　陈志杰　查振华
课题组组长兼统稿执笔人：冉小鸿

2015 年《政府工作报告》提出要推动“大众创业、万众创新”。在“调速换挡”背景下，“互联网＋”、创客、草根创新、“众创空间”等网络新词层出不穷，经济发展新模式、新业态和新亮点正在形成。大众创业、万众创新，重在众，贵在创。如何转变政府职能，构建公共服务体系，提升公共服务绩效，保驾护航大众创业、万众创新，成为当前各级政府面临的共同课题和新视角下政府转型的探讨热点。

一、政府创业创新公共服务体系的内涵特征

构建政府创业创新公共服务体系，首先要弄清公共服务、政府公共服务的内涵，准确界定公共服务体系的内容。

(一)公共服务

随着市场经济发展，社会公众公共需求增长和政府提供公共产品的矛盾日益突出，公共服务(public service)概念应运而生，有公共物品、公共产品、公益物品等称呼，这些名称一般可以并列或互换使用。“公共”，“公”为平均，“共”为合力；两字叠加组成“公共”，意思就是共同进行平均分配。19 世纪后半叶，德国社会政策学派杰出代表瓦格纳最早提出公共服务概念。1912 年，法国公法学者莱昂·狄骥明确提出公共服务概念，并将其作为现代公法制度的基础。进入 20 世纪 90 年代末，以美国著名公共管理学家罗伯特·丹哈特为代表，矫正批判新公共管理，提出了“新公共服务”理论，其基本原则是“追求公共利益、重视公民权胜过重视企业

家精神，思考要具有战略性，行动要具有民主性，承认责任并不简单，服务而不是掌舵，重视人而不是只重视生产率”等，成为西方公共管理学说的最新形态之一。

公共服务作为专用名词，21 世纪初才进入中国人的话语范畴。那么，“公共服务”有哪些内涵和特征？詹姆斯·M. 布坎南将任何集团或社团因为任何原因决定通过集体组织提供的商品或服务定义为公共商品或服务。李里晶则解释为：公共服务是指为消费者提供公共物品的服务。杨团的看法是：依托社会公共设施或公共部门、公共资源的服务为公共服务。中国行政管理学会课题组指出：公共服务是提供公共产品和服务，包括加强城乡公共服务基础设施建设、发展社会就业、社会保障服务和教育、科技、文化、卫生、体育等公共事业，发布公共信息等。①

比较上述国内外公共服务的研究，可以看出其概念虽然不同，但都把公共产品作为关注的共同点。综上所述，我们认为公共服务含义表述应把握微观和具体两个层面，突显以实现普遍人权为价值基础、以公民与国家关系为基本依据、以需求促供给为现实动因三大理念，清晰具体勾勒出公共服务主体和职责边界。基于上述认识，公共服务是指政府、市场和社会第三方或个人立足社会公众需求导向，生产提供的公共产品与服务的总称。具体包括城乡公共设施建设、公共教育、公共文化、公共卫生、公共安全等方面。无论政府公共部门生产，还是市场和社会提供的公共服务，都具有公共性、公正性、公益性、公平性四大特性。

（二）政府公共服务

政府、公共和服务三个词汇叠加组成政府公共服务。在上述公共服务含义基础上简要分析政府内涵。《辞海》解释为：“政府即国家行政机关，国家机构的组成部分。”布莱克韦尔的《政治学百科辞典》则解释为：“政府是国家的权威性表现形式，其正式的功能包括制定法律、执行和贯彻法律、解释和应用法律。”谢庆奎教授认为：“政府是国家进行阶级统治、政治调控、权力执行和社会管理的机关。”由此可见，政府是政治统治、社会管理、公民服务的集合体。

政府公共服务是公共服务中的一种，政府是公共服务的核心并处于主导地位。市场经济史上，政府公共服务经过了三次演变，实现了由“守

---

① 邓集文．当代中国政府公共信息服务研究[M]．中国政法大学出版社，2010 年 12 月第 1 版，第 9－10 页．

夜型"转向"质量型"转变。首先,自由竞争市场经济时期的"守夜型"政府公共服务。这个时期奉行经济不干预政策,政府职能限定在提供产权保护、宪政制度、法律框架以及范围有限的公共服务。政府是立法机关的执行机构,典型的以维持国防安全和公共机构运转为主的"小政府"。其次,混合经济时期的"扩张型"政府公共服务。20 世纪初期以后,市场竞争加剧,市场风险加大,受逆向选择和道德风险影响,私人保险市场不能有效解决市场机制中出现的收入风险、就业风险等公共风险问题,国家则以"弥补市场失灵、提供公共产品"为理由,获得干预市场的"入场券"。这一时期政府职能是提供核心公共产品、混合公共产品和部分私人产品等所有公共产品,并设立了商务部、教育部和卫生部等提供公共服务为主的政府机构。再次,经济全球化时期的"质量型"政府公共服务。20 世纪 70 年代以来,新技术、新能源、新医药、新材料等迅猛发展,人类社会进入后工业化时期即新经济时代。这一时期政府认识到"政府失灵"的存在,把提高公共服务质量作为施政的重要目标;提出了公共服务公民和顾客至上原则、程序便民原则、绩效导向原则等主要原则;政府职能限定为提供核心公共产品,混合公共产品、私人服务则由非政府组织或私人部门参与提供。

综上所述,我们认为:政府公共服务是以政府机关为主的公共部门满足社会公众公共需求直接或间接生产提供的公共产品和服务的总称。它具有两大属性。首先,它的外延具有公共性。其含义有两层:第一层含义,体现在政府要正确处理国家、市场、公民三者的关系,政府作用严格限定在公共领域,私人领域即市场领域和公民领域只受市场规律支配和法律规范制约;第二层含义,政府权力是社会公众委托授权,作为权力主体的社会公众是政府的"委托人",政府是实现社会公众利益的"代理机构"。其次,它的内涵具有服务性。政府行政的价值取向是服务,政府行政过程就是服务过程。政府直接供给公共产品(法定服务、免费服务、无差别服务、非竞争服务等)、纯公共产品和准公共产品(部分免费服务、有差别的服务、竞争服务等);或者与社会合作,通过契约合同承包等形式组织非政府组织或私人部门间接提供专项公共服务,政府间接服务就是打破公共服务垄断,形成市场化、社会化、多元化、共治式的公共服务生产提供模式。

政府公共服务的分类方法有很多。按联合国"政府职能分类法(CO-FOG)体系",政府公共服务一般包括四个方面:普通公共服务与安全,社会服务(包括教育事务和服务、健康事务和服务、社会保障和福利、住房、供水、文化等方面),经济服务(包括燃油和电力、农林渔业、交通运输与通信等方面),未按大类划分的支出(如政府间转移支付)。按公共产品与公共服务性质的划分,公共服务可以分为基本公共服务、混合公共服务、政府管理私人部门产生的管制性公共服务。但大多数学者赞同根据公共服务性质,将公共服务分为维护性公共服务(政府一般行政管理、法律与司法、国防等)、经济性公共服务(公共项目、国有企业投资等)、社会性公共服务(文化教育、社会保障和福利性收入转移支付等)。

(三)公共服务体系

政府公共服务体系源于"二战"后的西方恢复重建过程。20 世纪三四十年代以前,政府注重经济增长,构建了以经济增长为主的"一元型"公共服务体系。三四十年代后,既注重经济增长又关注社会发展进步,呈现出"复合型"公共服务体系特征。瑞典、挪威、丹麦等国家政府公共服务体系基本成形。20 世纪 80 年代后,一些国家注重公共服务体系改革,将人文关怀和经济发展、公共服务职能和市场机制有机结合,呈现出"多元型"公共服务体系特征,并一直延续到今天。目前世界各国政府公共服务体系可划分为三种类型:一种是"最低保障与兼顾效率型"公共服务体系,主要是以美国和德国为代表的自保公助模式;另一种是"全面公平型"公共服务体系,以英国与北欧各国为代表的国家福利模式;还有一种是"效率主导型"公共服务体系,以新加坡、智利为代表的自我积累模式。

世界各国对公共服务体系的界定和所包括的范围不完全一致。西方发达国家构建的公共服务体系涵盖基本生活保障、基础设施、医疗卫生、基础教育、就业服务、公共安全、环境保护等内容。我国学者迟福林指出,中国特色社会主义的公共服务体系应该以国家政府为主导,提供公民所需的基本公共产品,实现全体成员共享发展成果的一系列制度安排。也有学者指出,公共服务体系是各种保障公民基本人权的公共服务项目的集成体系,使人人享有均等的基本公共服务,满足基本的安全、生存、环境、发展等。我国"十二五"规划指出:公共服务体系是由基本公共服务范围和标准、资源配置、管理运行、供给方式以及绩效评价等所构成的系统性、整体性的制度安排;同时界定基本公共服务的范围包括人口和计划生育、基本公共教育、社会保险、劳动就业服务、基本社会服务、基本医疗卫生、基本住房保障、公共文化体育及残疾人基本公共服务等。

(四)政府创业创新公共服务体系

随着创业经济、知识经济的来临,"创业"与"创新"正在日益成为学术界等社会各界使用频率最高、关注也最多的词汇。但对于二者的关系，至今学术界仍没有达成共识；自从美国竞争力委员会提出创新生态系统的概念之后，相继有学者加入到创新生态系统理论的研究领域当中。从我们目前查阅的资料来看，几乎没有学者对政府创业创新公共服务体系的概念和特征、内容和范围进行研究界定。近几年来，我国政府提出大众创业、万众创新，创业创新还是摸着石头过河，正处于摸索试点阶段，几乎没有学者对政府创业创新公共服务体系进行系统深入研讨，提出相关理论。根据上述公共服务的内涵、政府公共服务的特征、政府公共服务体系的范围，结合大众创业、万众创新的特征，我们认为，政府创业创新公共服务体系是国家政府立足国情和经济发展阶段特点，满足创业创新公共需求直接或间接生产提供的，并确保社会公民共同享有公共产品和服务的集成体系。其内容主要包括政策激励、市场培育、公共财政、科技金融、教育卫生、创业文化、质量管理、社会保障、公共安全、绩效评价等十大体系，具有系统性、民本性、公平性、动态性、开放性五大特性。

二、国内外政府构建创业创新公共服务体系的探索实践

创业创新公共服务体系既是世界性课题，又是政府公共服务职能的核心问题，迫切需要各级政府系统研究解决公共服务体系构建中的理论问题和实践问题。

(一) 国外政府创业创新公共服务体系的主要特点

世界各国结合国情、历史传统和经济体制模式，从政策支持、市场培育、平台建设、产业集聚、技术创新、法制保障等方面着手，构建了独具特色的创业创新公共服务体系。这些体系既有共性特征，也有个性差异。在综合国外政府创业创新公共服务体系构建情况的基础上，我们认为“四型”创业创新公共服务体系的特点具有代表性。

1. 美国：市场牵引拉动型创业创新公共服务体系

美国创业创新公共服务体系呈现出“弱干预、强市场”的特征。弱干预就是政府在创业创新活动中发挥辅助、协调和监管的间接作用，提供配套完善的公共服务；强市场即市场主导优化资源，打造创业创新链条，成为美国创业创新活动的主要动力。

(1)成熟的市场培育体系

美国的市场发育健全，市场机制完善，市场经济发达。各高校、企业

和科研机构以市场为导向，纷纷吸引优秀人才加盟相关科研机构，并加大科研开发资金投入，争相建立企业技术中心，推动国家创新能力不断提升。比如，在硅谷，市场完全主导企业创业创新全过程，如果一个发明家有好创意、好技术，根本不需要自己创立企业、四处融资，只要进入市场就能随手找到各类专业公司，享受到"一条龙""一站式""流水线"的优质高效的专业服务。2003 年，硅谷仅风险投资就吸引风险资金 180 多亿美元。

(2)完善的创新网络体系

成熟的市场体系，催生了以市场为核心的企业主导型、产学研合作型、中介引导型的创新网络体系。所谓企业主导型，是指区域内创业创新链条的上下游企业，通过竞争合作联结成利益共同体，构建了创业创新网络体系；产学研合作型是指大学既为企业提供重要技术、科技成果、培训人才，又与科研人员、风险投资家合作创办企业；中介引导型是指中介机构采取资金、技术、人才、平台等措施，把相关产业上下游涉及的生产销售商、供应商、教育科研机构融合集聚，形成了系统的、循环的创业创新链。如，20 世纪 60 年代，硅谷著名的仙童公司衍生出 AMD、风险投资公司 KPCB 等子公司、孙公司上百家，形成了完整的创新网络。

(3)合理的政府职责体系

美国历届政府在创业创新活动中进行弱干预，积极发挥市场创新主体的作用和营造政策环境。但弱干预并不是无所作为，各级政府充当创业创新的保护者、引导者、推动者、激励者的角色。主要表现为：通过资助基础科学研究；制定专利程序法(1980 年)、国家合作研究法及其修正案(1984 年)、联邦技术转让法(1986 年)等鼓励创新法令法规和税收政策；成立美国联邦实验室技术转让联合体，加大技术创新合作，促进科研成果转化率。

2. 日本：应用研发驱动型创业创新公共服务体系

"二战"后，经济遇"寒"的日本为何能成为世界第二大经济强国？其秘诀就在于强力实施"技术立国"战略拉动，全力实施创业创新工程推动，致力于构建创业创新公共服务体系促动。

(1)高效的资源配置体系

日本充分发挥政府政策导向、市场机制双重导向作用，根据创业创新不同阶段需求配置应用研发资源，形成了大中型企业成立研发机构并与大学广泛合作、跨国企业建立国外研发机构抢占国际市场的格局。据统计，日本 42.9%的大公司均在国外组建了科技开发和应用研究机构，仅索尼一家公司就在美国设立了8个研发机构。

(2)发达的应用研发体系

受创业创新文化的影响，日本研发机构往往绕过基础理论研究，通过引进外国先进技术进行应用开发研究并逐步国产，形成规模经济；日本企业也擅长深度开发现存产品并进行再发明，只要欧美一生产出工业品或家用产品，日本企业就能立即开发，超越对方，夺取市场。这种模仿基础上的创新，日本人称之为借来的技术革新。比如，日本索尼公司在美国西屋电器公司的威廉·肖克利发明晶体管后，立即购买晶体管技术进行应用研究，开发研究出晶体管收音机、电视机，抢占了国际大市场。

(3)集成的技术创新体系

日本应用研究形成了技术聚变效应，为其带来了巨大的经济收益，使日本一直处于技术创新的前沿地位。所谓技术聚变，是将多种应用技术进行结合研发，产生杂交技术并迅速开发聚变产品，在短期内建立协同合作的技术创新体系，创造一个新兴产业。20世纪60年代，日本电气、夏普、日立等公司开始跨界进行技术开发，产生了技术聚变。例如，80年代初，日本夏普公司将电子、液晶、光学技术加以聚变，开发了第一代数字式液晶显示袖珍计算器。

3. 韩国：政府主导推动型创业创新公共服务体系

韩国在创业创新活动中，各级政府通过政策鼓励、引进技术、协同开发等方面构建创业创新公共服务体系，主导推动创业创新活动。

(1)配套的政策激励体系

韩国自从确立“科技立国”战略(1982年)、提出“实用主义”科技政策(1998年)、世界第八大科技强国的目标(2003年)后，总统每季度亲自主持召开科技振兴大会，从政策、税收、平台等方面提供了优质公共服务。比如，通过出台技术开发准备金制度、技术及人才开发费税金减免制度等优惠支持政策，采取政策性金融扶持、技术开发基金等形式加强对技术创新的资金支援；同时设立研究开发信息中心、技术开发洽谈中心及新技术成果实用化支援机构和科学技术奖、优秀产品奖、新技术产品奖，加速科技成果转化，推进新技术成果商品化。

(2)健全的技术创新体系

立足创业创新阶段需求，调整技术结构，提高技术标准，引进国外先进技术并消化吸收和再创新。据统计，1962—1994年韩国企业引进技术9 196件，支出金额9 086亿美元；20世纪90年代韩国企业技术引进中，新产品开发技术占65%，新产品设计占30.8%。

(3)完善的协同开发体系

随着知识经济的兴起和全球竞争的加剧，韩国政府在国家科研机构主导技术创新的同时，以实施合作研究开发振兴法为契机，建立以大学为中心的官产学研合作研究园区、地区合作开发支援团，以设立科学研究中心、工程研究中心和地区合作研究中心等措施进行产学研协同技术开发，提高企业技术研发的水平和效率。韩国政府近年圈定的研究开发计划课题近 2 000 个，其中 85%为合作研究。目前，韩国建立了汉城大学基础科学合作支援团、大德科学城等大学合作科学园区十余个。其中韩国“硅谷”——大德科学城园区内拥有韩国科学技术院和三星、金星等大企业研究所等 30 多个民间研究所、高等院校，营造了政府、民间、大学“三位一体”共同开发大学科学园的良好局面。

4. 印度：重点扩散促动型创业创新公共服务体系

20 世纪 80 年代中期开始，印度软件出口额占全球的 20%，全球 203 家世界 500 强跨国公司长期定购印度公司的软件。印度计算机软件业为何能一直保持高速稳步增长？这得益于印度政府大力实施以软件业为重点突破的创业创新活动战略，得益于创业创新公共服务体系的构建。

(1)强大的教育科研体系

印度政府根据产业发展的公共需求，从基础设施、产业布局、人力资源、科研经费等方面提供快捷的公共服务。比如，2005 年，印度政府对“印度硅谷”班加罗尔投资 5 000 万卢比，建设中央计算机系统、卫星高速数据通信系统和园区基础设施；同时借助印度科学研究所、农业科学大学、班加罗尔大学等高等院校优势，建立国家宇航研究实验室、国家动力研究所等印度一流的科研机构，成为全球信息技术企业大本营。据统计，2002 年，班加罗尔有软件企业 925 家。

(2)健全的法制保障体系

20 世纪 80 年代以来，印度根据创业创新活动中软件行业的发展趋势，系统集成创新法律和制度。先后制定颁布实施了《印度证据法》《储蓄银行法》《刑法和信息技术法》等相关法律，成为世界上第 12 个制定同类法律的国家，确保了电子商务有法可依、行业发展有法可行。出台了免除进出口软件双重税赋、软件业实行零关税零流通税和零服务税等系列优惠政策，破除软件企业壁垒，掀起了国内外著名公司投资班加罗尔科技园热潮。微软、苹果和 IBM 等全球闻名的信息产业公司先后到印度“安营扎寨”，建立生产基地，设立研发中心。

(3)多元的产业集群体系

印度大力实施以计算机软件业为突破口的创业创新活动,以班加罗尔科技园区为发展引擎,由南向北渐次推进班加罗尔科技园区发展模式,着力打造马德拉斯、海得拉巴、班加罗尔计算机软件业"金三角",同时通过组建行业协会,严格规范市场行为、严厉打击市场欺诈、侵犯知识产权等不正当竞争行为,促进产业良性发展,形成了遍布全国的软件产业集群。比如,2002年班加罗尔产业集群软件产品占国内市场的85%,出口产品达到世界领先水平,出口额32.3亿美元,是1991年150万美元的2 153倍,一跃成为"亚洲硅谷"。①

(二)我国政府创业创新公共服务体系的建设发展

新中国成立以来,我国政府公共服务体系发展与改革大致经历了三个阶段,创业创新公共服务体系是政府公共服务体系建设在新时期的新内容。

1. 起步阶段(1949—1978年):"贫困型"公共服务体系

新中国成立初期,我们党和政府在恢复发展经济、建设社会主义的进程中,先后投资兴办科技金融、文化教育、卫生医疗等社会事业,奠定了构建创业创新公共服务体系的初步基础。新中国成立后,我国在高度集中的计划经济体制和城乡二元结构上,初步建立了平均分配、国家配给式的公共服务体系:在城市以单位制福利为主体,实行"企业办社会"的供给模式,即企事业单位既生产又供给公共服务,为单位所属职工同质提供工资、医疗、教育等服务,无偿提供住房等公共服务;在农村以集体福利制度为主体,实行村集体经济模式,村级集体经济生产提供小学教育、集体养老、合作医疗等公共服务,国家的经费投入和资源供给较少。从总体上看,我国建立在城乡二元结构和户籍身份基础上的公共服务体系,虽然公共服务实现了一定程度的普遍化、均等化,但存在两方面的突出问题:一方面,政府是公共服务的唯一供给主体,生产水平较低,产品供给短缺,导致资源浪费严重、服务效率低下;另一方面,城市单位职工享受到了政府生产提供的优质公共服务,农村居民却消费不到同等同质的公共服务,持续影响和束缚着我国公共服务体系的改革发展。

2. 探索阶段(1978—2002年):"温饱型"公共服务体系

1978年,我国确立了"以经济建设为中心"的指导思想,各级政府以

① 涂成林.中外区域创新体系不同模式的比较借鉴.科技管理研究.2005(11).

经济增长为目标，成为经济发展的主体力量，掀起了人、财、物集中投向经济领域的热潮，演变为“发展型政府”，社会建设和政府公共服务职能不断弱化。20世纪80—90年代，我国政府明确将政府职能界定在宏观调控、社会管理、公共服务等方面。20世纪90年代中期，提出“服务行政”等概念，探索构建了社会主义市场经济条件下的公共服务体系。

(1)大力推行公共服务供给社会化

这次社会化改革重点是城市社会保障、社会福利服务。1992年，中央首次提出建立社会主义市场经济社会保障制度，并明确社会保障制度改革目标：实现社会化融资、社会化服务，从企业保险向社会保险转变。20世纪80年代中后期，我国民政部以“社会福利社会办”为导向，在社会化机构提供养老服务模式上进行探索，有效解决了我国长期以来供给主体和融资渠道单一、公共服务效率极其低下等问题。90年代中后期，我国政府建立了城镇居民最低生活保障制度，但就业人员、个体工商户、农民工等没有纳入基本社会保障体系。21世纪初，我国基本建立了以养老、医疗、失业、工伤、生育等为主要内容的城市社保体系。

(2)全面实施公共服务供给市场化

这次市场化改革重点是卫生、教育和住房领域。住房供给服务以商品化住房供给为主体，初步建立了住房公积金制度，出台了经济适用房制度，实现了从福利分房转变为货币分房。在卫生、教育供给服务方面，全面推行公立教育机构、医疗机构自主经营、自负盈亏，取消了公费医疗制度、免费教育制度，公众只有支付相关费用，才能享受教育、卫生公共服务，提高了公共服务供给质量。20世纪90年代中后期，以市场为主导，全面推行教育、医疗机构自主经营、自负盈亏，教育、卫生公共服务呈现出产业化、商业化发展态势，公共服务价格不断上涨，再加上我国各级政府公共财政投入不够，公民看病难(贵)、上学贵(难)等社会问题更加突出。

(3)深入推进公共服务供给责任化

20世纪80年代，我国政府以分权为主题，深化行政管理和财政体制改革，有效提升了地方各级政府的自主权和积极性，但削弱了中央政府对省市(区)政府的控制范围和力度。1994年我国政府以财政中央集权为目标，推动分税制改革，进一步明确了中央与地方财权，但没有合理划分中央政府与地方政府的相应事权责任，形成了“我国政府财政收入占总财政收入50%、地方政府却要承担70%的支出责任”的“怪圈”。同时分税制改革明确地方政府“属地化”供给社会公众公共服务，但中央财政未建立支持地方政府提供公共服务的财政转移支付体系。在经济发达地区，财力相对丰厚的地方政府能够提供优质公共服务;经济欠发达地区的地方政府财力有限,难以为社会公众提供同质公共服务,特别是乡镇政府,连公众的基本公共服务都无法提供。

总体上讲,这一时期的政府公共服务体系改革,提升了公共服务供给效率,提高了公共服务质量,实现了"两大转变":公共服务供给由"单一化"向"多元化"转变,公民享受公共服务由国家免费到居民购买转变;但又产生了两大新矛盾:中央政府财政集权化与地方政府公共服务供给地方化矛盾、经济发达地区与欠发达地区公共服务供给的区域差异矛盾,逐渐拉大了城市与乡村、沿海与内地、居民与农民之间的公共服务供给差距,进一步打破了社会公平生态,对我国社会稳定和持续发展构成了挑战。①

3. 稳定阶段(2002 年至今):"小康型"公共服务体系

21 世纪我国提出了构建和谐社会的目标,进入了经济建设与社会建设并重的新时代,公共服务纳入各级政府工作体系。2002 年,党的十六大报告首次将政府基本职能界定为"经济调节、市场监管、社会管理和公共服务",并突出强调以社会管理、公共服务职能为重。2005 年,《政府工作报告》明确提出"建设服务型政府"。2006 年,我国《十一五规划纲要》《中共中央关于构建社会主义和谐社会若干重大问题的决定》将"基本公共服务均等化"提上政府工作日程。2007 年,十七大报告突出强调要着力协调经济社会发展、保障和改善民生、促进社会公平正义,并专题论述了"加快推进以改善民生为重点的社会建设"。2010 年 10 月,《中共中央关于制定国民经济和社会发展第十二个五年规划的建议》中,专题论述了"加强社会建设,建立健全基本公共服务体系"。2012 年十八大报告指出"必须加快建立政府主导、覆盖全民、可持续的公共服务体系"。从上可见,我国政府不断强化民生取向,以"基本公共服务均等化"为目标,逐步推动公共服务体系建设,努力平衡公共服务供给公益与效率目标。

十八大以来,党中央国务院高度重视公共服务体系和大众创业、万众创新工作,面向创业创新,提出构建"生态型"创业创新公共服务体系。2014 年习近平总书记在中央经济工作会议上强调"营造有利于大众创业、市场主体创新的政策环境和制度环境"。李克强总理多次就大众创新创业作出重要指示,强调"以大众创业、万众创新打造经济发展的新引

① 郁建兴. 中国的公共服务体系:发展历程、社会政策与体制机制. 学术月刊,2011(3).

擎”。2015 年 1 月，国务院常务会议指出要“顺应网络时代推动大众创业、万众创新的形势，构建面向人人的众创空间等创业服务平台”。2015 年 3 月 5 日，《政府工作报告》38 次提到“创新”，13 次提到“创业”，2 次专门提到“大众创业，万众创新”。据统计，2013 年 10 月至 2015 年 5 月，国务院共召开 19 次常务会议专题研究解决大众创业、万众创新中存在的问题；2013 年 5 月至 2015 年 5 月，短短两年间，出台了《关于发展众创空间推进大众创新创业的指导意见》等支持、激励创业创新的文件 22 个。2015 年 10 月，十八届五中全会提出“增加公共服务供给，从解决人民最关心最直接最现实的利益问题入手，提高公共服务共建能力和共享水平”。目前，中国进入了“创”时代。北京、深圳、武汉、杭州、成都、苏州等创新创业氛围较为活跃的地区，构建了创业创新公共服务体系，尤其是成都以政府推动、市场行动为核心的“市场＋市长”双驱动型创业创新公共服务体系和深圳政府市场协同推进型创业创新公共服务体系更具特色。

(1)成都“市场＋市长”双驱动型创业创新公共服务体系

成都政府以创新驱动发展转型为目标，以推动创新科技为核心，启动“创业天府”计划，从降低创业门槛、拓展创业空间、搭建创业平台、释放创业红利、建立“物质＋精神”鼓励机制等方面构建创业创新公共服务体系，全力打造良好的创业环境，激发各类创业人才活力，取得了明显成效。一是“双创”企业注册数量增加，新注册各类市场主体超过 11 万家，同比增长 34.7%，高于全国平均水平 19.3 个百分点；新增资金 3 500 多亿元，同比增长 142%。二是“双创”投资机构比例增加，上半年新增股权机构 150 余家，注册资金超过 500 亿元，管理资金超过 800 亿元；三是“双创”就业率增加，上半年新增加就业人数 259.7 万人。四是“双创”高新技术比重大，2015 年二季度显示信息技术产业新增注册资金超过 1 000 亿元，全市高新技术产值超过 3 700 亿元。五是产权专利数量加大，2015 年二季度统计显示，全市专利申请 2.7 万件，发明专利超过1 万件，科技方面占据比例高。

(2)深圳政府市场协同推进型创业创新公共服务体系

深圳市政府坚持问题导向，结合创新需求设计政策链，并从前瞻规划、人才培育、融资渠道、宜创环境等层面入手，构建了创业创新公共服务体系，破除影响创新的体制机制障碍。从科技服务体系来看，深圳拥有规模以上科技服务机构超过 500 家，包括 6 个国家级技术转移机构和 26 家市级技术转移机构。“十二五”期间，深圳市科技服务业年均增长 25%以上，2014 年总收入近 900 亿元。从众创空间来看，深圳市级以上各类创新载体达到 1 213 家，比“十二五”规划初期净增 800 多家；全市各类孵化载体超过 120 家，拥有孵化场地面积 460 万平方米，在孵企业 5 870 家，从业人数 21 万人。深圳市云天励飞技术有限公司是一家刚成立十四个月的创业团队，也是一支来自美国硅谷的海归博士团队。其打造的视觉智能“天眼”系统，可以在 10 秒钟之内在百万人中找到一个犯罪嫌疑人过去两年的行踪。在与众多巨头的竞争中，该系统以先进的核心技术拿到了深圳政府订单，目前正在龙岗试点应用。

(三)国内外政府构建创业创新公共服务体系的经验教训

长期以来，发达国家、发展中国家在积极探索政府创业创新公共服务体系建设的过程中，有成功经验可循，也有失败教训可鉴。这些经验教训将为我国政府构建创业创新公共服务体系提供有益借鉴和启示。

1. 健康成熟的市场培育体系是政府构建创业创新公共服务体系的关键

上述美国、日本等四个国家的创业创新活动虽然模式不同，但它们的共同点在于以市场为主导，使创业创新与资源优化配置同频共振，使创业创新与公共服务体系同轴共转。这说明，创业创新的成功需要根植于成熟的市场经济“沃土”，才能“枝繁叶茂”。当前，我国正处于逐步完善社会主义市场经济体制的发展转型期，各级政府和社会各界都充分认识到了市场主导配置资源的优越性，但对创业创新活动，尤其是政府构建创业创新公共服务体系的重要性、必要性认识不到位，重视也不到位。创业创新活动、政府构建创业创新公共服务体系能否有效，关键在于成熟的市场体系。因此，各级政府构建创业创新公共服务体系要以市场为中心、以企业为主体，通过市场主导配置资源，解决创业创新需求，推动经济社会持续发展。

2. 双赢和谐的协同创新体系是政府构建创业创新公共服务体系的动力

创业创新活动能否成功，既取决于各级政府创业创新公共服务的有效供给，又取决于各创业创新主体间以及产业上下游相关企业在竞争合作、良性互动中结成利益共同体，形成双赢的协同创新网络。上述各国创业创新侧重点虽然有所不同，但都是通过官产学研之间的协同创新网络，突显了创业创新的整体效能。当前，由于我国受计划经济体制的影响，市场机制不完善，一些地方部门条块分割、各自为政、利益至上等问题比较突出，影响了创业创新主体的动力和效率，甚至出现了一些政府没有以市场为导向推动创业创新科技项目，企业或个人有创新和科技成果却没有市场前景、无法获取市场价值高的新技术项目、有项目却找不到融资渠道等现象。因此，政府要通过公共科技平台、科技中介服务等措施建立协同创新网，不断促进创业创新协调和完善。

3. 集成高效的自主创新体系是政府构建创业创新公共服务体系的载体

国外创业创新成功经验表明：创业创新活动的载体是要选择好并建立适合国情的自主创新战略体系。美国以原始创新、集成创新为主推进创业创新活动；印度以重点突破战略带动创业创新活动；日本、韩国实施科技追赶战略，以集成创新、原始创新拉动创业创新活动。改革开放前，我国受世界强国的政治经济打压，逐步拉大了与国外自主创新的差距；改革开放后，我国借鉴日本、韩国自主创新的经验教训，实施了引进国外先进技术并消化吸收的自主创新战略。但是，我国贪大求多，盲目引进国外先进技术，没有高度重视引进消化吸收并创新的过程，导致集成创新、原始创新不够，步入了引进、落后、再引进、再落后的循环怪圈。因此，我国在创业创新活动中，要认真吸取以前的经验教训，结合国情和创业创新活动的需求确立自主创新战略，做到既引进国外先进技术，又不断消化吸收，更能推动原始创新、集成创新，不断提高我国的核心竞争力。

4. 科学合理的政府职责体系是政府构建创业创新公共服务体系的核心

创业创新活动虽然是经济活动，但并不是自发的市场活动。国外的经验告诉我们，以市场为主导的创业创新活动中，政府的核心职能就是构建创业创新公共服务体系。不管是创业创新规划，还是建设公共创新平台，不管是引导投资方向，还是组织构架设计，都需要各层级政府和管理部门分工合作完成。无论哪种创业创新模式，都需要政府根据创业创新的属性和特点，合理界定各级政府职责范围，从整体上不断提升政府公共服务能力。我国各级政府高度重视并把创业创新活动纳入议事日程，从安排部署、组织实施、政策激励、财政保障和平台建设等方面高起点规划、高标准实施、高质量推进，但创业创新不能只靠一级政府，更需要各级政府分工合作推进，才能使创业创新主体均衡互动。因此，各级政府应该遵循市场经济客观规律，在创业创新公共服务中准确定位，做到有所为有所不为。

5. 多元优质的产业集群体系是政府构建创业创新公共服务体系的重点

国外创业创新活动还有一个重要的成功经验，各级政府可以通过某项科技创新、倾斜某些产业等形式，建立科技园区，发展产业集群，形成技术聚变。这既是创业创新活动的需要,也是高新技术产业自身发展的规律。政府在大众创业、万众创新的过程中,应结合本地实际,把为产业集群发展、科学技术聚变提供更优质的公共服务作为构建公共服务体系的根本。比如,政府在以科技园区为载体建立产业集群基地的过程中,要学习借鉴印度产业集群的经验教训,发挥社会组织作用集中产业、积聚资源;要创新管理体制,出台优惠政策,加快推进园区内中间品市场、要素市场建设,提供科技、金融等方面的公共服务,不断营造产业集群发展的良好环境。

三、中关村构建创业创新公共服务体系的实证研究

中关村位于北京市海淀区,起源于20世纪80年代初的"中关村电子一条街",经过三十多年的发展,形成海淀园、平谷园、怀柔园、密云园等"一区十园"的发展格局,是我国第一个国家级高新技术产业开发区、国家自主创新示范区和国家级人才特区,被誉为"中国的硅谷"。

中关村三十多年的发展史,其实是一部创业创新史。不少人认为中关村奇迹得益于得天独厚的智力资源、教育资源和先行先试改革。我们认为,这种说法没错。然而,仅凭这些因素就能成就中关村吗?全世界很多城市都具有中关村一样的地理、资源环境,都试图复制再造美国"硅谷",但目前唯有中关村真正成为"硅谷"的竞争对手。中关村的独特之处在哪?我们认为,得益于中关村科技园内的各级政府认真处理好政府、市场和社会的关系,用市场"无形之手"打破体制机制束缚,以政府"有形之手"构建创业创新公共服务体系,释放了市场和创新创业活力,汇聚了创新发展新动能,推动了中关村快速持续发展。

(一)中关村创业创新的发展历程

世界高科技园区发展的历程可大致分为起步阶段、发展阶段、低潮时期、高潮时期四个阶段。中关村作为中国最早的国家级高新技术产业基地,以国务院先后五次决定为标志,经历了由小变大、由弱变强的发展过程,经历了萌芽期、发展期、成长期、成熟期四个阶段。

1. 萌芽期(20世纪80年代)

20世纪80年代是中关村科技创业萌发兴起的阶段。1980年陈春先开创中国科技创业先河,组建"北京等离子体学会先进技术发展服务部",创建了中关村第一个民营科技实体。之后,中关村科研院所里的科技人

员自发成立了民办科技企业。1986 年 7 月 21 日,《科技日报》头版报道:中关村电子一条街初具雏形,标志着中国科技创业的正式兴起。1988 年,北京市成立了新技术产业开发试验区(含原“电子一条街”的十大公司和 100 余家新技术企业),成为我国首个国家级高新技术产业园区,标志着我国自主研发进入新阶段。据统计,1988 年试验区技工贸总收入突破 14 亿元,工业总产值实现 4.8 亿元。这一时期中国奏响改革开放号角,新技术革命浪潮席卷全球,深化科技体制改革催生了中关村科技创业;中关村地区知识丰富而又有创业激情的科研人员走上了创新创业之路。

2. 发展期(20 世纪 90 年代)

20 世纪 90 年代是中关村科技创业的发展集聚阶段。进入 90 年代后,在中关村地区“原居民”创业快速发展的同时,大学毕业生、政府机构公务员、痴迷电脑的打工仔等外部创业群体开始涌入中关村,创业呈现聚集和来源多样化的特征。1992 年邓小平的南方讲话和党的十四大“社会主义市场经济体制”的提出,掀起了新一轮解放思想和经济体制改革的高潮,尤其是动工兴建上地信息产业基地,打破“两头在内、中间在外”哑铃型产业结构,标志着中关村进入持续快速发展期。1993 年,随着《公司法》的颁布,联想推出第一台联想品牌电脑,打破洋品牌一统天下格局,标志着中关村企业进入了国民经济主战场。据统计,1993 年试验区企业 3 769 家,年技工贸总收入突破 100 亿元,上缴税费 3.6 亿元。这一时期联想电脑销量首次居亚太第一,四通、联想和北大方正集团香港上市,企业、资本运作提升到了更高层面,标志着企业走向了现代化。1998 年,试验区企业4 500 家,年技工贸总收入 661.7 亿元,工业总产值为 34 901 亿元,工业增加值 143.4 亿元,利税 48.5 亿元。这一时期,中国经济急速发展,市场迅速扩大,对前沿技术产品的需求加剧,中关村地区在全国的电子信息技术大市场地位让创业更易于成功。①

3. 成长期(21 世纪初)

21 世纪初中关村创新创业进入快速成长,呈现出常态化、多样化态势。1999 年,中关村成为网络公司最集中的地区,也被我国作为科教兴国战略重点实施基地;园区企业由贸易依赖型发展向产业化发展转变,经济技术实现了与世界同步发展;优化了技工贸收入结构,自有产品销售收入比逐年递增(1999 年达到 60%),商品销售收入比逐年下降(只占到

---

① 梁志刚.论中关村的自主创新与发展[D].中央民族大学,2006.

25%)。北京申奥成功,中国加入WTO,中关村又迎来了新的发展机遇。方舟系列、龙芯系列、星光系列等一批具有自主知识产权的芯片相继研发成功;大批具有多元文化背景、高素质的留学人员纷纷来到中关村创业;园区内大中小企业协同发展,形成区域高新技术产业集群。2003年,中关村园区的软件环境建设取得根本性突破,园区整体进入良性发展阶段。2004年,中关村以"二次创业"为主线,加快区域经济发展,推进全区进入可持续发展阶段。2006年,自主创新和建设创新型国家发展战略实施,中关村龙芯、中星微、百度等明星企业蓬勃发展。这一时期创业发展的外在因素主要是促进创业创新的政策体系的建立,知识经济方兴未艾的推动,形成了创新带动发展、发展凝聚力量的良好格局。

4. 成熟期(2010年以后)

2010年后,随着信息技术革命纵深发展,中国大踏步进入互联网时代,中关村依托已经形成的电子信息技术优势,进一步获得了创业创新大发展的机会空间。在互联网技术经济范式下,中关村创造出许多新业态和新模式,甚至在一些细分领域和业态的创造上领先全球,出现了互联网时代创业创新大爆发的景观,成为驱动中国互联网经济发生和发展的技术和理念源泉。近年来,中关村以国家实施创新驱动发展战略为契机,抢抓新机遇,突显新优势,努力构建创业创新生态系统,推动中关村进军具有更高影响力的科技创新中心。这一时期同样能够明显地看出中关村与宏观背景因素的紧密关联,从中央政府到地方政府都倍加重视创新,加大了对创新的投入和支持力度。

(二)中关村构建创业创新公共服务体系的主要做法

大众创业、万众创新活动开展以来,中关村以创新生态圈取代产业链,从政策、科技、金融、文化、平台等层面构建公共服务体系,持续构建创业创新生态系统,成为创业创新最具活力的聚集区。

1. 完善创业创新政策,着力构建政策叠加体系

近年来,中关村在打造富有活力的创业创新生态系统过程中,形成了国家、北京市和海淀区三级错位互补、协调联动的全方位、多角度鼓励创业创新的政策支持体系。在国家层面,出台了"1+6"系列政策(科技成果处置权和收益权、研发费用加计扣除、中央单位股权激励审批方案、科研项目经费管理体制等)和以减税为核心的"新四条"政策。在北京市层面,"京校十条""京科九条"相继出台,进一步加大鼓励市属高校科研人员创新创业的力度。在海淀区层面,出台了"1+4+1"政策文件,包括一个意

见、四个支持办法和一个评价实施细则，实现了支持方向聚焦化、支持对象普惠化、支持领域特色化、支持方式杠杆化、支持标准规范化。即《关于进一步加快核心区自主创新和战略性新兴产业发展的意见》《海淀区优化创新生态环境支持办法》《海淀区激发科技创业活力支持办法》《海淀区提升企业核心竞争力支持办法》《海淀区促进重点产业发展支持办法》和《海淀区技术创新项目市场化评价实施细则》。此外，“1＋4＋1”政策还新增了企业购买知识产权高端服务费用补贴、“创业火炬工程”专项、创新创业交流活动费用补贴、协同创新机构奖励、科技成果孵育转化基金支持、“6＋1”产业投资基金支持、生物医药生产批件落户专项七个专项。诸多政策密集出台，使中关村率先突破了束缚创新的体制机制壁垒，从追随创新的“跟跑者”向引领创新的“领跑者”跨越。①

2. 激发区域创新活力，着力构筑人才培育体系

创业创新，关键在人。中关村始终把人摆在最突出、最优先的位置，构建让各类人才创新智慧、创业活力充分迸发的发展环境，完成了一次世界瞩目的人才集结，变身世界级科教高地。2013 年中关村人才资源达到了 189.88 万人，数量规模居全国高新区之首，比 2012 年增加 31.28 万人；其中，国际人才总量为 3.05 万人，比 2010 年上涨 45.37%，大学本科学历人员总量达到 74.70 万人，占中关村人才资源总量的 39.94%，硕士学历人员达到 18.33 万人，占中关村人才资源总量的 9.66%，博士学历人员达到 1.84 万人，占中关村人才资源总量的 0.97%。一是以特殊政策聚集高端人才。2011 年中关村被确定为国家自主创新示范区建设人才特区。随后，北京市确立人才优先发展战略布局，制订了加快建设中关村人才特区行动计划，实施一系列特殊的科研、创业、产业发展、财税金融、人才管理与服务政策。比如，配套实施了拔尖领军人才开发工程、人才公寓建设工程等六大建设工程，出台了资金奖励及财政扶持政策、股权激励政策等十项具体支持政策。2013 年年底中关村拥有中央“千人计划”人才 703 人，北京市“海聚工程”368 人，中关村“高聚工程”158 人，共计 1 229人，比 2012 年年底增长 17.7%；全国科学院院士的 51.8%，共计 385 人；中国工程院院士的 39.7%，共计 211 人。这些高端人才大部分集中在中关村地区。二是以特殊机制吸引创业人才。在人才政策带动下，积极争取相关部委驻外机构的支持，先后与教育部、科技部、国务院侨办、

① 李争粉．中关村核心区（海淀园）加速构建创新创业生态系统[J]．中国高新技术产业导报，2014.

外国专家局的有关司局建立了信息沟通机制;加强硅谷联络处等 11 个海外联络机构建设,聘任 19 名“北京市政府海外人才工作顾问”,积极绘制“全球顶尖技术和团队分布图”,广开人才发现和荐拔渠道;利用海归网、校友会、校庆等平台和机会宣传中关村人才优惠政策,组织一系列按产业划分的小型高层次人才考察团到中关村考察,增强对海内外高层次人才的吸附效应和聚集效应;支持鼓励区域内各类载体吸引人才。三是以特殊平台扶持人才成长。中关村把科学城和未来科技城作为人才特区两大“发展极”,实施一系列重大科技专项和新兴产业项目,依托研发机构、研发基地、各类工程研究中心、企业技术中心,为人才事业发展搭建多层次的创业创新平台。比如,中关村人才特区建立了电子信息、生物医药、航空航天、云计算等领域的一系列重大科技专项、新兴产业项目平台。截至目前,中关村核心区建有院士专家工作站 22 家,占北京市的 36.7%,博士后科研工作站 57 家,青年英才基地工作站 6 家。

3. 挖掘区域创新资源,着力构筑科技金融体系

金融是创业的雨露,科技是创新的阳光,科技金融是创业创新活动的必要条件。中关村是我国科教智力、人才资源最为密集的区域,拥有北京大学、中国科学院等 246 所高等院校和科研院所、150 个国家级重点实验室和国家工程研究中心、26 个大学科技园、34 个留学人员创业园。中关村靠科技人才和企业家的创新精神和实践,逐步发展成为一个独特的高科技区域。一是筹建中关村软件城。中关村软件园 2.6 平方公里,集聚了文思海辉、信威通信等 277 家软件企业总部和全球研发中心;正在动工建设中关村软件园二期工程,百度科技园等多个大型项目将进驻。以中关村软件园等为核心,规划建设 31.3 平方公里“大上地”地区,建设国家级软件与信息产业创新基地——中关村软件城。据《中关村软件园 2014 年发展状况报告》统计显示,截至 2014 年年底,园区企业总数为 300 家,其中 2014 年新入驻(含新注册)企业 51 家,近两年新成立的企业有 37 家,园区孵化器新入驻企业 27 家(留学生企业 4 家),总产值 1 400 亿元,研发投入 137 亿元,博士后科研工作站 10 家,获得 38 项国家科技进步奖。二是筹建知识产权和标准化一条街。海淀区从知识产权商用化、知识产权质押融资等方面提供公共服务,知识产权单项资金最高支持额度达 100 万元,专项资金预算规模 2014 年度达到了 7 000 万元。此外,区政府出资 2 000 万元引导吸引社会资本,成立了全国首只知识产权运营基金——睿创专利运营基金。目前该区有 112 家知识产权代理机构(分支机构),居北京市之首,占北京市代理机构总数的近 50%。三是创办

“天使母基金”。中关村天使母基金以资本为纽带，邀请众多上市公司股东/高管、知名互联网公司股东/高管、一线VC/PE合伙人、实力企业家人群等加入出资人(LP)行列，让创新领域的各种资源与中国顶尖天使机构及它们所投资的优质项目产生紧密连接和协同，从项目源提供、优质项目扶持到上市，构建新的天使母基金运作模式，真正高效加速创新、扶持创新，打造中国首支全覆盖顶尖创业项目的高端社群型母基金。“中关村天使母基金”总规模为10亿元，首期规模为3亿元，将投资10—15只中国最顶尖的天使投资基金，预计将带动20亿—30亿元天使投资规模，充分实现国有资本出资母基金的“两级放大”功能，以“互联网＋”为核心，投资于包括高科技、医疗健康、文化创意、服务等新兴领域的上千家优质创新企业。四是筹建科技金融一条街。出台了建设国家科技金融一条街实施意见，引进重点互联网金融机构，建设互联网金融中心、互联网金融基地和互联网金融产业园，先后聚集了中关村PE大厦、中关村金融大厦等科技金融机构。截至2015年6月，356家金融机构进驻科技金融一条街。

4. 搭建公共服务平台，着力构筑创新孵化体系

创业创新的核心是发挥企业的创新主体作用，关键是建设完善公共服务平台，在不同环节提供不同的创业创新公共服务，构建起单体积极创新、群体优势互补的区域创新体系，推动传统产业升级换代和新兴产业崛起。一是搭建创业创新服务平台。着眼于中关村核心区创业创新服务体系建设中存在的重点、难点问题，为政府、企业、人才开展创业创新活动提供全方位服务，搭建了集服务链扁平化、资源获取便捷化、机构服务标准化、管理决策精细化、数据采集自动化于一身的创业创新服务平台。平台运行以来，协调解决了10家企业创业、空间等需求。二是启动协同创新服务平台。该平台包括线上线下一站式平台、基础服务资源、公共服务支撑和产业技术服务三大服务支撑体系和公共服务、产业技术服务、成果转化服务、创新引导服务和科技政策支持五大服务功能。该平台运行至今已有注册会员378家、认证会员107家，与146家有科技服务资源单位达成合作协议。三是建设技术转移与知识产权服务平台。该平台通过线上与线下相结合，汇聚优质技术项目和科技服务资源，搭建了全天候、实时、一站式的公益性在线服务平台。截至2014年12月，该平台总注册用户量为350余个，平台项目(含专利)挂牌发布量1 300余项，挂牌金额2 000余万元，成交111项，成交额80.5万元。四是搭建军地信息交流共享平台。中关村核心区军民融合产业联盟则搭建军地信息交流共享平台，强

化联盟成员间在技术、研发、成果转化、人才培养等方面的交流与合作；发挥市场配置资源的作用，统筹规划人才、经费以及实验室、检测、认证等方面创新资源的合理配置，逐步实现联盟内科技资源共享，带动军民融合深度发展。

5. 厚植区域创新土壤，着力构筑创业文化体系

经过三十多年积淀和传承，中关村已经形成了独具魅力的多元与专业并举的创业形态、创新与求实并进的创业文化："勇于创新，不惧风险，志在领先"的精神和"鼓励创业，宽容失败"的风气。根据对中关村地区1 000余位创业者的调研，曾任职大公司高管和技术骨干的创业者占23%，连续创业者占13%。在中关村，初步形成了与硅谷类似的"创业—成功—再创业"的良性循环，以及"创业—失败—再创业"的独特文化。[①]鼓励创新、崇尚创新、支持创业、包容失败已经成为中关村核心区最鲜明的价值取向，成为中关村核心区永恒不变的主题，创新创业的豪迈激情和蓬勃动力真正流入中关村每一个人的血液。

（三）中关村构建创业创新公共服务体系的主要成效

凭借其得天独厚的优势和多项创新举措，中关村全方位抓创业创新、全要素抓创新平台、全链条抓产业载体、全力打造众创空间的公共服务体系，成为大众创业的"栖息地"和万众创新的聚集区，成为经济发展的双引擎、转型升级的新动能。

1. 众创空间蓬勃兴起

近年来，特别是2009年3月国务院批复同意成立中关村国家自主创新示范区以来，国务院支持中关村开展了"1＋6""新四条"等系列先行先试政策，极大释放了创新创业活力。在原有科技孵化器、大学科技园、留学人员创业园基础上，以李开复创新工场为标志，首家入驻中关村创业大街的车库咖啡、36氪等为代表的30余家创新型孵化器，具有新服务、新生态、新潮流、新概念、新文化的六新特征，不仅为创业者提供创业活动的聚焦交流空间，而且为其提供个性化的创业增值服务，推动中关村出现了新一轮科技创业热潮。

2. 创业活动空前活跃

2014年中关村近2万家高新技术企业实现技工贸总收入3.57万亿

① 杨文利．六大要素构建中关村创业生态系统，完善的创业生态系统已成为中关村核心竞争力．中国高新技术产业导报2013年8月5日第A04版．

元，实现增加值 4 954.8 亿元，占北京市 GDP 比重 23%，对全市经济增长贡献率超 40%；技术合同成交额 3 136 亿元，占全国将近 40%，其中 80% 辐射到全国；新创办并实际经营的科技型企业超过 1.3 万家，是上年的 2 倍多，呈现井喷式增长；中关村发生的创业投资案例和投资金额均占全国 40%以上。

3. 创业新特征日益凸显

高校成为青年创业者的大本营。比如，清华 X-lab 是非常活跃的一个创业实训机构，2014 年北京服装学院毕业生中有 7.54%(107 位)投身创业。80 后特别是 90 后创业者、领军企业骨干创业者、连续创业者，三类创业者成为创业主力军。2014 年中关村有 13 位创业者入选福布斯“中国 30 位 30 岁以下创业者”榜单；天使投资人、创新型孵化器及创客组织形成创业新生态，全国天使投资人中 80%投资了中关村企业，中关村天使投资的案例和金额占全国的 60%。

4. 创业创新生态系统持续优化

中关村已形成并正在持续优化以“领军企业”等六大要素和“市场、法治、政策”三大环境共同构成的创新创业生态系统，支撑中关村的创新创业活动源源不断地产生。截至 2014 年，上市公司总数达到 254 家，其中境内 156 家、境外 98 家，中关村上市公司总市值达到 30 804 亿元。①

四、我国政府构建创业创新公共服务体系的路径选择

随着知识经济的发展和经济全球化时代到来，一个区域的创业创新能力对实现这个区域的社会经济发展目标将发挥关键性的作用，创业创新已经成为衡量一个区域竞争力的关键因素。目前，大众创业、万众创新承载着亿万人民群众的期望与向往，关系着国家的繁荣富强，成为我国经济社会发展的不竭动力，更需要我国建立以市场为主导的公共服务体系，为创业创新提供坚强保障和有力支撑。

(一)我国政府构建创业创新公共服务体系存在的主要问题

近年来，我国政府探索实践构建创业创新公共服务体系，促进“大众创业、万众创新”实现爆发式的创业、创新增长，但政府公共服务供给与创

① 云天孤鹤．中关村示范区大众创新创业有关情况．西陆风网，2015 年 4 月 24 日．

业创新需求未有效对接，形成了供给需求"长短腿"，影响了经济发展和社会进步，主要表现在"三个不到位"。

1."放"不到位

主要体现在三个方面：一是事权放不到位。当前行政审批事项繁多，企业办理证件时在一定程度上存在审批过程复杂、前置环节多、办理落地难等问题；工商营业执照、组织机构代码证和税务登记证"三证合一"改革探索中，各地情况不同，推进模式不统一，进度不一致，与实现"一照一号"的目标还有一定差距；企业上市融资程序复杂、门槛过高。例如辽宁津达线缆有限公司正在办理国家电力物资采购入网证，进程缓慢。在美国注册一家企业仅需100多美元，耗时30分钟即可。二是物权放不到位。目前，政府掌控着大量公共资源和社会资源，但配置资源方式仍然是政府"有形之手"在市场经济下的"计划配额"，市场"无形之手"力度不够，造成了投资错配、资源浪费，甚至出现了"一放就活、一管就死"的现象。比如，市场准入改革从中央层面看力度很大，但企业实际感受不明显，许多行业存在显性或隐性的市场壁垒，核心问题是管理僵化。又如，我国企业在基因检测、干细胞治疗技术方面已居世界前列，但由于管理体制所限，科研优势不能转化成市场优势。再如，有的互联网教育企业年培训规模已超过100万人次，但受制于教学场所的规定，至今难以获得资质。三是人权放不到位。近年来各地尽管加大人才引进力度，但没有中关村人才特区的特殊机制、特殊平台，人才"短板"在创新活动中显得更加突出，该短板更多体现在团队整体乏力，导致企业技术创新能力弱，直接影响创业创新活动。比如，昆明引进了一些"领军人才"，但这些"领军人才"没有发挥太大的作用，最关键的原因是执行团队能力不足，想得到做不到。江苏省调查显示：人才"瓶颈"是中小企业自主创新的最大困难，72%的科技企业欠缺高级技术人才，35%的企业欠缺高级技术工人。辽宁西格马数控机床有限公司现有员工190人，仅有高级工程师8人、高级工人技师3人，占比不到10%。

2."管"不到位

主要体现在三个方面：一是产权保护不到位。我国知识产权法律法规和执法保护有待进一步健全，仍存在监管难、执法弱、违法成本低、诉讼时间长等问题，加大了创业企业知识产权保护难度。"侵权易、维权难"，反复侵权、恶意侵权得不到严惩，削弱了创业特别是创新的动力。二是事后监管不到位。政府一些管理部门监管体制缺失，主要表现为重审批轻监管甚至以审代监。比如，创业创新主体要上一个新项目，从立项到完成，每个环节都有多个审批部门签字盖章；而审批项目签字盖章后，项目会不会出现重大问题尤其是重大安全问题，项目审批部门没有进行监管，多头审批造成了权责不明、监管不力，也是市场失灵问题不能得到有效解决的重要原因。三是氛围营造不到位。受全国性经济下行的影响以及“小富即安”等思想的影响，“鼓励创新、宽容失败”的氛围还不够浓，“风险共担、利益共享”的机制还不完善，创新创业的内生动力还不够强。许多人因为害怕失败而不敢创新、不愿创业。据有关家长是否赞成子女创业调查显示，80%以上的家长希望子女工作稳定，70%的家长不赞成子女创业，而赞成的不足3%。

3.“扶”不到位

主要表现在三个方面：一是政策支持不到位。自20世纪80年代起，我国只注重制造业的市场化改革，而服务业市场化改革相对不足，不仅存在一些政策和体制不允许服务业市场开放，还有一些已经开放的领域也存在着比较严重的行政垄断问题；地方在技术改造、节能减排、科技创新等方面缺少相应的配套政策，影响企业转型升级；有的创业园区比照产业发展传统模式，没有遵循市场经济规律出台创业政策，也没有把重点放在创业创新成长因素上。比如，有的优惠政策“看得到、摸不着”，难以有效落实；有的领域沿用“选拔式”支持模式，造成不公平竞争，甚至“劣币驱逐良币”。二是创业资金不到位。目前我国仍是与大工业时代相适应的金融结构，创业投资占GDP的比重(0.02%)远低于美国(0.2%)、以色列(0.4%)等国。在现有金融结构下，大企业容易得到金融支持，而以社会自由人、中小企业为主体的创业者、创新者很难得到金融支持，与创业创新的新需求不适应。据了解，当前创业创新的最大障碍、最大问题是缺乏金融支持和发展中融资难、融资贵等问题。据有关调查显示：90%的创业者认为资金欠缺是最主要的障碍，80%的农民工认为创业最缺资金。三是环境匹配不到位。与发达国家相比，创业创新活动所需要的基础设施、户籍改革、社会公平等人文环境方面还存在巨大差距。仅以城市公共交通为例，即使在最发达的京、沪、深等城市，地铁、轨交等公共服务与东京、伦敦、纽约、巴黎等城市相比，无论总量还是质量上，仍有不小的差距。有人曾经计算，按照地区面积与轨交承载度，以2014年末的数据，上海需要将轨交里程扩大8倍方能赶上东京的水平；同时国内众多热门的铁路、公路线路平时已满载，节假日更是人满为患，城际与地域交通需求方面同样存在巨大的供给缺口。

(二)我国政府构建创业创新公共服务体系的重要意义

大众创业、万众创新正在以一种前所未有的方式组织、分配生产要素、自然资源和社会财富,推动社会生产力提升和生产方式变革。反思上述问题,虽然有创业创新主体培育不够、法律法规体系不健全等重要因素,但更主要的、最核心的是创业创新体制机制因素。这些现象和问题,集中反映了我国简政放权让利不够、政府职能转变滞后的弊端,突显了我国改革和创业创新活动进入新阶段后,迫切需要政府构建优质高效快捷的公共服务体系。

1. 从政治改革看,构建政府公共服务体系是创业创新活动的迫切要求

近年来西方各国围绕着政府退缩和市场回归主线,突出处理政府、社会、市场、公众四者之间的关系,强调政府职能将不再是针对经济管理,而是对社会公众提供公平、及时、高效、多样化的公共服务。美国建立顾客至上的政府公共服务,英国公共服务施行了顾客导向,加拿大、澳大利亚等国都把顾客导向作为政府公共服务的重要环节。由此可见,强化政府服务职能,建设服务型政府,构建公共服务体系成为不可阻挡的世界潮流。我国在由计划经济体制转向市场经济体制的过程中,计划经济体制下所形成的行政模式、思维理念、行政制度等带来的不利影响仍然不同程度存在;一些政府部门的服务观念、服务手段、服务程序、服务效果等仍然不能适应市场经济体制的要求。十八届三中全会《关于全面深化改革若干重大问题的决定》中明确提出要处理好政府与市场两者之间的关系,使市场在资源配置中起决定性作用和更好地发挥政府作用。大众创业、万众创新的实质是一种改革,涉及理论思维、队伍建设、制度建设、体制改革和政治文明等方方面面,需要政府在对现有公共服务体系中存在的诸多管理弊端充分认识的基础上,扬弃陈旧、过时、落后的政府管理职能、管理方法、管理态度、管理体制和机制,进行涵盖转变职能、简政放权、行政许可、优化结构等诸多领域的政府公共服务创新尝试。而这种创新尝试最紧要的就是政府变被动改革为主动创新,加快从"越位"的地方"退位",在"缺位"的地方"补位",真正把政府职能集中到宏观调控、市场监管、社会管理和公共服务上来,运用治理理念优化公共服务供给方式,持续改善公共服务品质,以顶层性、系统性、针对性、持续性的政府公共服务体系保驾护航"双创"活动。

2. 从经济发展看,构建政府公共服务体系是创业创新活动的必然要求

当前,我国经济发展处于三期叠加时期,即增长速度换挡期、结构调

整阵痛期、前期刺激政策消化期，也面临着“四大阵痛”：制造业去产能化，房地产去泡沫化，金融去杠杆化，环境去污染化，经济下行压力不断加大。统计数据显示，我国 2015 年上半年经济增长达到了 7%。这一增长速度得益于我国经济稳增长的新引擎——大众创业、万众创新。步入经济发展新常态的中国，何以将创业创新放在一个前所未有的高度？我国劳动力资源丰富，有 13 亿人口和 9 亿劳动力，人民群众创造力无穷，只要我国政府以创业创新活动激活千千万万个市场主体、市场细胞，就能汇聚成推动经济社会发展的巨大动能。显然，这是结合中国发展状况作出的决策。创业创新主体虽然是企业，但政府作用发挥仍然很重要。政府要以市场为导向，制定创业创新规划，出台创业政策，优化配置资源，搭建创业平台，建立激励基金，营造良好的人文环境，构建公共服务体系引导、扶持、助推创业创新活动。

3. 从社会进步看，构建政府公共服务体系是创业创新活动的内在要求

在经济全球化背景下，公共服务成为世界学者专家的高频词，成为各国政府治国理政的关键。长期以来，我国政府以经济建设为中心，在经济社会发展中担当了经济建设主体、投资主体角色，演变成为实质上的“发展型政府”，公共服务和政府投入严重不足，公共服务发展滞后于经济增长，形成了社会公众需求与公共服务供给矛盾，既制约着经济持续发展，又影响了社会全面进步。这些现象如果不有效遏制，这些问题如果不彻底解决，必然造成地区失衡、城乡失衡、贫富失衡，甚至会导致社会动荡不安。我们认为，大众创业、万众创新既是一种经济活动，也是一种社会形态，其目的在于促进社会公平正义，甚至在一定程度上摆脱“以物的依赖性为基础的人的独立性”，实现人的全面自由发展。公共服务体系是创业创新活动题中应有之义，政府通过构建创业创新服务体系，加快社会阶层流动，促进社会资源、社会财富自由分配，缩小不同地区、不同阶层、不同群体间的差距；同时破除社会“草根”和年轻人创业发展体制性障碍，营造自我创造价值的社会风气，让每个人通过创造满足和实现自身需求和人生价值。

（三）我国构建创业创新公共服务体系的对策建议

党的十八届五中全会提出，“推动大众创业、万众创新，释放新需求，创造新供给，推动新技术、新产业、新业态蓬勃发展”。我们认为，政府构建创业创新公共服务体系，要扭住“一个核心”，树立“两大理念”，遵循“三大原则”，构建“六大体系”。

1. 扭住一个核心:完善创业创新战略和创业创新政策

当今的创业创新活动,跟工业革命和古典市场经济时期的创业创新活动有着很大的不同。因此,在创业创新活动中,政府要制定一个国家或地区的创新战略和创新政策,积极引导和推动以企业为主体的创业创新活动。创新战略是指一个国家或地区为求得稳定和可持续发展,由政府主导,对国家或地区经济社会有着深刻而长远影响力的创新问题的总谋划。创新政策是创新战略在实际操作层面上的体现,也是政府介入创业创新活动和满足创业创新需求的工具和手段。战略指导着政策的制定,政策是战略实际操作层面的体现。西方发达国家创新政策日臻完善,形成了直接支持、间接支持、需求激励、促进合作、创新服务在内的政策体系。纵观世界各国尤其是发达国家的发展史,是政府制定创新战略和创新政策并亲自领导和组织实施的历史。党的十八大明确提出:“科技创新是提高社会生产力和综合国力的战略支撑,必须摆在国家发展全局的核心位置”。2012 年发布的《国家基本公共服务体系“十二五”规划》标志着我国公共服务体系的顶层设计不断走向深入。2014 年,习近平总书记在两院院士大会上继续强调要坚持走中国特色自主创新道路,加快实施创新驱动发展战略,改变了此前“碎片化”生长状态,形成了更加鼓励原始创新、有序衔接的大众创新体制与精英创新体制,实现了从模仿创新向突出原始创新转变。因此,政府要顶层设计创业创新公共服务体系,从国家层面对其进行总体性设计、全局性谋划,既要规划设计出创业创新公共服务体系的蓝图(远景目标和阶段性目标)、路线图和时间表(工作流程和操作手册),形成标准体系;又要规划测算出投入和产出比的可预期指标,确定空间和时间以及必要投入,并融入创业创新过程的目标中,渗透在推进的路线图和时间表上,做到边创业、边创新、边建设、边提高。

2. 树立两大理念:质量第一、创造顾客

创业创新是经济活动,其内核在人,包括自然人、法人和企业家。在创业创新中,政府的公共服务跟经济活动有着直接的相关性,其行为、动机都具有公司的特征。20 世纪 80 年代,美国等西方发达国家参照企业化模式进行改革,构建创业创新公共服务体系。美国政府大力推行政府企业化改革,精简政府机构和公务员,实现了“做得更好、花钱更少”的目标,1998 年财政收支盈余百亿美元,而 1992 年财政赤字达到 290 亿美元。英国政府比照企业化政府模式,从项目审核、管理创新等方面大刀阔斧推行行政改革,从权力下放、降低成本、竞争机制等方面构建创业创新公共服务体系。西方发达国家的成功实践再次表明,政府在创业创新活动中不能是“实干型”政府(也不能是“执行型”政府)应该是“善治型”政府。应借鉴仿效西方发达国家企业化、公司化政府和企业经营管理中一些行之有效的做法,在构建公共服务体系中树立两大新理念。

(1)树立“质量第一”理念

21世纪是质量的世纪。质量既是企业发展的重要支撑,也是政府公共服务的核心问题。为公民提供高质量的公共服务是政府的根本价值所在。质量的含义有三:一是质量管理学科中的质量,指事物有形无形之分,满足某种需求的程度;二是理科学中的质量,是指物体中含有物质的多少;三是哲学意义上的“质”与“量”,质是一事物成为它本身与其他事物相互区别的规定性,量是指一事物存在和发展的规模、速度、程度乃至其构成之成分在空间上的排列组合之态。国际标准化组织将“质量”定义为:一组固有特性满足要求的程度;“固有”强调质量的原生性,是本来存在的;“要求”强调质量的预期性,内含明示的、隐匿的以及应当履行的需求和期望。根据上述质量概念,我们认为服务不同于产品,是一个抽象的概念,主要是通过顾客的感知也就是对服务特性的感知而决定的。所谓公共服务质量,就是政府、市场和社会组织生产、提供创业创新公共服务所固有的特性,以满足创业创新及社会公众需求的程度。评判创业创新公共服务质量好坏有两个认识维度:首先,对生产供给者来说,服务质量就意味着所提供的公共产品和服务符合有关规定的程度;其次,对社会公众来说,服务质量就意味着共享的公共产品和服务达到预期需求的程度。我国行政发展经历了统治行政、管理行政、服务行政三段历程,回顾行政发展历程仍然可以看到政府官本位思想根深蒂固。在这种思想下,公共服务成为行政的“副产品”,产品设计消极被动,产品开发严重滞后。用上述两个维度评判我国政府公共服务质量,都不能令人满意。其原因在于我国政府没有以法治理念、法治机制来建立健全公共服务质量管理体系。如今,质量成为创业创新活动的重要“动力极”,社会公众追求高质量产品、追逐高质量服务的愿望越来越强烈,也热切期望政府像企业一样,能提供丰富的、高质量的公共服务产品和服务。因此,政府应该树立“质量第一”的理念和“民本位”思想,紧密把握社会发展速度、创业创新进度,确立公共服务质量目标和质量方针,主动识别公共服务产品,适时设计开发公共服务产品,更新换代既有公共服务产品,持续改进公共服务质量,实现公共服务产品与社会发展、社会公众需求与时俱进。

(2)树立“创造顾客”理念

公共服务是政府的第一职责。新公共管理引入“顾客导向”,指明“服务顾客"是政府公共服务焦点、"创造顾客"是公共服务目标。那么何谓"顾客""顾客导向""创造顾客"？顾客就企业而言，是购买企业产品与服务的人；对政府而言，顾客是指社会公众。而公共服务中的"顾客导向"，是指政府回应社会公众需求，为社会公众负责、为社会公众服务；"顾客导向"的公共服务理念确立了"顾客即社会公众主权"价值，虽然能促使政府改变传统公共服务体制，建立与落实公共服务部门质量意识和责任意识，为社会提供更多更好的服务，但却让其扮演回应者角色，摆不脱利益羁绊，还会导致政府角色错乱，不能前瞻性地引领社会发展进步。所谓创造顾客，是指政府立足社会发展，高瞻远瞩培育公众需求，通过公共服务将公民潜在需求转化成现实需求、使未来顾客转化为现在顾客；创造顾客是顾客导向的继承与发展，其实质是政府通过提供前瞻性、开创性公共服务"创造顾客"，引领社会进步，推动经济社会发展。目前，创业创新的需求是多样化的，而且创业创新主体对于公共服务的消费心理和行为日益成熟化、多元化、差异化、个性化，不同阶层和群体在利益、愿望和需求方面也不尽相同，有时甚至会是矛盾的。因此，创造顾客就是要求政府尽量根据每一类型公众的需求，以现代科学技术为保障，进行产品或服务差异化开发设计，制定相应的公共服务供给策略。

3. 遵循"三大原则"：供给主体多元化、公共服务市场化、电子政务信息化

党的十八大报告指出，"必须加快建立政府主导、覆盖全民、可持续的公共服务体系"。那么构建和完善创业创新公共服务体系的过程中，应当遵循什么样的原则呢？我们认为，公共服务体系的建设必须遵循三项基本原则：供给主体多元化、公共服务市场化、电子政务信息化。

(1)供给主体多元化

公共服务内容丰富，形式多样。公共服务供给有两个维度：一方面，要从主体结构维度着力，解决应该由谁来供给的问题；另一方面，要从提供过程维度，着眼解决如何供给的问题。西方传统经济学理论认为，公共服务属性和市场缺陷导致市场不能有效供给，只能是政府负责生产提供。20世纪末，西方国家以改革公共管理体制为契机，积极探索非政府供给公共服务的体制机制。这次改革探索表明，公共服务不论是政府单一生产提供，还是完全由市场生产提供，都不能有效解决社会公众需求和供给短缺矛盾。对此，有的学者认为，可以从生产、提供两个环节考察公共服务供给过程，从而提出了公共服务主体选择理论。参照公共服务主体选

择理论，政府根据社会发展需要，不介入直接生产，间接承担供给责任，采取买单或财政补贴等形式，交给市场生产某些公共产品。因此，政府公共服务供给首要的是确定供给主体，再明确各供给主体之间的责任、权利和义务，然后建立公平公正的竞争机制，形成政府功能、社会力量供给公共服务的治理新模式，即供给主体多元化、多中心治理模式。这种模式已经成为各国公共服务“善治”的有效手段和途径。随着大众创业、万众创新的全面提速，以政府作为公共服务供给主体的体系已经不能适应创业创新主体的需求。政府根据公共服务生产、提供的过程来确定不同的供给主体，除去必须由政府直接生产的公共服务外，其他公共服务都应当交由市场或社会第三方生产，逐步淡化国家直接参与经济活动的能力，退出带有竞争性的经营行业，实现一元化向多元化供给转变。比如：政府作为公共服务的基本主体，提供国防、电力、铁路、基础设施等基本公共服务；非基本公共服务以外的供电、供水等公共服务，采用合同外包、特许经营、订购等方式，交给市场和社会第三方部门、个人（包括行业协会、中介组织、志愿者组织和个人等）生产提供。这一过程中政府角色应定位于公共服务的组织者和监督者，虽没有直接参与，但仍有责任和义务，用法律、政策和财政鼓励支持它们参与公共服务的同时，明确规定各主体的供给范围，形成优势互补，提高公共服务质量和水平。

(2)公共服务市场化

公共服务市场化是经济学研究的热点问题。公共服务市场化实际上是将政府提供公共服务由计划配给转向市场主导。公共服务主要包括生产性公共服务和消费性公共服务。生产性公共服务，例如道路、通信、电力等基础设施，这类服务对生产有促进作用。消费性公共服务，例如医疗、教育、社会保障等，这类服务对改善人们的社会福利有重要作用。传统观点认为公共服务应由政府提供，这是因为基础设施是关系国计民生的重要工程；公共服务具有公共产品的性质，市场提供公共服务容易导致搭便车问题，民间资本参与公共服务提供的积极性不高；公共服务需要大量的资金投入，市场在资金支持上可能得不到满足。但政府提供公共服务所产生的问题越来越多，例如，随着公共服务支出的不断增加，政府需要通过征收更多的税收为公共服务供给资金，而税收对投资和劳动供给等具有扭曲性，这使得经济增长率下降。随着社会经济的发展，人们生活水平不断提高，人们对公共服务的要求也越来越高。传统的政府提供公共服务的模式已很难满足不同的消费需求，而市场则可以更好地满足人们对公共服务的多样化需求。近年来，我国政府出台了一系列鼓励民间资本参与公共服务政策，为公共服务的市场化提供了制度保证。例如，2010 年 5 月 13 日国务院颁布《关于鼓励和引导市场投资健康发展若干意见》，该意见被称为“新 36 条”。该规定明确界定政府投资和市场投资，政府投资用于关系国家安全、市场不能有效配置资源的经济和社会领域；市场资本进入基础产业和基础设施、市政公用事业和政策性住房建设、社会事业、金融服务、通信和交通运输等领域。但市场化并不等于政府缺位，公共服务的供给是个政治问题，政治问题不可能依靠市场解决。因此，公共服务市场化强调外部竞争才能提高效率，忽略了服务体系的组织重构也能提高效率。引入市场化的同时，尤为重要的是不能抛弃政府应有的责任。

(3)电子政务信息化

电子政务是政府构建公共服务体系的创新载体。20 世纪 80 年代以来，一些发达国家针对政府失灵困境，积极探索创新政府电子化建设，提高公共服务能力，不断改进服务质量，有力地解决了传统官僚体制机制带来的效率低下等问题。通过电子政务建设，世界各国政府创新已从碎片化、偶发性事件逐渐演变为常态化、普遍性的行政过程。十多年来，我国政府大力实施电子政务工程，取得了明显的综合成效，使社会各界普遍认识到：电子政务具有传统服务方式不可比拟的优势，推行其的最终目的在于提高公共服务质量水平。然而令人遗憾的是，条块分割、各自为政的问题非常突出，主要表现在：由于我国电子政务平台建设方面没有一个综合部门统筹组织业务协同规划，也没有专家系统对电子政务结构、服务功能理性规划，各部门都结合工作职能，以提高工作效率为目标，建立了门户网站和信息平台，虽然实现了业务流程电子化，但是各部门间数据隔离、业务分立，业务协同程度不高，特别是在服务民生、政策研究等方面应用欠缺，专业化运营管理信息资源、在线公共服务能力不强，不能满足创业创新活动中的公共服务需求。同时，现代政府面临的公共服务问题日益复杂，一个领域的公共服务问题往往涉及多个职能部门，需要不同政府组织机构间的协同才能解决。在这样的大背景下，必然要求政府信息化从全局统筹考虑，通过科学合理的顶层设计，促进政务部门间的资源共享和业务协同，避免出现职责交叉和管理空白，使得电子政务系统能够支撑多部门合力解决共同面临的社会难题。因此，政府应该从构建可持续的协同公共服务出发，探索政府信息化的顶层设计，面向公众需求供给高效快捷的公共服务。

4. 构筑六大体系：激励创业创新的政策体系、支撑创业创新的人才体系、培育创业创新的标准体系、包容创业创新的文化体系、保护创业创新的法制体系、引导创业创新的评价体系

创业创新是一个长期的过程，既要从内动力上培养兴趣，又要从外动力上形成压力，应着力构筑六大体系，使内动力和外推力相辅相成、互为因果、互相融合。

（1）激励创业创新的政策体系

创业创新活动中政府牵动、市场拉动和科技推动三者缺一不可，而其中的核心是相关政策体系。创业创新政策本质就是刺激创业，作用是减少初创企业面临的不确定性，个人、企业和社会是它的三个维度。因此，政府要从构建创业创新政策体系的角度来设计和实施创业创新政策，而不是单向推进。一是立足个人维度，进行政策支持。加大政策扶持，简化登记手续，为创业企业工商注册提供便利；完善创业投融资机制，培育发展天使投资；大力发展市场化、专业化、集成化、网络化的“众创空间”，实现创新与创业、线上与线下、孵化与投资相结合，为小微创新企业成长和个人创业提供低成本、便利化、全要素的开放式综合服务平台；深入推进行政审批体制改革，破除技术壁垒、垄断藩篱，促进创业创新活力充分迸发；完善互联网股权众筹融资机制，发展区域性股权交易市场，鼓励金融机构开发科技融资担保、知识产权质押等产品和服务，培育新的经济增长点，提高个人创业的积极性。二是着眼企业维度，进行政策激励。企业是创业创新活动的主体，而中小企业又是创业创新活动中最主要、最基本的力量。一般而言，企业的成长要经过种子期、初创期、成长期、成熟期四个阶段。当前，企业仅仅靠自身的力量是很难获得成功的，企业创新过程的初期，更有可能是企业成长过程中的“死亡期”。政府应该根据创业创新的实际需求和创新企业成长的规律，对其进行引导、助推、组织和保障，帮助企业顺利度过成长过程中的各个时期，从一颗“种子”成长为“参天大树”，进而培育出“茂密森林”。资金短缺历来是中小企业技术创新的瓶颈。一些发达国家采取系列的税收优惠政策帮助中小企业解决瓶颈难题。日本对中小企业技术基础强化税制以及增加实验研究经费的税额抵扣额度。对此，政府将创业创新政策的着力点放在减少企业的行政管理负担、制定合理的税收政策以及设法筹集创业投资资金上。建立创新的利益补偿机制，通过对创新型企业高新技术产品实施首购政策和优先购买政策，扩大其市场需求。三是着力社会维度，进行政策引导。应通过实

施一系列促进创业的政策措施，改变人们的传统观念，提高社会对创业的认同度。建立与创新相关的保险制度，降低创新过程中的风险性，制定和完善公共设施使用和各项公益事业制度与政策，建立保障社会中介组织良性运作的制度与政策；加快要素市场改革，进一步清理各种要素市场准入条件中有关所有制限制的条款，打破行业垄断与地区封锁，促进生产要素在全国市场自由流动，让各类市场主体在同一规则环境下参与市场竞争，平等使用生产要素；制定鼓励新技术研制、开发奖励政策，促使企业和高科技人才对重大技术设备进行改造，研究节能降耗技术，使企业的技术向着高、精、尖的方向发展，掌握“独门绝技”，提高产品的国际竞争能力；鼓励高校和企业强强联手，鼓励科研人才将自己的科研成果向企业转化，或是积极参与企业技术攻坚项目，帮助企业解决技术改革和创新过程中遇到的难题，既可让科研人才实现自己的价值目标，又可提高企业的竞争力，从而实现双赢局面。

(2)支撑创业创新的人才体系

创新人才和创业人才是各个国家竞相争夺的宝贵资源。创新人才是指具有创新意识、创新思维、创新能力、创新人格，善于发现问题、分析问题、解决问题并能够取得创新成果的人才。创业人才是指具有创新精神和创新能力，能够创造性地运用各种知识，积极投入到社会创业实践中去，并能创造经济效益和社会财富的人才。世界上一些著名的人才聚集区也在以各自的优势吸引着全世界优秀人才，其中一些成功的经验做法值得我们学习借鉴。一是着眼广度激发人才引进机制。中关村的实践说明，创业创新人才需要的是事业平台，是风险投资，是研发团队，是人力资源服务，是更少的行政干预。政府要尊重创新创业人才的成长规律，以更开放的国际视野，建设好包括基础设施、教育环境、人才服务和文化氛围在内的人文环境。同时，针对企业对国际高端人才的需求，多方位延伸寻访海外人才的触角，建立与国际人才管理接轨的体制机制，真正做到以优越的投资环境、宽松的创业环境、顺畅的流动环境和支持人才干成事业、帮助人才干好事业的社会环境吸引人才。二是着力深度激活人才内生机制。把人才引进来，只是人才战略的一小步，人才引进之后如何发挥作用，是更具挑战性的环节。因此，要在人才管理体制、教育管理体制改革上大胆探索，在人才激励、人才交流、人才合作、人才开发投融资等机制上积极创新，在人才成长氛围、职业发展环境上努力创造条件，用好用活各类人才，保证各类人才用当其时、用当尽才，形成“三金”效应：“金色的梦想”，让创业创新人员实现在企业当老板的梦想；“金色的纽带”，把创业创新人员和企业紧密连接在一起;“金色的桥梁”,创业创新人员和企业之间形成利益共同体。三是着手宽度激发人才循环机制。人才循环机制在硅谷已经比较成熟,有稳定的模式,但在国内还是一个较新的概念,即使在中关村也还是处于起步阶段。中关村的人才循环模式为:创新人才—创业人才—创业导师—再发现创新人才,创新人才—创业人才—系列创业家—天使投资人—支持创业创新,创业—资本增值—投资创业等。所谓人才循环,本质上包含人才、资源和其他要素的循环,具有内生性和可持续性两个典型特征。因此,要完善现有人才信用评价制度和企业信用评价制度,宣传推广诚实守信的典型个人和企业,惩戒打击失信违法的行为;借鉴硅谷和中关村经验,出台特殊政策,搭建特殊平台,建立特殊机制,打破创业人才向创新人才、创业人才向天使投资人、天使投资向社会组织转化的障碍,通过创新人才、创业人才与天使投资人之间的身份转换,使得战略性新兴产业领导的创新创业活动持续活跃,共同促进创新创业的循环往复。

(3)培育创业创新的标准体系

政府创业创新公共服务有一个产生、形成和实现的过程,即服务需求调研开发过程、服务纲要形成和服务规划设计过程、服务提供过程、服务评价过程、服务绩效分析改进过程。这个过程也是前后贯通、不断循环的封闭环,主要表现在:一方面将公共服务质量形成的全过程划分为若干联系而又相互独立的阶段;另一方面,公共服务一环扣一环,环环紧扣,相互依存,互相促进,每经过一轮循环,意味着服务质量的一次提高。详细分析这个过程的每个环节,就是寻找质量控制点,并针对此点制定公共服务标准。由此可见,构建政府创业创新公共服务标准体系是个动态发展的系统,应该从“三个阶段”分步建设。第一阶段的主要目标是建立标准体系框架。首先,清理创业创新公共服务相关国家标准、行业标准和地方标准,理顺普通服务业内相关标准、政府规章、社会承诺等,引进国际上有关服务、公共服务的相关指南。其次,合并或废除一些体系建设中重复或冲突的标准,修订那些不适应时代要求的标准。再次,根据政府公共服务标准体系表的理论规划,针对空白,制定相应的标准,使政府公共服务各门类所需要的标准均衡发展,使现有的标准体系尽量实现结构合理、层次清楚的阶段性目标。第二阶段的主要目标是实施公共服务标准体系。首先是推广基础性、通用性标准,以用于指导各个门类具体标准的研究。根据标准的使用者、使用条件和环境成熟情况,按照标准的性质、轻重缓急,制定标准的年度计划。其次不断完善与跟进,实现可持续发展。通过对政府创业创新公共服务各个具体标准的编制、实施，及时反馈相关标准的实施效果，及时了解需求，协调好科研人员、政府宏观管理者、公共服务基层的供给者之间的关系，修订完善标准体系，促进这个体系不断进步。第三阶段的主要目标是制定公共服务国际标准。根据我国发展公共服务、持续改进创业创新公共服务质量的需要，立足国内的各种资源和环境，通过国家标准化机构的引导和研究，政府与社会团体、企业和个人制定与建议并重，先期制定和实施中国公共服务准则、政府公共服务分类标准等系列标准；再制定和推广政府公共服务项目标准、政府公共服务流程质量要求等核心标准、政府公共服务管理体系等支持类标准，众多的覆盖政府公共服务环境、人员、用语、评价等环节的主体类标准；最后实施质量认证，制定出我国相应的国际服务标准，形成连贯的政府创业创新公共服务标准体系。①

(4)包容创业创新的文化体系

创业创新文化最早由约瑟夫·熊彼特(1934 年)提出。创业创新文化是社会发展到一定阶段的历史性产物，是个人价值观念、管理技能、经验和行为的组合体，具有凝聚、导向、激励及协调功能。说到创新创业文化，不能不提到美国硅谷。硅谷是世界上最有活力的经济区，是创新和企业家精神的栖息地，经历了国防工业、集成电路、个人电脑和因特网四个阶段。在每个技术产业转型过程中，创业者都曾经历过阵痛、失败和成功。这种创业的过程，成就了硅谷人根深蒂固的创新文化，即：一个人的价值在于创造，在于敢于坚持自己的想法，创业容许失败，只有不断实践并在失败中积累经验，才能孕育走向成功的种子。在硅谷，一个有几次失败经验的创业者，反而会被各企业争相雇用。硅谷对待失败的宽容气氛，使得人人都跃跃欲试，开创新的企业。大众创业、万众创新，需要强大的价值引导力、精神推动力的支撑，需要讲道德、重诚信、循法治、守契约的社会文化氛围。对此，要在三个方面下功夫。一是在培育创业文化上下功夫。中国的传统价值观念只承认成功，不允许失败，失败往往对一个创业者来说是一件痛苦的事情，破产往往会被看成羞耻。要重塑区域创新文化价值体系，积极培育“宽容失败、鼓励冒险、兼容并包、宽松创业”的创新创业文化已势在必行。具体来说，要弘扬创业文化，实现从官本位思维向商本位思维转变；弘扬创新文化，实现从墨守成规、小富即安向勇于创

① 钟瑛．政府公共服务标准体系研究[M]，上海兴界出版社，2011 年 6 月版．第 92—93 页．

新、大富思进转变；弘扬合作文化，实现从利己独赢向合作共赢转变；弘扬信用文化，实现从重即期利益向重长远效应转变，从守财向守信转变；弘扬开放文化，倡导开放思维与流动意识，实现从静态封闭向动态开放转变。二是在培育创新文化上下功夫。美国硅谷创新企业和科技人才的集聚，得益于深入骨髓的创新文化。当前，中国要实现创新驱动转型亟须重振企业家精神。什么是企业家精神？有人将其概括为“创新是灵魂，冒险是天性，合作是精华，敬业是动力，学习是关键，执着是本色，诚信是基石”。企业家精神中最重要的是作为企业家精神之灵魂的“创新精神”，就是创新文化。创新文化除了历史的积淀，关键是需要政府的持续培育、引导、呵护。这种培育、引导、呵护，既需要政府精准定位自我角色，约束自我权力，充分尊重市场，更需要政府改革创新，解思想桎梏、除陈规旧矩，破体制障碍、拆制度藩篱，以更高的行政效率、更好的公共服务，促成政府与市场、政府与企业的良好互动关系，育肥创新文化土壤。三是在创业创新教育上下功夫。国外创业教育的发展历史比较长久，在一些发达国家，创业教育的价值被广泛认可，创业教育体系的构建也比较完善。我国可以借鉴国外的经验，在所有层次的教育体系中实施创业教育国家计划，使其成为一种终身教育形式。以加强大学创业教育为主，从小学到大学形成体系，构建科学系统化的创业教育学科体系，加强“创业学”学科的发展和建设，开设创业学本科、硕士和博士专业和课程，优化从理论到实践完整的创业教育课程体系，培养学生的创业意识、创业知识、创业能力和创业品质；加强创业教育师资队伍建设，积极鼓励创业教师参与创业实践、获得创业体验，提高创业教师教育教学研究能力；建立健全创业创新导师制度，让更多的社会名流、成功人士为创业人员进行创新创业辅导，并聘请企业家、各类专家、政府机构工作者等作为兼职教师，参与教学和课程开发，提高创业教育实效；同时，结合我国国情和地方特色，通过举办创业讲座、创业论坛、创业报告会、创业模拟训练、创业素质拓展、创业计划大赛、职业规划大赛等形式，开发建立适合的、多样化的、有效的创业教育模式，提升创业实践能力，为形成创业文化奠定基础。

(5)保护创业创新的法制体系

大众创业、万众创新离不开完备的法律制度支持，也需要以法律的形式将整个创业创新活动中的相关环节涉及的法律关系给予法制化、规范化。一是要确定立法价值取向。在过去促进创业创新的法律体系建设过程中，常常不太重视立法制度建设以及立法机制和程序的设置，缺乏公众广泛参与和支持的社会基础，没有真正把相关的促进创业创新法律法规作为普遍的法律依据，形成了一大批名为“管理法”“管理条例”之类的法律。对此要转变立法思路，出台《公共服务法》，同时将创业创新公共服务体系纳入行政法等法律规范中，在行政立法和行政执法中为行政主体构造公共服务义务，将公共服务纳入到行政救济的范畴中来，更多体现简政放权、保护市场主体经济自由权的精神。二是按需设置法律体系。随着创业创新活动领域的不断拓展、创业创新方式的不断更新以及高科技竞争的不断加剧，发达国家总是根据科技和社会经济形势的变化进行创业创新制度的补充，形成适应科技自主创新需要的法律制度体系。如针对信息技术和生物技术等高技术领域的创新活动中可能出现的负面效应、计算机诈骗、电子洗钱等，美国及时出台了《仿造存取手段及计算机诈骗法》，英国制定了《英国数据保护法》等，构建了适应创业创新需要的法律体系。而创业创新的法律制度是涉及诸多方面的体系，就创业创新的基本需求来说，至少要从如下一些地方构建适应其需要的法律制度体系：科技创新不仅靠政策，更需要以代表国家意志、由国家强制实施的法律加以确认；科技创新活动的各个环节都要牵涉到社会，创业创新的实施会引起新的社会关系，这些关系远非行政措施和政府政策所能解决，必须有相应的法律加以规范调整；为了防范科技创新成果首先使用可能造成的严重后果，必须有相应法律和制度加以约束，并对受害者给予法律救济。三是推动严格依法行政。法律制度出台后，必须付诸实施，否则便是“一纸空文”、一种“摆设”，这样比没有法律更可怕。因为没有法律时，人们还有一线希望，就是期待有；但当法律成为摆设时，人们连最后的希望也没有了。对创业创新活动成果的侵犯，受益的是违法犯罪分子，挫伤的是创业创新者的积极性，损害的是政府的公信力和投资环境。因此，严格依法行政是构建法治体系的关键，要加强法制宣传教育工作，提高全民法制意识，使创业创新的法律保护有坚实的群众基础。政府及公务人员必须提高依法管理社会、治理国家的能力，适应创业创新活动的需要；执法机关和有关部门应当严格执法，积极营造保护创业创新活动或成果的法治环境。

(6)引导创业创新的评价体系

大多数国家改革实践表明：绩效评价体系是“指挥棒”，将对政府公共服务活动产生方向性的影响。对此，我国应加强公共服务绩效评价理论实践研究，从评价取向、评价标准、评价目标、评价方法等方面入手，探讨建立适合我国创业创新公共服务评价指标体系。一是要建立科学的政绩考评体系。从实践上看，目前的政绩考评实际上是以 GDP 论英雄。在指标设计上，GDP 考评指标是量化的、硬性的，而公共服务的考评指标则是模糊的、软性的。因此，应当按照落实科学发展观的要求，建立可衡量的公共服务硬性指标，增加公共服务考评结果的影响权重，促使政府将更多资源向公共服务倾斜。二是要注重公共服务结果导向。在我国，许多政府部门往往重投入轻产出，重形式轻结果，重过程轻效果。例如，有些部门看上去好像很忙，在公共服务上投入很大，但并未取得惠及人民的成效。这种情况在国外也屡见不鲜。为了减少这种现象，许多国家都十分重视绩效评估的结果导向。例如，在英国，一个部门要获得公共资金，必须证明这笔资金能带来什么成果或者能有效地解决什么问题，否则就拿不到这笔钱。在美国，政府绩效评估的目标是"少花钱多办事"。在法国，政府每年都要对有关部门的公共服务项目进行评估，如果实际结果达不到要求，就停止财政预算拨款。因此，有必要在总结国内外经验的基础上，建立和完善公共服务评价的配套机制，特别是激励机制、惩罚机制和问责机制，注重绩效导向，强化成本意识，使资源配置、奖励报酬真正与服务绩效挂钩，追究政府机关工作人员在公共服务职能方面失职的责任。三是建立多重主体评价机制。公共服务的评价主体包括政府内部主体和外部主体，这两个方面的评价都是不可缺少的。目前存在的问题是政府外部主体的评价不足，影响有限，因此，建立多重的公共服务绩效评价机制，实行评价主体多元化，借助外部主体的参与、配合和制约，推动政府服务更加注重绩效。①

参考文献

[1]郑晓燕．论中国公共服务型政府制度构建[D]．华东师范大学，2006.

[2]唐铁汉，李军鹏．公共服务的理论演变与发展过程[J]．新视野，2005.

[3]姜晓萍，苏楠．国内公共服务体系研究的知识图谱[J]．上海行政学院学报，2014.

[4]王琼．当前我国政府公共服务存在的问题及对策[D]．曲阜师范大学，2007.

[5]蒙昧．服务型政府公共服务绩效评估指标设计研究[D]．电子科技大学硕士论文，2006.

[6]娄峥嵘．我国公共服务财政支出效率研究[D]．中国矿业大学，2008.

[7]李军鹏．关于建设公共服务型政府的思考[J]．中共天津市委党校学报，2004.

[8]涂成林．国外区域创新体系不同模式的比较与借鉴[J]．科技管理研究，2005.

[9]陈欣．公共服务业对国民经济的贡献研究[D]．北京邮电大学，2009.

① 沈荣华．关于政府公共服务体系创新的思考[J]．学习论坛，2008(5).

[10]郑晓燕．中国公共服务供给主体多元发展研究[D]．华东师范大学，2010.

[11]赵素卿．公共服务理论研究概述[J]．中共山西省委党校学报，2005.

[12]谭岑．大中型科学技术馆评价模型及其应用研究[D]．合肥工业大学硕士论文，2010.

[13]詹清荣．中国公共财政的法理基础[D]．吉林大学博士论文，2008.

[14]李争粉．中关村核心区(海淀园)加速构建创新创业生态系统[J]．中国高新技术产业导报，2014.

[15]蒋牧宸．地方政府公共服务供给机制改革研究[D]．武汉大学，2014.

[16]孟景伟．构建最富活力的创新创业生态系统 加快建设具有全球影响力的科技创新中心[J]．中国科技产业，2014.

[17]梁志刚．论中关村的自主创新与发展[D]．中央民族大学，2006.

[18]王佩亨，马骏，来有为．建设人才特区：中关村的探索和实践[J]．中国人才．新经济导刊，2012.

[19]宋丰景．努力打造创新创业人才成长发展的良好环境——中关村人才特区建设的实践与思考[J]．第一资源，2012.

[20]辜胜阻，李洪斌，王敏．创新驱动战略的五大特征和五大机制[J]．科技创新导报，2014.

[21]方昀．促进科技自主创新的法治环境建构[J]．求实，2013.

[22]何玉卿．论地方政府在企业技术创新过程中的作用[J]．科技创业月刊，2013.

[23]辜胜阻，李洪斌，王敏．构建让创新源泉充分涌流的创新机制[J]．中国软科学，2014.

[24]张铠麟，王娜，黄磊，王英，张汉坤．构建协同公共服务：政府信息化顶层设计方法研究[J]．管理世界，2013.

[25]邢大立．学校、政府、社会三位一体大学生创业教育体系的构建[J]．当代教育理论与实践．2013.

[26]林伟坪．创新——现代示范农场建设的灵魂[J]．中国农垦，2007.

[27]宋德安．集群的发展阶段、网络关系与其创业关系的研究[D]．北京工业大学，2007.

[28]刘涛．社会主义新农村公共文化服务体系建设问题研究[D]．山东大学，2011.

[29]陈亚璞．我国政府基本公共服务均等化研究[D]．南京航空航天大学，2008.

[30]肖文涛，程宇．论非常态下公共服务问责制的构建与完善[J]．行政论坛，2007.

[31]刘德斌．论我国地方政府公共服务能力建设[D]．南昌大学，2007.

[32]陈文博．强化政府公共服务职能与和谐社会基础建设[J]．东南学术，2007.

[33]梁栋．构建公共服务型政府的创新路径研究[D]．曲阜师范大学，2007.

[34]吴玉宗．服务型政府：概念、内涵与特点[J]．西南民族大学学报(人文社科版)，2004.

[35]李风华．公共生产：对公共服务范式的批判[J]．行政科学论坛，2015.

[36]钟瑛．政府公共服务标准体系研究[M]．上海：上海兴界出版社，2011 年 6 月版．

[37]李军鹏．公共服务型政府[M]．北京大学出版社，2004 年 8 月第 1 版．

[38]伍浩．深化政府职能转变，激发创新创业活力[J]．理论视野，2015(7).

[39]李金亮，沈奎．创新与政府[M]，济南：山东经济出版社，2010 年 8 月第 1 版．

[40]夏志强，李静．公共服务的新理念：从服务顾客到创造顾客[J]，社会科学研究，2013(6).

指导老师简介：

刘小康　国家行政学院公共管理教研部公共政策教研室主任、副教授

尹艳红　国家行政学院公共管理教研部副教授

课题组成员简介：

冉小鸿　重庆市计量质量检测研究院党委副书记、纪委书记

丁洪亮　水利部长江水利委员会国际合作与科技局副局长

孙晓军　辽宁省沈阳市服务业委员会市场秩序处处长

张　妤　贵州理工学院招生就业处处长

陈志杰　新疆生产建设兵团二师 37 团党委副书记、团长

查振华　九江学院组织人事部部长、机关党委书记

大数据背景下政府数据开放问题研究

指导老师:顾平安　何哲
课题组成员:路万青　杨海燕　沈瑞华　陈峰　范宏　王耀纲
课题组组长:路万青

一、前　言

党的十八届五中全会通过的《中共中央关于制定国民经济和社会发展第十三个五年规划的建议》指出:要"实施国家大数据战略,推进数据资源开放共享。"利用互联网手段推动数据资源开放,提升资源配置效率正成为经济发展的"标配",大数据战略将助力"十三五"我国经济换挡升级。基于大数据在经济生活中越来越重要的角色,我们选择了此课题进行研究。

(一)研究背景

人类社会正进入大数据时代。随着社会经济信息化、网络化的快速发展,人类在创造价值的同时,每时每刻都在生产着大量的数据,这些数据爆炸式增长。据统计,Facebook 用户每天共享的信息超过 40 亿条,谷歌搜索平均每秒钟有约 200 万用户使用,Twitter 每天处理的推特数量会超过 3.4 亿条。在中国大陆,有近 5 亿微博用户每天更新 6 亿多条微博,有 5 亿多的微信用户每天更新 5 亿多条微信。同时,还有聚合媒体、视频媒体、平面媒体每天发布超过 5 000 万条异彩纷呈的讯息等等。国际数据公司(IDC)有一项统计数据显示:就全球生产的数据量而言,2008 年为 0.49ZB,2009 年为 0.8ZB,2010 年为 1.2ZB,2011 年高达 1.82ZB,2012 年已经达到 2.7ZB,而到 2015 年末这一数值预计会达到 8ZB。这些数据足以说明,人类正从互联网时代过渡到大数据时代,正生活在充满数据的地球之上。

大数据正成为全世界各个国家和地区最热的议题之一。从全球看,联合国实施了"数据脉动"计划,美国实施了"大数据"战略,英国开展了

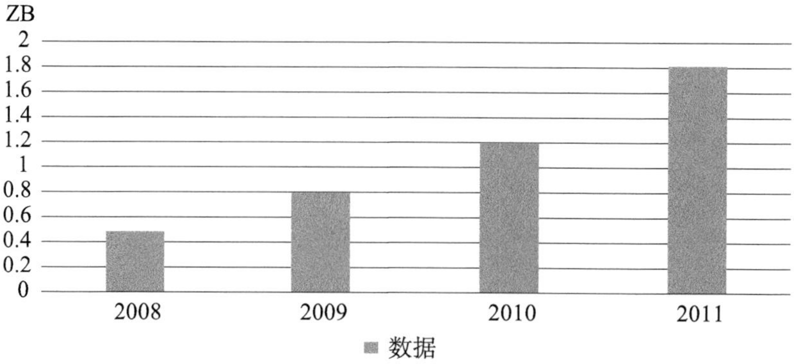

"数据权"运动,等等。从身边看,随着移动互联网、物联网、社交网络等技术和应用的兴起,尤其是智能手机等移动通信设备的出现和升级,我们每个人每时每刻的言行,甚至每个人的身体生理数据的变化,都已经可以被记录、被分析、被应用,成为隐含更多价值的数据集。这一切都表明,人类社会已经进入前所未有的大数据时代。

基于这些现象,IT 产业界对大数据给予了足够的关注。大家都在着力开展数据再利用,努力挖掘大数据的潜在价值。例如,Gartner 将"大数据"技术列入 2012 年十大技术与趋势之一,认为大数据技术将对机构、企业和个人产生重大战略意义。据他测算,到 2016 年,全球各国在大数据方面的总投资将会超过 2 300 亿美元。

相比产业界的重视,学术界对大数据的重视程度则有过之而无不及。大数据已经成为学术界研究的重大课题。Jim Gray 是图灵奖获得者,他提出科学研究的第四范式,即以大数据为基础的数据密集型科学研究;《Nature》2008 年推出了 Big Data 专刊①,对大数据展开深入探讨;《Science》2011 年也推出 Dealing with Data② 数据处理专刊,主要围绕大数据在科学研究中的应用问题展开讨论,在科学研究中把大数据的应用提到非常重要的地位;MGI(麦肯锡研究院)2011 年 6 月发布 Big data: The next frontier for innovation, competition, and productivity③ 的研究报告,详尽分析了大数据影响、关键技术、应用领域等方面,同时,还阐述

① Nature. Big Data[EB/OL]. http://www.nature.com/news/specials/bigdata/index.html.

② Science. Special Online Collection: Dealing with Data [EB/OL]. http://www.sciencemag.org/site/special/data/.

③ Manyika J, Chui M, Brown B, et al. Big data: The next frontier for innovation, competition, and productivity [J]. McKinsey Global Institute, 2011: 1-137.

了大数据将成为带动未来社会生产力发展、创新甚至成为促进消费需求增长的重要指标；美国奥巴马政府2012年3月发布Big Data Research and Development Initiative[①]的倡议，首期投资2亿美元，启动“大数据发展计划”。2012年起，中国一些重要学术组织先后成立大数据专家委员会，研究探讨大数据。例如，中国通信学会、中国计算机学会等，都开始为我国大数据应用、发展提供全面学术咨询。

在开展学术研究时，以CNKI(中文知网)的中国学术期刊网络出版数据总库为数据源，以“海量数据”或“大数据”或“big data”关键词进行文章检索时，截止到2015年11月5日，共检索出相关文章9 346篇，经过去重、筛选等，保留相关文献1 121篇。实际数据统计显示，目前国内大数据领域核心发文机构主要以中国科学院、国防科技大学、北京大学、清华大学、中国人民大学、浙江大学、中国移动等10家科研院校和企业为代表。这反映了我国学术界对大数据的探索现处于初级阶段，同时也反映了大数据这个领域的强大发展潜力，无论对于个人还是企业抑或是国家，谁占领大数据时代的制高点，谁就赢得主动和先机。

政府数据开放成为社会发展必然趋势。大数据开启的时代转型在商业界和学术界产生重大影响的同时，在政府部门和政府行政工作中也产生重大影响。大数据思维和大数据技术正在不断冲击、推动着各国政府的数据管理与数据开放工作。与此相对应，各国政府在数据管理、数据开放过程中，在体验与采纳新技术带来收益的同时，也不断面临寻求变革途径的压力和挑战。

政府数据开放，指在不泄露国家机密、不侵犯个人隐私等前提下，政府将自身拥有的数据开放给社会公众自由查询和使用。随着互联网技术的迅速发展，人们获取信息方式的改变，政府数据开放有了更加便利的实现方式，各国的政府数据开放运动也纷纷展开。美国国会2000年通过Data Quality Act法案，成为世界上直接对政府数据发布的质量进行规范的第一个法律文件。虽然这个法案还没有把数据公开工作提高到数据开放的高度，但却对政府数据质量提出了公正性、实用性、客观性等要求，进一步规范了联邦政府及各部门的数据发布工作。2007年，根据《联邦资金责任透明法案》，名为usespending.gov的门户网站正式上线运行，开

① Big Data Across the Federal Government [EB/OL] http://www.whitehouse.gov/sites/default/files/microsites/ostp/big_data_fact_sheet_final_1.pdf.

始实时公布美国联邦政府的公共支出数据。2009 年联邦政府又上线了统一的数据开放门户网站 Data. Gov。在美国政府数据开放运动的影响下，2010 年英国政府也开始上线 Data. Gov. uk 的政府数据开放网站。目前已拥有超过 1 万个关于商务、教育、交通、环保、健康、社区等领域的数据集。同年，新上任的首相卡梅伦在其《构建大社会》的执政纲领，以及其后的政府新闻发布会上，都明确表达要满足公众获得政府数据的需求，进一步推动政府数据开放工作，以便于公众更充分地了解国家的财政开支、行政活动和行政绩效等内容，从而建立更开放、更透明、更负责的政府。2011 年 7 月，“开放政府联盟”OGP 建立，美国、英国、墨西哥、巴西、挪威、菲律宾、印尼、南非等国作为发起国，目前已经吸收 50 多个联盟成员。2012 年 5 月 23 日，奥巴马政府发布《21 世纪数字政府战略的规范》备忘录①，要求联邦政府部门要把数据开放工作作为基本任务，及时把高价值的政府数据通过 Web API（Application Programming Interface）开放出来。

我国政府信息化建设为政府数据开放奠定了基础。在政府数据开放已经成为一种国际社会发展趋势的同时，我国政府数据平台建设和开放也在日益加快。从 1980 年开始，我国中央和地方政府机关开始开展办公自动化（OA）工作，在各个部门和单位初步建立起分散的办公网络。20 世纪 90 年代初，40 多家部委联合倡议发起“政府上网工程”。1993 年年底，国家开始启动金桥工程、金关工程和金卡工程，大力推动建设政府信息化应用。从 2003 年开始，我国电子政务的基本框架开始形成，国家围绕电子政务内网和电子政务外网建设，在应用系统方面主要开始推进 12 个业务系统建设，主要加快和完善人口、法人单位、自然资源、空间地理四个大数据库的建设。2006 年 10 月 1 日，“中华人民共和国中央人民政府网站”开通，标志着中国在推进电子政务发展、打造阳光政府方面又向前迈出一大步。2008 年，《政府信息公开条例》正式实施，对各种政府数据的公开工作提出明确的、系统的要求。从 2013 年起，我国电子政务已覆盖到各级政府和部门的日常工作中。经过多年的电子政务工作，我国政府已经拥有了大量的数据资源，信息化建设为政府数据开放奠定了重要基础。

---

① Council CIO. Digital government: Building a 21st century platform to better serve the American people[J]. Retrieved March, 2012, 15: 2015.

(二)研究目的

1. 引导政府部门树立大数据理念，统一开放政府数据的思想认识

传统的政府管理和政府决策理念是一种抽样式的理念，通常是在一定的技术方法指导下，选择有限的社会样本数据进行抽象分析方法。它是用对社会少部分人或一部分人的行为和需求来推断大多数人的需求和行为模式。在大数据视角下，管理和决策的基础不再是抽样的样本，而是全数式的“大数据”，它面对的是呈现高度混杂特征的“全体数据”，这些数据相互间也不再是原来的简单因果关系，而会呈现多重混合交叉的相关关系。

所谓大数据思维，就是要改变传统的经验式的思维方式，做到以大数据为判断和分析的基础，以大数据分析的结果来进行决策的思维方法。这样的大数据思维，可以直观呈现数据背后的人类决策行为模式。随着这种大数据思维融入政府决策理念，大数据就可以有效提升政府决策能力，提升政府决策的理念维度，改善决策方式，改进决策思路。

大数据决策思维和决策理念的变革，就是要把大数据分析方法论和大数据思维价值判断有机融入现代政府管理和政府决策中，把传统的基于有限样本数据的管理决策，立足于涉及多数人、覆盖更全面的大数据分析，并在大数据关联分析中更加准确地预测社会需求、研判社会运行、解决社会问题，实现政府管理决策的多元化、动态化、精准化、高效化，大幅提升政府管理和决策的能力。

事实上，大数据思维在欧美部分发达国家的政府管理和决策中已有成功采纳。例如，美国联邦政府 2010 年 7 月对其门户网站进行了全新改版，这次改版的成功就得益于对网站大量用户访问习惯和访问数据的综合分析。技术人员依据一段时期内访问用户的需求和行为习惯，来调整和优化网站页面和网站服务，使得服务更加便捷、页面更加简洁、搜索功能更加强大。再如，在 2012 年美国总统竞选期间，奥巴马竞选团队就充分运用了大数据思维和大数据策略，按照选民的年龄、性别、种族、地域、教育程度、宗教信仰等类别细分选民并进行组合交叉分析，从而能够精确瞄准每个选民的特点，有针对性地推送自己的竞选信息，应该说大数据技术的成功应用对奥巴马连任总统发挥了巨大作用。

随着大数据技术和大数据理念在中国的深入发展，我们的政府管理和政府决策迫切需要树立大数据思维。如果各级政府的网站不能主动采用大数据理念，更多从用户体验和用户需求角度努力提升网上服务的能

力，就一定难以满足公众和企业日益增长的政府网上服务需求，政府服务供给不足与用户需求增长之间的“鸿沟”就会越拉越大。

2. 推动政府数据开放的顶层设计研究，为我国开放政府数据绘制蓝图

政府数据开放已经成为普遍共识。但是长期以来，我国在针对有关政府信息公开的内容时，仅是将它涵盖在电子政务中做了笼统的一般安排，而在具体部署政府信息公开工作时，还没有站在国家信息化建设高度，来推进各部门的信息协同与分享。其结果就导致各部门职能交叉、部门分割、管理不到位、协同发展能力较差等。从发达国家政府数据开放的经验做法来看，开放政府数据，必须首先开展政府数据开放的顶层设计研究，从源头上制定国家信息化战略，按照规划先行、分步实施、自上而下、分层推进的原则，制定全国性的战略规划和政策环境，确立政府数据开放的责任主体及职能，统一数据标准，打破政府间数据共享与协调机制难以形成的僵局，加强各政府部门数据库和跨部门基础数据库建设，构建可以互联互通的服务与应用内外网体系，从而为政府数据开放奠定基础。

3. 推动政府数据开放的立法研究和规划，为政府数据开放提供法律保障

制定完善的法律规范是政府数据公开能够实现的先决条件。在政府履行职责或提供公共服务时，必然会把海量的公民、企业和社会组织等个体信息进行收集、储存和处理，而这些海量的个体信息都直接或者间接地涉及个人隐私或企业秘密。因此，在数字时代我们越来越注重保护个人隐私的情况下，政府部门在公开政府信息的过程中必须做好政府数据开放相关法律的立法规划和立法规范。

2007 年 1 月 17 日，《中华人民共和国政府信息公开条例》经国务院第 165 次常务会议通过，2008 年 5 月 1 日起该《条例》正式施行。这是我国第一部系统规范政府信息公开的全国性法律文件。该《条例》虽然坚持“公开为原则，不公开为例外”这一各国信息公开法遵循的基本原则，然而，这项立法也面临或存在着立法技术粗糙、立法层级低而受制于其他更高层级立法掣肘的诸多问题。同时，《条例》在对政府信息公开的范围进行界定时，过于抽象、笼统、模糊，在实践中很容易给各级政府部门留下很大自由裁量权。

总体上看，我国政府数据公开制度还处于起步阶段，关于政府数据公开的法律还不健全。大数据的实践与研究，如果能够通过完善的法律法

规体系，规范政府数据公开的相关制度，就能推进政府数据开放的常态化、高效化。

4．推动政府数据开放的共享平台研究，为政府数据开放提供技术理论支持

在推动、实施政府数据开放过程中，目前呈现出鲜明的“实践领先于理论”色彩。政府开放数据的理论研究目前比较薄弱。J. Taylor 将政府数据开放的动力和原因归纳为战略决策、价值增值和数据标准化三个方面。其他更多的“开放数据”运动践行者们一般侧重于开放数据的基本理念和具体业务的研究。国内对政府开放数据的认识还主要停留在引进和介绍阶段。

总的来看，国内外对政府开放数据的研究都比较偏向具体业务，多是探讨微观业务层面的，对宏观战略层面特别是“智慧城市”和政府开放数据等重大战略的整合研究关注不足。因此，必须推动政府数据开放共享平台研究，建立大数据常态研究机制，为政府数据分级、分类、分层开放、互联互通、共管共用提供技术理论支持。

5．推动形成政府数据开放的行政文化氛围，为政府数据开放创造活力

政府开放大数据的目的在于满足公众需求，实现社会管理，完善政府数据信息资源的公共服务，所以政府必须引导全社会形成共享共用政府数据的浓厚氛围。科普宣传是获取知识和信息的优化途径，政府需要通过改进科普宣传工作，创新宣传形式，着力宣传大数据在提升公共信息服务、监督政府管理等方面的作用，增加社会公众的大数据素养。同时，当大数据提升到国家战略高度时，必须结合实际情况引导大众的创新实践应用，为政府数据公开的进一步发展提供活力。通过采取政府与商业联合开发的模式，发挥政府在政策支持上的优越性以及利用商业部门的技术经验共同创新大数据技术，深度挖掘数据价值。

（三）研究意义

1．开放和应用政府数据，有助于提高行政效率，增强行政工作透明度

政府部门通过重新整合梳理各部门职能，创建海量数据库，可以依托大数据技术来管理和解决更多实际问题，提供更多更及时的公共服务。传统的政府管理模式下，政府数据开放和管理通常是逐级汇总，数据周期

长，无法及时反映经济社会的细微变化，所形成的政府信息咨询功能也具有严重的时滞性。而在大数据管理模式下，这一现状可以有效改变，通过网络实时记录、上传海量数据，在云计算、物联网等技术的支持下，通过快速分析和计算，数据的实时分析和实时报告可以随时随地进行。而且在准确性方面，因为是全数式计算，所以能够最大程度降低数据非系统误差，保证数据的准确性、真实性，从而进一步提高各项行政工作的效率。

在提高行政效率的同时，大数据也能够明显提升政府数据的透明化程度。政府大数据开放和应用，扩大了人民大众福利和群众公共事务参与度，使得政府行政管理工作更加透明，尤其在经济增长和国家安全方面都有突出作用。另一方面，社会民众的建言献策，通过大数据的平台，也能够更好提升政府决策和服务的质量。

2. 开放和应用政府数据，有助于推动政府数据管理水平提高

大数据为政府数据开放和管理提供了全新思路，有利于完善信息发布职能，建立信息共享机制，提升政府服务功能，推动政府数据开放和管理体制机制的改革进程。一方面，政府通过数据开放，能够促进经济社会各领域数据的融合和资源整合。另一方面，大数据的复杂性和多样性，要求政府全面开展数据管理信息化、标准化建设，要求各级政府管理部门全面提升数据相关硬件与软件技术，完善统计调查方法，完善数据管理的流程设计，提高数据管理标准，推动大数据信息平台建设，推进政府数据的开放与共享。

3. 开放和应用政府大数据，有助于推进电子政务和行政体制改革的融合互动

在政府大数据开放和应用工作的引领下，通过推进行政体制改革和电子政务的融合互动发展，能够提升电子政务资源共享水平，有效推动政府网络系统和外界的沟通交流，实现社会公众和政府机构在信息网络上的互动，进而真正体现电子政务以公共服务为重点、支持服务型政府建设的特点。

二、政府数据开放的基本理论

（一）"大数据"概念及特征

麦肯锡（美国首屈一指的咨询公司）是研究大数据的先驱。在其报告 *Big data: The next frontier for innovation, competition, and productivity* 中

给出的大数据定义是：大数据指的是大小超出常规的数据库工具获取、存储、管理和分析能力的数据集。但它同时强调，并不是说一定要超过特定TB值的数据集才能算是大数据。亚马逊（全球最大的电子商务公司）的大数据科学家John Rauser给出了一个简单的定义：大数据是任何超过了一台计算机处理能力的数据量。大数据是一个宽泛的概念，见仁见智。但大数据具有的四个V（即Volume、Variety、Value、Velocity）的特征却得到普遍认可。

一是体量巨大（Volume）。网络空间中数据的体量不断扩大，已经以EB（百亿亿字节）和ZB（十万亿亿字节）等单位来计数。截至目前，人类生产的所有印刷材料的数据量是200PB（1PB＝210TB），而历史上全人类说过的所有的话的数据量大约是5EB（1EB＝210PB）。当前，典型个人计算机硬盘的容量为TB量级，而一些大企业的数据量已经接近EB量级。IDC（国际数据公司）的研究报告称，未来十年全球大数据将增加50倍。

二是类型多样（Variety）。网络大数据既包括结构化数据、半结构化数据，又包括非结构化数据。在现代互联网应用中，相对于以往便于存储的以文本为主的结构化数据，非结构化数据越来越多，包括网络日志、音频、视频、图片、地理位置信息等，呈现出非结构化数据大幅增长的特点。截至2012年年底，在互联网整个数据量中，非结构化数据占有比例已经达到75％以上，数据信息已变得更加复杂多样。

三是价值密度低（Value）。价值密度的高低与数据总量的大小成反比。以视频为例，一部1小时的视频，在连续不间断的监控中，有用数据可能仅有一二秒。如何通过强大的机器算法更迅速地完成数据的价值"提纯"成为目前大数据背景下亟待解决的难题。

四是处理速度快（Velocity）。这是大数据区分于传统数据挖掘的最显著特征。指网络大数据通常呈现出突发涌现等非线性状态演变现象，而且它常常以数据流的形式动态、快速地产生，数据大量的迸发往往在不经意之间发生。根据IDC的"数字宇宙"的报告，预计到2020年，全球数据使用量将达到35.2ZB。在如此海量的数据面前，处理数据的效率就是企业的生命。

（二）政府大数据概念及特征

政府大数据是经由传感设备、地理信息、科学仪器、移动通信、互联网、社交媒体以及政府相关的业务系统等渠道，采集的面向社会公共管理的大规模多模式的复合数据集。①

政府大数据的来源主要是政府内部数据，包括由政府各部门日常业务产生的多种数据，例如城市公安、交通、环境、教育、民政、财政等部门在日常工作过程中采集的各种数据和文本资料，以及开展项目调研报告中的各种资料等。此外，政府部门也会从自身之外直接引入大量数据，例如从互联网、物联网、移动办公等外部数据源中直接采集。政府的内部数据，通常数据结构化程度较高，且数据采集的方式、方法相对固定；政府外部数据通常包含许多非结构化数据，包括文本、多媒体等信息。政府大数据相对于由企事业单位和公民等民间大数据来讲，由于其创造主体和使用客体的特殊性，有以下特征。

1. 全民性

政府掌握着信息资源中的大部分数据，根据政府大数据的详细概念可知，政府数据通过涉及公民的多种渠道形成了面向全民的大规模多模式的复合数据集。政府数据在来源上具有全民性，在利用上同时也具有全民性。政府通过政府网站、电子邮件、媒体发布会等单向发布，同时根据人民的要求提供相应信息，供社会公众所使用，使公民生活和工作的便利感、安全感增强。

2. 公益性

政府数据取之于民，用之于民。政府对于数据开放必须基于互利互惠的价值观，以公共服务和发展福利的准则对开放数据的开发利用不强加限制。同时，对于数据使用的成本和收费问题，应当仅限于复制、提供和传播方面的边际成本，对数字资料的利用通常应不收取费用。

3. 权威性

政府数据的有效应用能够为社会和公民带来巨大的利益，但是这要求政府数据具有相应的权威性和公信力。政府数据因为其面向全民的特殊性，必须做到数据资源的正确、完整和可有效利用，从而树立政府公开数据的决心和价值，增强行政事务的透明度。

4. 规范性

2007 年 4 月 5 日中国国务院发布《政府信息公开条例》，使政府信息开放的范围、方式和程序都有了明确的规定。政府数据作为政府依法行政的有力工具，使用时首先受到法律法规的强制性约束；政府数据公开也

① 李霖．大数据时代政府决策的变革之道[J]．厦门特区党校学报，2014(6)：43.

需要根据不同用途设定相应的管理方法、规则或限制性条款，以此保护政府数据和数据开放的程序化和规范化。

5. 原则性

政府开放数据在使用和开发过程中都必须遵循相应的原则。目前国际国内普遍遵循的原则有：公益优先原则、网络安全原则、保密原则、尊重隐私权原则、“完全与开放”原则、免费获取自由修改并重新发布原则、尊重知识产权原则、预先告知原则、利益平衡原则、法律的可预见性和确定性原则等。

（三）政府数据开放

20 世纪 50 年代，政府数据开放最早出现在信息自由立法的介绍中，并经专家学者的进一步研究形成了问责理念的认识。1966 年美国政府通过了信息自由法案，随之世界各国都逐渐推进了关于政府信息公开的法律和制度研究。随着信息技术的快速发展和各国政府对政府数据开放的新认识，开放数据的理念和理论也受到政府、企业和公民不同程度的重视。政府需要有相对完善的政府数据开放理论来支持开放政府的发展，更好地为促进政务透明、赋权公民、反对腐败和完善管理而努力并付诸行动。

政府数据开放是政府信息资源共享和电子政务建设的重要话题，同时也是涉及面很广的跨学科研究领域，需要基于多学科理论的共同研究。

公共物品理论把政府信息资源看作一种公共物品，即把政府数据当作满足社会公共需要的商品和服务，通过政府的有效供给尽量满足公民无差别的受益。这就要求政府数据开放需要做到以下三点：一是转变理念，要树立政府信息资源多元化共享、共用的理念；二是丰富共享模式，要构建两种政府信息资源共享模式，即准公共信息资源的共享模式和纯公共信息资源的共享模式；三是加强保障，要从组织、技术、法律和人力资源等方面，不断完善政府信息资源共享保障体系。

政府数据开放涉及绩效管理、业务重组和公共服务等相关理论，因此需要从管理学的角度即需要从机制层面、方法层面和工具层面等三个层面来开展研究。我国著名学者樊博以绩效管理作为推进政务信息资源共享的助推器，他认为具体如下：①从机制层面上而言，“设计政务信息协同的绩效驱动机制，提出‘信息股份’的思路，以克服跨部门政务协同面临的体制障碍，为推进政务信息协同共享提供制度安排”；②从方法层面上而言，“设计具有导向作用的绩效指标体系，为推进网络政务协同再造提供方法支持”;③从工具层面上而言,“提出基于知识管理的绩效信息系统,以发现政务信息协同共享的制约因素,为推进跨部门的电子政务提供工具保障”。

与传统的管理型政府相比较,服务型政府的主要特征表现在对政府与公民、社会之间关系的调整上,具体来讲就是服务型政府更加强调将公民置于整个治理体系的中心,强调政府治理角色的转变是服务而不是导航。学者张蓝艺、赵晖认为:“随着我国政府职能从管理型向服务型转变,电子政务信息资源共享模式也应从知晓型向应用型转型”。他们在分析了我国现阶段电子政务信息资源共享和政府数据开放的现状后认为,若要提高电子政务信息资源共享的有效性,实现服务型政府的社会公共利益的最大化,则需要做到以下几点:“其一,必须搭建信息资源共享平台;其二,推进电子政务大集中;其三,建立健全绩效考核机制和奖励补偿机制”。

计算机科学理论是伴随着科技进步和理论创新而不断发展的,它对数字资产和数据资源的开发、组织、应用和管理都提供了重要的理论引导和技术支持。计算机科学理论主要从理论基础和技术条件着手,认为云计算应用于电子政务信息资源共享领域是科学可行的。“一方面,云计算理论体系研究发展速度快,理论成果层出不穷;另一方面,近年来电子政务信息资源管理尤其是其共享方面的理论研究成果众多”;从技术条件上来看,云计算并不是什么新技术,它是分布式处理、并行处理和网格计算的发展,已经比较成熟。学者吕元智认为将计算机科学和原理应用到政府数据开放上,需要做到以下四点:一是构建电子政务信息资源的共享云计算实现模型,二是封装处理现有的电子政务信息资源,三是建立电子政务信息资源共享的应用与数据中心,四是搭建电子政务信息资源共享的云接入平台。

三、国内外政府数据开放现状

(一)发达国家政府数据开放

2009 年,奥巴马签署开放政府数据的行政命令后,这些年来开放政府数据已经成为一个世界性趋势。美国等发达国家拥有相对完善的数据管理体系、先进的信息技术、配套的法律法规和强大的财政支持,使得美国在政府数据开放领域具有先天优势的同时，也拥有强大的后劲潜力。①而欧盟在经济发展面临金融危机的时刻，将欧盟 2020 战略目标的重点确定为经济与就业的高速增长，把创新作为走出经济困境、制造经济发展新的增长点。欧盟认为，为了增强其创新潜力，应尽可能地以最好的方式使用资源，这些创新资源就是数据。为了更好地使用信息资源，欧盟于 2011 年制定了欧盟开放数据战略。在较为合理的法律、政策的基础上和较为完善的信息技术基础设施的支持下，欧盟正在建立一个每年增长 400 亿欧元的公共数据市场。②

美国和欧盟等发达国家在全球政府数据开放方面具有极强的前瞻性和先进性，研究美国和欧盟的政府数据开放政策与战略具有巨大参考价值。

1. 国外政府数据开放政策与战略

(1)美国政府数据开放情况

美国联邦政府 2012 年 5 月发布 Digital Government: Building a 21st Century Platform to Better Serve the American People，成为美国发展电子政务工作的最新实施纲领。这份纲领中明确提出，为发展电子政务，美国政府要把政府数据开放作为国家发展的重要基础和有力支撑。美国联邦政府要求政府公共部门要把自己所拥有或产生的所有文档资料，要从原本以文件为主体逐渐转化为以开放数据为主体，并且借助数据标签，将这些文档资料混搭组合为不同的数据集，以实现数据增值或者开发利用出新的用途。为方便使同一份数据文档展现在不同的共享平台之上，政府进一步要求，要将数据与展示端作切割分离，并将此数据采用完善的数据分类、适当的数据定义给予说明，然后作为政府数据开放，通过 Web APIs 的方式向政府机关、非营利团体、私营部门和社会公众予以开放。政府各个公共管理部门网站上公布的所有信息和数据，政府公共部门运用开放数据理念，就能够把相同的数据信息在政府部门的手机端、网站或其他应用程序等不同平台和媒介上进行传播，方便更多的政府部门、社会团体、私营部门或社会公众查询和使用。同时，美国政府还要求，在开放数据的过程中必须兼顾数据质量的改善、获取数据的方便性、公开数据的及时性及数据的实用性。为实现上述要求，美国联邦政府主要采取两方面

① 匡萍，涂子沛．大数据时代需要用数据治国[N]．三湘都市报，2012 年 7 月 29 日，第三版．

② 闫霏．国内外政府信息公开法律体系比较研究[J]．情报科学，2012(3)：23.

举措。

一是开放当前政府数据。美国联邦政府机关管理与预算办公室(Office of Management and Budget,OMB)与各联邦政府机关统一政府数据开放标准,先行开放当前的政府数据。他们合作拟定了一项关于网络应用程序编程接口和开放数据、开放内容的政策标准。OMB总体负责政府数据开放,统筹协调各项具体工作,制定有关政府数据开放的规范标准、实施方案、操作流程等。要求各个政府部门把近期或当前的高价值的数据资源通过网络应用程序、编程接口和诠释数据标签等实现对外开放。

二是逐步开放政府历史数据。在规定的时间范围内,要求美国政府各部门要把本部门早期已经积累形成的文档归类整理,把具有高价值的数据和内容逐步按照上级部门制定的数据开放和实施规则进行转换,然后通过计算机程序进行诠释后再由有关政府网站予以开放,方便用户查询使用。其用户可以是个人、企业、研究机构、地方政府机关、州政府机关和其他联邦政府机关。各联邦政府机关须规划出日程表来逐步转换其余具有高价值数据与内容的系统,并依据新政策的规范来提供开放数据与内容。

为了更好地服务政府数据开放,落实联邦政府有关政府数据开放的政策措施,美国政府专门成立了数据服务创新中心,负责协助其他联邦政府部门开发有关网络应用程序和系统接口,提供技术支持。此外,美国政府的政府数据开放网站还罗列了政府数据资源交互目录,协助政府各部门或社会用户更便捷、更高效、更及时地获取自己需要的数据和信息。

总之,美国政府在实施政府数据开放过程中,以开放政府当前数据为主,然后分阶段、分类别、分步骤地逐步开放更多有价值的数据内容。所有开放数据经过统一标准后通过网络平台向社会开放。为了扩大政府数据开放数量,美国政府已要求联邦政府所有部门都要参与政府数据开放,并且明确了开放时间、开放标准、开放形式,确保了数据开放的连续性。针对数据开放过程中遇到的技术等方面问题,专门成立了以技术支持为主要职责的数据服务创新中心,应对政府数据开放过程中遇到的技术难题,为开放数据的各个部门提供最大限度的技术支持。

(2)欧盟政府数据开放情况

2010年11月,欧盟通信委员会向欧洲议会提交了《开放数据:创新、增长和透明治理的引擎》的报告,提出了应对大数据挑战,增强欧盟各成员国政府开放度与透明度,开放政府数据的基本战略。该战略预期可形成实现每年400亿欧元增长的公共数据市场。2011年11月,该报告被采纳，欧盟政府数据开放正式开始。其主要做法：一是建立和完善适应政府数据开放和再利用的基本法律框架。包括重新审查原有报告，战略执行委员会对公共部门信息再利用指令进行修订等。制定、调整、修订政府数据开放的有关法律法规，可以减少数据开放战略实施过程中遇到的障碍和问题，确保该战略目标顺利实现。二是动用金融工具，加大资金投入，支持有关网络系统开发和设立欧洲经济数据门户网站，为政府数据开放和社会公众共享数据搭建平台。三是建立了政府数据开放与共享平台，方便欧盟各成员国间在政府数据开放过程中的工作协调和经验交流。欧盟开放数据战略不仅仅是开放和提供政府数据和公共数据，更多的是提供资料创新、工具创新，形成公共数据池，对政府数据进行有效整合与共享，发挥大数据的潜在价值，支持社会创新。

西北大学公共管理学院曹凌副教授曾指出："开放与透明是欧盟开放数据战略的核心和关键所在。但如何开放，开放什么，开放的边界是什么，开放需要什么条件，这都是开放数据战略需要回答的问题①。"欧盟开放政府数据战略主要从六个方面入手。

第一，立法或修改法令。2003 年，欧盟制定的欧盟公共部门信息再利用法令是欧盟各成员国开放政府数据的主要驱动力。随着形势发展，该法令的部分条款已不能完全适应大数据时代政府数据开放的需要。因此，欧盟根据实际需要，对该法令进行了修改。包括：所有来自于公共部门的数据和文件都可以被用于无论商业性或者非商业性的任何目的，除非该文件受到第三方版权保护，或公共部门有正当理由，否则公共部门开放的数据都必须免费或收取少量费用；要求所有应该开放的数据必须提供通用的机读格式的数据，确保各部门开放的数据能够被高效再利用；开放数据要涵盖包括博物馆、图书馆、档案馆等社会公共组织；要引入数据开放监管机制，确保政府数据开放政策的落实。

第二，加大资金支持。欧盟委员会主要在数据处理技术研究、建立数据门户网站和科研数据基础设施建设等三方面予以资金支持。其中，2011 至 2013 年，欧盟第七框架计划投资 1 亿欧元，2014 年后的资金由"地平线 2020"计划负责。欧盟竞争与创新计划（CIP）资助负责 2011 年至 2013 年门户网站建设的资金支持，后期由"连接欧洲设施"（CEF）资助，使欧盟各成员国的数据能够整合到门户网站中。科研数据基础设施

---

① 曹凌．大数据创新：欧盟开放数据战略研究．情报理论与实践[J]，2013(4)：120.

建设的资金，前期由“研究能力建设计划”资助，后期由“地平线 2020”资助。

第三，支持研究和创新。重点开展有关数据开放的研究和创新，尤其在大数据相关技术研究问题上重点给予支持，包括“地平线 2020”计划、第七框架计划、科研基础设施资金计划等，以推动政府数据有效开放和高效利用。

第四，建立政府数据开放门户网站和数据开放平台。2012 年开始建立欧洲数据开放门户网站，欧盟委员会各部门数据都可以通过该网站统一对外开放，方便社会公众使用政府数据。2013 年开始建立泛欧洲数据开放门户网站，允许访问自 2011 年起欧盟所有成员国的政府数据。

第五，开放科学研究数据。为满足公众对欧洲科学研究数据基础设施服务的需要，2012 年欧委会要求各成员国开放存有所有科学出版物的科研数据，要求主动开放“地平线 2020”科研数据，增强科研数据的互用性和访问性，方便欧盟各成员国科学信息共享。

第六，统一欧盟与成员国之间行动。加强欧盟各成员国之间的行动协调和交流经验，尤其是成员国专家小组之间开展广泛而深入的交流，对重要信息及时沟通，确保信息畅通。

2. 国外政府数据开放模式

(1)美国政府商业化的开放模式

美国是数据开放商业化模式的代表，政府对政府数据资源的增值和利用基本采取完全放开的政策。政府著作权无严格限制，强有力的信息自由法保障信息渠道透明通畅，信息收费仅限于复制成本，对增值利用不加限制。美国的政府信息增值政策在保证政府履行公共管理职责过程中所产生的原始数据对公众完全开放的同时，鼓励个人或各个机构利用这些政府信息进行任何形式的增值开发，对于能够不由政府开发的数据一般尽量由私营部门进行增值开发，政府对数据的经济回报通过税收方式获得。美国政府数据开放实际包括了政府开放和数据开放两层含义：政府开放指面向公众的参与、透明、协助的政府治理方式，数据开放则是指政府信息数据要向公众免费开放。公共部门要努力为全体公民提供均等化的公共服务，要尽可能全面满足公众需求，来提供更多的足够的公共数据，并通过完备的法律予以保障和支持。

美国政府的数据开放也体现了由“政府信息”到“全民信息”的转变。立足“联邦政府数据信息是全民财产”理念，美国联邦政府努力使用各种新技术来最大限度地开放数据和信息。除了涉及国家安全的数据，政府部门都会向公众无条件提供。同时，美国政府的数据开放，也体现了由“行政政府”到“社会政府”的转变，过去一些可以有社会参与的行政职能通常都是由政府部门全权负责执行，现在则转变为一般由市民自发自主地执行和管理。

(2)欧盟国家渐进式的开放模式

区别于美国数据开放的商业化模式，欧盟的政府数据开放采用了相对保守的渐进模式。所谓渐进模式就是对公共数据信息的增值和利用采取“成本回收”的原则，把政府数据信息卖给开发商，同时也鼓励各政府部门作为市场主体参与商业性服务。

欧盟于2003年制定《公共信息再利用指令》，规定欧盟成员国要采用国家主导、市场辅助的政府信息公开模式。其中，在公共信息增值和再利用的收费问题上，政府定价成为普遍原则，多数的成员国使用了成本回收的原则，少数国家则采用零成本和市场定价的指导原则。但是，在公共信息开放过程中，随着公共部门的数据开放越来越多涉及法律、技术、政策、许可等一系列问题，最终导致原来的《公共信息再利用指令》无法再适应大数据发展和公共部门数据开放所带来的挑战。而且公共领域信息再利用收费的差异化、欧盟内部信息市场的碎片化等，对公共信息增值服务和再利用产生了越来越大的负面影响，使得欧盟对原来的《公共信息再利用指令》不得不进行修订和完善。

2013年，欧盟颁布修订后的新的《公共信息再利用指令》。它从公共信息再利用的范围、许可、收费、隐私权保护、实施方式、豁免公开的信息等方面进行了补充和完善，这就在一定程度上形成了目前的欧盟政府数据开放的模式。

①增值和再利用公共信息的范围：公共管理部门所拥有的由个人或法人可以用于商业或非商业目的使用的各种文档。其中，档案馆、博物馆、图书馆的数据和信息也被纳入公共信息增值和再利用的范围。

②公共信息开放的精度和粒度：增值和再利用的公共数据信息以及元数据，在可能和适当的方式下，要保持一种最佳的精度和粒度，要使用机器可读的格式，通过数据开放，使得文件方便使用，确保访问者或使用者可操作。

③公共信息再利用的收费：收费问题规定处于开放解释的状态，即应当限定在提供、复制和传播过程中所产生的边际成本。

④公共信息增值和再利用的许可：欧盟委员会要求成员国通过与许可相关的指南，以便协助其他成员国都可以应用许可；并且规定在文件和

元数据中要尽可能使用统一的数据开放标准、统一的机读格式。当然，在特殊情况下，也可以使用文档原有的格式和语言。

⑤公共信息增值和再利用的隐私权保护：欧盟委员会进一步强调公共数据增值和再利用过程中，要做好个人数据和隐私保护的问题。欧盟成员国都需要规定在何种情况下使用个人数据是合法的，而且个人数据在使用过程中，使用者的使用目的必须是具体的、清晰的、合法的。

欧盟在保守的渐进模式下逐渐健全政府信息公开制度，积极引导欧盟成员国加强政府数据的开放。欧盟的政府数据开放和增值模式，体现了政府部门与私营部门的合作开发、竞争性开发；通过对开放数据的增值和开发收取费用来弥补财政支出，同时也注重数据开发费用和数据开放收益在政府部门与私营部门中的分配。这种模式的优点是方便政府部门对数据开发主体进行规范化的监管，也能使政府部门获取适当的经济利益以补足公共信息收集和运营过程中所支出的费用；它的缺点是有可能导致信息交易价格歧视、公共信息的部门垄断与不公平竞争，影响政府数据开放规模的扩大。

在美国和欧盟大力推动政府数据公开的同时，日本、韩国、澳大利亚等发达国家也在着力推进政府数据开放，并在实施过程中积累了丰富经验，一定程度上促进了国家经济增长，同时提高了政府工作透明度。①日本将政府数据开放上升为国家战略，采取大数据战略与开放政府数据齐头并进，成立了“开放数据推进联盟”，主要为公共数据商业化应用、创新、开发提供平台支持。②2013 年 6 月，韩国政府正式启动“政府 3.0 时代规划”，提出建设“透明型、能干型、服务型政府”，明确指出强力推进政府信息公开，除法律明文禁止公开的安保和涉及公民个人隐私等信息外，其余所有信息都将以原文的形式向社会公开，其目标是争取把每年公开的信息数量由 2012 年的 31 万件增加到 1 亿件。③澳大利亚政府信息管理办公室于 2013 年 8 月发布了《公共服务大数据战略》，详细阐述了共享数据的范围、内容、共享方式、共享条件等，力图通过开放共享政府数据，进一步优化政府资源配置，高效推进经济发展。

由此可见，越来越多的国家和地区都在重视政府数据开放的社会价值、经济利益和政务发展，政府数据公开已经成为世界多数国家政府的工作重点和发展的方向。

（二）我国政府数据开放现状

近年来，从国家到地方各级政府在政府信息公开方面做了大量工作，采取了各种措施。2008 年 5 月 1 日,《中华人民共和国政府信息公开条例》正式施行,对政府信息公开的方式、范围和程序作出明确规定,要求各级政府部门主动公开《条例》规定范围内的所有政府信息,提高政府工作的透明度。2013 年 7 月,国务院印发《当前政府信息公开重点工作安排》,对行政审批、财政预算决算和“三公”经费、保障性住房、食品药品安全、安全生产、环境保护、征地拆迁、价格和收费、公共企业事业单位等 9 个重点领域的信息进行公开。2013 年 10 月 11 日,中国政府网官方微博和微信开通。为贯彻落实十八届三中全会精神,2014 年 3 月 17 日,国务院公开发布了《政府信息公开工作要点》,对未来政府信息公开工作提出了总体要求,作出了全面部署。2015 年,为适应大数据发展,国务院发布《运用大数据意见 36 条》,并在 8 月底印发《促进大数据发展行动纲要》。提出要逐步开展大数据资源平台建设,不断聚集政府、社会服务机构和企业的数据资源,建设特色数据库。这种理念的转变,体现出我国政府正在从经验决策向数据决策转变,从行政主导向公众参与、服务型政府转变。随着政府部门在大数据应用过程中意识到数据共享的重要性,政府各部门之间政务数据交换逐步开始,其交换数据的领域和数量进一步扩展。多种数据融合过程中,政府部门应用大数据的场景更加丰富,数据挖掘和分析能力进一步增强,大数据辅助决策的作用越来越明显。当然,目前我国各级政府在数据资源的有效整合与开放共享水平上,与西方发达国家相比还是有不小的差距。

总体上看,国内的政府数据开放工作和研究水平都还处于起步阶段,目前主要是集中在阐述政府数据开放的概念、强调开放政府数据的意义和必要性;有关中国政府数据开放实践的研究和证实尚未全面展开,但对于“政府信息公开、政府信息资源再利用”等主题,已有了数年的研究积累。2013 年 5 月国家发改委和中科院启动了“基础研究大数据服务平台应用示范”项目。该项目以基础研究需求为动力,研究大数据处理与分析的关键技术,提供在线基础研究大数据的集成共享与知识发现服务,并在天文、材料领域开展应用示范。2013 年,大数据被科技部列入“973”基础研究计划。2013 年度国家自然基金指南中,管理学部、信息学部和数理学部也将大数据列入其中。但是我国当前数据研究仍然存在不足之处,现有文献在研究方法上尚不规范,研究内容也不够深入,学科背景较单一。

在实施层面,中国已在交通、水文、气象等方面实现了政府信息资源的部分增值利用,而中国政府信息资源服务还停留在以推进政府信息资源公开与利用为目标的初级阶段，政府本身对政府信息资源再利用工作缺乏足够的重视。但是一些地方政府已经出台了大数据相关产业发展规划，例如重庆市2013年制定了《重庆市大数据行动计划》，上海市2013年发布《上海推进大数据研究与发展三年行动计划》。这些地方政府规划中都把大数据作为一个产业来培育发展，重视大数据利用的基础设施建设、技术研究和产业扶植，把企业作为大数据应用的主体或以市场需要为主导。

在技术层面，对政府网站的调查显示，中国政府信息公开尚未全面深入到数据集层次。目前，中国电子政务中尚未有专门的、一站式的数据服务网站，值得一提的是，在一些政府的职能部门网站已经出现了专门的数据服务专栏，如上海市规划和国土资源局设立了政府信息资源开放数据服务专栏等。

在法规层面，我国陆续颁布了《中华人民共和国政府信息公开条例》《信息资源增值利用法》《保守国家秘密法实施条例》等，为政府信息资源再利用提供了进一步的政策、法律支撑。但是有关信息公开的申请、获取和救济措施还需要相配套的法律法规来保证。而且，我国尚未拥有独立的信息公开法、信息自由法和数据保护法等法律，急需政府建立和健全政府信息的公开、知识产权保护、政府信息资源公益性开发的监督和问责制度，对技术推广等制定相应的实施细则、信息产品和服务的定价机制、开发主体资格的认证与准入机制等。

(三)我国政府数据开放存在的问题

2013年以来，北京、上海、天津、广东、重庆、贵州等省市政府纷纷出台大数据发展战略，把开发利用大数据作为争夺新一轮区域发展和区域竞争制高点的重要抓手。经济社会的快速发展，网络技术的日新月异，增加了社会公众对政府数据和公共信息资源的需求，也增大了对政府数据开放和数据管理能力的考验，对政府数据开放的质量要求越来越高。但是当前我国政府的思想观念、数据管理意识和技术水平，还不能完全适应日益增长的社会公众对政府数据开放的需求。在各省市政府大数据战略的出台时间早晚不一、发展理念存在差异及软硬环境不尽相同、大数据战略和大数据的发展运用效果在不同地方存在不小差距的同时，各地在推进大数据战略的过程中也不同程度地存在着一些瓶颈约束和某些亟待解决的问题。

1. 政府数据开放的思想障碍

大数据具有的特征使其区别于传统数据，政府部门需要适应社会发展，及时转变观念，转换思维模式，才能调整数据管理理念，才能适应大数据时代数据管理要求。而目前我国政府对大数据的管理意识缺乏，严重滞缓了我国政府大数据开放进程，降低了大数据创新速度和数据增值利用能力。在管理和技术层面，我国各级政府部门的数据还缺乏统一标准、统一格式、统一的网络系统，一定程度上阻碍了政府数据开放进程。

同时，不正确的政绩观也影响了政府数据的公开。目前，少数政府部门或个别工作人员将政府数据开放或电子政务建设视为政府“政绩工程”或“形象工程”，并没有真正树立“以公众为中心”的现代服务理念；有些职能部门本位主义思想不同程度地存在，人为地形成了许多政府信息开放的障碍。树立大数据意识已经成为政府部门有效管理大数据的基本前提。

2. 政府数据管理体制滞后

第一，我国政府大数据管理采取专业部门独立上报模式，即政府各部门之间的数据流通缺乏相互的联系，无法形成相互沟通、上下结合的效果。第二，我国由于人口众多，政治阶层和政府部门较庞大，政府大数据管理具有较强的复杂性，现有的人力资源结构已经无法满足社会发展的需要。第三，我国的政府数据管理主要以逐级汇总的历史数据为主，数据周期长，无法及时反映经济现象的当前变化情况，政府信息咨询功能具有时滞性。

3. 条块分割的政府职权制约了政府数据共享

我国政府职权的条块分割和体制使得在平级和上下级部门之间的数据共享较难实现。第一，由于上下级之间存在着领导与被领导的关系，在信息交换方面，对上级部门提出的数据共享需求下级部门通常会给予充分满足，但下级部门向上级发出的共享请求通常难以得到有效实现，信息的双向流动效果不好。第二，政府部门往往把数据资源看成是本部门的权力资源，使得政府部门之间无法实现有效的资源共享，造成行政效率的低下和信息资源重复采集的浪费，更无法实现数据向社会公开。第三，我国各平级政府部门之间主要是通过协商的方式进行数据共享，在达成共享之前通常是各自按照开会、请示、批示等传统“自下而上—自上而下”的模式进行，程序较多、耗时较长、反应较慢。我国建设时期、建设主体、业务领域等的不同导致业务数据标准格式不统一，系统异构、数据异构导致政府在数据治理过程中面临着数据割据，各个政府部门间的数据获取途径、筛选标准、关注重点不同，造成数据整合困难，质量参差不齐，难以向社会公开。第四，部门利益有时也阻碍了政府数据的开放。政府数据资源的采集权、所有权、开发权、经营权的归属问题，以及各种权力的转移及管理目前还不十分明确，造成部分政府部门将政府数据资源的产权归属“部门私有化”。甚至有些部门和个人把所掌握的政府数据资源当作寻求经济利益和行政利益的筹码，设置资源共享的壁垒，阻碍政府数据资源的共享活动。

4. 法律体系不健全限制了政府数据公开

自2007年《中华人民共和国政府信息公开条例》出台后，各省市政府纷纷制定出台了相应的地方规章。但是，目前政府信息公开的范围较为笼统、抽象和模糊，可以公开的数据种类并不十分明确。而且《政府信息公开条例》的法律效力又明显低于《保守国家秘密法》《档案法》等以信息保密为立法取向的法律，定密随意性较大，限制了政府数据公开的深度和广度，导致地方政府在实际运行中缺乏相应的原则。与美国制定的《开放创新备忘录》《开放政府指令》、欧盟制定的《委员会信息再利用决议》《公共部门信息再利用指令》等一系列法律体系相比，我国在政府数据公开的法律法规制定上存在着较大的缺失，在法律体系上政府信息公开缺乏相应的保障。

我国政府对国家秘密、商业秘密和个人隐私都要予以保护。在国家秘密的保护方面，国家有《保密法》专门加以界定，但是对于商业秘密和个人隐私，国家目前却仍没有专门的法律法规给予界定。对商业秘密的保护，目前的规定仅散见于《民事诉讼法》《反不正当竞争法》《合同法》《刑法》《民法通则》《劳动法》和其他相关法律法规中。对个人隐私的保护方面，我国目前也没有一部统一的个人隐私权保护法或者个人信息保护法，也没有从法理上明确界定个人隐私的内涵外延，在政府信息公开实践中行政机关往往也难以判断个人隐私的保护范围。同时，在实践中，也有少数行政机关往往以涉及他人个人隐私作为借口，拒绝履行政府信息公开的义务。这就使得个人隐私这个未能明确的法律概念成为部分行政机关拒绝公开某项本应被公众所知的政府信息的借口。

5. 政府数据开放缺乏人才和技术支持

政府数据的复杂性以及业务应用的专业性，需要大量高水平与高素养的专业数据处理人员，但当前我国政府的数据处理技术和数据处理人员还不能满足这些要求。大数据原始资源往往是海量的、多模式化、低价值密度的信息资产，需要新的数据处理和数据分析，才能够形成更强的决策力和高价值的资源。这就需要从业者具备高级分析领域的相关工作经验。但目前从事数据分析的人员多是基于网络信息背景的专业人士，虽然他们熟悉编程、硬件、软件等信息管理，但对大型数据挖掘和整理往往不太精通，特别是能熟悉政府决策客观背景，作出符合政府实际的大数据分析和判断的应用人才更为缺乏。与此同时，我国政府对重要数据的保存、备份、迁移等的标准和方式缺乏规范管理，基于大数据的信息安全手段建设和数据安全技术保障能力还有待于改进。

6. 政府数据开放面临国际化和政治领域的风险和挑战

当前，我国政府越来越重视政府数据资源的国际交流与合作。但是随着与更多国家经济关系和政治联系的日益紧密，数据资源国际化的进展也不断冲击着政府数据开放和数据增值再利用。少数国家对信息资源的自我封锁和对他国信息发布不负责的举措使得数据资源或信息资源在部分国家获取更加阻塞，其真伪性也更难以确认。同时，我国政府部门在信息公开过程中也时常被少数国家的企业、公民进行非法利用，为我国的社会安全与发展带来隐患。无论是政府、企业，还是个人在信息资源国际化的大背景下对数据资源的开放和增值再利用都不可避免地遭受着严峻的冲击。

四、开放政府数据的对策措施和建议

2015年是我国建设制造强国和网络强国的关键之年，国家制定发布了《中国制造2015》和“互联网+”行动计划，极大地激发了全民创新创业的热情，也明确了大数据发展的战略方向。国务院常务会通过的《关于促进大数据发展的行动纲要》，强调开发应用好大数据这一基础性战略资源，推动公共数据资源开放共享。政府数据开放共享已经成为大数据发展的基础工程，成为推动国民经济发展的有力推手。

政府数据开放不能简单局限在“公开”这一末端环节，必须从源头上得到国家信息化战略的系统支持，按照规划先行、分步实施、自上而下、分层推进的原则，以确保安全为前提，以社会需求为导向，以应开尽开为目标，开展政府数据开放顶层规划设计，完善法律政策保障，有效统一数据标准，加强各政府部门的数据库和跨部门基础数据库建设，加快构建能够互联互通的数据开放共享平台和数据服务体系，打破政府部门间难以数据共享、难以协调的僵局，从而为政府数据开放奠定基础，分级、分层、分类开放各类政府数据。

(一)确立政府数据开放的基本路径和原则

1. 设定政府数据开放目标

目标的合理性与科学性是政府数据开放的前提。美国政府数据开放是以开放、透明和合作作为主要目标。欧盟的开放数据以创新、经济增长和透明治理为核心目标。加拿大的政府开放数据以“开放、参与和创新为核心,创建一个更有效力、效率和负责任的政府”为主要目标。我国政府数据开放一定要研究借鉴美国等发达国家的经验做法,遵循政府数据开放国际通用的原则,制定出既遵循规律又具有中国特点,且符合时代要求的政府数据开放目标。因此,我国政府数据开放应树立以“开放、参与、安全、创新”为导向的政府数据开放目标。其中“开放”是方向,是政府数据开放努力的方向。“参与”是保障,只有政府部门积极参与,数据资源才会丰富,只有社会公众、科研院所、企事业单位积极参与,政府数据才能实现增值利用。“安全”是前提,政府开放的数据必须在法律允许、确保国家安全和公民个人隐私安全的前提下予以公开。“创新”是动力,只有不断地挖掘数据价值,创新数据挖掘方式、使用方式,政府数据开放才能更加有动力,社会公众使用数据才能更加积极,数据的潜能才能释放得更加高效。

2. 确定政府数据开放基本路径

根据我国政府开放数据的历史和现状看,目前我国政府已就政府数据开放工作做出制度、法律、技术等方面相应的努力。政府开放数据的门户网站已初步建成,已形成相对合理的数据检索和数据管理系统。但是,如何在开放政府数据的基础上进行服务模式的创新,为企业、公众提供更加高效的大数据应用,才是当前政府数据开放主要面临的挑战。我们应该对政府数据开放的基本路径作出更完善、更长远的探讨。

(1)树立大数据思维

政府部门的本能是保护数据,而非公开数据。但是,大数据时代的来临要求政府加快转变传统的管理思维,通过政府数据开放来进一步推动改革,建立更加阳光更加透明的政府,并通过对政府数据的增值和再利用来改善政府对社会的服务,提升整个社会的创新能力。

(2)制定政府数据开放规划

美国和欧盟国家在先进的信息技术的引导下提前而又迅速地建立起适合社会发展的数据开放规划。在21世纪,信息技术的先进与否已经成为经济、政治和文化发展的指标。而我国在政府数据开放领域起步较晚的情况下更应该注重高新技术的开发利用和信息技术人才的培养，为政府数据开放的进一步发展和数据安全与隐私保护提供技术支持和安全保障。

（3）完善政府数据开放相关立法

政府信息公开相关立法层级的高低对政府信息公开制度实施的情况有重大影响。法律制度的完善对于政府数据开放的范围、数据开放的安全保护提供保障，一定程度上可以减少和避免数据开放的尺度问题和隐私纠纷。同时，法律制度的完善，也有利于逐步建立法律顶层设计的制度框架，树立立法的权威和公信力，使立法体系和施法力度得到公众和社会的认可，建立有利于政府数据公开的法制环境，促进未来时代变更的立法改革。

（4）搭建政府数据资源共享平台

这是推动政府数据开放的关键环节。政府数据开放平台的搭建需要借助各类门户网站的开放，更需要各级政府、各级部门、公众与社会的共同努力。可以通过建设官方数据服务平台、国家开放数据门户网站等，分步骤分层级向公众与社会，以及政府间开放政府数据资源。引导各级政府和公共服务机构开放数据资源，强化政府与第三方机构之间的协作，进一步推动数据资源的开发和共享。同时拓宽信息交流沟通的模式，探索新型数据管理规范，推动公共数据资源适度、合理地跨部门分享和向社会开放。

（5）制定强有力的政策支持体系

政府政策往往对政府行政管理起到指导性和建设性作用，因此政府大数据政策的制定也会对政府数据开放指明方向。随着大数据时代的到来，我国公共政策应当改变内容设计过于宏观、原则性内容较多、可操作性内容较少的现象，脚踏实地推进政策的有效实施和评估工作。我国政府应该建立多元化的政府数据开放政策制定主体、政策执行机构、政策行动方案等，就政府数据开放的目标严格推进政府数据开放政策的实施。

（6）建立统一高效的领导和协调体系

政府数据开放的持续推进必须要有政府职能机构的统一协调和统筹管理，原有的大数据管理体制机制存在这样或那样的缺失和漏洞，需要建立新型管理体制加以完善。这样既能为数据开放决策和实施的科学性、合理性、规范性奠定基础，同时也有利于我国政府转变政府职能，创新管理模式。针对政府大数据管理体制机制的建立健全需要参考美国、欧盟等发达国家数据开放的管理模式，由基于政府需求的开放转变为基于公众需求的开放，真正将体制机制改革的好处给予人民，还给社会。

(7)建立完善的网络安全体系

大数据在存储、处理、传输等过程中面临诸多安全风险，同其他信息一样，政府大数据开放也必然涉及数据安全与隐私保护方面的需求。因此，加强大数据网络安全系统建设，推动建立国家级的网络信息保护、监测预警和测评认证等平台，开展基于大数据的信息安全体系建设，提升数据安全技术保障能力也成为维护政府大数据安全的重中之重。加强政府数据安全保护已经迫在眉睫。

3. 明确政府数据开放的原则

原则是数据开放制定、实施的依据和准则。政府数据开放原则的制定对于政策的制定和实施起到指导性的作用。例如，美国政府数据开放的原则是公开化、可获取、被描述、可重用、完整性、及时性。英国政府的数据开放原则更加具体，包括数据的开放形式、开放时间、开放标准等以及涉及公共数据开放的法律要求和网站建设等。我国的政府数据开放也需要坚持自己的原则。

(1)准确性原则

就是政府开放的数据表述要完整和准确无误，数据质量要高。需要确保数据采集单位、数据类型、数据元素及其他方面都能够被准确界定，数据责任主体、采集的程序、使用的政策要清楚准确表述。数据的公开需要遵守数据质量标准，在确保政府数据内容准确无误的前提下向社会、公众发布。

(2)长期性原则

就是政府公开的数据要能够被长远利用。数据的开放要着眼于长远考虑，在政府数据的获取、长期保存、检索、共享的过程中，都要求我们着眼长远，该制定的政策、采取的措施、开放的数据要确保在未来的十年、二十年乃至更长时间里都能有效使用，不能为了开放而匆忙开放，不能为了数据增值而不加甄别，不能为了政府数据开放进度而不考虑以后技术发展要求。因此，政府数据开放从开始就要坚持遵守开放数据的质量标准、技术标准、程序标准，同时要通过加大财政资金支持力度、加强基础设施建设等来加快推进。

(3)告知原则

政府数据一般由政府部门或其他组织(如公用事业公司、电信运营商等)在日常政务活动或市场运营中所采集，与社会公众及所有被服务对象都密切相关。因此，政府部门整合各个部门、各种类型数据时，有必要向各部门、各单位、各社会组织告知数据开放要求，以及采集和再利用数据时的隐私保护政策。向数据使用单位、个人清晰地告知法律允许范围内对使用数据的权利、数据利用和再利用的法律法规和政策规定，有助于使个人或企业在知情的情况下作出与其个体数据相关的决定。

(4)有限责任原则

大数据通常包含了多种数据集的整合，这些数据集最初并不是出于整合的目的而生成。政府大数据虽然对于帮助决策和制定政策作用巨大，但开放政府数据也有可能对单位和个人造成隐患或伤害。因此，在开放政府数据和大数据创新过程中，政府需要对他人使用其数据所造成的损害承担责任，确保公众利益不受伤害，但这种责任应该限定在一定的范围内来承担。

(二)完善政府数据开放的顶层设计

1. 完善政府数据开放组织实施机制

由于我国政务信息化建设发展迅速，前期缺乏必要的顶层设计和统筹规划，政府信息公开工作在电子政务建设中进行了安排，没有能够站在国家信息化建设的高度，制定出从中央到地方及各个政府各职能部门信息协同共享的较为完善机制，国家信息化管理体制存在多部门分割、职能交叉、管理不到位、协同发展能力差等一系列问题，而且这些问题始终没能得到妥善解决。因此，开展政府数据开放工作，首先必须做好组织实施机制的顶层设计，理顺各级各部门与政府数据开放工作相关的机构之间的关系，解决现有信息化管理机构设置不合理问题，建立政府数据开放统筹协调机制，构建国家、省、市、县四级政府部门政府数据开放组织领导机构，形成职责明晰、协同推进的工作格局。

由于国务院信息化工作办公室不是国家信息化领导小组的办事机构，只是具体推进政府数据开放工作的牵头部门，推动政府数据开放工作的能力有限。因此，要将国务院信息化办公室(属工业和信息化部)、国家发改委有关政府数据开放的相关职能剥离并成立具体负责国家数据开放的实体管理机构，负责国家层面政府数据开放的具体工作，确保能够按照国家信息化领导小组作出的统筹规划、宏观方向，及时出台中国政府数据开放的相关政策和标准，并且根据不同发展阶段的要求相应地研究实施计划，最终能够综合协调、引导和监督各级各部门之间协调配合，切实解决纵向上的管理不力、横向上的协调不足的问题。相应地，省、市、县三级政府也要参照国家层面的机构设置或赋予相关部门政府数据开放综合管理职能，负责贯彻落实国家数据开放有关政策要求，研究制定具有本区域特点的政府数据开放政策，着力推动本级政府数据开放平台搭建、数据收集、统一发布等工作。

2. 统一政府数据开放标准

由于历史原因，各地、各部门信息化建设各自为政，标准不一，自成一体，不联不通，缺乏有效整合，形成了一个个"数据孤岛"，地区间和部门内信息相互隔离，各地各部门掌握的丰富的数据资源难以有效共享。因此，开放共享政府数据，必须统一政府部门数据标准，明确数据含义、计算方法、数量单位和应用环境。要建立政府部门、事业单位等公共机构的统计标准与数据标准体系，制定政府指标口径、数据采集、分类目录、数据质量、交换接口、数据开放、访问接口、数据交易、安全保密等关键共性标准。要建立大数据市场交易的标准体系，在确保国家安全和个人隐私不外泄的情况下，推动数据交易，利用市场手段挖掘数据价值，服务经济社会发展。

3. 制定政府数据开放配套政策

制定完善的政府数据开放的促进政策是推进政府信息深度公开和增值利用的前提，是我国大数据产业健康发展的重要条件，对整个社会生产效率的提升、政府工作透明度的提升和社会创新的发展都具有重要意义。制定政府数据开放配套政策措施，要根据《政府信息公开条例》和国务院《关于促进大数据发展的行动纲要》，实现对数据资源采集、存储、传输、利用、开放的规范管理，促进政府数据在风险可控原则下最大程度开放。一要开展政府数据资源调研摸底。要摸清政府数据底数，分清类别，坚持开放、透明、创新、参与、利用为导向的政策目标，深入研究各部门数据共享的范围边界、使用方式，厘清各部门数据管理的权限和责任及数据共享的义务和权利。二要制定政府数据开放短、中、长期规划。要制定数据开放规划，明确政府数据开放的原则、目标、时间表和路线图，细化数据种类和开放要求，按照分步实施、整体推进的原则，有序推进政府数据开放。三要制定政府数据开放目录。明确必须开放和选择性开放的数据类别、数据开放的责任主体和部门，建立权责明晰的工作机制。四要制定政府数据资源共享管理办法。落实数据开放和维护的责任，整合政府部门公共数据资源，促进数据互联互通，提高共享能力，提升政府数据的一致性和准确性。五要建立政府部门和事业单位等公共机构数据资源清单。按照"增量先行"的方式，加强对政府部门数据的国家统筹管理，优先推动信用、金融、交通、就业、医疗、卫生、教育、社保、工商、统计、地理、文化、科技、资源、环境、农业、安监、质量、气象、海洋等相关领域的政府数据集面向社会开放。

(三)搭建政府数据资源共享平台

根据国家《政府信息公开条例》,2009 年国家图书馆联合公共图书馆共同建设了中国政府公开信息整合服务平台 govinfo. nlc. gov. cn,通过采集各级政府的公开信息,建设了一个相对方便、快捷、统一的政府公开信息服务综合网站。但从目前实践运行来看,该信息网站内容有限、功能不全,信息利用水平较低,只是收集了非常有限的各级政府部门公开的公报类信息,信息利用价值有限。信息需求者只可以根据行政区划和检索内容进行分类检索,网站公开的仅是政府信息,不同于政府“大数据”,该平台与政府数据开放所要求的统一平台仍然相距甚远。

1. 建设数据共享内外网交互平台

政府数据开放的目的是为社会公众提供数据产品,满足公众需求。而目前政府数据分散在各个地方和部门,有些部门,例如公安等部门从中央到地方采用专用网络传输模式,直接把互联网接入专网会对国家安全、网络安全、数据安全造成影响。因此,通过互联网开放政府数据,必须建立内外网交互平台,所有政府部门需要通过互联网公开的数据都要接入数据交互平台。一是通过防火墙和单向通道模式,防止外界非法入侵各级政府部门信息系统,确保系统安全。二是通过交互平台,按照数据公开合法性、格式多样性、机器可读性原则,对来自各部门的原始数据进行二次清洗,将不同格式的数据整合在一起,便于用户或第三方开发者可下载、可分析、可使用。三是由数据主管部门统一负责数据的审查、维护和公开,减少数据公开不当造成的风险,确保政府开放数据的真实性、及时性、可用性。交互平台建设应以行政区划为单位,利用云存储、云计算技术,实行中央—省(自治区)—市—县四级平台建设模式,上下互通,分层管理。

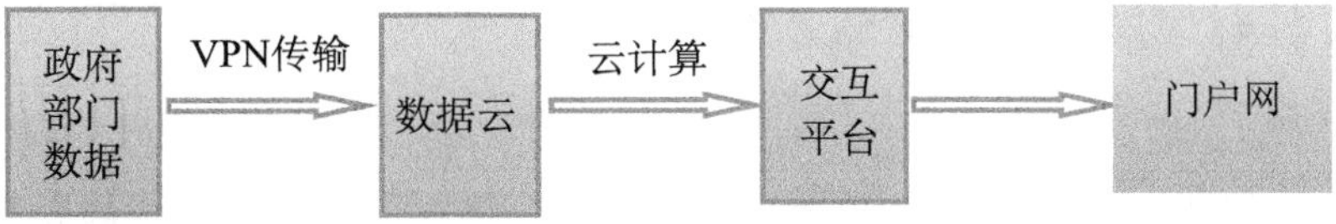

2. 建设政府数据开放门户网站

所谓政府数据开放的门户网站,就是指政府数据面向社会公众进行开放的大窗口、大平台,它是依托互联网在统一标准、统一管理、统一规范的方针下建立起来的信息共建、信息共享的网群体系。它是为了方便各类社会主体对政府数据的增值开发和利用建立起来的政府数据资源开放的门户网，通过链接内外网交互平台，向公众提供清洗后的政府数据，实现政府数据产品的浏览、下载、应用开发等一站式服务。美国的政府数据门户网站共建有农业、健康、教育、法律、能源、消费者等17个类型不同的数据群。我国政府门户网站要根据目前已有的数据种类，根据统一的标准，以内容为分类依据，科学划分数据群，合理设计查询模块，尽可能方便用户查询和下载。政府数据开放的目的是更好地服务公众，促进大众创业、万众创新，促进经济社会发展。因此，这个网站要设计多样化的应用程序和检索方式，让各类用户都能便捷地查询所需数据和信息。同时，要设计和在线提供各类政府数据分析应用工具，使公众可以更直接地对自己所需要的政府数据进行在线分析，努力做到一站式数据服务，提高工作效率，降低数据增值成本，发挥政府大数据巨大的潜在的经济价值和社会价值。

3. 建立政府数据维护的长效机制

政府数据门户网站和数据交互平台是综合性的政府数据网络平台，可能要涉及众多领域和部门公共数据的公开，必须要由专门的数据主管部门来负责数据审查与发布，切实避免所公开数据涉及安全保密、隐私等法律法规禁止内容，同时要对各级政府部门应公开的数据的数量、质量，以及数据公开的时间都要给予监控，以确保数据公开工作的顺利执行，保证公众对政府数据需求的及时满足。要运用政府信息资源管理的理论和技术储备，建立高效的政府数据管理体系，对政府数据平台接收到的数据进行规范化管理，确保政府数据从收集、整合、传输、调用、提取到公众获得，以及增值利用全过程都具有较高质量、较高品质。要加强网站运行日常维护，出现运行方面的问题及时解决，对公众的互动及时回应，并根据公众需求和网站运行情况不断改进完善，确保政府数据开放工作稳步持续推进。

（四）出台促进政府数据开放的法律法规

目前，我国政府在政府信息公开方面，初步形成了以《中华人民共和国政府信息公开条例》为主，以《档案法》《中华人民共和国保守国家秘密法》《安全生产法》《统计法》《突发事件应对法》等相关法律法规相关条款规定为补充的法律体系。但这些法律中针对政府信息公开的法律条款相对分散，影响力不强，威慑力不够，保障政府数据开放的法律依然不够完善。其中,《中华人民共和国政府信息公开条例》作为一部行政法规,仅是专门规制政府信息公开的条例,如果一旦与其对应的上位法律所规定的内容发生抵触,就无法发挥政府信息公开法律规范的强制作用。另外,该《条例》所规范的主体范围,仅涉及国家行政机关,而法律法规授权管理公共事务的其他组织,以及与人民群众利益密切相关的其他公共企事业单位都没有包括在内。例如,立法机关、司法机关等都没有包括在《条例》之内,所以立法机关的立法公开、审判机关的审判公开、检察机关的检务公开等信息公开工作就无法用法治手段加以限制。同时,立法程序不够明确、救济制度不够完善、配套法律不够健全等问题也在阻碍着政府数据开放的进展。因此,为加快政府数据开放,有必要对政府数据开放进行立法或对目前有关法律法规进行修改完善。

1. 制定颁布我国政府数据开放法

政府数据开放和政府信息公开的立法层级高低,直接关系到政府数据开放的实施结果。借鉴发达国家做法,为适应大数据时代的政府行政管理工作,有必要制定中华人民共和国政府数据开放法,将政府数据开放的立法主体从行政机关上升为国家权力机关,可以提升政府数据开放和政府信息公开的立法层级,这将有利于更好保障公民知情权。同时,要将数据开放的范围从行政机关扩大到国家所有机关和公共部门,减少《中华人民共和国信息公开条例》同其他配套法律的冲突。

2. 制定网络环境下的个人信息保护法

个人信息保护法应对个人信息保护范围、救济方法等作出明确规定,防止在大数据环境下个人敏感数据的泄露和保护个人数据的正确使用。通过规范网络信息的传播,打击篡改他人信息、冒用他人名义发出信息、侵犯他人隐私的违法犯罪行为。在制定关于网络用户隐私安全的单行法律的同时,也需要及时制定相关的网络数据技术标准和运营标准的法律,从根本上遏制非法数据的公开与传播。

3. 扩大我国政府数据开放和信息公开范围

各级政府都要树立政府数据和信息"公开是原则,不公开是例外"的理念。应该扩大信息公开范围,避免行政机关滥用法律的自由裁量权,将"国家有关规定"修改为"根据自身生产、生活、科研等特殊需要"条款特定限制和主动公开条款限定,改变以往只以公开的信息是否对部门有利为考量标准,任意扩大不宜公开的范围。同时,信息公开的例外范围要进行细化。

4. 修改完善相关法律法规

随着《政府信息公开条例》的颁布实施，要对《保密法》《档案法》等相关法律法规进行必要的修改完善，适应当前社会发展需要。其中，《保密法》中应把国家秘密的定密主体界定为各级保密部门和县以上各级人民政府，建立定密责任制，做到依法行使定密权。针对《中华人民共和国政府信息公开条例》，地方政府可以依据此法规尽早升级地方性相关规章为地方性法规；抓紧研究制定出台数据反垄断相关规定，规范数据交易行为、有偿购买、授权和协同合作等方式；可以抓紧研究制定出台大数据采集办法、大数据使用许可办法、大数据管理办法、大数据销毁办法、大数据安全责任办法等实施细则。

5. 建立法律顶层设计的制度框架

树立立法的权威和公信力，使立法体系和施法力度得到公众和社会的认可，建立有利于政府数据公开的法制环境。明确管理者在数据收集、整理、分析和共享过程中的责任和权力，进一步统一各个部门编制的政府信息公开指南和目录的标准，同时明确编制、公布指南和目录的时限，完善相关的法律条例。国务院法制办要统筹政府信息公开的全国性法律文件，各级地方立法机关依照国家法律因地制宜制定适合本地区的相关法律。

6. 健全政府数据开放救济制度

政府数据开放过程中，不可避免会发生一些伤害个人和单位隐私或利益的问题，政府部门作为数据开放的责任主体，要承担必要的责任，要建立政府数据开放救济制度。①建立政府数据开放委员会制度。为更好保障公民知情权，要建立政府数据开放委员会，并保证委员会能够独立行使调查、建议、批评、警告、起诉等各项权力，以便解决行政部门内部间因为利益关系引发的相互推诿和不作为所产生的行政诉讼和行政复议失效等问题。②扩大政府数据开放诉讼主体的资格范围。《政府信息公开条例》中把适合的诉讼主体界定为以特定利益为前提的利害关系人，限定了那些为社会公共利益而提起诉讼的诉讼主体。所以，应扩大政府数据开放的诉讼主体资格的范围。③将公民对政府数据的获取权纳入国家赔偿的范围内。国家机关及其工作人员因未能正确行使数据开放或信息公开方面的职责，如果给公民、法人或其他社会组织的人身权、财产权造成损害，依法应给予赔偿。

最后，需要再讨论的是政府数据开放立法的主体问题。完善政府数据开放的立法工作，必须要强调立法主体。通常情况下，政府数据开放立法可以由全国人大制定,也可以由国务院制定,还可以由其他主体制定。但是,立法主体的确定关系到两个问题:一是立法内容的问题。《条例》是由作为最高行政机关的国务院制定。不过,正如我们每个人容易发现别人的缺点,但却不容易发现自己的缺点一样,作为行政机关的国务院在看待政府数据公开的问题时,能否更加客观地来看待自己,进而制定真正客观的规定,这是一种考验,也是一个应该避免的风险。而如果由立法机关来完成,就从出发点上保证了可以从更客观的角度来看待政府数据公开,从而作出更为客观的法律规定。二是立法层次的问题。我国的《条例》目前由国务院制定,从法律层次上属于国务院法规。虽然《条例》的效力高于国务院部门规章和地方政府规章,但却低于全国人大制定的法律。如果《条例》中的规定与法律的规定冲突,因为上位法优于下位法,那就需要采用法律规定。但是在现实中,立法往往具有时间上的滞后性,相关法律的制定时间可能较早,而《条例》的制定时间较晚,相关法律中的规定有可能与政府数据公开的现实已经不相适应,从而导致法律的滞后性和僵硬性。所以,政府数据开放立法工作需要由全国人大来制定,一方面可以保证立法工作的客观性;另一方面也可以保证该规范文件作为法律,具有更高的约束力。当然,在基本的法律制定工作完成之后,相关的实施细则和实施办法也需要各级各部门及时出台,以保证该基本法律的有效实施。

(五)加强政府数据开放的安全保护

加强政府数据开放的安全保护是一项系统工作,需要从技术和立法两个层面共同努力,才能打造完善的政府数据安全防护体系。

1. 加强政府数据安全的技术保护

由于信息技术和网络技术对信息社会发展的引导作用,每隔若干年一次的技术大革命就会给社会活动带来巨大影响。在大数据时代,大数据的增值和利用固然带来了巨大的利益和积极影响,但同时也带来很大的数据风险,特别是在政府数据开放之后,就会使政府数据面临着被非法获取和修改的风险。情况尤为严重的是,随着互联网的发展,信息技术的技术性壁垒开始消减,越来越走向平民化。很多情况下,有些业余的网络攻击者无须特别专业的计算机网络技术水平,就可以实施具有很大破坏力的网络攻击行为。在目前办公自动化的大背景下,很多政府部门的工作办公都已实现自动化,都在依赖数据的运转。一旦办公网络被攻击,网络数据被非法使用,后果就会非常严重。

因为大数据使用了云计算的技术,所以在逻辑上就具有高度集中的信息资源、相对分散的物理服务器、高度依赖网络传输等特点，并且分布式的服务器和系统安全防范水平参差不齐，系统漏洞难以及时弥补，恶意软件和病毒更加容易隐蔽。这就导致政府部门间信息资源共享会面临许多安全隐患和安全风险。

妥善处理好政府数据开放和安全规范的关系，就必须开展基于大数据的信息安全手段建设，提升政府数据开放的安全技术保障能力，通过系统建设和技术创新切实保障数据安全。事实上，在大数据和云计算运行中，如果能够成功入侵平台中的一点，就会给外部攻击者创造很多机会，会对政府数据的整体信息造成威胁；数据存储相对集中易受攻击大数据的信息价值较高，这种在逻辑上的信息资源越集中，汇聚的价值就越高。由于大数据时代单点攻击的成本远远低于过去的分散式数据存储状态下的攻击成本，所以外部攻击者一旦成功入侵大数据平台，攻击者获取的收益将远远高于自身成本，因此政府大数据平台已经成为外部攻击者的首选目标。

政府数据的安全保护作为政府数据开放有效实施的基本前提，政府信息化管理机构需要对政府部门信息资源采用自有技术和外包相结合的模式，进行统一的规划建设与分级审核，加强数据的维护和运营。要提升大数据基础设施的关键设备的自主可控水平，尤其要鼓励在涉及国家安全和社会稳定的应用场景下使用安全可控产品。要强化大数据网络安全系统的建设，推动建立国家级、企业级的网络信息保护测评认证平台和监测预警平台。

根据政府数据开放过程中对数据技术的保护层级，可以分为数据运维、技术运维、网络运维、绩效评估等方面。①

数据运维方面

第一，要实行分级审核。就是大数据平台的数据都要实行分级审核，建立本级筛选、上级审批制度，以确保数据的权威性。数据要由本级大数据平台的主管部门对数据进行统一的筛选、管理、上报，然后由上级大数据平台的主管部门审批后，加入大数据平台。

第二，要详细注明来源。就是大数据平台的数据都要根据数据分类分级目录，详细注明来源，而且要明确数据的主要来源部门和配合部门。每一条数据都要标注审核数据和待审核数据，要确保每一条数据都要经

① 王书伟．大数据时代政府部门间信息资源共享策略研究[D]．吉林大学．2013．42—45。

过主要部门审核后才能提交给上级大数据平台。

第三，要注意区分公开与内部使用权限。就是大数据平台的数据要注意公开与内部使用权限。公开数据是能够对公众开放、随意使用的数据。公开数据需要经过严格的数据审核和审批后，才能对外公布。内部使用数据则主要在政府部门内部使用，只需要主管部门和大数据主管部门审核发布即可使用，同时也可以使用未经审核的数据。

技术支持方面

第一，运行维护的对象是软件系统、硬件设备、数据库、电子政务网络等。软件运维方面，要及时评估和更新系统，注重听取多方反馈意见，不断优化运行效率。硬件运维方面，要从设备采购阶段就提前介入，采用性价比更高的采购计划，在日常工作中要重视维护和保障，加强灾备管理中心建设，保证大数据平台的基础环境安全与可靠。

第二，技术运维要采用自有力量和外包服务相结合的模式。既要利用专业维护力量，降低运行维护成本，确保数据的安全、保密，又要加强对外包服务公司和人员资质的评估和监督，建立严格的操作流程与审核制度，从制度和管理两个方面最大程度降低故意泄密事件发生。

网络维护方面

第一，破解政府数据开放网络割据现状。要利用政府的力量，在不改变运维方的基础上，协调电信运营商来提供网络接口，实现网络的整合，建设统一化的电子政务网络，为数据资源共享提供畅通网络平台。同时，要建设专业的数据开放网络，确保实现政务内网和互联网的物理隔离。

第二，借助专业力量进行网络维护。在建立统一的政府网络平台后，可以依托电信运营商的专业技术力量，对网络进行有效维护，获得专业、高效的网络维护服务。政府部门可以定期对电信运营商的维护工作进行质量评估和评级，强化优胜劣汰，以保证获取安全可靠的网络。

第三，加强网络管理。要建立统一的公共网络发展规划并大力组织实施。要以政府大数据平台主管部门为主，对政府网络平台进行统一管理，避免多头管理和重复建设导致的财政资金浪费。对加入网络的单位或部门，可以实行准入制度。同时，要建立网络实时监控系统，及时发现网络存在问题，然后组织网络运营商进行及时维护。

安全与绩效评估方面

第一，数据开放评估。对于面向公众或政府部门开放使用的一般数据，由大数据管理部门主动进行评估后，进行开放使用。针对个别单位和个人提出需求的特殊数据，要由需求数据的部门或个人提出申请，然后经大数据管理部门评估，如果认为可行，再把此数据开放给申请部门或个人。

第二，日常风险管理工作评估。包括三个方面的评估：对数据安全性的评估，对各层级的大数据平台运行安全性开展评估，由上级大数据管理机构对下级大数据管理机构的日常风险管理开展评估，定期给出指导意见，并及时进行反馈。

第三，工作绩效评估。大数据主管部门要收集维护单位和数据使用部门或个人对大数据平台的反馈意见，及时发现问题，随时进行修正。要建立绩效评估机制，对大数据平台的运行效果和运行情况定期进行考核，防止因个别部门利益而出现消极规避政府数据开放的现象，确保部门间的数据开放与共享能够长期开展。同时，也能够借助绩效评估来减少部门间的利益矛盾。

2. 加强政府数据开放的法律保护

大数据时代政府数据的开放和透明并不意味着政府数据的无条件开放，因为其中的国家、企业和个人数据的安全隐私必须受到法律保护。但是，大数据时代的到来不仅对政府数据安全的技术保护提出了挑战，也对政府数据安全的法律保护提出了挑战。从信息数据的本身来看，在大数据时代政府数据的产生、存储和利用都不可避免地使政府数据处在流动的过程中，从而容易遭受风险。从数据价值看，在大数据时代数据的价值性越发凸显，由政府数据所可能产生的利益也是诱发政府数据遭受侵害的客观原因。从立法层面，有关政府数据的立法一方面较为分散、不成体系，难以形成全面、完善的法律屏障；另一方面对危害政府数据的违法行为、犯罪行为处罚力度不足仍然是需要改变的现实。所以，国家必须建立健全政府数据开放相关的法律法规，重点制定与政府大数据新出现问题相关的法律法规，以便使新法规能与旧法规有机衔接。长远地看，国家要鼓励和促进政府数据的市场化应用和法律保障，以便进一步完善政府数据资源的管理和增值利用。要加强政府数据安全的法律保护，当前就必须着力构建全面、系统的法律防护体系，实现全领域、全方位、全覆盖的保护。具体包括如下几个方面。

一是完善有关政府数据安全的基本法律。一方面，在刑法规定中需要完善有关政府数据安全的防护。目前我国刑法中设置有破坏计算机信息系统罪、非法获取国家秘密罪、故意泄露国家秘密罪等罪名，但是其中有些规定尚需完善。例如在破坏计算机信息系统罪中，虽然规定了“对计算机信息系统中存储、处理或者传输的数据”“删除、修改、增加的操作”达到法定条件时应该受刑罚惩罚，但是考虑到政府数据的敏感性特征，对于计算机信息系统中存储的政府数据如果只是非法获取，而未“删除、修改、增加”，那么按照该规定是无法进行处罚的。但是毫无疑问，这样的行为应该受到刑罚的惩处。所以，完善刑法中有关政府数据的规定是十分有必要的。另一方面，在行政法律的立法中也需要制定系统全面的有关对政府数据的防护。例如目前在有关的法律文件中，国务院颁布的《政府信息公开条例》的性质属于行政法规，其立法层级偏低，存在法力不足的问题。这既不利于政府数据的保护，也不利于政府数据的公开。目前亟须制定专门的行政法律，在公开政府数据的同时，保护应受保护的政府数据。

二是出台有关政府数据安全的其他相关法律文件。加强政府数据安全的法律保护，需要完善立法保障，加快数据保护、个人隐私、数据权益和合理利用等方面的地方立法工作，加快出台实施细则，推动建立相关数据开放共享标准和规范。大数据时代数据的透明开放并不意味着数据无条件开放，国家、企业和个人数据的安全隐私仍应受到法律保护。政府部门有必要建立健全大数据相关法律法规，重点制定与大数据新问题相关的法律法规，使新法规与旧法规有序衔接。从长远来看，要进一步完善政府信息资源的管理立法，以肯定和促进政府信息的市场化应用和法律保障。

三是建立完善的政府数据安全执法体制。法律制定并不意味着法律的实施，需要建立系统完善的执法体制，保证有关政府数据安全的立法落到实处。各级有关部门要高度重视，建立专门的领导小组，赋予其专门的行政职权，保证令行禁止。同时有关部门要树立法治思维，学会用法治手段保护政府数据安全，使政府数据安全的保护常态化、系统化、有效化，真正使相关立法起到实效。

（六）营造政府数据开放的行政文化

开放政府数据，不仅需要开展我国政府数据开放的顶层设计，搭建政府数据资源共享平台，出台政府数据开放法律法规，加强政府数据安全保护，更需要营造挖掘数据、利用数据的浓厚氛围。具体包括如下几个方面。

1. 强化领导干部大数据思维

营造挖掘数据、开发数据和实现数据增值的浓厚氛围，需要各级党委政府对数据开放工作给予高度重视，各级政府都要设立大数据战略领导小组，成立专门机构具体负责，制定具体的政府数据开放方案、地方大数据发展战略和发展规划。在此基础上，还要制定详尽的政府数据实施方案，明确阶段性的具体任务，明确实施主体的责任义务，推动建立跨区域、跨部门、跨行业的政府大数据战略协同机制。通过体制机制的构建和引领，形成有利于政府数据开放的浓厚氛围。强化党委政府领导干部大数据思维，培养领导干部的大数据战略眼光非常重要。要将地方政府大数据战略宣传教育纳入各级党校和行政学院等干部教育机构的课程，邀请国内外大数据知名专家进行宣讲，邀请典型工作部门介绍已经开展的大数据成功工作案例，从而进一步强化各级党政领导干部大数据思维。将大数据知识、大数据理念、大数据处理等纳入公务员的常规培训体系，不断提高干部教育培训水平，增强领导干部在大数据环境中的适应能力，努力形成运用大数据治理的政府治理文化氛围。

2. 动员社会力量广泛参与

支持和鼓励社会机构、企业和个人在政府数据开放平台上大力开发数据增值工具和应用。通过动员社会力量来提供更多的大数据产品和大数据服务，可以推动政府大数据平台形成“数据促进应用发展，应用带动数据生成”的良性循环。要以商业模式创新和应用模式创新为重点，选择若干关系国计民生的行业领域开展试点示范，重点在财政、税务、金融、统计等经济管理领域，在教育、医疗、卫生、住房、交通等社会民生领域，率先进行试点工作，提高社会公众对“大数据”理念在实践应用中的认识，做到重点突出、点面结合。

3. 推动形成大数据产业链和政府数据开放产业链

加强政府与产业联盟建设，深化公共部门、科研机构、大专院校、数据企业的广泛合作，大力发展形成区域化的大数据产业链、政府数据开放增值再利用产业链，发展政府数据开放的应用市场。鼓励院校增设相关数据挖掘、数据分析、数据应用等课程，培养各具特色的本土化的大数据信息技术人才，为数据开放提供智力支持和技术保护，不断升级数据安全核心技术，形成和提升政府数据开放利用的产业土壤。

4. 加强大数据人才培养

专业化的大数据人才是直接与政府公共部门大数据开放打交道的人员，直接影响政府公共部门数据开放和数据处理的效率。政府公共部门需要加强与高校或培训机构联合培养，完善这类人才的培养教育体系，既要加大数据管理高端人才的培养，也要加大对具备多门类知识结构的复合型数据管理人才的培养，必要时可以从外部引进优秀大数据管理人才。

5. 加强大数据产业和政府数据开放宣传

要广泛进行大数据的宣传，使数据开放意识深入人心。要组织更多的部门和人员进行大数据应用和管理培训，使大家学习大数据前沿知识，转换大数据思维，接触大数据实践。

（七）加大政府数据开放的绩效评估

加大政府财政投入，加快推进政府数据建设，营造政府数据开放和建设的浓厚氛围，对于迅速启动和实施大数据战略不仅是有效的，而且是关键的。各级政府都要加大关于政府数据开放工作的财政投入，设立大数据专项资金，保证财政的大力支持。同时要严格政府数据开放专项资金的管理制度，做到专款专用，杜绝资金的不正确使用，严格报账制度。

要通过政府财政资金的持续投入，带动更多的社会资本进入到政府数据开放事业中来。随着政府数据开放工作走向深入，资金来源的多元化就会非常重要。要通过政府资金投入的引领，让公众看到国家发展大数据产业和促进政府数据开放的决心与信心，让更多掌握社会资本的人愿意把资金投入到政府数据开放的增值和利用中来。当然，随着大数据时代来临，政府数据开放过程中也确实蕴藏着巨大商机，当第一批社会资本进入政府数据开放事业后，他们的盈利状况会吸引大量后续资本接踵而至。一旦氛围形成，对于推动大数据发展和政府数据开放就会具有重要现实意义。

1. 加快大数据基础设施建设

加大财政资金对大数据基础设施建设的支持力度，在整合利用现有电子政务等政府数据处理基础设施的基础上，将目前各级各部门的网络设施逐渐整合到政务外网与政务内网的大格局下，建设国家级的统一的大数据平台，形成全国“一张网”。同时，要将分散在各级各部门的信息化基础设施，在管理上要逐步整合本级大数据平台，利用云计算技术实现存储资源和服务器的统一调配，从而实现基础设施的充分利用，方便管理，同时降低数据共享的各项成本。

2. 统筹安排大数据财政资金使用

要在成立具体的负责国家数据开放的实体管理机构的基础上，把国家关于政府数据开放的建设资金，统一由这个实体机构来进行分配。在国家层面，各部委可以根据业务发展需要向这个实体机构提出需求，由这个实体机构制定项目建设计划，并指导或组织建设。各地方负责政府数据开放的工作，也要设立与国家对应的实体机构，根据上级数据开放的要求和本级建设的需要，向本级政府申请资金安排，组织项目建设。行业部门的系统建设统一由本级行业部门向国家数据开放实体部门提出申请，经审批后开展建设。这样，就可以保证数据开放工作进度协调一致，也可以消除行业发展不平衡给数据开放和共享带来的种种博弈。

3. 注重大数据专项资金使用监管

要不断完善大数据财政资金的使用监督机制，要加强财政资金的第三方监管，定期对资金使用情况进行监督，并定期向社会进行公示。在监督的具体操作上，可以组成由各级人大组成的第三方监管来对相应的各级财政资金进行监督。要确保财政资金用到实处，绝不能造成腐败寻租和资金浪费。

五、结论与展望

大数据时代的到来，催生数据成为区域发展的战略资源和重要的生产要素。数据的利用率和增值价值不断提升，并迅速形成数据开放与共享的浓厚社会氛围。政府公共部门作为重要的数据生产者、使用者和存储者，坐拥海量的公共数据资源及其潜力巨大的开发利用价值。因此，政府数据的开放共享成为我国大数据应用发展的重要基础和保障。

我国虽在大数据的理论和实践中取得了一定的成果，但在政府数据公开方面与美国、欧盟、日本等还有较大的差距，政府数据管理任重而道远。为此，我国政府应该尽快在国家层面统筹规划，做好顶层设计，积极破除数据垄断和障碍，提高政府主动服务意识，建立起宽严相济的法律体系和合理的政绩考核评估体系，努力消除数据孤岛，大力整合地方和部门数据，以民生需求为导向有步骤有目标地开放政府数据，以激发政府数据在加强社会治理和促进经济发展中的巨大潜力。同时，政府部门应该大力加强与大数据企业、互联网企业的合作，推动政府数据与互联网数据、行业数据等全面融合，共同推进大数据背景下政府数据开放的现代化。

参考文献

[1]徐子沛．大数据[M]．广州：广东师范大学出版社．2013.

[2][英]维克托·迈尔-舍恩伯格．大数据时代[M]．杭州：浙江人民出版社．2012.

[3]李志刚．大数据：大价值、大机遇、大变革[M]．北京：电子工业出版社．2012.

[4]蔡立辉．电子政务应用中的信息资源共享机制研究[M]．北京：人民出版

社 . 2012.

[5]王书伟 . 大数据时代政府部门间信息资源共享策略研究[D]. 吉林大学 . 2013.

[6]刘铬 . 政府开放数据的社会人增值服务研究[D]. 山西大学 . 2013.

[7]傅倩 . 政府大数据平台的建设策略研究[D]. 南昌大学 . 2014.

[8]宋赢硕 . 基于分级访问控制的政府数据开放平台及安全设计[D]. 上海交通大学 . 2013.

[9]韩晶 . 大数据服务若干关键技术研究[D]. 北京邮电大学 . 2013.

[10]沈亚平 . 大数据时代政府数据开放制度建设路径研究[J]. 四川大学学报,2014(5):111—118.

[11]周大铭 . 我国政府数据开放正逢其时[J]. 赛迪智库,2014(1).

[12]刘小刚 . 国外大数据产业的发展及启示[J]. 金融经济,2014(9).

[13]冯登国,张敏,李昊 . 大数据安全与隐私保护[J]. 计算机学报 . 2014(2).

[14]李霖 . 大数据时代政府决策的变革之道[J]. 厦门特区党校学报 . 2014(3).

[15]于施洋,杨道玲,王璟璇,张勇进,王建冬 . 基于大数据的智慧政府门户:从理念到实践[J]. 电子政务 E-GOVERNMENT. 2013(5).

[16]高华丽,闫建 . 政府大数据战略:政府治理实现的强力助推器[J]. 探索 . 2015(4).

[17]张毅菁 . 大数据对我国政府信息公开立法修改的启示[J]. 图书情报工作. 2013(4).

[18]姚乐,樊振佳,赖茂生 . 政府开放数据与智慧城市建设的战略整合初探[J]. 图书情报工作 . 2013(7).

[19]于浩 . 大数据时代政府数据管理的机遇、挑战与对策[J]. CPA 中国行政管理. 2015(6).

[20]王元卓,靳小龙,程学旗 . 网络大数据:现状与展望[J]. 计算机学报 . 2013(3).

[21]钱晓红,胡芒谷 . 政府开放数据平台的构建及技术特征[J]. 知识、学习和管理 . 2014(6).

[22]金琇 . 奥巴马"透明开放政府"的做法及启示[J]. 特区实践与理论 . 2013(11).

[23]曹凌 . 大数据创新、欧盟开放数据战略研究[D]. 西北大学 . 2012.

[24]迪莉娅 . 欧盟新公共信息再利用指令研究[J]. RESEARCH ON LIBRARY SCIENCE. 2015(7).

[25]迪莉娅 . 大数据环境下政府数据开放研究[M]. 北京知识产权出版社 . 2014.

[26]付熙雯,郑磊 . 政府数据开放国内研究综述[J]. 电子政务 E-GOVERNMENT. 2013.

致　谢

时光飞逝，记得刚到国家行政学院时才是阳春三月，来自全国各地的28位同学意气风发，齐聚课堂。转眼春华秋实，伴随着美丽校园里的花开花落，我们彼此已结下了深厚的友谊，知识的种子在悄悄发芽，思想的碰撞在静静结果。我们十分珍惜这一段宝贵的学习机会，在即将结业之际，我们课题小组以此论文作为礼物送给我们永远的母校——国家行政学院！

论文得以顺利完成，我们要特别感谢课题组的两位指导老师——顾平安教授和何哲副教授！他们渊博的专业知识、严谨的治学态度、精益求精的学术作风、诲人不倦的高尚师德、朴实无华的人格魅力都深深地感染和激励着我们。从课题的选题、开题答辩、考察调研到最后的修改定稿，两位老师都付出了很多，给了我们悉心的指导和有力的支持。在此，请接受我们发自内心对你们最真诚的谢意！

同时，非常感谢培训部安令裕主任、班主任黄创老师、项目组支远老师、孙金阳老师、王磊老师以及各位为我们精彩授课的专家学者们，非常感谢为我们吃住行做了大量细心温馨工作的学院后勤中心的工作人员，非常感谢给我们提供了实地调研和座谈交流的北京市发改委、中关村管委会、中关村科技园区海淀园创业服务中心、北京市经信委、北京亚信数据有限公司、北京阿里巴巴集团公司、河北省保定市白沟新城、IBM中国总部、百度中国总部等单位的领导。最后，也要感谢支持我们来京学习一年的单位领导、同事及我们的家人。没有你们的支持，我们无法按期完成各项学习任务！

一段青干缘，一生朋友情！课题组6位同学有幸与其他22位同学同窗一年，井冈山下重走挑粮小道，延安宝塔山上重温入党誓词，临沂“三进三同”促膝长谈，支部“三严三实”活动红脸出汗，往事一幕一幕，都深深地镌刻在我们的脑海里。课题组同学更是共同切磋、激烈讨论，相互支持、相互关心，顺利完成论文。这份纯洁的友情必将伴随彼此一直走下去！

衷心祝福国家行政学院发展得越来越好！衷心祝愿各位老师身体健康、万事如意！衷心祝愿各位同学心想事成，合家幸福！

指导老师简介：

顾平安　国家行政学院公共管理教研部教授

何　哲　国家行政学院公共管理教研部副教授

课题组成员简介:

路万青　广西壮族自治区商务厅对外经济合作处处长

杨海燕　内蒙古科技大学学生工作部部长

沈瑞华　宁夏回族自治区公安厅指挥部副主任、情报中心主任

陈　峰　共青团上海市委常委、青工部部长

范　宏　共青团云南省委宣传部部长

王耀纲　河北省委统战部联络处处长

北京市经济发展绿色化问题研究

指导老师：王茹　黄锟
课题组成员：于红波　乔建伟　李平　李伟峰　徐腾　黄瑞轸
课题组组长：李伟峰　统稿执笔人：于红波

2015年5月，我国出台了《关于加快推进生态文明建设的意见》，提出协同推进新型工业化、信息化、城镇化、农业现代化和绿色化，坚持把绿色发展、循环发展、低碳发展作为基本途径。党的十八届五中全会将绿色作为我国十三五时期必须牢固树立的发展观念。本课题围绕经济发展绿色化进行了深入研究。研究表明，绿色发展已经成为当前乃至未来我国经济发展的主要目标和内容，经济发展绿色化是经济发展的新要求、新特点和新趋势。[①] 近年来，北京市积极探索实践，经济发展绿色化进展态势良好，取得了明显成效，同时还存在许多问题和挑战，需要深入研究，积极开拓，坚定不移地用科学理论指导和推进绿色化发展。

一、导　论

（一）研究目的与意义

1. 研究目的

本研究通过研究绿色发展理论、经济发展绿色化在经济社会战略定位中的地位和作用、当前北京市绿色化发展的现状及面临的机遇与挑战、推进经济发展绿色化的路径选择和基本模式，为北京市绿色化发展提供有针对性的可行性对策建议，为全国各地因地制宜推进绿色化发展提供可借鉴、能复制的实践经验与理论依据。

2. 研究意义

选择确定该课题，主要有以下几点意义。

---

① 中共中央 国务院关于加快推进生态文明建设的意见．http://news.xinhuanet.com/politics/2015-05/05/c_1115187518.htm.

(1)对于推进生态文明建设具有重要的现实意义

绿色化发展是生态文明建设的基本途径和经济基础。当前我国生态文明建设水平仍滞后于经济社会的发展水平,资源对我们的约束趋紧,环境污染依然十分严重,生态系统仍在趋于退化,人口资源环境同发展之间的矛盾日益突出,这已成为制约经济社会可持续发展的瓶颈。开展本课题研究,开辟了落实生态文明建设新思路和新领域,对于贯彻落实党的十八届五中全会精神和中共中央、国务院《关于加快推进生态文明建设的意见》,以"绿色化"为基本路径,加快建设社会主义生态文明新时代具有重要的现实意义。

(2)对于破解加快转变经济发展方式、提高发展质量和效益难题具有典型示范作用

当前我国正处于经济新常态,增长速度由高速向中高速转换,发展方式由规模速度型粗放增长向质量效率型集约增长转换,产业结构由中低端水平向中高端水平转换,增长动力由要素驱动、投资驱动向创新驱动转换。开展本课题研究,对于北京市更好地适应新常态、把握新常态、引领新常态,具有积极的指导作用,对于其他各省市坚守"绿水青山就是金山银山"理念,以绿色化发展为路径,推进经济社会可持续发展可以提供有价值的借鉴示范。

(3)对于促进人与自然和谐发展、维护生态安全具有深远的人本效应

推动绿色化发展,关系生态安全和人民福祉。当前我国物质文明建设取得了显著的成就,人民群众对经济的持续发展和生活的有效改善总体上满意,但对生存生活环境的日益恶化反映也越来越强烈。绿色发展作为全面建设小康社会的重要组成部分,应当与其他各项目标任务同步推进。然而,同物质文明相比,我国的低碳、循环、生态文明建设明显滞后,绿色发展步伐无法适应国家和老百姓的需求,需要不断加大力度。开展本课题研究,对于明晰北京市乃至全国各地绿色化发展体制机制,加快形成人与自然和谐发展的现代化建设新格局具有重要的指导意义。

(4)对于创新生态文明建设理论、研究方法具有重要的理论价值

绿色化发展前景广阔,却又任重道远,既需要理论的突破和创新,也需要实践和政策的积极探索、深入研究和顶层设计。研究绿色化发展,对于我国认识与应对世界绿色经济给中国带来的新战略机遇期,是一个不容回避的重大理论与现实问题。本课题绿色化的理论研究,涉及从生产

方式到消费方式等一系列的转型与变化，对于推动中国实施经济发展绿色化战略，提供战略政策与理论支持，将具有重要的理论价值。

（二）研究背景与动态

1. 研究背景

自1987年布伦特兰发布《我们共同的未来》以来，可持续发展理念在全球范围内迅速传播，实现了传统的、以经济增长为核心的发展模式向以协调经济发展与资源环境之间矛盾的绿色增长、绿色化发展模式的转变，受到国际社会越来越多的关注。“绿色经济”（Green Economy）一词最早的溯源来自英国环境经济学家戴维·皮尔斯于1989年出版的《绿色经济蓝图》一书，是以效率、和谐、持续为发展目标，以生态农业、循环工业和持续服务产业为基本内容的经济结构、增长方式和社会形态。针对多尺度全球经济危机的蔓延，2008年10月，联合国环境规划署提出了发展“绿色经济”的倡议，呼吁实施“全球绿色新政”。[①]

我国自改革开放以来，经济持续快速发展，已经创造了举世瞩目的成就。但发展中所付出的资源、环境代价过大，发展不平衡、不协调的矛盾十分突出，城乡差别、地区差别、收益分配差别扩大，生态退化、环境污染加重，民生问题凸显，严重制约了经济的可持续发展。如何破解难题，走出困境，实现良性循环，事关改革发展大局。传统工业化带来的矛盾和问题，若以工业文明理念和思路应对，不但于事无补，还会使困境日益深化。只有用生态文明来超越传统的工业文明，坚持以绿色化发展的理念和思路，对发展中的矛盾、问题作统筹评估、理性调控、综合治理，才能举一反三，进而突破这个瓶颈制约。中国共产党第十八次全国代表大会报告提出了“努力建设美丽中国，实现中华民族永续发展”的目标，并把生态文明建设纳入“五位一体”总布局。党的十八届五中全会把绿色作为我国十三五规划的重要发展理念。2013年5月，出台加快推进生态文明建设的意见，吹响了加快绿色化发展的号角。[②]

可以肯定地说，绿色化发展将成为我国未来经济发展的主旋律，是一项具有现实价值和深远意义、值得深入研究的重要课题。为此，我们组成了经济发展绿色化课题研究组，以北京为重点进行了调研，先后深入到北京市发改委、规划委、经信委、北京市环境交易所、鲁家山北京首钢生物质

---

① 郑德凤等．绿色经济、绿色发展及绿色转型研究综述．生态经济第31卷第2期．第65页．

② 唐啸．绿色经济理论最新发展述评．国外理论动态．2014年1月4日．

能源科技有限公司、密云区、中关村，以及天津滨海新区、太原、武汉、广州、海口、青岛、大庆等国内城市进行有重点的调研。

2. 研究动态

1989年，戴维·皮尔斯提出“绿色经济”的概念，2010年联合国开发计划署提出了绿色经济的定义，2012年6月“里约+20”峰会通过的题为《我们希望的未来》成果文件中明确提出绿色经济是实现可持续发展的重要工具之一，并鼓励各国依据国情制定绿色经济政策。此后，世界各国迅速发展绿色经济，绿色经济得到蓬勃发展，取得良好成效。

总体而言，截至目前，绿色经济的研究可以分为三个阶段：单一的生态系统目标阶段，经济—生态系统目标阶段，经济—生态—社会复合系统阶段。

(1)单一的生态系统目标阶段(1989年至2006年)

关注点集中于污染治理的经济手段，强调生态系统的财富价值，目标仍然是生态系统的保护，本质上属于传统环保手段的进一步延伸。Michael Jacobs等人(1991年)指出，绿色经济的核心问题是讨论影响经济和环境相互作用的环境经济政策，特别是如何以此消除市场的外部性和治理环境的问题。

(2)经济—生态系统目标阶段(2007年至2010年)

这一时期绿色经济研究的概念重点关注经济系统的整体转变，倾向于将绿色经济解释为“经济绿色化”的一个过程，或者解释为经济系统和环境系统相互联系的一种经济模式。同时，这一时期也出现了一系列关于绿色经济的经验研究，包括对八个发展中国家的绿色经济政策进行了评估和分析。

此阶段绿色经济概念的创新主要体现在三方面：一是突破传统环境经济学范畴，强调经济整体的绿色化和低碳化，将经济增长和解决生态环境危机相结合。二是从被动治理和防治迈向主动投资，强调以经济投资推动生态资产增长，例如对于生态工程、林业水利等的投资。事实上，这一思想在弱可持续发展理论中时有体现，但是绿色经济理论将其很好地与应对经济衰退政策相联系。三是丰富了绿色经济概念的内容，实证阐释了绿色经济的产业部门，进一步实体化了绿色经济。①

这一阶段的绿色生态经济理论实践将生态系统目标和经济系统目标

① 唐啸. 绿色经济理论最新发展述评. 国外理论动态. 2014年1月4日.

相结合，开始涉及经济发展方式的核心，出现了革命性的经济发展与变化的萌芽。当然，这种变化从本质上看，仍是“挑战—应战”模式下的应激举措，缺乏系统性的理论建构和长远性的规划。

（3）经济—生态—社会复合系统阶段（2010 年至今）

2010 年，联合国可持续发展大会第一次筹备会议将“里约＋20”峰会的主题词之一定为：“绿色经济在可持续发展和消除贫困方面的作用”，这标志着绿色经济已成为可持续发展战略的核心要素。2010 年，联合国开发计划署提出了绿色经济的定义，即“带来人类幸福感和社会的公平，同时显著地降低环境风险和改善生态缺乏的经济”。

这个阶段研究不再将绿色经济局限在生态治理和经济增长方面，而是将其视为一种生态—经济—社会三个方面的支柱缺一不可的革命性经济模式。德国柏林自由大学环境政策研究中心的报告指出：“大多数的专家和社会团体将绿色经济视作一种三支柱共同支撑的发展路径。”或者将绿色经济解释为一种模式或一个镜头，“用来聚焦和抓住机会，以便同时促进经济和环境目标的实现”，以“通过适合当地及全球生态基础条件和长期动力的方式来组织经济”。

在实证研究方面，关注点集中在社会公平等维度对于经济和环境的影响方面，包括可持续发展在消除贫困和帮助弱势群体等方面的作用、包容性财富的衡量、人类发展中不同部分对于环境可持续性的影响。在政策研究方面，要求革新现有发展方式，达到经济高效、生态和谐、社会包容的目标。张玉钧、孙吉亚认为，生态文明指引生态旅游发展的方向，生态旅游是实现生态文明建设的载体；王光有从可持续发展的角度，对绿色农业的主客观条件和要素进行了系统的梳理；汪云峰提出了一系列结合我国国情的探讨；曹东等认为解决中国发展绿色经济所面临的资源环境制约问题，必须调整现行以 GDP 为导向的地方政府和官员绩效考核体系以及对现有税收、金融等财政体系进行改革等，提出了具有适应性和包容性的发展策略；刘莎莎认为绿色财政的意义不局限于实际的财政收支，其意义更有对于环境保护的导向作用；李佳认为应进一步调整并优化绿色税目与税率，通过不断完善有关税收收入管理方式等促进绿色税收体系建设；朱远等探讨了从产业体系再造、城市空间重构和消费模式转变三个实施领域以及网络治理、生态创新两大保障体系构建城市绿色转型的实施框架；刘薇从创新驱动的视角出发研究了北京市的绿色发展模式，提出创新驱动与绿色发展相互促进机制主要表现在市场需求带动、政府全程推动以及广泛的公众参与等方面，认为投资和融资政策不足、产权制度不明晰、引导政策不明确、市场培育政策不健全等因素阻碍了北京以创新驱动绿色发展。

另外，杨朝飞等在肯定了“十一五”时期以来我国在实施节能减排方面做出的大量工作以及取得的积极成果的基础上，对制约我国经济向绿色发展的因素进行了分析，对我国面临的诸如持续工业化、城市化和农业现代化等困难和挑战进行了探讨；张莹等对绿色经济的内涵进行了讨论，提出了促进我国绿色经济发展的政策性意见和建议；孙伟等认为，未来我国发展绿色经济需要强化战略规划，增加金融扶持，加大绿色科技研发力度，培育绿色消费市场，并将市场调节与政府调控结合起来，在发展绿色经济新兴产业的同时重视改造传统产业，主张通过制度创新、管理模式创新等手段加强绿色发展战略实践；胡鞍钢分析了绿色发展的功能界定、机制分析与发展战略；许昌等认为绿色税收政策可以通过改变资源产品之间的相对价格关系对生产和消费环节进行调节和控制，从而鼓励资源的再生利用、清洁生产等，推动绿色经济发展与转型。①

(三)研究目标与思路

1. 研究目标

一是全面系统地梳理总结国内外经济发展绿色化理论研究成果及存在的问题、困难。深入北京市有关部门、县区及国内有关城市进行经济发展绿色化调研，解剖北京区县经济发展绿色化现状，采取点线面相结合的调研分析法，从宏观、中观、微观三个层面系统梳理和归纳提炼北京市经济发展绿色化的成功经验做法，深入比对、分析和挖掘北京市经济发展绿色化存在的主要问题、面临的机遇和挑战。

二是为北京市发展绿色经济提供有针对性的发展战略和对策建议。以问题和需求为导向，以可持续发展理论、生态经济理论、产业经济理论等为指导，采用社会调查研究、文献研究、比较研究、综合研究、实证研究与典型案例分析等研究方法相结合、定性分析与定量分析相结合的方法，比较研究国内外经济发展绿色化的现有模式，总结经验教训和发展规律，重点围绕北京市经济发展绿色化面临的突出问题，提出有针对性的发展战略和对策建议。

三是进行理论创新、路径创新，探索建立经济发展绿色化基本模式，

---

① 郑德凤等．绿色经济、绿色发展及绿色转型研究综述．生态经济第31卷第2期．第65页．

创新经济发展绿色化理论。

2. 研究思路

本研究的重点是调研获取北京及国内有关城市绿色发展现状的数据，分析我国尤其是北京经济发展绿色化存在的主要问题、面临的机遇和挑战以及政府谋求绿色发展的战略思想与需求。深入比对分析和挖掘北京市经济发展绿色化存在的主要问题，以问题和需求为导向，比较研究国内外经济发展绿色化的现有成功经验做法，总结经验教训和规律，提出有针对性的绿色发展模式和对策建议。

本研究力求三个创新，即研究视角创新、政策理论创新和研究方法创新。

从大城市、县区（区域）、行业企业等点线面三个维度，以北京“四个中心”发展新目标、京津冀协同发展、三规融合、产业结构调整、政策环境壁垒、体制机制障碍等作为发展需求和存在问题为切入点，挖掘研究制约北京经济发展绿色化的深层次问题及根源。

开展实地调查和典型案例研究，通过实证分析，深入分析我国特别是北京经济发展绿色化的现状、问题与影响因素，理清绿色发展规律。采用文献研究、社会调查研究、比较研究、实证分析研究与典型案例分析等研究方法相结合、定性分析与定量分析相结合，比较研究国内外经济发展绿色化的现有模式，进而进行系统的梳理总结、归纳和演绎。

(四)研究的主要内容

1. 经济发展绿色化的理论分析

对当前国内外绿色化研究成果、经济绿色化概念、绿色产业体系和绿色经济区域理论、绿色生态农业产业理论等进行深入分析。

2. 分析研究北京市经济发展绿色化现状、机遇和挑战

包括北京市经济发展绿色化现状与中长期规划布局、成功的经验做法及典型发展模式、典型案例剖析、制约北京市经济发展绿色化的主要因素分析、面临的机遇与挑战。

3. 分析研究国际国内经济发展绿色化的成功经验

选取国外某些绿色化发展较好的美、英、德、日、法、新等国家为例，分析其先进做法和模式。以广东、湖北、山西、海南、青岛、大庆等部分省市绿色发展为例，进行“点线面三维度”典型案例分析（行业企业、县区、北京等国内外城市），梳理归纳其中的成功经验和做法。

4. 研究经济发展绿色化的理论模式

在理论分析的基础上，归纳总结国际国内绿色化发展的经验教训，分析北京市经济发展绿色化的问题和影响因素，探析经济发展绿色化的规律和理论模式。

5. 针对北京市经济发展绿色化存在的突出问题和面临的形势，分析提出对策建议

二、北京市经济发展绿色化的理论与实践基础

（一）经济发展绿色化的内涵

何为绿色经济？英国环境经济学家戴维·皮尔斯在1989年出版的《绿色经济蓝图》一书中提出，绿色经济是从社会及其生态条件出发建立起来的“可承受的经济”，是一种自然环境和人类自身能够承受的、不因人类盲目追求经济增长而导致生态危机与社会分裂，不因自然资源耗竭而致使经济不可持续发展的经济发展模式。①

国际绿色经济协会将绿色经济定义为：以实现经济发展、社会进步并保护环境为方向，以产业经济的低碳发展、绿色发展、循环发展为基础，以资源节约、环境友好与经济增长成正比的可持续发展为表现形式，以提高人类福祉、引导人类社会形态由“工业文明”向“生态文明”转型为目标的经济发展模式。

联合国环境规划署将绿色经济定义为一种“促成提高人类福祉和社会公平，同时显著降低环境风险，降低生态稀缺性的环境经济”。该组织认为绿色经济发展进步可以通过减少碳排放和污染排放、提高能源和资源的利用效率、防止生物的多样性和生态系统的服务丧失等举措来推进实现。

借鉴上述概念，我们可以从产业发展的角度来理解绿色经济内涵——绿色经济应是以低碳、生态、和谐、可循环、高效能、可持续等为发展目标，以循环工业、生态农业、持续服务产业为基本发展目标和内容的科学发展模式。其中，绿色生态农业是指以可持续发展为基本原则，充分运用先进科学技术、先进工业装备和先进管理理念，以促进农产品、生态、资源“三安全”，提高农业的综合水平和效益的和谐统一为目标，推动社会和经济科学发展的农业发展模式；循环工业是指在以资源的高效利用和

① 郑德凤等．绿色经济、绿色发展及绿色转型研究综述．生态经济第31卷第2期．第65页．

循环利用为核心，以减数量、省资源、可循环为原则，使经济与自然生态系统和谐循环，自然生态保持平衡，符合可持续发展理念的经济增长模式；持续服务业应是服务业市场发展环境和市场化机制得到不断优化，市场准入条件得到不断放宽，部门、行业的进入壁垒得以消除，市场主体得到有效激活，创新创业服务业领域得到积极鼓励与支持，服务业内部各要素之间相互支撑、和谐共生发展。

（二）国外经济发展绿色化理论探索与实践

绿色经济概念提出以后，国外众多研究人员围绕经济发展中的能源利用效率、环境保护、减少污染问题等展开了大量研究，以“经济增长能够抵消环境与社会损失”为主旨的“弱可持续发展”观点很快就在西方发达国家之间形成一定的共识，由此拉开了绿色经济转变研究的序幕。同时，绿色经济逐渐被西方国家普遍认为是解决全球气候变化、生物多样性减少、信贷紧缩以及消除贫困落后等一系列问题的最佳替代方法，绿色经济概念也随之在许多西方国家和地区实践应用中不断得到外延发展。比如，Jacobs 等提出，绿色经济需要在传统产业经济的三种基本生产要素——劳动、土地、人造资本的基础上，增加社会组织资本。同时认为，社会组织不仅仅是单纯的个人的总和，无论哪一种层级的组织都会衍生出特别的习惯、规范、情操、传统、程序、记忆、文化等，从而培养出不同的效率、活力、创造力与动机，进而投身于创造人类福祉的事业中。Kahn 介绍了不同经济学派关于绿色经济的观点，引述了世界各国的大量案例，从绿色经济角度探讨了固体废弃物、污水、噪音、大气污染和全球气候变暖问题，提出这些与人类生存休戚相关的环境问题应该越来越为人们所重视。

2008 年全球金融危机过后，各国开始关注以“自然资本的非减化”为目标的“强可持续发展”，着重强调可持续发展绝不能以自然资源的大量消耗为代价。比如，UNEP 提出了绿色经济和绿色新政倡议，希望通过加大绿色科技投入、资金投入等手段催生新的产业革命，并提出了服务于涉及绿色经济产业发展实践操作部门和领域，其中涵盖了生态环境系统的基础设施建设、清洁技术、可再生资源等八个领域。Weizsiicker 等提出了一个更大胆的绿色发展目标：在继续提高全球人类福利的基础上将资源消耗减少 80%，从而实现全世界经济的全面转型。亚洲科学院协会则对全部亚洲国家面临的可持续发展问题进行了大量调查，对亚洲的增人口、减贫困、控污染、生态恢复及区域发展等问题的可持续发展形势进行了全面深入总结，提出了促进绿色转型的具体政策建议和实践指南。还有许许多多国内外学者，从不同角度、不同层面围绕绿色经济发展开展了大量研究，许多研究成果为绿色发展实践给予了有力的理论指导。①

在进行理论研究的同时，许多国家和地区特别是经济发达地区开始重视绿色发展问题，纷纷就本国绿色发展进行了各具特色的探索实践，由此形成了各具特色的绿色发展模式。

1. 美国绿色发展模式

美国作为生产大国、消费大国和世界第一强国，在20世纪70年代末就制定了以循环为目标、以促进可再生能源的开发利用、充分合理利用现有资源、鼓励节能为核心的能源政策。在推动循环经济的进程中，十分重视循环消费，大力普及循环消费观念，建立完善循环消费社会机制，绿色循环消费观念已经成为美国循环经济的重要组成部分。

美国是联邦制和市场经济发达的国家，绿色发展在不同区域和层面呈现出不同的模式：一是企业内部各工艺之间的物资循环利用的微观模式，二是产业间共生耦合代谢的工业园区中观模式，三是循环型生产和消费的宏观模式。呈现出的主要特点：①循环经济的发起源于政府的行政命令，政府积极采取引导性的行政手段；②发展循环经济从立法开始，制定了循序渐进的法律措施；③采取多维配套的经济政策手段，包括税收优惠政策、收费政策和政府采购政策；④界定明晰的责任延伸制度和纵向责任链制度，明确规定节能减排、治污环保方面各利益相关方的责任，鼓励循环消费；⑤补偿与市场交易并举的排污治理制度；⑥实施自然资源和环保等方面的协作管理，联邦政府利用各种手段保护自然资源，建立联邦—州合作制和政府—社会合作机制。

2. 英国绿色发展模式

英国全力打造绿色经济，着力构建碳排放交易体系和低碳生活理念，着力推进低碳产业、交通和清洁能源，把未来经济繁荣的方向定位于确保“绿色增长”，试图通过增加在基础设施、产业和技术方面的投资，大规模放宽私人投资，创建一个全新的能源效率市场，以吸引新的投资为新的绿色经济增长模式注入活力。应该说，绿色经济发展的内容涉及社会各个层面，发出的“更多绿色”和“减少碳足迹”的倡议已经深入人心。

政府在推进绿色发展过程中，首先是大力发展绿色能源；其次是推广新的节能生活方式；再次是支持“绿色制造业”，鼓励推动新绿色技术的研

① 郑德凤等．绿色经济、绿色发展及绿色转型研究综述．生态经济第31卷第2期．第65－67页．

发，力求确保英国在碳捕获、清洁煤新技术领域处于世界领先地位。同时，政府还颁布了帮助高耗能企业、行业向低碳经济转型的要求和措施，推进成立了世界上首个绿色投资银行，该银行主要是用来帮助行业企业应对因为低碳转型所产生的较高成本负担，对低碳、循环技术创新研发和节水节能科技创新提供及时必要的支持。

3. 日本绿色发展模式

日本绿色经济发展是由点到面的逐步递进过程，发展绿色经济是企业、群众和国家立法三位一体的模式，这种体系使得国家经济的发展能够保持相对持久稳定。主要做法是通过全社会参与和科技强有力支撑，实现经济与环保协调发展；通过强有力的法律保障，大力推进资源循环利用，构建循环型社会。

发展绿色经济的主要特色体现在五个方面：一是注重建立生态工业园区，明确企业社会责任；二是注重加大宣传力度，改变人们的生活、消费模式，促进绿色经济的发展；三是明确责任主体，追究废弃物第一排放责任；四是明确政府财政政策的支持力度，细分环保经费；五是为实现目标，大力推动新技术开发与技术革新，开展全民低碳运动与国际合作，推动系列低碳项目与课题的研究。

特别是在政府支持方面，财政政策支持起到十分重要的作用。基于引爆“低碳绿色革命”和创造“低碳绿色世界”这样两个基本目标制定低碳政策，所推行的低碳政策和相关对策，正在促进传统经济向“低碳绿色发展”转变，并推动日本传统社会向“新型低碳社会”转变。

4. 德国绿色发展模式

德国的绿色发展是从循环经济入手，起源于垃圾处理，然后逐渐向生产和消费领域扩展和转变。其主要做法是：制定和完善循环经济发展的法律框架；建立垃圾处理的监督机制；建立以收费制度和企业化运营为基础的实施机制；从企业到区域层面实行示范物质流管理模式；发挥社会中介组织作用，在包装回收系统实施“绿点”计划。其中，BIOJerm公司的垃圾干法沼气产电、废旧汽车处理厂和废旧金属回收厂等是德国绿色循环发展的实践典范之一。

纵观德国绿色发展，呈现出六个方面的特点：一是政府的决心是推动绿色发展的关键；二是拥有先进的技术是实现绿色发展的保障；三是坚持以消费促生产，推动循环经济向循环社会发展；四是采取从小处和易处着手、逐步推广的绿色发展之路；五是创新组织模式，实行双轨制回收系统（DSD）和绿点系统；六是坚持依法推进绿色发展。当然，德国的绿色发展也还存在一些不足之处。

5. 新加坡绿色发展模式

新加坡发展循环经济的特点主要有四个：一是以循环经济克服发展短腿，二是政府进行有力干预，三是具有坚实的法制基础、强有力的领导核心和强大的社会后盾，四是积极发展和拥有先进的技术。

从两个方面的绿色发展事例可以感受新加坡的绿色循环经济的特色：①以废弃物管理为例。新加坡以材料投入的减量化实现垃圾产生量的最小化，以高循环利用率实现废弃物再利用的最大化，以尽可能多的资源化实现单位废弃物产出的最大化。②以节水为例。政府层面提供政策支持和制度安排，保障供水安全和用水效率；企业层面强化生产者责任制，提升水资源利用效率；社会层面增强水资源意识，积极培养节水型的生活方式。新加坡绿色发展存在的主要制约因素是其国内资源贫乏，许多基本的自然资源要素依赖进口；由于其领土狭小，来自周边国家的生产活动对其生态环境具有直接的影响。

6. 法国绿色发展模式

2008 年以来，法国通过致力推动绿色经济，大力扶持可再生能源发展计划，公布了一揽子旨在发展可再生能源的计划，通过节能减排措施推动产业发展，呈现勃勃生机。如今，尝到甜头的法国政府欲借绿色技术，继续大力促进经济增长。

近年来，法国又通过大力推进科学治霾，大力发展绿色经济，制定了一些国家或地方层面的长期措施，旨在通过减少主要污染物排放来改善空气质量。比如，明确规定法国巴黎市环城快速路限速由 80 公里每小时降为 70 公里每小时，借此减少 5%的汽车尾气污染排放；重新启动微粒污染高峰期车牌单双号轮流行车制，即在大气污染指标超过警戒线时，车牌号为双数的车辆只能逢双日行驶，车号为单数的车辆逢单日行驶。

为了实现绿色发展，政府积极推动科研机构加大科技研发和应用，建立了一套较为完善的空气监测和预报及污染物溯源系统，据此有的放矢地制定空气污染治理政策。与此同时，政府呼吁公众调节生活方式以减少会导致臭氧浓度增加的污染物排放，限制或推迟部分工业活动以减少排放。

(三)国内绿色发展的探索实践

经济的绿色低碳发展，不仅是经济社会发展方式的深刻变革，而且是人类发展模式的深刻变革。我国是发展中国家，正处于努力实现“新四化”的征途中，经济总量尽管达到世界第二，然而还存在许多发展难题。

近些年来，国家越来越重视低碳、生态和绿色发展。

当前，我国绿色低碳发展既面临严峻挑战，也存在难得机遇。以2014年为例，全国能源消费总量42.6亿吨标准煤，其中，石油消费量5.18亿吨，进口3.08亿吨，对外依存度59.5%；原煤产量38.7亿吨，煤炭消费量35.1亿吨。在我国的能源结构中，煤炭消费量占能源消费总量的66.0%，天然气、水力发电、风力发电、核电等清洁能源消费量占能源消费总量的16.9%。巨大的能源消费总量导致巨大的二氧化碳排放量，使得我国在保证自身经济发展和承担国际减排义务之间面临艰难选择。

围绕绿色发展，我国理论研究机构和政府部门深入进行理论探索，地方政府和企业大力实践经济增长模式创新。蔡宁等以结合方向距离函数的环境绩效Malmquist-Luenberger指数为基本方法，分析了改革开放以来我国各个省份的经济发展主要指标，测算了绿色工业全要素生产率。发现各省市都存在以牺牲环境换取经济发展的现象，传统高污染、高排放、高能耗的粗放式工业发展模式亟待改变。北京、天津、上海三个省市的工业发展方式更为合理，他们是真正的技术创新者，其依靠技术创新实现工业的增长；而湖南、广西、重庆等省市对环境的影响更大，以环境代价换取经济增长的现象更为严重，急需调整产业结构，加快转变经济发展方式。① 还有一些学者采用层次分析法（Analytic Hierarchy Process，AHP）对我国经济发展状况进行分析，认为从总目标层看，现阶段我国绿色经济发展的综合指数为73.36%；绿色工业发展的综合指数最高，为76.25%。其中，绿色能源准则层中，指数低于10%的指标是生物质能发电总装机容量；绿色交通准则层中，指数低于10%的指标是ETC平均覆盖率；绿色工业准则层中，指数低于10%的指标是新材料总产值；绿色建筑准则层中，指数低于10%的指标是采暖区既有居住建筑供热计量及节能改造。

在理论指导和政策激励下，全国各地结合自身经济结构特点和发展需求，围绕区域绿色经济发展，积极实践，大胆创新，取得明显成效。课题组从全国选取了六个典型的区域绿色经济发展实践，简要梳理分析如下。

1. 广东绿色发展模式

早在2012年，广东与工信部签署了《加快推进广东省工业绿色发展战略合作框架协议》，工信部支持广东加快构建“两型”工业体系，积极充分地利用更为先进、更加严格的低碳、节能、环保的标准和技术等，促进现

① 蔡宁等．环境规制与绿色工业全要素生产率——基于我国30个省市的实证分析，辽宁大学学报（哲学社会科学版）．2014，42(1)．第66－74页。

有产业的转型升级和先进生产能力的建设,加强技术研发与产业化,推广新技术、新产品、新设备和新材料,实施一批技术产业化示范工程等。在产业结构调整的同时,广东积极培育绿色能源产业,开发利用太阳能、风能、生物质能、水能等绿色能源;启动青山绿地工程,按照“林带+林区+园林”建设模式,形成外围生态圈、绿色生态廊道和中心城区绿地系统有机结合的网络化、立体化、群落化森林绿地格局。今年以来,广东推出了新一轮绿化广东行动,把绿色化作为广东永续发展战略,力求不断推动广东生产方式和生活方式绿色化,坚定不移走循环发展、低碳发展、绿色发展的新路。为落实绿色发展目标,坚持严格督导、严明奖惩,做到该表扬的表扬、该约谈的坚决约谈、该亮黄牌警告的坚决予以亮黄牌,从而确保按期完成绿色发展的各项目标任务。

2. 湖北绿色发展模式

湖北省坚持“绿色决定生死、市场决定取舍、民生决定目的”三维纲要,坚持把旅游业作为全省经济社会发展的引擎产业、先导产业,作为第三产业的龙头产业、支柱产业,充分发挥旅游业在扩内需、稳增长、增就业、减贫困、惠民生中的重要作用,旅游业成为绿色化发展的排头兵和重头戏,“灵秀湖北”已成为湖北经济发展绿色化的品牌支撑和形象代言。2014 年,湖北旅游行业“围绕大局、把握大势、服务大众、发展大业”,在经济下行压力加大的不利因素下,顺应“旅游泛”时代,分享绿色发展新蛋糕;迎接“旅游+”时代,搭建绿色发展新平台;把握“旅游创”时代,开辟绿色发展新空间,全省旅游业呈现持续健康的发展态势。国内旅游稳定增长。全年接待国内外游客 4.72 亿人次,同比增长 15.4%,实现旅游总收入 3 753 亿元,同比增长 17.1%。其中接待国内游客 4.69 亿人次,同比增长 15.6%;国内旅游收入 3 677 亿元,同比增长 17.5%。入境旅游逆势增长,全年接待入境游客 277 万人,同比增长 3.4%,实现外汇收入 12.38 亿美元,同比增长 1.6%。出境旅游强势增长,全年出境游客 144 万人次,同比增长 41.1%。特色旅游异军突起,旅游新业态成为绿色化发展的新常态。一是“花花世界”引人入胜。以赏花游为主的乡村旅游蓬勃兴起,成为农民致富增收的有效途径,成为扶贫攻坚的主战场,为扶贫脱困插上翅膀。二是“绿绿葱葱”养眼养心。以绿色休闲度假、洗肺养生为主的生态旅游增势不减,更加受到游客青睐。神农架旅游区被评为全国生态旅游示范区。三是“红红火火”来势迅猛。以红色为主的文化旅游走势看好,投资 3 600 多万元的电视剧《铁血红安》在央视黄金档播出,掀起红色旅游的新热潮。四是“津津有味”回味无穷。以美食、采摘为主的旅游消费形成大批量和新时尚，“寻找最浓湖北味道”活动如火如荼，推动绿色化发展进入新阶段。

3. 山西绿色发展模式

山西紧紧围绕“四个全面”战略布局，大力推进“六大发展”，推动黑色煤炭绿色发展、高碳资源低碳发展，以全面创新推动绿色发展。一是推进发展理念创新。立足省情推动经济从传统的煤炭基地向新型、清洁、低碳的绿色综合能源基地转变。二是推进科学技术创新。重点推进煤炭、电力、焦化、冶金等传统行业的绿色、循环、低碳化改造升级；重点加强装备制造、新能源、新能源汽车、节能环保等新兴产业的原始创新和集成创新；重点抓好创新发展新引擎山西科技创新城20平方公里核心区建设。三是推进体制机制创新。从资源配置、项目审批、生态治理、安全监管、销售体制、交易方式、权力约束等重点领域和关键环节协调推进，逐步实现煤炭管理体系和管理能力现代化；贯彻落实《党政领导干部生态环境损害责任追究办法》，加强低碳创新发展目标责任考核；综合运用经济、法律、行政等手段，淘汰抑制高能耗、高排放、低效益的传统产业和过剩产能，鼓励扶持新兴制造业、现代服务业和节能环保等产业；调整能源供给结构，积极推进煤炭清洁供应，加大低热值煤发电和电力外送比重，推进全省矿井瓦斯抽采全覆盖。四是推进品牌、商业模式和企业管理创新。通过品牌管理提升低碳企业市场竞争力和产品附加值，探索“互联网＋”营销模式，发挥中国（太原）煤炭交易中心平台作用，探索期货交易机制和煤炭储备机制，形成现货与期货、能源与金融相生共荣的局面。五是推进对外合作方式创新。深度融入京津冀协同发展，积极深化中原经济区合作，深入推进沿黄经济带协作，建设、经营、管理好煤炭出海通道和电力外送通道，主动融入国家“一带一路”战略。

4. 海南绿色发展模式

海南作为中国唯一一个热带省份，气候环境优势明显，是全国的冬季菜篮子基地。特别是近年来，通过转方式、调结构，大力发展绿色农业，走可持续发展道路。一是重点发展生态循环农业。结合海南实际，提出“两减三增三结合”的生态循环农业发展思路，重点实施畜禽废弃物综合利用、地力改良提升、农业废弃物回收、重大病虫害防控、秸秆利用五大工程。出台了《海南省畜禽规模养殖污染减排技术导则》，探索了能源环保、能源生态、“废弃物＋清洁能源＋有机肥”三位一体、种养结合四大循环模式。二是大力发展品牌农业。将品牌农业作为提升农业效益的根本举措。出台《关于加快推进品牌农业发展的意见》，每年安排1亿元财政专项资金予以扶持。在标准化基地创建、品牌标准、主体培育、营销体系等环节加大工作力度，实现了品牌农业的快速发展。三是加快推动产业融合和产业链延伸。将农业与旅游、加工等产业融合发展，延伸产业链，提升综合效益。大力发展农产品加工业，以热作、畜禽等产品为重点，以加工园区为平台，做大做强骨干加工企业，培育了一批国内知名农产品加工品牌。四是着力推进农业的园区化、资本化、信息化。大力推动农业龙头企业上市融资，深入开展农业招商引资，引入金融资本推动全省现代农业发展；以创建农业互联网小镇、发展农产品电商、打造农业大数据管理平台等为载体，发展“互联网＋农业”。

5. 青岛绿色发展模式

作为沿海开放城市，青岛因地制宜，科学谋划，采取“七项能源绿色化举措”，着力构建“八大绿色低碳发展支柱体系”和“三大保障体系”。“七项能源绿色化举措”包括：一是着力提高天然气的应用比例；二是加快建设风能利用产业带，发展风力发电项目；三是鼓励太阳能在工业、商业、公共服务机构、居民生活等各种可能的领域进行大规模应用；四是积极推动生物质能源的应用；五是向海洋要能源，积极推动海洋能源的有效利用；六是加快推动海水源、污水源、土壤源热能的科学利用；七是着力提高能源生产与输送的效率，鼓励能源生产企业积极探索碳捕集与资源化合理应用。“八大绿色低碳发展支柱体系”包括：①低碳型城市空间布局体系；②绿色低碳产业体系；③低碳技术创新与应用体系；④低碳能源供应体系；⑤绿色低碳建筑体系；⑥低碳交通运输体系；⑦低碳政府和社会消费体系；⑧低碳生态体系。同时，为了实现上述目标，建立了组织保障体系、法规政策体系和低碳能源供应体系等三大保障体系。[①]

6. 大庆绿色发展模式

大庆作为全球著名的资源型城市，全国内陆首个环保模范城，黑龙江省首个省级生态市，在保证原油持续稳产的同时，坚持生态市建设，将环保理念融入城市发展，以生态文明重构人与自然的和谐，用绿水青山换来了金山银山，探索出一条经济社会发展与生态环境保护的共赢之路，实现了从工业文明向生态文明历史性转变的绿色跨越，成为资源型与环保型兼得的典范。目前，大庆可持续发展能力位列全国资源型城市第一位，为全国资源型城市转型，也为世界石油城市焕发新生贡献了大庆“范本”。

---

① 《青岛市低碳发展规划》(2014—2020年).

石油城能够成为生态城，主要得益于“大生态”格局：一是坚持规划引领、机制保障，工作理念超前。出台并启动《生态市建设规划》，成立生态市建设领导小组及办公室，将创建任务层层分解到位，实行联动推进。二是坚持清洁生产、循环低碳，发展生态经济。把优布局、调结构、促转型贯穿经济发展全过程，全市非油产业比重明显提升。三是坚持城乡同标、地企共建，提升环境质量。城市生活污水集中处理率提高到93%，城镇生活垃圾无害化处理率达到97%。四是坚持保护优先、防治结合，优化人居环境。全市人均公共绿地面积达到14.5平方米。五是坚持重点突破、整体推进，保障环境安全。建立各级自然保护区16个，建设重点节能工程26项。

(四)国内外绿色发展探索实践的启示

当前，中国经济进入中高速增长、迈向中高端水平的新常态。推进绿色发展，需要不断总结全国各地绿色发展的先进经验做法，充分认识并吸收世界各国绿色经济发展成功经验，创新绿色发展理论，推进绿色发展的政策法规创新、管理与服务体制创新、人才培养创新。上述国内外绿色发展的实践模式给我们七方面的启示。

1. 政府推进绿色发展的决心和依法推进绿色发展是实现绿色发展的关键

要科学制定明晰的责任制度，明确规定节能减排、治污环保方面各利益相关方的责任，强化生产者责任制。

2. 高科技研发能力和运用水平是实现绿色发展的基础保障

要大力开展有利于提升绿色化发展水平的科技手段、仪器设备的研发，积极推广使用能够有效推进绿色发展的先进技术。

3. 绿色化发展应坚持因地制宜

要根据各自经济绿色化发展的现实需要，立足长远，编制切实可行的规划，制定并严格实施科学可行的规章制度，严格监管执法，强化引导教育。

4. 工业绿色化在我国经济发展绿色化构建中占有举足轻重的首要地位

鉴于工业在能源和资源消耗与污染物和温室气体排放方面的主要角色，发展绿色工业主要应包括对现有工业进行绿色化、建设新型绿色工业等两方面。我国绿色工业化的战略目标是建成世界超级工业强国，到2020年基本实现传统意义上的工业化，2030年实现新型工业化和信息化，这一战略根本上是工业化、信息化、绿色化、城镇化相互驱动、深度融合，其中工业化是基础，城镇化是驱动力，信息化是主要途径，绿色化是核心竞争力。

5. 推进城市的绿色转型需要创新工业城市规划理论

不能照搬西方绿色经济理论和城市转型实践经验，要紧密结合我国每个城市区域发展特点，以构建现代化城市绿色产业技术体系为核心，以培育和壮大绿色产业、构建城市绿色产业共生链为重点，实现城市生产生活消费方式的根本转变，构建起符合实际需求和长远发展规划的绿色农业发展体系、绿色工业发展体系和生态服务业发展体系。

6. 基于循环经济模式的城市产业结构优化是资源型城市绿色发展的出路

针对资源城市的产业集中度高、支柱产业单一、粗放型生产方式、后备资源不足、产业结构布局分散化等产业结构特征，应瞄准绿色化发展目标，遵循循环经济的减量化的原则，着力推进主导产业多元化，结构调整中扩大节能技术应用，立足已有生产力基础建立梯次产业结构，注重高新技术在资源产业中的运用，开发推动高新技术企业，升级改造轻工业，深入拓展重工业，最终形成绿色产业体系。

7. 农业绿色化是实现经济发展绿色化的基础保障

绿色农业经济的发展既要保证碳循环的固定和生成速率的平衡，又要保证生态系统中生物的多样性。要加强绿色农业知识宣传推广，树立正确的生态农业、绿色农业价值观；调整发展方式，引领高效农业生态经济进步；积极推广先进技术，打造节能减排示范产业链。

三、北京市经济发展绿色化的总体状况与实践探索

（一）北京市绿色发展总体状况

“人文北京、科技北京、绿色北京”发展理念的提出，为北京绿色发展奠定了坚实的思想基础。2011 年 9 月，北京市政府发布了《北京市“十二五”时期绿色北京发展建设规划》，规划提出围绕“调结构、转方式、促循环”的工作主线，更加突出创新驱动，强化实施以降耗促发展的理念，努力形成绿色经济新格局。经过几年的发展，北京市将绿色发展融入经济社会发展全过程、全领域、全环节之中，加快推进资源节约、污染防治和生态建设，将绿色低碳循环发展作为转变经济发展方式、化解人口资源环境矛盾的重要途径，注重强化顶层制度设计，积极优化调整产业结构，大胆创新市场化机制，加大绿色发展宣传，绿色发展理念深入人心，区域经济发展质量、居民生活质量和生态环境质量连年持续提升，开创了绿色发展新

局面，初步形成人与自然和谐共处的集约、高效、生态型绿色发展模式。

1. 资源能源利用效率提高幅度大

“十一五”期间，用年均4.7%的能耗增长实现了年均11.4%的经济增速，万元GDP能耗下降到0.582吨标煤，累计下降幅度达到26.59%，降幅位居全国之首。万元GDP水耗也下降至29.4立方米，累计下降了40.46%。再生资源利用效率也实现全面提升，可再生能源占能源消耗总量的比重达到3.2%；再生水成为全市重要水源，年利用量达6.8亿立方米，利用率达到60%；生活垃圾资源化率超过40%。“十二五”以来，全市以年均1.75%能耗增长支撑了年均7.7%的经济增长，万元GDP能耗、水耗、二氧化碳排放累计下降率分别达到20.1%、20.8%和22.9%，提前一年超额完成“十二五”规划目标，万元GDP能耗约为0.359吨标准煤，为全国最低。其中，2014年工业用能总量2 100万吨标煤，同比2010年下降18%；规模以上工业万元增加值能耗0.45吨标煤，同比2010年下降42.3%。①

2. 设施承载能力进一步提升

“十一五”期间，清洁优质能源供应能力全面提升，实现优质能源占能源消费总量的比重达70%，绿色交通运行能力实现了较大幅度的提升，初步形成了南北贯通、连通近郊新城与中心城的公路、轨道交通网络的雏形，中心城区公交出行的比例达到了40.1%；加快推进生活垃圾的综合化处置，日处理总能力达到1.668万吨，焚烧、生化和填埋处理比例由2∶8∶90调整为10∶10∶80。《北京市加快污水处理和再生水利用设施建设三年行动方案（2013—2015年）》提出，“十二五”末北京市污水处理率将达到90%以上，其中四环路以内区域的污水收集率、处理率实现100%，新城污水处理率力争突破90%；污泥争取基本实现无害化处理，从而实现首都水环境的明显好转；新建再生水厂，力求所有新建再生水厂主要出水指标一次性达到地表水Ⅳ类标准，新增污水处理能力228万立方米/日；力争新建和改造污水管线1 290公里，新建再生水管线484公里。

3. 主要污染物排放量下降幅度显著

经过努力，二氧化硫排放量在“十一五”期间下降了39.73%，超出国家下达的任务指标19.33个百分点，减幅居全国首位；化学需氧量排放量

① 《北京市“十二五”时期绿色北京发展建设规划》.

减少到 9.2 万吨,“十一五”期间累计削减了 20.67%。可吸入颗粒物年均浓度降至 0.121 毫克/立方米,比 2005 年降低 14.8%。“十二五”以来,北京市二氧化硫、氮氧化物、化学需氧量、氨氮四类主要污染物排放总量分别累计下降 24.4%、23.7%、15.7%和 13.8%,提前两年完成“十二五”规划目标。2014 年全市工业排放烟粉尘 1.7 万吨,排放二氧化硫 4 万吨,分别比 2010 年下降了 60.5%和 40.3%;排放氮氧化物 6 万吨,比 2011 年下降了 36.8%(2010 年无统计数据)。2014 年北京工业废水中氨氮排放 300 吨,COD 排放 4 600 吨,分别比 2010 年下降 30.7%和 33%。2015 年上半年 PM2.5 年均浓度下降至 77.7 微克/立方米,全市污水处理率达到 85%,再生水利用率达到 63%,生活垃圾资源化率达到 52%,生活垃圾无害化处理率达到 99.8%左右,林木绿化率达到 58.4%。

4. 第三产业发展十分迅速

2014 年的社会消费品零售总额实现 9 098.1 亿元,同比增长 8.6%。其中网上零售额同比增长 69.7%,增长的贡献率超八成。完成全社会固定资产投资 7 562.3 亿元,比上年增长 7.5%。全社会投资中,城镇投资完成 6 926.6 亿元,增长了 9%,其中房地产开发投资完成 3 911.3 亿元,增长了 12.3%;农村投资完成 635.7 亿元,下降了 6.5%。提升生活品质的消费越来越受到居民青睐,特别是服务消费支出快于商品性消费。城镇居民消费增长快的领域,美容增长 36.1%,信息服务增长 24.3%,家庭服务支出增长 16.8%。农村居民消费增长较快的是文化、体育、娱乐领域,增长 45.3%。2014 年北京市旅游业共接待游客总人数 2.61 亿人次,比上年增长 3.8%,实现旅游总收入 4 280.1 亿元,比上年增长 8%。2015 年国庆假日期间,北京共接待游客 1 151.6 万人次,同比增长 1.6%;旅游总收入 83.1 亿元,同比增长 7.1%。

5. 生态环境质量得到明显改善

2010 年全市空气质量二级和好于二级天数达到 286 天,占比达 78.4%,比 2005 年提高了 14.3 个百分点。基本形成了城市、平原、山区三道生态屏障,林木绿化率、人均公共绿地面积分别增至 53%和 15 平方米,生态环境质量指数达到了良好;水环境质量稳步提升,三条河流出境断面水质全部达到国家考核要求;新农村建设工作全面推进,农业面源污染、畜禽养殖污染等得到有效控制,农村环境面貌持续改善。2014 年二氧化硫、氮氧化物、化学需氧量和氨氮的排放量同比分别削减了 9.35%、9.24%、5.40%和 3.82%,其中大气污染物的减排幅度为近年来最大;四项污染物的累计削减幅度均超过国家下达的“十二五”总量削减目标,两项大气污染物削减幅度超过目标11个百分点以上，两项水污染物削减幅度分别超过目标7个百分点和3.7个百分点。二氧化硫年均浓度降幅最大，同比下降18%，创历史新低；二氧化氮年均浓度近年处于平台期；可吸入颗粒物年均浓度呈波动下降趋势。PM2.5年均浓度同比下降4%。集中式地表水饮用水源地水质持续符合国家饮用水源水质标准。在全市人口增长、水资源总量短缺的情况下，城市下游不达标水体断面中化学需氧量、氨氮年均浓度值分别下降11.7%和4.0%。从三种水体类型看，水库水质较好，湖泊次之，河流水质相对较差。全市地表水体监测断面高锰酸盐指数、氨氮年均浓度与上年相比分别为上升2%和下降4%。

6. 绿色发展工作机制得到不断完善

成立了应对气候变化及节能减排工作领导小组，切实加强对绿色发展的统一领导；建立了全市节能减排工作联席会议制度，定期召开会议，研究部署全市资源节约、环境保护等重大问题。注重建立完善有利于绿色发展的政策环境，研究出台了一系列节能减排、生态保护、促进绿色发展的法规和制度文件，其中颁布实施了《北京市实施〈中华人民共和国节约能源法〉办法》《北京市绿化条例》等多部地方性法规，发布了《“绿色北京”行动计划》和《北京市应对气候变化方案》，连续出台了一系列循环经济行动计划和阶段性大气污染控制措施，构建了长期指导性与短期操作性相结合的法规政策体系。注重强化考评引导，严格执行环评、能评制度，严格全面地推进实施节能减排问责机制，对区县和重点单位的节能减排年度目标进行考核。成功举办了中国北京国际节能环保展览会，通过展览会开展绿色发展品牌宣传，加大对生态建设、环境保护、资源节约等方面的专业培训，逐步构建起多种渠道、多种形式、各种方位的绿色发展宣传动员组织体系。

北京市“十二五”绿色发展目标完成情况

（截至2014年年底）

序号	指标名称	单位	“十二五”目标	2011—2014年累计完成	进度评价	属性
1	万元GDP能耗下降率	%	17	20.1	提前一年超额完成	约束性
2	万元GDP水耗下降率	%	15	20.8	提前一年超额完成	约束性
3	万元GDP二氧化碳排放下降率	%	18	22.5	提前一年超额完成	约束性

续表

序号	指标名称	单位	“十二五”目标	2011—2014 年累计完成	进度评价	属性
4	能源消费总量	万吨标准煤	7 784	7 471	预计完成	指导性
5	生活垃圾资源化率	%	52	55	预计完成	约束性
6	林木绿化率	%	57	58.4	提前一年超额完成	约束性
7	中心城公共出行比例	%	50	48	预计完成	预期性
8	再生水利用率	%		预计完成	约束性	
9	二氧化硫排放总量下降率	%	13.4	24.4	提前两年超额完成	约束性
	氮氧化物排放总量下降率	%	12.3	23.7	提前两年超额完成	约束性
	化学需氧量排放总量下降率	%	8.7	15.7	提前两年超额完成	约束性
	氨氮排放总量下降率	%	10.1	13.8	提前两年超额完成	约束性

(二)北京市经济发展绿色化的基本做法及区县特色发展模式

1. 北京市经济发展绿色化的基本做法

“十二五”以来，加快实施“绿色北京”战略，以建设资源节约型、环境友好型社会作为加快转变经济发展方式的重要着力点，将绿色发展理念深入贯穿于首都整体发展，紧密结合城市发展建设与生态环境改善，强化科技创新驱动，深化内部结构调整，大力推进节能减排，着力发展循环经济，推广应用低碳技术，将人口资源环境约束压力转化为绿色发展新动力，加快构建绿色生产体系、绿色消费体系和绿色环境体系“绿色发展三体系”。

(1)积极创新节能减碳管理机制

坚持立法先行，强化绿色发展法规政策保障。制定实施《北京市实施〈中华人民共和国节约能源法〉办法》，编制发布了《北京市“十二五”时期绿色北京发展建设规划》《节能降耗及应对气候变化专项规划》等十多个专项规划。其中，《北京市“十二五”时期能源发展建设规划》提出将建设东南、东北、西南、西北四大热电中心，实现能源利用的低碳环保发展，四大热电中心全部建成投运后，北京清洁发电占比和中心大网清洁供热占比均将达到90%。发布《关于北京市在严格控制碳排放总量前提下开展碳排放权交易试点工作的决定》，以此为基础形成了“1+1+N”的碳交易政策法规体系，从立法层面保障了碳排放权交易市场的顺利运行。

坚持执法必严，严格节能环保执法监管。设定“上不封顶”罚则，加大对违法违规行为的打击力度，开展重点用能和排放单位节能措施和碳排放权交易履约等专项监察，实施“零点行动”“大气专项执法周”等专项行动，重点打击施工扬尘、露天烧烤、露天焚烧等违法行为，2014年立案查处环境违法行为2 921起，查处大气污染类案件1万余件，处置超标机动车1.36万余辆，依法罚没淘汰用能设备数十台，处罚金额1.1亿元。严格控制进入河湖的排污总量，严格排水许可管理，严禁直接或间接向河湖排放未经处理或未达到规定排放标准的污水。

坚决落实责任，严格落实节能减排目标责任制。率先实行能耗强度和能源消费总量“三级双控”机制，将节能目标下达到16个区县、17个重点行业领域主管部门和57家重点用能单位。市政府与区县政府、重点用能单位签订“十二五”节能目标责任书。实行节能减排年度目标考核，有效发挥目标评价考核的导向作用。

坚持科学管理，综合运用多种手段推进节能减排治理。合理运用价格杠杆促进资源节约利用，逐步理顺水、天然气、公交地铁价格水平，实施阶梯式、差别化电价政策，全面推进供热计量收费，在全国率先将二氧化硫、氮氧化物、化学需氧量、氨氮排污等排污费提高15倍左右，依法征收扬尘排污费。强化能评审批的源头控制作用，新建项目单位产品（产值）能耗必须达到国际先进水平，将二氧化碳评价纳入节能评估与审查，进一步发挥协同控制作用。实施能源审计三年推广计划，推广能源管理体系和碳管理体系建设，在6个行业率先启动实施能效领跑者试点工作，重点用能单位节能管理能力逐步增强。

按照首都新时期的战略定位，落实“绿色北京”发展建设规划，加快构建低消耗低排放的高精尖经济结构，按照“高端化、服务化、集聚化、融合化、低碳化”的要求，促进全市经济转型升级。制定发布《北京市新增产业的禁止和限制目录》，全面禁止建设钢铁、水泥、炼焦、有色等高耗能、高污染项目。淘汰落后污染产能，“十二五”以来累计淘汰退出940余家高污染、高耗能企业，工业能源消费量连续三年下降，从2010年的2 560万吨下降到2013年的2 240万吨。2015年上半年全市第三产业增加值占GDP比重提升到80.9%，集成电路、节能环保等战略性新兴产业增加值增长17%左右，高端引领、创新驱动、绿色低碳的经济发展格局渐趋形成。

积极打造清洁低碳化的能源消费结构。构建以电力、天然气等清洁能源替代燃煤的能源结构体系，大幅减少煤炭用量。建成投运东南、西南、西北燃气热电中心，五环路内基本取消燃煤锅炉。全市煤炭消费总量由2012年的2 300万吨削减到2014年的1 750万吨左右，削减了20%以上，到2020年煤炭占能源消费总量的比重控制在5%以下。电力、油品、天然气等优质能源占比达到80%，新能源和可再生能源占比达到5.5%左右。

(2)科学调整产业和能源结构

北京市"十二五"时期绿色北京发展建设规划提出"资源产出率"指标，确定了"十二五"末的资源产出效率同比提高15%的发展目标。围绕"调结构、转方式、促循环"这一绿色北京发展主线，明确提出了更加突出创新驱动、强化降能耗促发展的结构调整发展理念。该规划提出将中关村建设成为具有全球影响力的科技创新中心，发挥创新引领作用；着力提升服务业的比重，力争服务业占GDP比重超过78%，同比提高不低于3个百分点；要积极淘汰落后劣势产能，控制新建产能过剩和"两高一资"项目，水泥生产能力控制在700万吨以内，同比压缩产能300万吨以上；深入推进能源结构调整，把煤炭消费总量控制在2 000万吨以下，同比减少700万吨，天然气占能源消费总量的比重达到20%以上、同比提高不少于7个百分点。

(3)有效激发市场节能减排动力

经过几年的努力，北京市初步培育了一个规范、活跃的碳排放权交易市场。2013年11月，碳排放权交易市场实现开市交易，至2015年7月20日，实现交易量530.5万吨，交易金额2.37亿元，成交量和成交额位居7个试点前列。前两年度履约已顺利收官。通过建立碳交易市场，重点排放单位2014年二氧化碳排放量同比降低5.96%，减排量达365.5万吨，进一步丰富了节能减碳工作手段，完善了市场化的节能环保机制，有力支撑了大气污染治理。

积极推进试点建设，实现了"八个率先"：①率先开展跨区域交易，与河北省承德市跨区域碳排放权交易取得突破性进展，碳汇项目交易量已达到7.1万吨，交易额261万元；②率先实行了第三方核查机构和核查员的双备案制度，切实保障碳排放数据质量；③率先对新增固定资产投资项目实行碳排放的评价工作，从源头减少碳排放；④率先出台碳排放权抵消管理办法，丰富了交易产品，拓宽了重点排放单位的履约渠道；⑤率先出台公开市场操作管理办法，促进碳交易市场的有序运行；⑥率先开展碳排放权交易执法，保障法规制度有效实施；⑦率先探索开展163家单位的碳排放管理体系建设，提高重点排放单位节能减碳的精细化管理水平；⑧率先发布了42个行业79个细分行业的碳排放强度先进值。同时，进一步开放市场，允许非履约机构和自然人参与碳交易，鼓励开展碳排放配额抵押式融资、配额回购式融资、配额托管等碳金融业务。

大力推广绿色低碳技术产品。搭建北京市节能低碳创新服务平台，构建政产学研用的联动机制，促进供需对接。公开征集800余项节能低碳技术（产品），年度发布节能低碳技术产品推荐目录和典型案例。采取政府采购、项目示范、专场推介会等方式，推广238项新技术、新产品。开展高效节能家电促销试点，建设节能产品超市门店26家，2015年北京二级及以上能效产品市场占有率将达到85%左右。实施绿色照明工程和淘汰白炽灯行动计划，率先实现居民家庭及公共机构绿色照明全覆盖。

完善市场化节能减排模式。出台合同能源管理扶持政策，制定发布《关于进一步推行合同能源管理促进节能服务产业发展的意见》，提高奖励标准，降低准入门槛，率先试点将能源费用托管型项目纳入市级财政资金奖励范围，实现了市场化节能减排模式的创新。通过国家备案的节能服务公司达到448家，居全国首位；在能源审计、清洁生产审核、碳核查、绿色金融等方面进一步放开市场，通过政府购买服务方式，带动了一批节能技术咨询、第三方核查等业务的发展，培养了一批专业人才队伍，培育了一批从事节能服务、碳资产、碳金融等的新兴企业。

(4)实施节能减排降碳系统工程

一是大力推进清洁空气行动计划。实行区县、重点行业能源消费总量控制制度，实施主要大气污染物和水污染物排放总量控制，把能源消费总量和污染物排放总量指标作为项目审批的重要前置条件。围绕压减燃煤、控车减油、治污减排、清洁降尘四大关键领域实施了84项重点任务，大气污染防治取得阶段性进展。加快燃煤锅炉改造，实施高污染燃料禁燃区建设，累计压减燃煤500多万吨。2015年核心区将实现无煤化，城六区将基本实现无燃煤锅炉。实施机动车总量控制，2014年将小汽车控制指标由24万辆调整为15万辆。加快老旧车、黄标车淘汰，“十二五”以来累计淘汰老旧机动车150余万辆，并在全国率先实行欧V机动车和油品标准。关停国华、京能等传统热电厂，137项“环保技改”工程已开工128项。2013年金隅集团下属平谷水泥有限公司和顺发水泥有限公司实现停产，压减水泥产能约150万吨，提前完成北京市“十二五”水泥产能压减任务。2015年1—8月，全市PM2.5平均浓度71.6微克/立方米，同比下降18.7%。

二是实施城市轨道网络完善工程。全面完成城市轨道交通近期规划线网建设，同步启动中心城轨道交通线网加密工程。不断完善轨道交通的换乘系统，结合轨道交通线网和站点，优化地面公交线网，提高公交整体运行效率。在主要干道新增公交专用道150公里以上，2015年实现中心城区公共交通出行比例达50%（含地铁）。积极鼓励市民自行车出行，将自行车纳入全市交通规划，完善部分道路和重点区域两侧非机动车专用道，增强自行车租赁服务，中心城区自行车出行比例保持在18%左右，小客车出行比例控制在25%以下。

三是实施环境设施建设工程。制定实施垃圾处理建设三年行动方案，推进垃圾市场化进程。2014年年底已建成投运26座生活垃圾处理设施，焚烧和生化比例超过50%，生活垃圾资源化率提高到52%，城市生活垃圾基本实现无害化处理。全市居住小区生活垃圾分类达标率达到60%左右。着力打造“城市矿产”示范基地，以废纸、废聚酯、废塑料包装物、废橡胶、废旧家电、报废汽车为重点，扶持一批技术适用、模式先进的资源再利用龙头企业和项目。

四是加快实施污水处理和再生水利用工程。编制本市水污染防治行动计划，制定三年行动方案（2013—2015），积极推进河道水环境综合整治，全市污水处理率已达到85%，新增污水处理能力48万吨/日，再生水生产能力116万吨/日，再生水利用量达到8.6亿立方米，占全市用水总量的23%。加大农业节水力度，推广渠道防渗、滴灌、微灌等高效节水灌溉技术，实现农业节水灌溉面积比例达到95%。深挖工业节水潜力，淘汰更新一批高耗水工艺技术和设备，新增项目必须配建节水设施。围绕宾馆、饭店、洗浴等重点用水行业和公共机构、居民生活等领域，推广先进适用节水产品、器具，实现全市城镇节水器具普及率达到95%以上。优化配置再生水应用范围，扩大在河湖补水、环境用水、农田灌溉、工业生产和市政建设等领域的利用规模，2015年实现再生水利用量达到10亿立方米以上。

五是推进循环经济试点示范工程。以服务业清洁生产试点城市建设为契机，推行全领域清洁生产，启动400余家单位清洁生产审核。加快建设鲁家山循环经济（静脉产业）基地，探索循环经济发展特色模式，延庆县获批国家循环经济示范县。加强城市矿产和园区循环化改造项目建设，启动实施亦庄绿色低碳循环化示范园区三年行动计划。

六是着力推进重点领域节能改造工程。大力推广绿色建筑，新建居住建筑在全国率先实施75%的节能设计标准，绿色建筑规模达到3 500

万平方米，节能建筑占现有民用建筑的比例达到 67%，比“十一五”末提高 11 个百分点。“十二五”以来，累计完成既有建筑节能综合改造 4 386 万平方米，全市供热计量收费面积超过 1.5 亿平方米，全市城镇节能民用建筑占既有民用建筑比例达到 66.5%，居全国领先地位。启动一批重点用能单位节能低碳改造工程，大力发展公共交通，优化调整公交线路，中心城公交出行比例达到 48%。

七是实施节能减排数字化管理工程。实施能源计量、监测、能源管控中心“三位一体”信息化工程，基本建成“1＋4＋N”北京市节能监测服务平台（一期）工程，通过实时监测和人工填报相结合的方式，实现对 230 家用能单位的电、气、热、油、煤等主要能源品种的消耗信息的采集，项目建成后将实现对占全市能耗总量约 24%的能耗情况的监测与分析、预测和预警。

八是实施碳汇能力提升工程。完成百万亩平原造林工程，积极推进山区森林碳汇巩固提升工程、湿地保护增汇工程、城乡园林绿地建设增汇工程等项目。截至 2014 年年底，全市林木绿化率达到 58.4%，森林覆盖率达到 41%，人均公共绿地面积达到 15.9 平方米。据测算，2015 年全市森林资源碳储量将比 2010 年增加 178 万吨。

九是实施低碳试点建设工程。开展低碳社区创建工作，东城区民安社区等 5 个社区入选首批低碳社区创建名单。探索推动低碳产业园区建设，充分挖掘园区、企业内和企业间的碳减排潜力，推动产业低碳化。2014 年中关村永丰产业基地和北京采育经济开发区获批国家第一批低碳工业园区试点。加强垃圾源头减量化管理，继续推动生活垃圾“零废弃”管理试点和分类试点建设，努力实现生活垃圾产生量年度零增长。

（5）提升管理精细化水平

加强经济发展绿色化“六位一体”建设：一是考核督导。发挥目标导向作用，完成各单位年度节能目标考核考评，定期发布区县节能形势晴雨表。二是标准引领。制定实施百项节能低碳标准制（修）订方案、新建居住建筑实行 75%节能设计标准、城镇新建项目全面实行绿色建筑标准，出台实施一批大气、水、噪声等领域环保标准。三是完善统计。制定实施节能减碳统计能力建设三年行动方案，启动应对气候变化统计体系建设，开展市区两级 2010—2014 年温室气体清单的编制工作。四是科学计量。发布《北京市能源计量基础能力建设实施方案》，在全市 5 000 吨标煤以上重点用能单位全面推行能源计量体系建设，推行一级、二级能源计量器具安装与配置。五是节能监测。“十二五”期间累计将开展 600 家用能单位现场监测。六是节能监察。率先组建节能监察执法大队和区县节能执法队伍，对重点用能单位、碳排放履约、公共机构、节能服务机构及固定资产投资项目，严格执法监督检查，切实保障节能制度的贯彻落实。

(6)强化引导营造全民参与氛围

打造中国北京国际节能环保展览会品牌，使之成为全国唯一一个涵盖节能环保和新能源领域的国家级综合性专业展览会，一个宣传节能环保政策、培育发展节能环保产业、展示推广节能环保新技术新产品的重要窗口和平台。通过展览会发布节能减排全民行动计划，举办"大篷车来啦"、节能低碳环保知识竞赛、节能减排公益宣传片征集、节能低碳专家行等系列活动，参与人数达 300 万人，进一步提升了广大市民节能减排低碳意识。组织开展节能、低碳等专题培训，累计培训 3 万人次，累计培训上岗能源管理师 1 152 名。

2. 北京市各具特色的区域绿色化发展模式

(1)密云——打造"生态涵养区和绿色国际休闲之都"模式

密云坚持"结构优化、产业突出、集约高效、绿色高端"的发展理念，努力将生态优势转化为发展优势，大力发展环境友好型工业，突出发展休闲旅游业，积极发展都市型现代农业，积极发展总部经济，实现了"以生态促发展、以发展促生态"的良性互动。创新绿色发展领导体制，坚持制度先行先试，不断完善政策体系和考核监管制度，强化长效管理，绿色生态发展制度逐步健全。注重绿色文明宣传教育，推行健康文明生活方式，开展绿色发展系列活动，绿色文化深入人心。

坚持高标准履行保水职责，构筑坚实生态屏障，打造北京生态涵养区。成立密云水库保水协调委员会，组建水库及周边环境联合执法队、镇村保水巡查队，形成了"横到边、竖到底、全覆盖"的保水防控体系，大力实施护水、护河、护山、护林、护地、护环境的"六护"机制，组建"六护"队伍。全面实施密云水库周边环境综合整治，完善水库一级保护区内污水处理设施，污水处理率达到 100%；加大城乡污水处理设施建设力度，建立了区、镇、村三级污水处理体系，规范水库消落区种植行为，逐步退出水库上游河道两侧畜牧养殖，规模化养殖场粪便综合利用率达到 100%。大力实施京津风沙源治理、水源涵养林、平原造林、封山育林、"六路一口一园"等绿化工程，加强重点区域的绿化美化，建成了一批绿色走廊和生态景观，营造了山水田林路满眼尽绿、处处皆景的景观效果，区域林木生态覆盖率达到 78.8%。以降低 PM2.5 为重点，制定《清洁空气行动计划》和《农村地区"减煤换煤、清洁空气"行动计划实施方案》，撤并整合 16 座小型燃煤供热锅炉房，可吸入颗粒物浓度大幅下降。

积极打造生态人居环境。完善城乡道路建设，加强基础设施建设，启动新城地表水、天然气管网进密云、新城再生水厂、新城滨河森林公园等重大市政设施建设，城市功能不断完善。以新城主要道路、潮白河两岸为重点，实施了新城夜景照明和景观提升工程，密云新城展现出“白天美丽如画，夜晚绚丽多彩”的效果，打造了符合“绿色国际休闲之都”要求的现代城市园林景观。

深入推进新农村绿色化发展。推广使用沼气、秸秆气、太阳能热水器等清洁能源，清洁能源在农村生活用能中的比例达到52.99%。全面开展环境综合整治，以城乡接合部、密云水库周边、公路沿线、旅游景区、镇村为重点，开展城乡环境综合整治。集中力量开展“拆违打非”专项行动，实施以市场秩序、交通秩序为重点的“五大秩序”专项行动和“三治五化”工程，城乡环境展现出干净、整洁、有序的风貌。

(2)海淀——打造“绿色低碳经济示范区”模式

海淀区作为北京市首批绿色循环经济试点区，根据引领全球绿色低碳发展的愿景，从节能、节水、节电、垃圾分类、新能源利用等多方面打造节约型小区，着力打造“七大体系建设”，即战略支撑体系、评价考核体系、科技创新体系、绿色生产体系、绿色消费体系、绿色环境体系、示范工程体系，将加快建设环境优美、和谐宜居的高科技核心区，创建成为全国低碳经济示范基地，初步建成具有全球影响力的科技创新中心，力求在建设“人文北京、科技北京、绿色北京”中作出表率，“低碳园区、绿色校园、节约型小区”建设立足北京、示范全国。

作为七大体系的基础，在战略支撑体系方面，不断强化体制机制和管理模式创新，建立健全联席会议制度、难点问题会商制度、联合检查工作机制等，加大对节能环保技术推广和应用的扶持力度。科技创新和示范工程体系，是海淀科研与应用相结合的重要平台，也是可持续发展的强劲动力，通过信息共享、资源共享，实现科研成果由点及面的深入推进，引导扶持科研成果的产业化转化与发展壮大。而打造绿色生产、绿色消费、绿色环境三大体系，是提升全民环保意识，充分调动社会各方力量践行绿色发展的重要手段，也是形成“海淀模式”的重要保障。七大体系支撑起海淀模式的根源就在于，绿色发展中体现了政府带动、科技驱动、全民行动，让政府行动变成了全民的一种自发行为。

(3)通州——建设“绿色低碳新城区”模式

2014年2月，习近平同志提出：“通州区要结合首都的功能疏解，集中力量打造城市副中心，做强首都核心产业功能区，做优首都服务功能区，打造功能合理、主副结合的格局。”通州区按照这一精神，调整完善既定产业布局目标，围绕建设功能完备的城市副中心，承担着疏解和承载两个功能。通州的绿色发展路径是着力发展五大产业和“一核五区”：打造新城的核心区，从规划建设布局上就立足于把通州建设为北京城市副中心的战略引擎区，积极充分地借助国际和国内两大资源，瞄准国际一流、国内领先的高标准，谋划制定了第一个低碳城市指标体系，指标体系着重突出低碳、节能、环保，力求充分展现北方水城的独有魅力。在产业项目引进方面，着力推进产业向高端化、集群化、融合化发展，形成产业之间相互协调、相互支撑、链条衔接、富有特色的现代产业发展新体系；在招商引资方面，注重从源头上把好绿色环保关口，在注重提高经济效益的同时，把生态效益摆在突出重要位置上，其中对于绿色项目，政府在土地税收、价格等方面加大补贴和支持，从而实现了科技化、园区化、集聚化的一产发展态势显著，高端制造业二产的拉动作用表现强劲，电子商务、现代物流等现代服务业发展势头表现迅猛，有序快速地推进了产业结构转型和优化升级；同时，坚决取消“三高”污染产业，处理好“舍”与“得”的关系，积极招商引进和发展高、精、尖的产业，特别是绿色高精尖产业。

(4)昌平——建设“绿色宜居科教新城”模式

《昌平“十二五”发展规划》提出，要进一步加强生态环境建设，秉承“转变发展方式、促进绿色增长、森林拥抱城市、绿色引领生活”的理念，完善生态文明体系，大力发展以“循环、低碳、节能、生态”为目标的绿色经济，全力打造山青、水美、天蓝、地绿的绿色宜居环境，全力打造高品质生态风貌，积极争创国家生态区，努力构筑京北生态屏障，增强区域可持续发展能力，着力建设京北创新中心、国际科教新城。

为进一步改善生态环境，昌平大力推进植树造林，强调“科技支撑”，在平原造林中大力推广和应用抗旱节水、节能环保等新技术、新材料，栽植适合地区气候特点、具有鲜明景观特色、节水耐旱、碳汇能力强、滞尘作用明显的优良树种；在生态林建设中，坚持适地适树，以乡土树种为主，利用地形、地貌形成景观，坚持生态修复与环境整治相结合，营造树种丰富、结构合理、季相分明、自然协调、稳定健康的森林生态体系。通过大力实施绿化造林、新建公园绿地等一系列举措，昌平环境的美誉度不断增强、人居品质大幅提高，正逐步成为天蓝、地绿、水清、城乡风貌秀美的魅力之区。

(5)延庆——建设“绿色北京示范区”模式

延庆地处北京市西北部，是首都生态涵养发展区的有机组成部分。

结合特有条件，延庆提出建设绿色北京示范区，以加强绿色环境建设为基础，以加快绿色产业发展为核心，以推广绿色生产生活方式为切入点，以全面共享绿色发展成果为出发点和落脚点，坚持走产业发展、生活富裕、生态良好的生态文明发展之路，广泛创建国家环境优美乡镇、市级环境优美乡镇、国家级绿色酒店、首都园林小城镇、重点绿化美化小城镇、绿色社区、绿色村庄、绿色学校、绿色商场市场、绿化美化花园式单位、生态文明村、生态文明户，在绿色产业发展、绿色环境建设、绿色生产生活方式推广、绿色发展成果共享方面为绿色北京建设作出示范，城乡居民生态文明素养大大提高，形成了以有机农业、新能节能环保和旅游休闲三大产业为主导的生态经济体系。

(6)中关村——打造“五化特色绿色发展”模式

作为中国高科技自主创新的发源地、中国经济科技教育体制改革的先行实验区、中国培养和聚集高素质人才的基地、中国战略性新兴产业的策源地，中关村在经济发展绿色化方面走出了一条适合自己的特色之路——政策资源市场化、智力成果产业化、项目承载智能化、产业优势集聚化、发展驱动力创新化。

一是着力将各项利好政策有效转化为市场推动能力，以园区优惠政策、园区规划建设、项目引资优势、企业培育资源、企业创新奖励等形式，在产业聚集初期、产业升级转型期、产业创新机制、淘汰落后产能等方面发挥作用，实现政策资源市场化。

二是依托先天的地域优势和人才优势，通过政策、资金、人才等路径，同周边大学、科研院所深度合作，共同辟建大学科技园，扶持校办企业、人才创业，推动科研学术成果迅速产业化。

三是在产业定位及承载规划上，立足于优势的智力资源。针对高新技术企业普遍存在着规模小、投资少、信用低难以满足银行的资金信贷要求的实际情况，推出了高新技术企业贷款绿色行动计划，逐步确立了重点发展以软件产业、信息服务和信息制造业为代表的特色产业，大力促进电子信息、光机电一体化、生物工程与新医药、新材料、环保等支柱产业发展，带动中介服务业、文化体育产业、教育培训产业以及商业等相关产业的发展，实现项目承载智能化。

四是坚持走政府主导、市场运作的园区化道路，依托庞大的知识资源、人才资源集聚，为科技创新型企业集聚提供了天然的有力支撑，产业集聚带来的相对成本下降、高速研发创新、成果迅速转化、辐射相关行业又为中关村聚集产业发展提供了更多动力，实现了产业优势集聚化。

五是突出的创新能力成为重要驱动力，成为中关村持续发展的重要源泉，其创新模式具有集聚化、区域化、辐射化的特点，在创新推动中培育了一批龙头企业、平台企业、服务企业，挖掘企业创新源头，从制度设计上打造整体新体系，在创新人员投入和创新资金投入两方面均处于全国领军地位，实现了驱动力创新化。

四、北京市经济发展绿色化面临的机遇和挑战

（一）北京市经济发展绿色化面临的机遇性因素

1. 绿色低碳增长已成为全球发展新趋势

后金融危机时代到来之后，发展绿色经济，推动低碳、环保、节能、清洁的技术革命已经成为全球绝大多数国家调整本国经济社会结构、力求快速恢复、抢占新发展先机的重点战略，地球上由此掀起了一场绿色发展浪潮。比如，欧盟颁布实施了所谓的到 2020 年将温室气体排放量在 1990 年基础上至少减少 20%、可再生清洁能源占总能源消耗的比例提高到 20%、化石能源消费量减少 20%的“三个 20%目标”；美国迅速颁布了《复苏与再投资法案》，开始大力实施 7 872 亿美元的经济刺激计划，总统及其政府全力推进以开发绿色新能源为核心的新政；日本则迅速制定了到 2020 年太阳能利用达到世界第一的目标举措，以及争取可再生能源利用的规模达到世界第一、最早实现环保汽车的普及化；我们国家也积极参与气候变化合作和全球气候治理。2015 年，中美两国再次联合发表气候变化声明，充分表明和展示了我国在推进绿色低碳发展方面的决心和信心，也向世界展示了中国在应对气候变化上作为一个大国所负起的责任。

2. 绿色化发展已上升为我国重要发展战略

国家高度重视生态文明建设和绿色发展，先后出台了一系列重大决策部署，推动生态文明建设取得了重大进展和积极成效。习近平总书记多次指出：“我们既要绿水青山，也要金山银山。宁要绿水青山，不要金山银山，而且绿水青山就是金山银山。”国家“十二五”规划纲要就已明确“将建设资源节约型、环境友好型社会作为加快转变经济发展方式的重要着力点”，大力推进节能减排，积极应对气候变化，着力发展循环经济。党的十八大报告指出：大力推进生态文明建设，努力建设美丽中国，实现中华民族永续发展。国家发布的《关于加快推进生态文明建设的意见》明确提出，要把生态文明建设摆在突出的战略位置，融入经济、政治、文化、社会

建设各方面和全过程，协同推进“新四化”和绿色化。党的十八届五中全会再次把绿色发展定为十三五发展的五大理念之一。大力实施绿色发展，已成为我国各地发展共识。

3. 城市战略定位和京津冀协同发展有利于北京绿色化发展

实现绿色低碳发展，是北京落实“四个中心”战略定位、建设国际一流的和谐宜居之都目标、推进京津冀区域协同发展的重要内容和战略举措。《京津冀协同发展规划纲要》把推动京津冀协同发展作为国家的一个重大

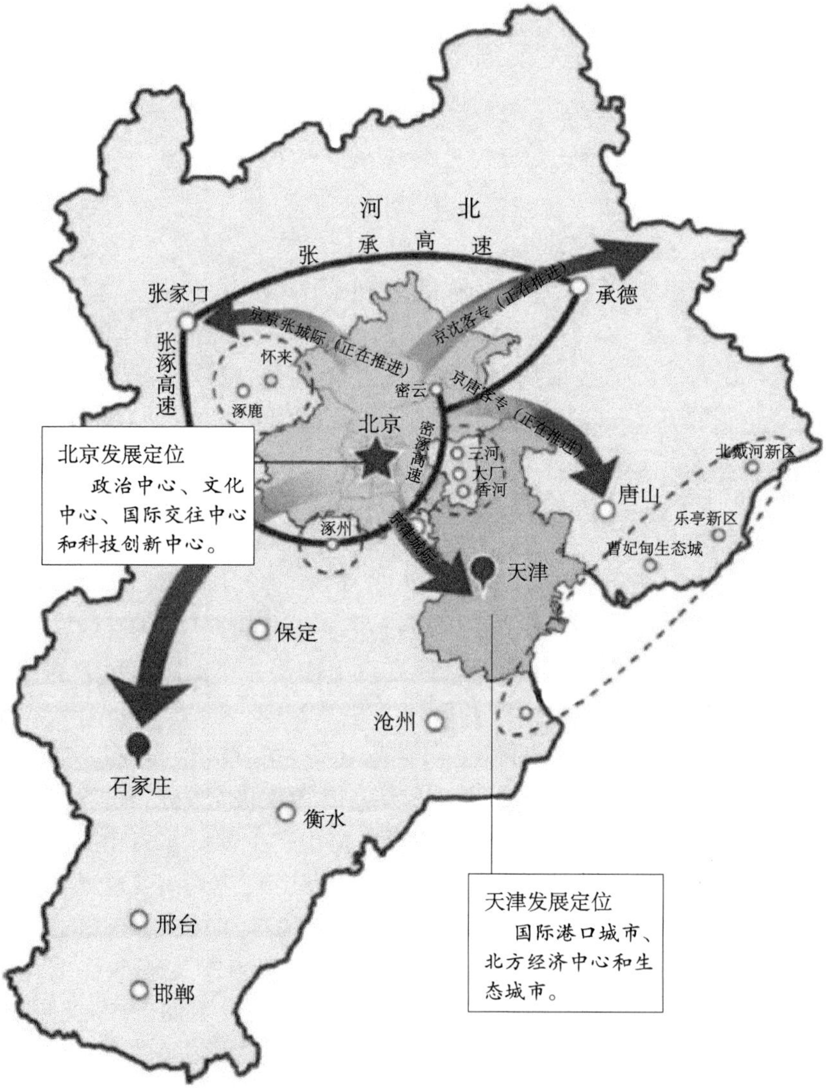

战略摆上了重要日程，京津冀协同发展战略的核心是有序疏解北京的非首都功能，调整城市的经济和空间结构，坚持走内涵式、集约化发展的新路，探索创新人口经济密集地区优化开发的崭新模式，从而进一步推进区域的和谐发展，形成新的增长极；力争在京津冀一体化、生态环境保护、产业转移升级等重点领域率先取得实质性突破。

4. 首都绿色化发展的创新驱动支撑不断强化

科技创新中心是国家赋予北京的新定位。建设全国科技创新中心，服务创新国家建设，既是首都的责任，更是首都自身发展的内在要求。在"互联网+"时代，在大众创业、万众创新时代，作为全国节能减排领域的排头兵，北京面临着进一步深化绿色发展的重大契机，着力解决水资源短缺、交通拥堵、垃圾处理、碳减排、污染物排放等可持续发展的阶段性难题。北京发布了《进一步创新体制机制加快全国科技创新中心建设的意见》，提出以探索放开科技成果管理权限作为改革创新的突破口，打通科技和经济社会发展之间的通道，赋予市属相关事业单位科技成果自主处置权，探索科技成果市场交易制度；科技成果转化所获收益可按70%及以上的比例划归科技成果完成人以及对转化做出重要贡献的人员所有等；以深化技术创新市场导向机制为着力点，充分释放创新要素活力，加快建立由市场决定技术创新立项、实施和评价的机制，加快中国技术交易所、中国设计交易所等高端市场发展等；以加快构建高精尖经济结构为出发点，全面推进首都经济提质增效，深入实施《北京技术创新行动计划》，运用市场机制推动构建新的经济结构，坚持创新驱动、高端引领、绿色发展，强化节能、节地、节水，人口、环境、技术、安全等产业准入标准，引导产业实现转型升级，使得产业向价值链的中高端不断跨越提升；以全球化的视野来谋划推动科技创新为着眼点，积极营造有利于创新创业的良好生态环境，建设有国际影响力的国际技术转移枢纽；积极争取和引导国际知名企业到北京设立研发中心和地区研发总部，鼓励海外风险投资机构到北京创业，鼓励探索特色发展、连锁发展和协同创新，积极创新知识产权转化运用促进政策。

（二）北京市经济发展绿色化面临的挑战性和制约性因素

1. 我国应对气候变化合作不断深入，对北京绿色化发展提出更高要求

科学应对气候变化已经成为世界性课题，也是世界各国共同面临的挑

战。为了实现绿色低碳发展，协同应对气候变化已经成为全球发展的共识和大势所趋。我国一直十分重视和积极应对气候变化，积极参与世界合作，提出到2020年碳排放强度比2005年下降40%～45%的目标。北京作为首都，必须走在全国的前列，积极调整产业结构和能源结构、积极采取各种有效举措节约能源和提高能效，大幅降低能源消耗强度和碳排放强度。为发挥示范引领作用，北京市提出2022年冬奥会所产生的碳排放实现中和、全市二氧化碳排放在2020年左右达到峰值并争取尽早达峰的目标，这是对全世界的承诺，也是对北京市民的承诺，更是北京市民的期待，同时也对北京节能减碳工作提出了目标更高、时间更紧的任务要求。

2. 经济新常态下能耗的刚性增长，北京节能潜力逐渐缩小

近五年来，北京城市化和消费结构升级一直处于加速期。随着城区人口规模不断扩大、产业发展和建筑规模不断增加，对建设用地、能源、水等资源需求也在持续刚性增长，交通总量始终保持在高速增长的状态。持续增长的能源消费需求与有限的能源供应之间的矛盾也将日益突出和显现出来，作为一座高度依赖外来资源的城市，将面临较大的压力。然而，在这样一个已经十分有限的空间内，建设用地需求量与土地可用量之间矛盾将进一步凸显，必须进一步提高土地利用效率。“十三五”时期，随着发展进入新常态，经济增长将进入中高速调整周期，而维持城市运行的市政基础用能、服务业能源需求和居民生活用能等刚性需求持续增加，能源消耗与经济增速之间的关联性持续降低。另外，还将面临能耗“分子”持续增长，经济“分母”持续下降的矛盾，节能潜力持续减少和指标完成压力明显增加，必须深入推进节能减碳工作，深度挖掘节能空间，严格控制能耗总量，实现以有限的能源消耗和碳排放保障经济社会的可持续发展。

3. 能耗重点领域发生变化，结构转型促降的空间逐渐缩小

“十二五”时期，国家提出加快转变经济发展方式，北京产业结构步入深度转型新阶段。随着产业结构持续优化调整，北京三产比重已提升至80.9%。新兴业态不断涌现使得服务业用能单位点散面广的特点更加明显。全市年综合能耗5 000吨标准煤以上用能单位占全市总能耗的比重已不足40%，年综合能耗1 000吨标准煤以上用能单位也仅占总能耗的48%。面对业态更加多元、单体分散、能耗更小的管理对象，一些传统的管理手段成本过高已不太适用，北京能源结构、能效水平、终端用能效率都需要深度优化和提升，需要进一步深化创新节能工作模式，以技术创新丰富工作手段，以制度创新实现各部门合力推进，以利益机制调动各方积极参与。

4. 市民对人居环境的改善需求持续提高，影响环境质量的因素仍将长期存在

北京人均GDP已超过1万美元，业已进入中等富裕城市之列，人民群众整体文化素质和生活水平不断提升，市民环保意识和对生活环境质量的要求也将随之不断攀升，特别是对自己居住的环境的生态安全诉求将由园林绿化、污染治理等基础领域逐步向绿色森林固碳、绿色食品供给、生物质能源消费、健康体育休闲等一系列新领域、更高层次延伸。同时，城市的建成区面积、人口规模、能源与水资源消费总量以及机动车的保有量、施工规模等可能影响环境质量的诸多因素仍将长期存在，进一步控制和大幅削减硫化物、氮氧化物、氨氮排放总量及生活垃圾量的压力持续增大。这些都对绿色北京建设提出了更高的目标要求。

5. 北京绿色化发展机制需要不断创新，绿色发展功能布局尚待完善

绿色化发展市场化体制机制和市场化节能环保模式需要不断创新完善，节能环保低碳产业扶持政策支持力度不够，特别是碳交易市场及其跨区域交易推进力度不够。有利于绿色发展的考评机制、生态补偿机制、政策法规体系、目标责任制等方面的建设需要进一步完善和落实。各区县绿色发展协调机制和支撑首都高效运行的各产业绿色发展空间功能格局尚需进一步调整完善，城市功能与产业功能切合度还需要不断推进深化，下辖区县绿色发展功能定位还不够明晰，存在过度竞争和重复规划建设问题。

6. 中心城区仍然拥堵，能源供需矛盾依然比较突出

中心城区人口集中，交通拥堵情况依然突出。能源消耗严重与资源禀赋不足、监管服务不到位之间的矛盾未能从根本上予以解决，集中体现在能耗、水耗和污染物排放与绿色城市发展目标还有较大差距，主要污染物排放尚未得到切实有效控制，可再生资源保护遭到忽视和破坏的现象依然存在，绿色环保型食品有效供给尚不能满足市民的需求。

7. 科技创新驱动水平与经济绿色发展需求不相适应，社会各方绿色发展的思想意识还不够

城市固体废物的分类、收集、储运及综合处置能力需要进一步提高，空气污染和环境的整治技术水平还不够。部分干部和单位对绿色化发展的重要性紧迫性认识还不到位，非首都功能调整疏解工作面临诸多体制不顺、机制不畅和思想观念不解放的束缚障碍，京津冀协同发

展的意识和落实都不够到位，特大型城市治理水平有待提升。节能环保和绿色消费宣传教育需要不断加强和普及，市民绿色消费观念整体水平需要提升。

五、北京市经济发展绿色化的基本模式与对策建议

（一）北京市经济发展绿色化的基本模式

从国内外绿色化发展模式中我们可以看到，各国的发展切入点、侧重点和推进举措不尽相同，各具特色。英国作为工业文明古国，是绿色发展最为坚决、力度最大的国家，其致力于绿色经济发展的内容涉及社会各个层面，把大力发展绿色能源摆在首位，推广节能生活方式，然后大力支持绿色制造业，研发新的绿色技术，努力确保自己在碳捕获、清洁煤新技术领域处于世界领先地位，并成立世界上第一个绿色投资银行用于帮助企业应对低碳转型所产生的高昂成本，对低碳技术和节水技术的创新提供支持等。德国是从简单的小事情开始逐步推进，进而从循环经济向循环社会发展，取得了明显成效，但因其成本高昂和价值观的非主流化而无法主导西方绿色化发展。美国作为生产消费和高能耗国家，也是从循环经济立法开始，着力建立完善循环生产消费环境和机制，采取了与德国不同的补偿与市场交易并举的环保治理制度，建立了适合美国治理体制特点的联邦—州合作制和政府—社会合作机制。日本则实施了企业、群众和国家立法三位一体的绿色发展模式，注重生态工业园区建设和改变人们的生活、消费模式，明确责任主体和政府支持，开展全民低碳运动与国际合作，大力推动低碳项目与研究。各个国家采取的绿色化模式各有千秋，也都取得了很好的成效。

我国作为一个发展中大国，作为一个正在为实现“新四化”而努力求索前进的国家，特别是新型工业化发展目标要求我们研究选取适合我国自身特点和需求的绿色化模式。从广东、湖北、海南、山西、青岛、大庆等省市近年来绿色化发展的具体探索实践看，都因地制宜地制订计划、有重点地稳步推进绿色发展，但还存在系统性不够强、依法推动力度不够、思想观念认识不到位等一系列问题。

我国又是一个幅员辽阔、地区间差异大的国家，不可能制定一个放之四海而皆准的标准化经济发展绿色化的模式。当然，从国家层面来讲，可以也应当着力从绿色化发展理念、发展规划、法制政策、建设原则等方面

进行系统性的顶层设计和宏观管理。

根据上述研究分析，提出北京市经济发展绿色化可以借鉴和探索完善的一个基本模式：

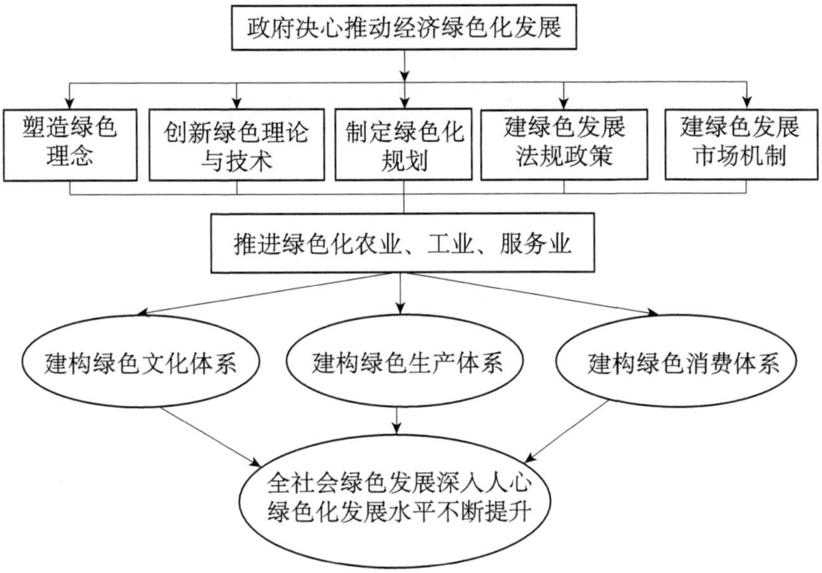

绿色化发展基本模式图

上述基本模式的内涵是：政府下定推进经济绿色发展的坚定决心，毫不动摇地推行，矢志不渝地坚持；要因地制宜，立足现实，着眼长远，根据各地经济绿色化发展的现实需要，科学编制切实可行的经济发展绿色化规划，制定并严格实施切实可行的规章制度和相关法律政策，建立完善经济发展绿色化激励约束机制，设计制定绿色化发展评价指标体系，把对各地方政府及部门和干部的政绩考评与绿色化发展成效紧密挂钩，形成有利于绿色化发展的政策导向；大力推进有利于绿色化发展的高科技创新研发，积极推广运用新技术、新设备、新方法、新理念；加强绿色化发展理论探究和先进经验模式的试点，积极探索创新绿色化发展的先进模式，及时总结分析，进行因地制宜的推广运用；要从财政政策和资金上给予绿色化发展足够的支持，特别是要确保对绿色发展的鼓励支持和经费补偿，用经费引导鼓励绿色发展转型和不断升级；加强绿色化发展的宣传报道，强化引导教育，使绿色发展理念深入人心，达成普遍共识，转化为人们的自觉行动。

(二)北京市经济发展绿色化的对策建议

1. 构建好“四个体系”和“一二四”绿色发展战略

(1)构建有利于绿色发展的“四个体系”

第一,构建绿色发展总体规划及各专项规划体系。科学制定北京市绿色发展总规划,明确绿色发展的指导思想、愿景使命、总体目标、战略重点和保障举措。根据总规划,就工业、农业、服务业等相关产业制定具体的专项规划,形成一总多专的科学规划体系。

第二,构建绿色化发展法治体系。在原有法律法规的基础上,根据国家和北京绿色化发展要求,修订完善和制定更加科学务实管用的法律法规规章,推进严格执法,推进依法治绿。

第三,建立完善配套政策体系。根据绿色化发展的需求,制定完善一系列有利于绿色发展的配套政策,实现有效激励和约束。

第四,构建绿色化发展科学治理体系。坚持依法推进绿色化发展,教育引导社会各方和全民参与支持绿色化,建立起更加科学有效的现代治理体系。

(2)构建推动实现绿色发展的“一二四”战略

抓好“一个机制建设”,着力抓好全民总动员、全社会参与的绿色发展宣传教育引导机制建设,加大绿色发展宣传力度,力求把各个行业、企事业单位和全体干部、群众生产生活的思想观念引导到绿色发展上来,真正实现人人关心、人人参与、人人支持绿色发展。

做好“两个调整”:一是做好战略布局调整,积极坚决推进北京城市副中心建设,进一步科学规划好各区域绿色发展的结构布局,实现各区域之间绿色发展目标任务互为补充、相得益彰;二是加大推进绿色发展配套政策调整力度,进一步完善绿色发展的支持、扶持、补偿、监管等一系列政策,提高绿色发展规范化的标准,提升绿色化保障水平。

搭好“四个有机结合载体”:一是要搭建好国家绿色发展战略与区域绿色发展战略有机结合的载体,把北京绿色发展真正融入国家战略,充分运用好国家绿色发展的政策资金;二是搭建好政府推动与市场化发展有机结合的载体,既要发挥好政府决策规划和行政推动的作用,更要充分发挥市场作用,谋划设计市场在政府政策框架下积极主动发挥作用、推进绿色发展的载体,充分整合、调动和发挥市场资源的功效;三是搭建好城乡科学布局、协调发展、有机结合的载体,进一步统筹谋划、设计好北京各区县、各区域绿色发展的战略目标任务,防止各区域之间恶性竞争,防止重复建设,减少矛盾冲突,搭建起中心城区与新城区、郊区之间协调沟通、密切配合、互为支撑、有机结合的载体；四是搭建起充分运用京津冀区域一体化、与河北天津绿色发展密切合作、有机结合的载体。

2. 坚持绿色发展“六大原则”和“四大目标”不放松

(1)把握好绿色发展“六大原则”

一是坚持创新驱动、以科技促效益的原则，二是坚持结构优化、以调整促提升的原则，三是坚持节约优先、以循环促效率的原则，四是坚持生态建设、以保护促开发的原则，五是坚持多方参与、以共建促文明的原则，六是坚持主动作为、协同发展的原则。

(2)瞄准绿色发展“四大目标”不放松

一是坚定不移地建立完善科学务实、清洁高效的绿色生产体系。有效疏解中心城区人口承载功能，进一步深化城市功能与产业功能的耦合发展，深入实施创新驱动发展，提升服务主导型产业格局的水平，增强产业科技创新能力，持续拓展清洁生产的深度和广度，使得资源产出率得到显著提高。

二是坚定不移地建立完善环境友好、安全便捷的绿色消费体系。进一步扩大绿色建筑规模，基本建成现代化立体交通体系，公共交通出行比重持续提升，绿色环保型食品得到有效供给，绿色市场服务体系不断完善，市民消费的绿色产品比重持续提高。

三是坚定不移地建立完善舒适优美、处置科学的绿色环境体系。进一步推进市容环境精细化治理，使主要污染物得到有效控制，空气质量得到持续改善，固体废物的科学处置能力大幅提升，综合处置的全流程体系更加完善、高效，各种公共设施的布局更趋合理。

四是坚定不移地建立完善改革创新、赏罚分明的绿色治理机制。进一步健全激励约束机制，完善相关政策与法规，深入落实绿色发展目标责任制，使得资源利用总量有效控制、供与需实现双向调节、差别化治理和生态补偿等机制建设取得明显进展，各项管理制度进一步完善。

3. 重点采取“六大强化举措”

(1)严格控制能源消费和碳排放增长

实施能源消费总量和强度、碳排放消费总量和强度的“双控双降机制”，将目标科学分解到各区、行业主管部门和重点用能(排放)单位。坚决控制高耗能、高排放项目新建扩建，限制新上一般制造业项目，严格实施能评和碳评制度，新建项目单位产品能效必须达到国际先进水平。大力发展低碳生态城市和绿色生态城区，实施更加严格的公共建筑节能设计标准，新建建筑全部达到绿色建筑一星级以上标准、全部实行供热计量收费，推广新建建筑与可再生能源一体化利用。坚持公交优先战略，加快推进综合交通运输体系建设，完善实施机动车总量调控机制，改善步行和自行车交通条件。开展全民节能行动，推广居民家庭节能综合解决方案及技术，能效等级二级以下产品不再允许进入北京市场，加强宣传教育，普及节能知识，引导居民科学合理用能。

(2)切实改善空气质量

全力推进落实清洁空气行动计划，重点做好五个方面：继续实施压减燃煤工程，至2020年将煤炭消费量控制在900万吨以下，城六区基本取消燃煤锅炉房，六环内规模以上企业生产用煤清洁化；强化控车减油措施，进一步淘汰老旧机动车，实施国六排放标准，加快推广新能源汽车；完善经济政策，开征扬尘排污费和挥发性有机物排污费，进一步完善差别化和惩罚性电价政策；加快调整退出不符合首都功能定位企业，淘汰退出高能耗高污染企业；严格执法和督查考核，严厉打击违规排污行为，督促各项任务落实。

(3)持续完善市场化机制

进一步完善碳交易市场，积极推进跨区域交易。继续完善合同能源管理机制，创新推广模式，扩大项目规模和范围。探索推进水权交易、林权交易，探索市场化节能环保新模式。推行环境污染第三方治理，积极引导社会资本参与污水处理、垃圾处理和污染治理项目的建设运营。按照国家统一部署，进一步理顺资源能源价格。出台节能环保低碳产业扶持政策，完善市场服务平台，培育打造一批实力雄厚、具有核心技术的服务机构，壮大节能环保低碳产业。

(4)推动用能管理方式变革

结合城市总体规划修改，科学制定城乡综合能源规划，坚持集中与分散供能相结合，因地制宜规划、布局、建设城乡供能设施，减少能源输送过程损耗。修订《北京市实施〈节能法〉实施办法》《北京市节能监察办法》等法规政策，发挥法治手段作用。实施能源和碳排放总量和强度“双控双降”机制。建立能效标准定期修订机制，实行能效标准与产业目录联动机制，发挥标准倒逼引领作用。大力发展节能服务产业，培育壮大一批综合性节能技术服务机构，推广节能专业服务。实施能源计量、监测、能源管控中心“三位一体”信息化工程，实现用能精细化管理和智能化管控。加强节能监察制度和基础能力建设，严格监督执法。

(5)全面实施卓越能效计划

建立重点行业、重要耗能产品能效领跑者制度，组织能效对标活动，实施节能技改工程。到2020年，全市重点行业（领域）、居民消费品能效达到全国领先水平。适时修订不符合首都功能定位产业调整退出及设备淘汰目录，加快淘汰落后产能，开展百家重点用能单位节能低碳行动，淘汰全部国家明令禁止的落后用能设备。推行公共建筑能效限额和级差价格制度，完成全部具备改造条件的城镇居住建筑抗震节能综合改造。实施公交、地铁场站综合节能改造工程。组织节能产品惠民工程，实施新一轮节能家电“以旧换新”计划，推广节能超市。

（6）全面加强京津冀生态环境保护领域合作

以京津冀生态环境保护领域实现率先突破为契机，积极推动北京市密云、延庆和怀柔与河北省承德、张家口合作共建生态文明先行示范区，在京津冀三省市共同建立跨区域生态文明先行示范区。扩大跨区域碳交易市场范围，推动建立区域统一的碳排放权交易市场。加强环境污染联防联控，推动进一步完善信息共享、联动执法、联合宣传和环境应急等合作机制，逐步统一三地节能低碳标准。着力实施工业、交通、建筑等重点领域节能低碳技改工程，加快淘汰落后用能设备和生产工艺，尽早在京津冀全面供应符合国五标准的汽油、柴油。通过技术输出、共同投资、京外发展等方式，鼓励区域节能环保企业开展技术、资本等全方位合作，培育一批示范龙头企业，推进资源再生利用设施共建共享。

六、结语

绿色发展是中国特色社会主义事业的重要内容，关系人民福祉，关乎民族未来，事关“两个一百年”奋斗目标和中华民族伟大复兴中国梦的实现。当前，我国正在深入实施“四个全面”战略布局，也是北京深化落实城市功能定位、推进京津冀区域协同发展、全面建设国际一流和谐宜居之都的关键时期。

总体上看，北京绿色发展水平仍滞后于经济社会发展和人民对美好绿色生活需求，需要不断增强危机意识，认清发展形势，牢固树立绿色发展理念，坚持不懈地推进绿色发展。通过全北京市民的一致努力，“绿色北京”的目标一定能够实现。

参考文献

[1]D. Pearee, etc. Blueprint For a Green Economy[M]. London : Earthscan Publications Ltd, 1989.

[2]United Nation Conference on Sustainable Development. The Future We Want [R]. 2012.

[3]Michael Jacobs. The Green Economy: Environment, Sustainable Development and the Politics of the Future, Pluto Press, Massachusetts, 1991.

[4]Tara Rao et al. "Building an Equitable Green Economy", paper prepared for The Danish 92 Group Forum for Sustainable Development, Jun. 2012, p. 6.

[5] ICC. Ten Conditions for a Transition toward a "Green Economy", 27 Oct. 2011, Paris: 2.

[6]UNEP, Green Economy: Developing Countries Success Stories, 2010, Nairobi.

[7]Holger Breta. l"Approaching Rio+20: A Survey of Positions and Expectations of Civil Society Organisations in Six European Countries on the Green Economy", Freie University Berlin Environmental Policy Research Centre Report 01. 15 Mar. 2012: 1.

[8]张玉钧，孙吉亚．发展生态旅游是生态文明建设的重要途径[N]．中国绿色时报，2012 年 12 月．

[9]王光友．中国绿色农业与食品产业的可持续发展战略[J]．中国农业信息，2015(3).

[10]汪云峰．"绿色农业"是中国特色的新型农业生产经营模式[J]．祖国，2013(3).

[11]曹东，赵学涛，杨威杉．中国绿色经济发展和机制政策创新研究，中国人口·资源与环境，2012(5).

[12]刘莎莎．从资源税角度思考绿色经济与绿色财政[J]．商情，2012(31): 38-40.

[13]李佳．发展绿色经济的财税政策研究——基于江西省环境税试点的分析[D]．南昌：江西财经大学，2012.

[14]朱远．城市发展的绿色转型：关键要素识别与推进策略选择[J]．东南学术，2011(5).

[15]刘薇．北京实现创新驱动绿色发展的制约因素与促进机制研究[J]．生产力研究，2012(12): 126-128.

[16]杨朝飞，里杰兰德．中国绿色经济发展机制和政策创新研究[M]．北京：中国环境科学出版社，2012: 15-18.

[17]张莹，刘波．我国发展绿色经济的对策选择[N]．开放导报，2011(5): 73-75.

[18]孙伟，周磊．"十二五"时期我国发展绿色经济的对策思考[J]．湖北社会科学，2012(8): 81-84.

[19]胡鞍钢．中国式绿色发展的重要途径[J]．生态环境与保护，2012(07): 93.

[20]许昌，高源．绿色经济与税收政策[J]．环境经济，2012(4): 1-2.

[21]姜春云．跨入生态文明新时代——关于生态文明建设若干问题的探讨[J]．求是，2008(11)．

[22]春雨．跨入生态文明新时代[N]．光明日报，2008-07-17．

[23]邓研华．生态文明建设过程中的我国政府职能研究[J]．西北师范大学硕士论文，2009-05-01．

[24]孙新章，王兰英等．以全球视野推进生态文明建设[J]．中国人口．资源与环境，2013-07-15．

[25]豆红梅．浅议西和县农村生态文明建设[J]．甘肃农业，2013-03-15．

[26]缪宏．十个首次彰显生态文明建设《意见》新亮点——中国生态文明研究与促进会常务理事黎祖交教授专访[J]．绿色中国，2015-05-01．

[27]邹乐，刘炜．北京城市副中心产业发展突出绿色[N]．中华建筑报，2014-07-18．

致 谢

回首3月1日，五湖四海的我们，相聚北京，相聚在国家行政学院第十四期青干班，一起学习前沿思想，一起交流心得体会，一起研究课题论文，度过了难忘的时光。

在国家行政学院培训部的精心安排下，在北京市委组织部的大力支持下，在王茹、黄锟两位老师的悉心指导下，我们课题组六位同志，聚焦北京在经济发展绿色化方面的实践与探索，先后来到北京市发改委、规划委、经信委，北京环境交易所、北京首钢生物质能源科技有限公司、密云区中国人保呼叫中心（密云总部基地）、华润希望小镇、张裕爱斐堡庄园、古北水镇等现场，有针对性地开展了一系列深入、丰富、细致的调研，与北京市发改委资源节约环保处张玉梅处长、国民经济处夏翊处长、市规划委总体规划处胡波副处长、张晓东工程师、市经信委党组成员刘京辉、市经信委规划布局处张晶处长、节能环保产业处刘明处长、人事教育处苏联波副处长、北京环境交易所周丞、王阳、蒋海峰，密云区委组织部干部培训科高志刚科长、生态发展研究中心王万杰副主任、巨各庄镇党委副书记程建邑等专家学者及领导干部进行了深入交流，对北京市经济发展绿色化方面的经验做法了解得更加深入全面。在此，真诚地感谢所有帮助过我们课题组的北京市及密云县各有关部门的负责同志！

为了更深入地了解各地在经济发展绿色化方面的经验做法，利用外出衔接培训或节假日，课题组还先后赴北京 IBM 中国研究院，天津滨海新区中新生态城(城市生活垃圾管理体验馆、第三社区服务中心),山东青岛、海尔集团,山西太原国家级经济技术开发区、富士康集团、汾酒集团、水塔醋业公司,陕西延安市、照金镇、梁家河村,湖北武汉市东湖高新技术开发区,黑龙江大庆油田、漠河北极村等地进行延伸调研。每到一个地方,当地的学者、干部、群众都会向我们深入介绍当地在经济发展绿色化方面的实践与体会,使我们课题组更多地了解掌握了国内不同区域地域、不同发展阶段、不同城乡类型经济发展绿色化的具体情况,开阔了视野,拓展了思路。

回顾课题研究过程,我们要衷心感谢培训部安令裕主任、朱谐汉副主任、杨斌副主任,感谢班主任黄创、项目组成员支远、孙金阳、王磊等老师,他们为我们课题研究的顺利完成做了大量的协调推动和保障服务工作。我们更要感谢国家行政学院经济学教研部王茹、黄锟两位老师,是他们用无怨的付出给了我们悉心指导,给我们克服困难深入研究的勇气!同时要感谢参加开题答辩时专家和老师们给我们提出的宝贵意见!

回顾课题研究过程的点点滴滴,我们课题组六人齐心协力、分工负责,时而一起外出调研和热烈讨论,时而分头查阅资料、撰写报告,既紧张忙碌,又开心愉悦地品味着自己的研究成果。团大庆市委书记、龙凤区委副书记李伟峰同志作为课题组组长,充分发挥统筹协调职责,积极联络推动课题研究各项工作,并具体负责北京密云、中关村和黑龙江大庆绿色发展的研究起草;团广东省委农村青年工作部部长黄瑞轸同志负责课题报告国外绿色化实践经验研究和我国广东绿色化发展模式的起草;山西省国家级太原经济技术开发区管委会副主任乔建伟同志负责国内有关省市(北京除外)绿色发展情况的研究和起草;湖北省旅游局人事教育处处长李平同志负责北京市和湖北绿色化发展的研究起草;海南省农业厅机关党委专职副书记、机关团委书记徐腾负责文献梳理及海南绿色化模式的研究起草;青岛大学发展规划处处长于红波同志负责起草开题报告、研究报告的统稿执笔及青岛绿色发展的研究。每位成员都按照分工,既富有创新、创意地开展学习研究,又不辞辛苦、认真细致地思考撰写,按时完成了本课题研究和报告撰写。

课题组成员所在单位的领导、同事和家人,为我们全身心投入到课题的调研与撰写提供了许多精神上的鼓励和支持,他们的关怀和支持让我们心无旁骛地踏实学习、潜心研究。借此机会,向他们致以崇高敬意和衷心感谢!

不期而遇，相伴相惜！课题组全体成员倍加珍惜在一起学习研究的日子，倍加珍惜朝夕相处共同前进的美好时光。衷心祝愿北京市乃至全国经济发展绿色化的“中国梦”早日实现！祝愿我们的母校——国家行政学院伴随着国家绿色化发展越办越好！

指导老师简介：

王　茹　国家行政学院经济学教研部副教授

黄　锟　国家行政学院经济学教研部副教授

课题组成员简介：

于红波　青岛大学发展规划处处长

乔建伟　山西省国家级太原经济技术开发区（太原武宿综合保税区）党工委委员、副主任

李　平　湖北省旅游局人事教育处处长

李伟峰　共青团黑龙江省大庆市委书记、龙凤区委副书记

徐　腾　海南省农业厅机关党委专职副书记、机关团委书记

黄瑞轸　共青团广东省委农村青年工作部部长

共青团组织参与政府购买服务研究

指导老师：舒绍福　宋雄伟
课题组成员：尕玛格拉　吉卓(女)　盛炜　谢小义
课题组组长兼统稿执笔人：盛炜

政府向社会力量购买服务（以下简称“政府购买服务”），就是通过发挥市场机制作用，把政府直接向社会公众提供的一部分公共服务事项，按照一定的方式和程序，交由具备条件的社会力量承担，并由政府根据服务数量和质量向其支付费用。[①] 政府购买服务将部分公共服务从直接举办、直接提供转为购买服务、监督质量，有利于降低行政成本，推动政府职能转变，提高公共服务水平和效率。推进政府购买服务，创新公共服务供给模式，是健全完善公共服务体系的重要途径，能有效解决一些领域公共服务缺位、规模不足、质量不高、发展不平衡、专业性不强的问题。推进政府购买服务，释放有效需求，放开公共服务市场准入，充分调动社会力量积极性，有利于促进社会建设和推动经济社会持续健康有序发展。

一、绪论：研究背景、目的、意义和现状

（一）研究背景

随着改革开放的日益深化和社会主义市场经济的逐步建立，我国社会结构发生了深刻变化，利益主体和社会需求日益多元化，传统的政府主导的一元化公共服务模式已经难以适应经济社会发展的需要。政府购买服务作为政府提供公共服务的一种新理念、新机制和新方法，对于加快行政管理体制、社会治理体制改革，建设服务型、效能型政府，更好地发挥政府的职能作用有着积极的意义。

近年来，特别是党的十八大以来，新一届中央政府对加快转变政府职

① 国务院办公厅.《关于政府向社会力量购买服务的指导意见》(国办发〔2013〕96 号). http://news. xinhuanet. com/politics/2013-09/30/c_117575742. htm.

能、改善公共服务作出重大部署，明确要求在公共服务领域更多利用社会力量，加大购买服务力度。党的十八大报告正式强调要“改进政府提供公共服务方式，加强基层社会管理和服务体系建设”。党的十八届二中全会提出要“把政府职能转变放到行政体制改革的突出位置，以简政放权为重点，把不该由政府管理的事项逐步转移出去，推进政企分开、政资分开、政社分开”。随后，2013 年 5 月 13 日召开的国务院机构职能转变动员电视电话会议上提出要“加大购买基本公共服务的力度，要加快制定出台政府向社会组织购买服务的指导意见”。2013 年 7 月 31 日，国务院常务会议提出，“将适合市场化方式提供的公共服务事项，交由具备条件、信誉良好的社会组织、机构和企业等承担”。党的十八届三中全会强调，要“推广政府购买服务，凡属事务性管理服务，原则上都要引入竞争机制，通过合同、委托等方式向社会购买”。国务院办公厅出台的《关于政府向社会力量购买服务的指导意见》明确：“到 2020 年在全国基本建立比较完善的政府购买服务制度。”正确认识、积极稳妥地推进政府购买服务工作，不断创新和完善服务提供方式，已是我国建设服务型政府的必然要求。

2015 年，中共中央下发了《关于加强和改进党的群团工作的意见》，强调：“支持群团组织利用自身优势，以合适方式参与政府购买服务。参与政府购买服务，要严格管理、规范实施，做到政府放心、社会认可、自身有活力。”中国共产主义青年团是当前中国唯一有着自上而下完整组织机构、得到执政党和政府授权、一直以青少年为主要工作对象的青年组织。共青团组织在新常态下如何参与政府购买服务，承接政府青少年事务职能，转变青少年工作方式方法面临着重大机遇和挑战。

本课题研究的“共青团组织参与政府购买服务”，是指共青团及其外围的青联、学联、少工委、青年企业家协会、青年志愿者协会等组织，依据法定职能，充分发挥自身特点和优势，通过组织购买、承接或引导所联系的以青少年为服务对象的社会组织或青年人为主体的社会组织承接政府购买服务的活动。

（二）研究目的

从目前来看，共青团组织在政治引领、组织动员等方面发挥了积极作用，切实巩固和扩大了党执政的青年群众基础。相对而言，在参与政府购买服务和社会事务管理工作上，还存在理论研究不透彻、工作体制不完善、职能定位不准确等问题，从而影响了共青团组织承担青少年事务工作职能的整体水平。但是，共青团组织由于与执政党的天然血缘关系，在青少年事务管理上依然拥有相对其他组织的政治体制、组织结构、工作经验、人才队伍等方面的优势，在工作中大有可为。本文拟针对上述问题，从政府购买服务的国内外经验和发展趋势、共青团组织参与政府购买服务的必要性与可行性，以及在政府购买服务中的角色功能定位优势等方面进行分析，并提出改进和加强共青团组织参与政府购买服务的意见建议。

（三）研究意义

通过本文的研究，从理论上分析共青团参与政府购买社会服务、协助管理青少年事务的合理性，建立共青团协助管理青少年事务的大格局，明确共青团参与政府购买服务的角色分工、模式和路径，建立完善制度保障，建设职业化青少年工作者队伍，更好地服务于青少年事务。同时，在不断深化的公共服务型政府建设趋势下，在不断推进的政府管理体制改革背景下，共青团如何认识自己的责任与任务，加快自身建设和转型发展，对于促进青少年一代的健康成长和全面发展，有效覆盖、广泛凝聚和切实引导青少年听党的话、跟党走，具有重要的意义。

（四）国内外研究现状

1. 国外研究现状

政府购买服务起源于西方发达国家，始于政府的市场化改革，作为政府公共服务市场化的一个重要手段，对社会服务领域产生了深刻影响。国外对政府购买服务的内涵界定并不明确，但普遍认为政府购买公共服务实际上就是公共服务合同外包（Contracting Out），即政府通过与企业或民间组织以签订承包合同的形式来提供公共服务。[①] 萨瓦斯认为狭义的合同外包仅指外包对象为私营部门和非营利部门的合同外包，广义的还将政府间协议或合作，即服务外包对象是其他地方政府的也算在内。[②] 在理论依据方面，萨瓦斯与《公共物品与私人社区——社会服务的市场供给》（2011）的作者弗雷德·E. 弗尔德瓦里侧重以公共物品理论的角度作

---

① ［美］萨瓦斯．民营化与公私部门的伙伴关系［M］．北京：中国人民大学出版社．2003．第129页．

② 王春婷．政府购买公共服务绩效及其影响因素的实证研究——基于深圳市与南京市的调查分析．武汉：华中师范大学．2012．第4-5页．

为政府购买的理论依据；洛韦里（Lowery）则侧重从新制度经济学和新公共管理的相关理论的角度出发论述政府购买公共服务的动因与可行性。在其 *Answering the Public Choice Challenge: A Neoprogressive Research Agenda*（1999）一文中认为，公共选择已经成为新的理论正统，准市场模式取代了传统模式，成为公共服务供给的主导性制度安排。① 在政府购买服务的模式方面，萨瓦斯以“民营化”（privatization）作为改善公共服务的选择，提出了政府购买等十种公私合作的制度安排。② 萨拉蒙与中国学者王浦劬在《政府向社会组织购买公共服务研究：中国与全球经验分析》（2010）一书中指出，政府向社会组织购买公共服务存在四种模式：独立关系竞争性购买模式、独立关系非竞争性购买模式、依赖关系非竞争性购买模式、依赖关系竞争购买模式。朱利安·勒·格兰德在其著作《另一只无形的手：通过选择与竞争提升公共服务》（2010）中提出了四种提供公共服务的模式，即信任模式、绩效管理模式、“发言权”模式及选择与竞争模式。在政府角色方面，哈里·科臣在《提供地方/城市服务》（2009）一书中指出，地方政府在公共服务购买中的角色在于通过一个精心起草的合同协议为服务提供、资金提供与质量设立条款和现行条件，设置必须实现的绩效标准或指标。霍吉（Hodge）在其著作 *Privatization: An International Review of Performance*（2000）中认为，政府购买公共服务并不能缓解政府财政赤字上涨等问题。

概而言之，国外有关政府购买服务的研究以大量的实践事实为基础，展开了多方位、多层面的研究。相关研究各具特色，既为改革寻找理论支撑，还注重对改革实践的总结和探讨，具有理论和现实意义。但国外没有共青团组织，有关共青团组织参与政府购买服务的研究基本上是空白。

2. 国内研究现状

我国政府购买服务开展得总体比较晚，虽然在个别地区个别领域早有探索。近年来，政府购买服务才被各级地方政府日益广泛地运用于社会公共服务的多个领域，并呈现出地域化、规模化和多样化的发展趋势。政府购买的投入、项目和受益对象不断增加，正成为政府不断满足社会日益增长的公共服务需求、提高我国公共服务质量与效率的一个重要实践途径。国内有关研究集中在以下几个方面。

---

① 周志忍．正确认识并强化公共服务中的市场机制[J]．学习与探索，2010(1).

② 周俊．政府购买公共服务的风险及其防范[J]．中国行政管理，2010(6).

(1)关于政府购买服务的国际经验研究

主要是王浦劬等人的论著《政府向社会组织购买公共服务研究:中国与全球经验分析》(2010),还有些论文,比如张建伟的《西方国家政府购买公共服务对我国的启示》、吕洪良的《政府购买公共服务:理论依据与国际经验》、许光建等人的《政府购买公共服务国际经验比较与借鉴》等。

(2)关于政府购买服务的模式研究

根据杨淑婷、王琴在《政府购买社会组织公共服务研究综述》一文中的观点,国外政府购买公共服务的模式主要有四种:一是合同制,二是补助,三是凭单制,四是社会效益债券。陈少强等在《我国政府购买社会工作服务初探》一文中则指出,我国政府购买社会服务的模式主要分为三类:一是形式性购买,即民办公助;二是非竞争性购买,即公办私营;三是竞争性购买。

(3)关于政府购买服务的范围与方式研究

如句华的《公共服务合同外包的适用范围:理论与实践的反差》一文在交易成本理论框架下对政府购买公共服务的范围进行了分析,认为公共服务是否适合外包主要在于政府服务的提供方式所需成本对比。苏明、贾西津等人在《中国政府购买公共服务研究》一文中指出,政府购买的公共服务一般是准公共产品,是在由政府直接生产其效率不高或供给不足的情形下,才可以采用政府购买的方式。郑卫东在《城市社区建设中的政府购买公共服务研究——以上海市为例》中根据西方经验,将政府购买公共服务的方式归纳为合同出租、公私合作、使用者付费和补贴制度等四种。

(4)关于政府购买服务的风险与责任研究

如周俊的论文《政府购买公共服务的风险及其防范》指出,政府购买公共服务的经济效率仍待检验,同时存在缺乏竞争、机会主义、供应商垄断等风险。王名等人在《中国民间组织参与公共服务购买的模式分析》中指出,购买关系中社会组织依赖政府,活动受制于政府评估形式化,没有真正的法律责任,一些根本不属于政府职责范围的服务,政府也用购买的方式向社会提供服务。

(5)关于政府购买服务的绩效与评估研究

魏中龙、王小艺等人的《政府购买服务效率评价研究》一文采用 SOM 神经网络建立政府购买服务绩效评价模型,以政府购买居家养老服务为例,通过对比不同地区政府购买服务绩效,提出提高政府购买效率的切入点。

(6)关于共青团组织参与政府购买服务研究

国内有关共青团组织参与政府青少年事务、承接政府职能、参与社会公共服务等方面有不少研究成果,比如符策良所著的《共青团组织承接政府青少年事务的研究》,郑长忠的《社会管理创新背景下的共青团发展——党的青年群众工作的新命题》,王飚、钱崇贤的《共青团受政府委托管理青少年事务初探》,胡喆的《共青团协助政府管理青年事务的模式研究——以上海市为例》等。但是,相对聚焦于政府购买服务方面的不是很多,其中,徐双敏、张景平的《枢纽型社会组织参与政府购买服务的逻辑与路径——以共青团组织为例》一文中指出,共青团作为枢纽型社会组织,具有组织形式完备、与政府有良好的合作基础、有较强的社会动员能力、有相对丰富的社会治理经验等特征,因而参与政府购买服务应该是一条可行的路径。刘园园在《共青团参与社会公共服务供给:比较优势与能力再造》一文中认为,与NGO相比,共青团参与社会公共物品的供给不仅是可行的,而且在实践基础、双重定位、时代契机与动员能力等方面具有明显的比较优势。王锋《关于共青团组织参与社会管理和公共服务模式的思考》中提出,当前共青团组织参与社会管理和公共服务应有四大模式,即地校、地地合作模式,机构合署办公模式,公共服务购买模式和整体化服务供给模式。

总体来看,我国对政府购买服务的研究与我国的改革进程是一致的,对改革的推动具有相对具体的指导意义。但是,现有研究还存在一些不足,如偏重理论的分析而轻实践的一般性观察和总结,尤其对共青团组织参与政府购买服务研究比较匮乏。近年来,北京、上海、广东、山东等地共青团组织在参与政府购买服务方面做了很多积极有益的探索,取得一定的实际效果。同时,也反映出共青团承接政府职能转移、参与政府购买服务中的一些弱点。比如缺乏法律政策的推动支持,承接政府购买服务能力不足,联系服务引导青年社会组织和整合资源等诸多方面存在困难,等等。

二、共青团组织参与政府购买服务的主体作用、功能定位、比较优势和角色扮演

(一)共青团组织参与政府购买服务的主体作用

1. 购买主体

共青团组织本身作为中国共产党领导下的、履行政府青少年事务的

人民团体，应具有购买主体资格。《国务院办公厅关于政府向社会力量购买服务的指导意见》(国办发〔2013〕96 号)明确规定："政府向社会力量购买服务的主体是各级行政机关和参照公务员法管理、具有行政管理职能的事业单位。纳入行政编制管理且经费由财政负担的群团组织，也可根据实际需要，通过购买服务方式提供公共服务。"实践中，北京市"社区青年汇"就是北京团市委为打造社区青少年综合服务平台，向 7 个社工事务所购买专业社工开展青少年服务活动的一个典型项目。

2. 承接主体

共青团作为群团组织，本身也是一类社会组织，同样符合《国务院办公厅关于政府向社会力量购买服务的指导意见》(国办发〔2013〕96 号)规定："承接政府购买服务的主体包括依法在民政部门登记成立或经国务院批准免予登记的社会组织，以及依法在工商管理或行业主管部门登记成立的企业、机构等社会力量。"实践中，共青团组织也积极承接政府购买服务，比较典型的是志愿服务。大型赛会、重大活动的志愿服务一般都由共青团组织承接，青年志愿服务也是各级共青团组织的重要品牌工作。而且，当前社会组织类型繁多、数量巨大，共青团等群团组织在政府购买服务中发挥了行业规范、政治引导、人才培育等方面的作用。广泛分布的大量未登记注册的草根社会组织虽然有一定的承接能力和优势，但不规范、不专业的问题大量存在，共青团组织承接政府服务职能和购买服务项目后，也需要凝聚这些"小伙伴"组织一块干，通过联系培育青少年社工专业人才和工作力量，事实上也拓展了青少年事务的服务内容和范围。

(二)共青团组织参与政府购买服务的功能定位

1. 聚焦功能

共青团组织是青年组织，其参与政府购买服务，首先必须把内容项目聚焦于青少年，特别是困难青少年群体、边缘青少年群体、问题青少年群体需求，开展社会融入、交流交往、成长教育、预防犯罪等政府职能范围内的项目；同时，共青团组织也应聚焦青年为主体的社会组织，更多面向青年社会组织开展购买服务工作。

2. 整合功能

当前实践中，政府购买服务项目经费的使用范围、审批拨付程序等都非常严格；有的社会组织也反映一些项目必须垫钱先做，而且不能开支人头等其他费用，仅靠承接政府购买服务项目的实施是难以存活的；大量的草根社会组织因为没有注册而没有资格承接政府购买服务项目。但是，完全靠政府兜底实施购买服务既不现实，也违背了政府购买服务的初衷，必须通过项目的实施，通过一定的市场手段，吸引更多的社会力量参与到公共性、公益性的项目中。共青团一贯有整合资源的传统和经验，特别是开展希望工程等青少年公益活动，因此，在参与政府购买服务方面，共青团组织同样应强化整合功能，发挥政府购买服务中政府投入与社会产出的倍增和放大的效果。

3. 引导功能

共青团在联系社会组织，特别是青年社会组织承接政府购买服务中，通过对社会组织发展中存在的人、财、物等问题给予必要的支持，引导社会组织把握正确的政治方向，健康有序规范发展。因为社会服务毕竟不同于企业经营，是以“助人自助”“帮贫济困”等公益的形式出现，如果社会组织拿着政府的资金做群众的服务工作，又宣传非法的政治主张，甚至帮一些境外组织、邪教组织、恐怖势力搞“和平演变”，比一般的企业组织和行为危害更大，共青团组织必须在培育社会组织的同时，强化联系引导的功能。

4. 枢纽功能

一方面是自下而上，收集服务对象需求，收集所联系的青年社会组织的服务能力、征集服务项目，有序规范地纳入政府购买服务的范畴，完善政府购买服务项目；另一方面是自上而下，针对政府购买服务实施方向和聚焦内容，通过公益创投、专业培训、组织参与、行业规范等方式，引导青年社会组织把更多的精力投入到政府所关注的服务项目，突出重点、持续常态。

概而言之，共青团组织作为群团组织的重要组成部分，参与政府购买社会服务由其工作职责和服务对象决定，同时也是新时期群团职能转变与时俱进的迫切需要。共青团组织需要积极参与政府购买服务，广泛整合青少年服务的社会资源，提高服务青少年的能力和水平，加强对青年社会组织的联系和引导，进而实现对青少年的再组织、再服务、再凝聚。

(三)共青团组织在参与政府购买服务中的比较优势

1. 政治优势

根据中国共产党党章和中国共产主义青年团团章的规定，中国共产主义青年团是中国共产党领导的先进青年的群众组织，是广大青年在实践中学习中国特色社会主义和共产主义的学校，是党的助手和后备军。长期以来，共青团组织在党的领导下已经发展成了一个有组织、有纪律、有思想、有能力、有活力的群团组织，在工作职能方面效能显著。新形势下，党中央对共青团组织的支持力度不断加大，习近平总书记明确指出，党的群团工作只能加强，不能削弱；只能改进提高，不能停滞不前，为共青团工作指明了方向，坚定了信心。习近平总书记在党的群团工作会议上还特别强调群团组织的政治性、先进性和群众性。政治性是共青团组织区别于一般非政府组织（NGO）或非营利组织（NPO）的重要特征，表现为：共青团是党的助手和后备军、共青团是国家政权的重要社会支柱、共青团是实现青年政治社会化的重要组织等三个方面。“共青团的政治地位使它能够有效依靠国家政治资源，整合社会力量，提供一般社会组织无法提供的特殊公共服务。共青团的政治性也赋予了共青团有效协调转型期复杂的社会矛盾的能力”①。

2. 组织优势

截至2014年年底，全国共有共青团员8 821.9万名；基层团组织387.6万个，其中，基层团委29.3万个，基层团工委2.2万个，团总支21.7万个，团支部334.4万个。共青团组织集聚了大量的社会资源、信息资源，联系广泛，能够调动机关、企业、社会等各类主体参与，还有青联、学联、青企协、青志协、青科协等各类外围组织。健全层级化的组织体系和大量非层级化的组织载体，便于共青团联系青年和组织青年，这不仅为社会组织参与社会服务提供了天然的保障，同时也构建了一种新型的服务模式，即将共青团组织、社会组织和服务主体统一起来，充分发挥前两者在各自领域的优势，相互配合，资源共享。共青团作为与广大青年联系最为紧密、组织体系最为规范的全国性组织，在长期的联系、关爱和服务青年的过程中积累了与广大青年的特殊情感。这些都是其参与政府购买服务的显著优势。②

3. 群体优势

在我国，共青团组织服务对象群体——青少年人数众多（7岁以上35岁以下，也有说法是44岁以内③），分布在城乡社会、各行各业。社区、学校、公司、农村等群体和机构中都有需要团组织团结和帮扶的群体。这在

① 刘园园．共青团参与社会公共服务供给：比较优势与能力再造[J]．改革与开放，2010年3月刊．

② 徐双敏、张景平．枢纽型社会组织参与政府购买服务的逻辑与路径——以共青团组织为例[J]．中国行政管理，2014(9)．

③ 据联合国世界卫生组织确定的年龄分段：44岁以下为青年人，45岁至59岁为中年人，60岁至74岁为年轻老年人，75岁至89岁为老年人，90岁以上为长寿老人。

一定程度上为社会组织参与购买社会服务并提供高效优质的服务提供了便利，在降低成本、跟踪调查、项目实施等方面对购买服务主体具有较大的吸引力。

4. 载体优势

共青团组织一贯善于策划设计青少年喜闻乐见、形式多样的活动载体，希望工程、青年文明号、青年志愿者等就是各级共青团组织坚持开展、持续推进形成的品牌活动载体，这些活动载体随着时代的发展不断充实完善创新；同时，适应新的时代发展和青少年需求变化，共青团组织也在不断探索形成新的活动载体，比如“青年之声”互动社交平台、“奋斗的青春最美丽”系列分享等，有吸引力和影响力、有知名度和美誉度，更多为社会接受，也为整合社会资源提供平台和抓手，为青年社会组织发展提供空间，为政府购买服务项目提供支持。

(四)共青团组织参与政府购买服务的角色扮演

1. 当好党的助手

共青团组织的职能决定了其在参与社会管理过程中必须服从党的领导，善于从经济社会发展大局和广大青少年的根本利益出发来思考问题，而不是将自身“异化”为少数人的代言者，或者是片面利益的维护者。在思想和组织上坚决维护党的领导，在行动中坚持把党的要求贯彻落实到团的建设之中，使团的建设纳入党的建设总体规划。在社会化服务过程中，高举中国特色社会主义伟大旗帜，用社会主义核心价值体系教育青年，在建设中国特色社会主义的实践中，造就有理想、有道德、有文化、有纪律的接班人，不断巩固和扩大党执政的青年群众基础，努力为党输送新鲜血液，为国家培养青年建设人才，为全面建成小康社会、加快推进社会主义现代化贡献智慧和力量。

2. 承接政府职能

政府需要共青团组织参与政府事务。以非政府组织形式大量存在的“民间”与政府属于一种对应而非对立关系。它能够在一定程度上弥补政府职能履行的相对失效，以较小的成本维持社会的良性运转。在计划经济年代，政府以管理、包办为主，百姓也习惯于有事情之后第一反应是寻求政府帮忙。市场经济则大为不同，它的多元性不仅要求政府提高决策、控制和协调能力，还要求政府变全能政府为有限政府，给民间组织的灵活性、自主性留下足够的创造空间。正如过多的公共权力会压缩公民的个人空间一样，过少的政府权力也容易出现社会失控。比较理想的发展取向是:政府和民间建立一种良性的对话机制,互相补充、互相矫正。正是在这样的基础上,共青团组织参与购买服务正是将社会力量纳入政府治理社会的良性选择。

3. 服务社会组织

现代政府职能转变的一个重要体现就是服务型政府的构建,实现治理能力的现代化。从传统的管理转向治理,"一字之差"所蕴含的是政府职能走向现代化的重要选择和必然趋势。社会组织在市场经济环境下,以生存和发展为基本依据,以竞争和优化为主要特征,不断呈现出专业化、效能化的优势和不同于行政机关的灵活性和主动性。在共青团参与社会治理过程中引入柔性控制和专业化服务,将社会组织作为政府机构工作开展的有效延伸,其参与主体和服务对象得到有效扩展,服务的专业化和水平也会得到提高。同时,作为政府机构与社会服务对象的"第三方组织",能够在一定程度上有效缓解社会问题和缓冲社会矛盾。

4. 完善购买项目

共青团组织在参与购买社会服务时既要注意传统服务内容的实施,又要以具有时代特性的社会关切为工作重点。购买服务类型始终要关注青少年健康发展、成长成才,同时围绕四个全面建设需要,结合"法治中国""大众创业、万众创新""精准扶贫"等要求,紧跟青年沟通、交流、聚集和联络方式的新变化,以把握青年需求为前提,提高工作科学化水平。购买社会服务内容应主动适应服务对象需求,通过大量的实践调研、准确研判,分析出时代所需和人民所需,进而有的放矢地确定购买服务主题和项目。

5. 强化服务监督

在市场竞争下社会组织工作开展呈现出专业化和高效化等特征,但在服务过程中也需要有效的监管。如果将政府组织与社会组织比作买卖双方,那么政府买的是服务过程,看的是服务质量,而社会组织卖的是服务过程,看的是服务收益。双方的关注点既统一又各有侧重。如何将购买的服务保质保量地完成,一方面社会组织需要进行大量的研究和精心的实施,另一方面,政府也不能买单了事,而是要制定精细的考核指标,做好前期论证招标和后期质量验收,把政府的直接服务变成间接的监督。因此共青团组织在购买社会服务时,强化监督既是工作职能转变的直接体现,也是购买服务高质量实施的重要保证。

三、共青团参与政府购买服务的实践探索

共青团组织参与政府购买服务起步相对较早，已经积累了宝贵的理论经验和实践探索。特别是北京、上海、广东、江西、青岛等地，在共青团组织参与政府购买服务方面大胆改革创新，在社区青少年服务、预防青少年违法犯罪、青年创业服务等方面积极探索，积累了一些相对成熟的经验做法和品牌，具有学习研究价值。

（一）北京：发挥枢纽型社会组织作用，依托“社区青年汇”青少年综合服务平台，面向专业社工机构定向购买青少年服务项目等

1. 基本做法

北京团市委作为全市第一批认定的枢纽型社会组织，在参与社会建设领域的政府购买服务中发挥着明显作用。全市共有市一级枢纽型社会组织 24 家；注册社会组织 3 800 多家，其中市一级 2 600 多家；社区草根社会组织几万家。共青团组织一方面发挥枢纽型社会组织的作用，作为社工委统一实施的政府购买服务项目的主责单位，负责做好项目立项、实施、结项三个阶段的审核、管理、评估、检查等工作；同时，积极联系培育专业社工事务所，联系凝聚大量的草根社会组织，做好拓展青少年预防犯罪、创业服务、联谊交流等服务项目，其中楼宇服务计划、公益星期六等项目都得到社工委的认可和资金支持；另一方面，打造社区青年汇项目并逐渐成为全市品牌，获得财政单列资金保障，再依托社区青年汇平台面向社会组织购买岗位和服务。

2. 北京市社区青年汇案例

以青年农民工为主体的流动青年群体能否融入城市、实现市民化是我国新型城镇化面临的重要问题之一。为促进流动青年的交流和融入，北京团市委 2010 年试点建设社区青年汇项目，以购买社工机构专业服务的方式，在青年聚集的社区和商务楼宇中建立社区青年汇，为 5 至 35 岁的户籍青少年和流动青年提供交流和参与平台。[①] 北京市社区青年汇通过在社区关系、朋友关系和同事关系方面重构流动青年的社会关系网络，有效地推进了流动青年的城市融入，对流动青年的生活和工作空间拓展、

① 叶鹏飞、康熙熙、王鼎：《流动青年的关系重构与城市融入——北京市下社区青年汇的案例分析》，《北京青年研究》2015 年第 1 期。

城市身份塑造、价值观的塑造产生了积极的影响。到 2014 年年底,北京市已建成超过 500 家社区青年汇,全年共组织城市体验、学习培训、交友联谊、志愿服务和文体娱乐等群体性活动 5 512 场,参与人数达 13 万多人次。

作为一项创新型的活动,北京团市委的社区青年汇项目通过打造一个"俱乐部"和"朋友圈"的模式来聚集流动青年、重构社会关系网络,为促进流动青年的城市融入和市民化过程提供一种新的思路。根据团市委相关文件规定,每家社区青年汇每年开展活动的次数不少于 48 次,每次活动参与人数不少于 20 人,完成对 1 000 名青年的面对面服务,具体活动按照统分结合原则,有市级统一活动、市级可选活动、区县层面活动、青年汇特色活动。

社区青年汇通过开展三种代表性的活动,即城市体验营、新青年学堂、交友联谊活动,动员社区及周边的青年参与到活动当中,将流动青年吸纳到青年汇的会员体系之中,形成稳固的会员群体,让流动青年在参与活动中拓展其工作空间、生活交往空间,从而形成新的社会关系网络。城市体验营是流动青年直观感受这个城市的活动,通过参加活动,流动青年可快速了解城市,做到从乡土社会到城市社会的空间转换;新青年学堂是流动青年通过接受再教育参加成人考试而获得向上流动的机会,从而使流动青年改变原有职业身份和户籍身份成为可能;交友联谊是流动青年建构一个新的朋友圈的活动,通过此类活动,流动青年的社会关系网络得到拓展,并使其在价值观念上受到更多城市价值观的影响。

3. 北京市大兴团区委和朗润社工事务所案例

大兴区面向社会组织购买服务主要有三个层面:一是枢纽型社会组织,二是区级注册社会组织和民办非企业,三是社区内草根社会组织。包括大兴团区委在内的 15 个群团组织和有一定规模和影响力的组织作为枢纽型社会组织,2014 年 12 月该区成立了大兴区社会组织联合会,该联合会采取"三三模式",即着眼于政府、居民和社会组织自身发展三个需要,履行政府所急、组织所能、居民所需三项职能,搭建组织、信息沟通、活动三个平台。目前该区有 428 个注册社会组织,400 多个社区草根组织,15 个枢纽型社会组织,10 家社会工作事务所。该区政府购买社会组织服务的主要资金包括两个方面:一是市级专项资金,年初共争取 200 万元,共 19 个项目;二是区级资金,从 2012 年开始安排,当年 50 万元购买 6 个项目,2013 年投入 200 万元,2014 年 400 万元,2015 年 600 万元。有条件和需求的街道也会拿出一部分资金以项目招标方式购买服务。具体购买流程是：先开展调研，了解居民需求并编写《居民需求白皮书》，同时调研社会组织能提供的项目，制定社会组织购买服务指南，涵盖 12 个方面 60 多项；然后由社会组织网上申报项目；第三步是专家组审查，由市社工委、高校专家、基层受众等方面组成专家组，一般五个人，前期背靠背打分，五票中三票通过再进入购买流程，专家再集中研究可行性，财政部门派员到场明确资金数量；第四步是反馈给社会组织修改项目书，起草实施方案，后签订合同书；合同签订项目开始实施后，资金拨付采取分步（一般启动给 50%，中期第三方调查评估通过后给 30%，结项评估后再给 20%），每年还拿出部分资金奖励一、二、三等奖六个项目。

团区委在政府购买服务中既是承接主体，作为 15 个枢纽型社会组织承接社工委的项目，同时也是购买主体，比如社区青年汇、青少年犯罪社会调查、四叶草（帮助青少年提升技能）等，就是团区委面向朗润社工事务所、博恒司法社工事务所等购买的项目。

朗润社工事务所 2011 年 12 月 22 日挂牌成立，承接大兴区 40 家社区青年汇、108 名社工的运营管理，承接社区青年汇、"平安大兴交通 缓解路怒情绪"驾驶员阳光心情、"名校学子陪你学电影"等公益项目 27 个，覆盖 9 万余人。该组织也是北京市第一家进驻监狱的社工组织，还承接了区信访办心理咨询工作、瀛海嘉园社区心理服务基地托管运营等项目。

（二）上海：承接政府转移职能，重视线上线下两个平台，关注社区青少年事务，加强专业青少年社工队伍建设等

近年来，上海共青团从协助政府管理青年事务的角度出发，以制度建设为基础，以实体机构为依托，以规划编制为统领，以项目运作为抓手，以专业队伍为保障，积极探索承接政府职能转移的有效模式，取得了一定成效。

1. 基本做法

（1）建立青年工作议事协调制度

2002 年，上海正式建立了市青年工作联席会议制度。联席会议主任由分管青年工作的市委副书记和联系青年工作的副市长兼任，办公室设在团市委。2010 年，上海市委、市政府又发文进一步明确了联席会议制度的职能定位。目前，联席会议成员单位共有 66 家，涵盖市委、市政府、市人大、市政协相关职能部门、区县党委以及工青妇等群团组织。全市 17 个区县也全部建立了上下对应的联席会议制度。这一制度有效加强了党政机关、人大政协、人民团体、社会组织在青年事务层面上的联系和合作，为共青团承接政府职能转移提供了制度保障。

（2）探索建立市区两级青少年事务机构

2003年，上海市委、市政府在团市委设立上海市社区青少年事务办公室，负责预防青少年违法犯罪工作。这是全国首家省级共青团组织内设的青少年事务机构。2005年，闸北、闵行两区分别试点成立青年事务局，统筹协调政府青年事务。市、区两级青少年事务机构为共青团承接政府职能转移发挥了重要的统筹协调作用。

（3）编制实施青少年发展规划和指标监测体系

上海于2007年编制实施了《上海市青少年发展“十一五”规划》。2012年编制实施的《上海市青少年发展“十二五”规划》被列为市级专项规划并以市政府名义发布。围绕《“十二五”规划》的实施，共青团上海市委配套建立了青少年发展指标体系，连续开展年度指标监测工作。青少年发展规划和指标监测体系的编制实施，使共青团承接政府职能转移有了政策依据，并将散落在各党政部门的青年事务有效统筹起来。

（4）以项目化方式承接政府职能转移

自2005年以来，共青团上海市委先后推动青少年12 355公共服务平台、青少年城市文明新约和爱心暑托班三项工作列入市政府实事项目，为共青团承接政府职能开辟了新通道。2014年，共青团上海市委又推出了百万青年成长计划、梦想创业团、青年中心建设等创新工作项目，以项目化方式主动承接政府职能转移。同时，还结合《青少年发展“十三五”规划》的编制和历年来指标监测所反映出的问题，与有关职能部门共同设计开发了中职生职业生涯规划辅导、职业青年心理健康疏导等实事项目。工作项目使共青团承接政府职能转移有了可以依托的载体，并通过资源和需求的有效对接，把政策转化为实实在在的服务。目前，政府购买社区青少年事务工作，其成本约为每个青少年360元/年，大大低于工读学校、少管所和少教所每个对象2万～3万元/年的管教成本。

（5）加强承接政府职能转移的专业队伍建设

一是青年社会组织。通过代表政府购买社会组织服务等方式，引导青年社会组织结合自身在教育帮扶、运动旅游、生命健康、生态保护、文化倡导、交友娱乐、应急救援等不同领域的专业特色，积极参与共青团承接的政府职能，形成了对政府和市场功能的有益补充。二是青少年事务社工。依托阳光中心组建了一支覆盖全市的职业化、专业化青少年事务社工队伍，通过思想教育、心理干预、帮助就业、帮困济贫等方式，协助基层政府在预防青少年犯罪、维护青少年合法权益等方面开展专业社会工作。三是青年志愿者。一方面，广泛发动青年志愿者参与亚信峰会等共青团承接的大型赛会项目、爱心暑托班等政府实事项目；另一方面，也注重社区对青年志愿者的维系作用，将他们发展成共青团参与基层社会治理的有力助手。

2. 工作成效

(1)促进了共青团围绕中心、服务大局

发挥团的政治动员和组织体系优势，在“市场不愿做，政府有难处，青少年有需求”的交会点上寻找突破口。在温饱、安全、救助、住房、医疗、社会保障等青少年生存保障类事务方面，发挥共青团群众工作优势，协助政府把公共服务做到青年身边；在教育、培训、创业、健康、婚恋、文化和闲暇活动等青少年成长发展类事务方面，发挥共青团社会动员的优势，协同各方力量为青年解难；在应对吸毒、犯罪等青少年群体突出问题方面主动作为、整体承接，为党政分忧。

(2)发挥了共青团组织的枢纽作用

一是构建了工作和服务两张网络，在团外依托青年工作联席会议形成一个跨部门、跨领域的工作网络，畅通承接政府职能转移的渠道；在团内结合基层服务型团组织建设打造广泛覆盖、深入基层的服务网络，通过具体的工作项目让承接的职能落地。二是建成了线上和线下两个平台，既扎根传统的社区空间，依托青年中心这个“关系枢纽”，让青年社会组织、青年志愿者乃至一些驻区单位方便地参与到社区事务和民生服务中来；又将工作手臂向新兴的网络空间延伸，依托“智慧公益”平台这个信息枢纽，实现团的工作项目和活动与参与者、志愿者的精准匹配和即时对接，让来自基层的需求在基层得到满足。

(3)提升了共青团承接青少年社会事务的能力

提升了工作项目的设计能力，将团的育人导向、青少年需求和时代特色有机融入项目之中；提升了工作项目的整合能力，通过对接政府、市场和社会的资源，汇聚各方力量，促进项目落实；提升了工作项目的实施能力，通过代表政府购买服务的机制，培育青年社会组织、青少年事务社工和青年志愿者的专业服务能力，为工作项目提供人力资源保障；提升了工作项目的评估能力，通过建立社会化的评价机制，对工作项目的实施进行科学评估，并向政府有关职能部门及时反馈，形成了一条从设计研发到实施保障再到评估反馈的完整链条。①

① 上海共青团积极探索承接政府职能转移．2014 年 10 月 31 日《全团要讯》第 13 期．

(三)广东:主动承接政府购买服务项目,重视青年社会组织培育孵化,打造青少年服务阵地,构建枢纽型社会组织体系等

1. 基本情况

广东共青团以建设枢纽型组织为路径,以"好社会·亲青汇"青年社会组织培育发展计划为抓手,大力创建社会组织,通过建立伙伴关系和对话机制,打造青年社会组织的孵化培育、资源共享、公共服务、诉求表达四大平台,联系凝聚青年社会组织积极参与社会建设。2014 年,广东共青团已建立 260 家"亲青家园"青少年服务阵地,其中孵化基地有 31 家,孵化创建了 147 家青年社会组织,培训了 2 500 多名青年社会组织骨干,联系凝聚了 4 838 个青年社会组织,累计建立社会组织团组织 3 419 个,成功推动青年社会组织参与政府购买服务总额超过 6 000 万元。

2. 具体做法

(1)先行先试示范带动

一是省级层面形成整体规划设计。按照先行先试的原则,团省委注重在项目开展、资源对接、平台搭建、功能发挥等方面进行宏观设计和有效指导,全方位、立体化、多渠道地推进枢纽型社会组织体系建设。二是地市一级推动综合改革试验。中山共青团以青年社区学院、社会企业和枢纽型组织"三驾马车"为有力抓手,形成全市上下联动、扩点成面的枢纽型社会组织建设示范效应;深圳共青团打造全省第一个地市级青年社会组织综合服务平台——深圳市青年社会组织总部,为全市青年社会组织提供"一站式"综合公共服务;珠海在工业园生活区建立异地务工青年服务社,建立起互助服务和对话协调窗口。三是区(县)镇(街)两级打造特色"亲青家园"青少年服务中心。广州海珠区依托启创社会工作服务中心建设 18 个"青年地带"社工站,服务全区 6～30 岁的青少年;荔湾区依托广州市青年公园打造"亲青家园"驻粤团工委广州联络中心,构建服务异地务工青年新机制。佛山顺德区着力建设镇街"亲青家园"青年坊,打造集青少年成长辅导、技能培训、社团培育于一体的特色平台。枢纽型组织建设的省、市、县(区)、镇(街)四级联动,推动了 31 个试点单位建设,在全省形成了示范带动效应和良好发展态势。

(2)创建组织购买服务

广东团省委以专项形式承接青少年服务项目,2015 年上半年累计承接政府购买服务 4 575 万元,其中包括志愿服务专项 475 万元、"圆梦 100"新生代产业工人骨干培养发展计划 2 100 万元、"攀登计划"广东大学生科技

创新培育专项资金2 000万元。一是依托团属资源创建组织。如省级层面注册成立广东青年社会组织联合会、广东省圆梦青工成长服务中心、广东省青年文化创意联盟等，逐步打造成为枢纽型社会组织，以资源信息优势凝聚社会组织。二是志愿者组织转型创建组织。如广州启智志愿服务总队注册为“广州市启智社会工作服务中心”，由志愿者组织转型为民办非企业单位。三是驻粤团工委实体化创建组织。如河南驻珠海团工委注册成为“珠海市新豫青少年综合服务中心”，以乡情为纽带凝聚异地务工青年，提供互助性质服务。四是发动青年企业家创建组织。如顺德青年企业家协会会员余永亮联合其他会员自筹经费注册成立容桂青少年成长促进会，通过承接公办幼儿园等形式推动社会组织可持续发展。在各级共青团组织积极推动下，青年社会组织主动参与竞争政府购买服务，扎根社区提供各类公共服务，总计整合社会资源2 883万元，其中东莞市莞香花青少年服务中心“青少年健康成长”计划获得政府支持经费49万元。

(3)搭建平台强化协作

一是阵地供给吸引。依托青少年宫、青年活动中心、社区综合服务中心等阵地建立社会组织培育孵化基地，吸引社会组织入驻。二是资金项目扶持。筹集青年社会组织培育发展基金，通过公益项目申报等形式支持社会组织。三是骨干培训凝聚。举办亲青汇训练营、南方志愿服务公益大讲堂，吸引青年社会组织骨干参与学习培训、展示公益项目。四是活动交流聚合。举办亲青议事、亲青汇嘉年华、亲青创造微公益、亲青创意行动等，搭建青年社会组织开展对话交流、公益展示的平台。通过发挥共青团的品牌效应，有力地联系和聚合了一大批社会组织，提升了共青团在社会组织中的影响力。①

(四)江西：整合资源面向青年社会组织购买服务，试点推进社区青少年综合服务平台——“青年空间”，探索公办民营和民办公助等方式完善购买服务方式等

近年来，江西共青团积极探索参与政府购买服务，主动应对社会转型时期青少年新问题和新需求。2015年，共青团江西省委在总结经验的基础上，依托“青年空间”面向青年社会组织开展政府购买服务工作试点，制定了科学的工作方案。

① 曾颖如．构建枢纽型组织　拓展共青团工作重要空间[J]．中国青年报．2014年1月9日第8版．

1. 基本情况

2015年共青团江西省委计划重点建设10个“青年空间”，目标是打造成为江西青少年社会工作服务的重要载体和培育江西青少年社会工作人才的重要领域。团省委自筹100万元经费向政府购买10个“青年空间”社会服务，购买服务时限为两年。

“青年空间”主要依托街道社区服务中心、社区居委会活动空间、公共文化活动设施和社区周边广场、学校等场地资源，组成骨干工作团队，通过政府投入和社会募集资金购买社会工作机构提供专业服务的方式，以青年城市融入培训、交友联谊、文体娱乐、教育培训、法律心理服务以及青年社会组织发育等为主要服务内容，是在青年身边的地域性活动平台和团组织主导的区域性基层青年组织。

“青年空间”以生活空间为载体搭建青年组织和活动平台，通过联系、服务、凝聚青年，推动重构城市青年的社会关系，进而发挥青年空间在实现社会管理、基层服务、市民化、城镇化中的积极作用，促进青少年全面健康成长成才。通过青年空间各类活动，为青年的成长发展提供切实有效的服务和帮助，并及时了解和掌握青年思想行为动态和意愿诉求，畅通表达渠道，化解矛盾，维护稳定。以青年乐于接受的方式进行思想引领，动员组织社区青年积极参与社会建设，从而汇聚青少年社团组织，汇聚青少年群体，汇聚青少年活动，汇聚公益服务，汇聚青少年信息，汇聚青少年力量，引导青年成为正能量的发现者、表达者和放大者。“青年空间”是建在青年身边，实现青年交流、团结、组织的重要平台，对于有效联系、服务全体青年，做好新形势下党的青年群众工作、巩固党执政的青年群众基础具有重要的意义。

2. 具体做法

(1)明确购买对象的资质要求

①依法在民政部门登记的青年社会组织，具有独立承担民事责任的能力，成立时间两年以上；

②上一年度年检合格；

③具有良好的社会信誉及健全的财务会计制度；

④在南昌市范围内设有固定的办公场所或服务机构(提供相关证明材料)；

⑤参加政府采购活动前两年内，在经营活动中没有重大违法记录。

(2)严格购买内容的具体要求

①接受团委领导，形成青年空间骨干工作队伍，为青年空间至少配备1名专职人员或青少年社工，以青年发展和需求为导向，设计统分结合的

项目体系，不断活跃青年空间，在工作推动过程中，按照团委要求，研究制定本机构所负责的青年空间需要开展活动及工作的实施方案，各项工作和活动既要符合共青团工作的阶段性要求，积极服务党政大局，又要按照社工的专业要求，提升工作的专业化水平，体现青年空间在社会建设领域的独特优势。

②承接主体需开展的日常工作：对青年空间所在区域内的青少年进行信息管理、联系青年、组织活动、个案服务、资源开发、组织培育、宣传推广。

③承接主体需在青年空间开展十项服务活动：青年学习培训、志愿公益活动、参观实践活动、创业就业活动、普法维权服务、运动健康活动、婚恋交友活动、文艺娱乐活动、青年自发组织培育、个案工作等。

④具体指标。目前南昌城区范围内共 10 个青年空间，根据以上十项服务活动，每一个青年空间拟定年度目标如下：活动频度，平均一个青年空间每个月开展两次以上小型活动，每次活动不少于 5 人参加；每个青年空间全年累计开展不少于六次中型活动，每次活动不少于 20 人参加；可以结合每年团省委的重点工作开展品牌活动，服务对象，所承接的“青年空间”辐射范围内的青年，至少完成对 200 名青年的建档、面对面服务、交流及活动等工作。服务项目，结合实际围绕基础团委类、阵地功能类、整合资源类、就业创业类、文化学习类、公益服务类、专业咨询类、休闲娱乐类、体育健身类、便捷服务类等基本服务项目类别，开展其中 4 类以上服务项目。有详细的项目实施计划、活动计划、活动图片、活动总结、参加活动人员名单等，资料翔实，保存完整。服务队伍，配备 1 名以上专职工作人员或青少年社工，可整合其他青年社会组织开展年度活动；针对 3 家以上青年社会组织在场地、资源整合、项目、培训等方面提供支持。

(3)加强资金管理及绩效考核

共青团江西省委为每个“青年空间”提供一定数额的专项经费，资金专款专用，主要用于组织活动、创新项目、学习培训、日常办公、配套设施、项目督导费用、后勤保障等具体开支。项目经费需科学编制和安排预算，在使用中需做到单独建账、单独核算、专款专用、建立专项经费管理和使用追踪机制，保证项目经费按计划运行。

共青团江西省委建立健全综合性评审指标和机制，运用科学和专业的方法，对服务项目的完成情况和资金使用绩效进行考评，奖优罚劣。[①]

---

① 《团省委政府购买“青年空间”社会服务试点方案》。http://www.jxyouth.org.cn/zngg/201509/t20150908_1202947.htm。

在探索公办民营方式推进社区“青年空间”的同时，江西共青团组织也积极探索民办公助方式开展针对不良行为青少年[①]群体的教育矫治工作。比如 2013 年，南昌团市委联合教育、综治等多个部门，在当地一所民办学校挂牌成立“南昌市阳光学校”，作为对青少年不良行为矫治的专门学校，实行军事化管理，同时开展初中学历教育、法制教育和心理健康教育。团市委还牵头该市综治委预防重点青少年违法犯罪专项组出台了以市委办公厅、市政府办公厅名义下发的《南昌市重点青少年群体服务管理和预防犯罪管理办法》，明确规定对在阳光学校就读的学生，按每个学生每年 6 000 元的标准给予经费补贴。不到一年时间，团市委再次联合公安、财政、教育等职能部门联合下发了《南昌市有严重不良行为青少年送阳光学校教育矫治工作实施办法》(以下简称《工作办法》)，明确了送阳光学校教育矫治对象，规定办案机关在办案中发现的“因不满 16 周岁而不予刑事处罚且家长或其他监护人无法管教的青少年”“由检察机关作出不捕、不诉的涉罪未成年人”等四类有严重不良行为青少年应送入阳光学校接受教育矫治。《工作办法》对有严重不良行为青少年入校和出校流程进行了规范，对有严重不良行为青少年送阳光学校教育矫治工作的经费保障、各相关部门的职责分工进一步明确规定，严重不良行为青少年矫治经费补贴标准提高到 24 000 元/年(市级财政 6 000 元，县区级财政 18 000 元)。除了政策上的支持，团市委还协调该市教育部门在学校标准化建设、学生学籍管理等方面的支持，协调市综治办推进校园警务室建设，协调公检法司等部门组织政法干警等进校园开展结对帮扶、法制宣传及心理辅导等志愿服务。自 2015 年 7 月份该办法下发至今，已有公安部门遣送的有违法犯罪行为的未成年人 127 人，从了解的情况看，教育矫治转化取得比较好的效果，一定程度上解决了不良行为青少年在校失教、离家失

---

① 《中华人民共和国预防未成年人犯罪法》规定的“严重不良行为”，是指下列严重危害社会，尚不够刑事处罚的违法行为：

(一)纠集他人结伙滋事，扰乱治安；

(二)携带管制刀具，屡教不改；

(三)多次拦截殴打他人或者强行索要他人财物；

(四)传播淫秽的读物或者音像制品等；

(五)进行淫乱或者色情、卖淫活动；

(六)多次偷窃；

(七)参与赌博，屡教不改；

(八)吸食、注射毒品；

(九)其他严重危害社会的行为。

管、心理失衡、行为失范等问题，净化了校园环境，促进了社会和谐，减轻了家庭负担，降低了公办成本，达到政府、社会、学校、家长和青少年自身的多赢。

（五）青岛：依托青少年发展基金会等团属平台参与公益创投，整合资源扶持青年社会组织公益项目，探索“专业社工＋志愿者”模式等

近年来，青岛团市委履行群团组织在社会管理服务中的职责，引领青年社会组织承接、做好政府青少年事务，参与社会治理创新，通过购买服务协调、承接、做好政府青少年事务，有效引导社会组织协助政府参与社会事务管理。具体做法是：

1. 主动参与青少年相关的政府购买公共服务项目

青岛市民政局每年在全市“扶老、助残、救孤、济困”等领域开展社会组织公益项目创投活动，项目申报范围中包括为弱势家庭青少年提供有利于身心健康成长的各类服务活动。团市委围绕职能，整合资源，设计项目，依托市青少年发展基金会等团属社会组织平台积极参与公益项目创投。2012 年，针对农村留守儿童（青少年）开展的防溺水“安全小卫士”项目获得青岛市公益项目创投 20 万元资金支持，该项目被民政部、财政部评为中央财政支持社会组织服务社会示范项目，获得中央财政 50 万元项目资金支持。2013 年，以关爱帮扶闲散青少年融入社会、从源头上预防和减少青少年违法犯罪的“关爱青少年彩虹计划”参与市民政局的公益项目竞标并顺利通过，获得 4 万元的购买资金。通过这种方式，团组织发挥示范效应，为民间社会组织设计项目参与竞标提供了借鉴和经验。

2. 大力扶持青年社会组织和公益项目

青年社会组织是承接政府青少年事务的主体力量。从 2010 年开始，团市委为了发现和联系更多的优秀青年社会组织，开展了首届青年社会组织创意项目评选，给予一定的社团成长基金。自 2011 年以来，连续三年开展青年社会组织公益项目评选活动，筹资 37 万元对优秀青年社会组织进行扶持，为它们开展公益服务项目提供帮助。2013 年，团市委拿出 8 万元预防青少年违法犯罪工作专项经费在全市分类扶持了 10 个重点青少年群体服务管理和预防犯罪工作示范项目。通过注入资金的方式发现并调动社会组织关注重点青少年群体成长发展的积极性。另外，在整合资源购买青年组织服务、做好青少年事务方面大胆实践。团市南区委 2013 年从财政拨付的青少年事务专项经费中出资 20 万元开展了“青年

服务青年，青年影响社会”公益创投活动，购买了5个青少年社会服务项目，服务覆盖青少年3 000余人。团组织通过鼓励支持社会组织承办团的项目，既引导它们在项目实施合作的过程中有针对性地服务青少年群体需求，又有效灌输团的工作理念和价值愿景，使之成为共青团组织延伸手臂、增强活力的依托。

3. 致力于推进青少年工作专业化、项目化、品牌化

青岛市团组织探索以专业化的社会工作方法为弱势和重点青少年群体提供服务，在实现工作项目化、资源社会化、队伍专业化、阵地有形化方面打造了“专业社工＋志愿者”的新模式。市南区“金色翅膀”项目是由团组织主导、爱益普社会工作服务中心负责实施的帮扶单亲家庭青少年的公益项目。市南区“青少年圆梦关爱行动”是团区委联合爱益普社工中心帮助新市民子女“筑梦、逐梦、为梦护航”的社工项目，辐射新市民子女100人。针对新市民子女社会融入困难、课余生活单调等问题，市北区在辽宁路街道建立“彩虹家园”工作站，为辖区新市民子女提供学习、娱乐、托管等服务，打造了“彩虹家园”新市民子女关爱工作品牌。在即墨路街道成立“青少年成长驿站”为服刑人员未成年子女开展亲情陪护和心理疏导。“康龙温心计划”是团市北区委联合专业社会机构针对不良行为青少年群体开展心理矫治服务的品牌项目，曾被中央电视台、《中国青年报》等报道。青岛市新市民家园和市北区部分学校针对新市民子女开展艺术特长培训的“梦想学堂”项目，已成为共青团关爱新市民子女的品牌项目。[①]

四、综合分析以上地区的实践案例，都从不同角度探索了共青团参与政府购买服务的实现路径和方式，提供了有益的借鉴和启示

（一）探索了共青团参与政府购买服务的工作主体问题，也就是由谁来购买的问题

政府购买服务是一个大的范畴，购买的主体可以是政府，也可以由其他组织代为行使购买职能。一种是共青团组织争取直接纳入政府购买服务的范畴，作为代替政府行使购买职责的主体，由财政资金统一安排购买服

① 关于共青团组织如何应对政府购买服务的思考．http://www.sdyl.gov.cn/webs/NewsView.aspx? id=b42cc5cb-3ac1-4a77-af2f-6abb177771d2.

务。比如团北京市委社区青少年综合服务平台“社区青年汇”的运行模式。一种是共青团组织发挥自身优势，整合社会资源，自主作为购买主体开展购买服务。比如共青团江西省委购买“青年空间”社会服务的运行模式；2015年共青团陕西省委自筹575万元，以项目形式购买陕西省青少年公益项目大赛200个志愿服务、生态环保、希望工程、高校公益等获奖公益项目。

（二）探索了共青团参与政府购买服务的工作对象问题，也就是向谁购买的问题

共青团一是可以作为承接主体，主动承接政府青少年公共服务领域的职能转移，主动参与与青少年相关的政府购买公共服务项目，可以作为政府购买服务的对象，依托自己直接建立的社会组织等，向政府进行购买。比如共青团陕西省委依托建立的省级青少年综合服务平台——陕西省青年驿站总站直接参与政府购买服务。二是可以积极发挥枢纽作用，联系和培育青年社会组织，推动青年社会组织和专业社工机构承接“政府订单”。比如，团上海市委成立“上海青年家园民间组织服务中心”，组织青年社会组织承接政府购买服务项目；广东共青团组织成立的“好社会·亲青汇”广东青年社会组织培育发展中心；共青团陕西省委成立陕西省青年社会组织孵化中心，孵化、指导青年社会组织参与政府购买服务。

（三）探索了共青团参与政府购买服务的工作内容问题，也就是购买什么的问题

共青团组织参与政府购买服务，一定要积极探索路径载体，聚焦青少年服务项目，把促进青年创业就业、青年志愿服务管理、青少年校外教育、青少年事务社工人才队伍建设、预防青少年犯罪等作为重点工作内容。比如团江西省委联合省民政厅、省妇联、省慈善总会开展社会组织公益创投活动，项目包括民生保障、社会公益、社会管理类三大类型；团广州市委创办每年一届的志愿服务广州交流会，为参展项目与项目需求方、社会资金提供了一个开放式的对接平台，社会组织所申报的项目在“志愿时”平台上进行展示，有意愿参与志愿服务的人或团体、有需要引入志愿服务的机构都可以通过这个平台直接找到想要加入或引入的组织。

（四）探索了共青团参与政府购买服务的工作方式问题，也就是怎样购买的问题

共青团参与政府购买服务，有的是以平台购买岗位的方式，有的是以

对象购买项目的方式。比如学界认为中国最早的政府购买服务项目——上海罗山会馆就是上海首个政府与非政府组织合作成立的社区公共服务中心，它是由政府免租提供基础场地设施，并每年支付经费向上海基督教青年会购买服务；广东省顺德区每年拿出400万元委托团区委购买青少年服务，在全区10个街道建立社区“青年坊”；团青岛市委2013年拿出8万元预防青少年违法犯罪工作专项经费，在全市分类扶持了10个重点青少年群体服务管理和预防犯罪工作示范项目。

五、共青团参与政府购买服务存在的问题与不足

对政府购买服务存在的一些问题，理论界和国内外学者也有一定的研究。比如，唐纳德·凯特尔指出：“‘精明买主’的问题是合同外包制度面临的最严峻挑战；如果政府没有充当精明买主的能力，不断增加的竞争也就毫无意义”①。凯特尔还把在合同外包方面存在的导致市场失灵的缺陷区分为“供给方缺陷”和“需求方缺陷”。“供给方缺陷”是指向政府提供物品和服务的市场所存在的各种缺陷，“需求方缺陷”指作为买方的政府自身的缺陷。② 库珀认为，政府购买公共服务绝对不是一项单纯的交易行为，竞争、效率并不是对其衡量的唯一标准，而回应性、效率、经济性、有效性、责任、平等等都是管制政府购买公共合同的重要标准。③ 王浦劬、莱斯特·M. 萨拉蒙经过研究之后发现，尽管政府购买服务取得了长足进步，但是在具体购买的过程中，仍然存在购买行为内部化、购买标准不清晰等问题。④ (1)购买行为内部化即内部购买问题。(2)“需要的没有购买，购买的用不上”的问题。(3)“服务质量”不受监督，甚至是没有服务只有收费。⑤ 具体到共青团组织参与政府购买服务，主要存在以下六个方面问题。

---

① [美]唐纳德·凯特尔．权力共享：公共治理与私人市场[M]．北京：北京大学出版社，2009.

② 郑卫东．上海市政府购买公共服务研究探析．招标与投标，2013(11).

③ [美]菲利普·库珀．《合同制治理：公共管理者面临的挑战与机遇》，竺乾威、卢毅、陈卓霞译，上海：复旦大学出版社，2007.

④ 王浦劬，[美]莱斯特·M. 萨拉蒙．政府向社会组织购买公共服务研究：中国与全球经验分析[M]．北京：北京大学出版社，2010.

⑤ 陈建国．政府购买公共服务过程管理研究——以北京市为例[J]．理论探索，2014(4)(总第196期)，第116页．

(一)没有纳入政府购买服务目录,缺乏政策依据和持续保障

2013 年 9 月 26 日,国务院办公厅发布《关于政府向社会力量购买服务的指导意见》(国办发〔2013〕96 号),明确规定“政府向社会力量购买服务的主体是各级行政机关和参照公务员法管理、具有行政管理职能的事业单位。纳入行政编制管理且经费由财政负担的群团组织,也可根据实际需要,通过购买服务方式提供公共服务”。依据这一规定,共青团应具有一定的购买主体资格。但是,查阅各省市陆续出台的购买服务目录,基本上没有共青团的工作内容。比如网上公布的《北京市 2014—2015 年市级政府向社会力量购买服务指导性目录》[①]中,十二类 87 项,大类基本上就是根据部门职能划分,比如教育类、医疗卫生及计划生育类、社会保障类、“三农”服务类、文化类、体育类、交通运输类、市政市容类、环境保护类、社会事务类、人才就业服务类都有相应的职能部门对应,但却没有共青团组织可对应的类别和项目。《上海市本级政府购买服务实施目录》[②]一级五项(基本公共服务、社会管理性服务、行业管理与协调性服务、技术性服务、政府履职所需辅助性事项)、二级 58 项、三级 162 项,只有一个三级项与共青团组织有关:“工青妇等群团组织监督的政策性技术性监督辅助服务”。《安徽省政府向社会力量购买服务指导目录》[③]一级目录 5 项、二级目录 45 项,三级目录未单独列项,其中也提到了“购买各级党政机关、人民团体的公共政策调研、草拟、论证等辅助性服务”。基本上就是这一条,也很笼统,并没有体现共青团参与政府青少年事务的相关内容。如果说共青团整体工作不一定都能归入国务院指导意见规定的基本公共服务、社会管理性服务、行业管理与协调性服务、技术性服务、政府履职所需辅助性事项等六大类范畴(各地的一级目录基本依此而设),但法律保障的共青团两项有关政府青少年事务的工作应该有理由、有必要纳入。一是依据《中华人民共和国预防未成年人犯罪法》(1999 年 6 月 28 日第九届全国人民代表大会常务委员会第十次会议通过),要加强预防未成年人

---

① 北京市财政局 . 关于印发《北京市 2014—2015 年市级政府向社会力量购买服务指导性目录》的通知(京财综〔2014〕1418 号). http://www.bjcz.gov.cn/zwxx/tztg/t20140820_492342.htm.

② 上海市财政局 . 关于印发《上海市市本级政府购买服务实施目录》的通知(沪财预〔2015〕75 号). http://www.ccgp.gov.cn/gpsr/zcfg/201506/t20150623_5453149.htm.

③ 安徽省财政厅 . 关于印发《安徽省政府向社会力量购买服务指导目录》的通知 .(财综〔2014〕100 号). http://www.ahcz.gov.cn/portal/zwgk/zcfg/fggz/1390927889847762.htm.

犯罪工作，目前各级综治委预防青少年违法犯罪工作专项组设在同级共青团组织，这是一块。二是依据《中华人民共和国未成年人保护法(2012年修正本)》第八条规定：共产主义青年团、妇女联合会、工会、青年联合会、学生联合会、少年先锋队以及其他有关社会团体，协助各级人民政府做好未成年人保护工作，维护未成年人的合法权益。其中点到的组织中，除妇女联合会和工会，其他都属共青团组织，而且各地未成年人权益保护委员会办公室均设在同级共青团组织。共青团组织承担的这两块政府青少年事务符合政府购买服务的规范要求，但没有纳入，导致共青团参与政府购买服务，特别是发挥购买主体作用的能力受到限制。当然，在政府购买服务目录中涉及教育类方面的内容也涉及青少年，但主要针对的是在校学生。在校期间，大量青年处于不在学、不在业状态，还涉及思想教育、就业创业、婚恋交友、社会融入、心理健康等全方位、各方面需要纳入基本公共服务的内容，这些工作共青团组织在做，也应属于政府青少年事务，但没有职能牵引，没有项目支撑，也难以得到持续的保障。毕竟青少年处于成长关键期，也是国家和民族的未来，关注、教育、引导、服务青少年的重要性不言而喻，怎么支持青少年服务事业都不为过。

(二)青少年思想行为交流活动方式加速变化，青少年事务难以聚焦

当今时代，随着经济体制深刻变革，社会结构深刻变动，利益格局深刻调整，思想观念深刻变化，特别是互联网技术的快速发展和信息时代迅速到来，“春江水暖鸭先知”！青少年一代对此感受更快，受其影响更深。共青团组织以青少年作为工作对象，组织形式、工作方式、交流渠道、引导能力都受到挑战和刺激。一是流动频繁化。原来青少年的流动范围和频率是比较稳定的，学校毕业就到单位，不管是行政事业单位还是企业单位，都是单位人，找得到；现在青年更多进入非公企业或者自主创业，跨单位、跨地区、跨行业流动日益频繁，今天在这里工作，明天可能就到千里之外找新的工作。据统计，2000 年农村青年人口 30 127.95 万，2009 年为 20 440.12 万，占同期农村人口比重也从 37.27%下降到 29.65%。① 近年来随着新型城镇化和户籍制度改革，农村青年人口减少的趋势日益加剧，

① 中国青少年研究中心．新世纪中国青年发展报告 2000—2010．安国启，邓希泉主编．http://www.china.com.cn/guoqing/2012-09/27/content_26651119.htm.

大量农村青年进入城市和不断流动。二是生存网络化。我国网民总数已达6.68亿人，手机网民规模达5.94亿。截至2015年6月，我国网民以10～39岁年龄段为主要群体，比例达到78.4%。其中20～29岁年龄段网民的比例为31.4%，[①]趋于低龄、低学历。2014年4月ComScore发布的数据显示，亚太地区网民以35岁以下的成年人为主。亚太地区十分之三的网民年龄在15—24岁，25—34岁网民占31.6%。三是价值观多元化。现在青年中，高大上、白富美不是主流，受排斥、不被认同，更多的人自嘲为屌丝、苦逼、二B，愿意当草根，对精英、榜样的向往不如从前，对主流价值不容易自觉顺从。四是需求个性化。共青团南昌市委向青年发放调查问卷1 350份，主要了解青年对共青团工作的需求。其中创业就业类需求占25%，困难救助类需求占23%。就共青团组织青少年教育类的活动方式，公益活动和社会体验各占24%，主题活动和典型宣传分享分别占18%和16%，比较受团员青年欢迎的活动，技能培训占23%，文体活动占22%，政治学习占8%。青年的需求多样，一种方式、一种形式、一种内容很难满足青年，满足不了个性化、定制类，也很难让青年参与特别是持续参与。青少年的这种多元价值观、多样的需求、多变的环境，与政府购买服务应有相对的稳定性、标准性和规范性显然是有矛盾的，对政府青少年事务的聚焦也提出挑战。如何让政府购买服务的阳光雨露滋润每一个青少年，在他们特别需要、确实又能影响世界观人生观价值观的关键时期，确实也是大的课题。

（三）青年社会组织大量涌现，缺乏强有力的服务引导手段

根据财政部制定的《政府购买服务管理办法（暂行）》第六条规定，承接政府购买服务的主体（简称承接主体），包括在登记管理部门登记或经国务院批准免予登记的社会组织，按事业单位分类改革应划入公益二类或转为企业的事业单位，依法在工商管理或行业主管部门登记成立的企业、机构等社会力量。共青团及其外围的青联、学联、青年企业家协会、青年志愿者协会等显然也属于承接主体。近年来，社会上涌现了许多青年自组织，特别是通过网络发起的，有的是纯兴趣爱好类，如登山协会、徒步俱乐部、自行车俱乐部等，也有公益志愿服务组织，比如应急救援协会。首次发布的中国青年工作蓝皮书（2013—2014年）《青年与青年社会组

① 第36次中国互联网络发展状况统计报告．http://www.ce.cn/xwzx/gnsz/gdxw/201507/23/t20150723_6022843_3.shtml.

织——中国青年社会组织发展状况研究报告》(以下简称“蓝皮书”)称，网络青年自组织可以分为兴趣爱好型、情感交流型、学习求知型、游戏娱乐型、社会实践型、公益服务型、地域亲缘型，其中以兴趣爱好型和情感交流型为主。而且青年社会组织所开展的活动受欢迎比例为84.1%，不受欢迎比例仅占2.7%。其成员参与组织活动的平均次数为一年6.5次。不同类型的青年社会组织成员在参与组织活动方面也存在差异。公益服务类青年社会组织成员参与活动次数最多，平均参与活动次数为7.1次。其次是职业群体类青年社会组织，成员参与活动次数的均值是5.2次。以上说明青年不是缺少组织，而是已经自发组织起来了；同时，这种组织形式也是自由的，不够稳定，很多并没有注册。据蓝皮书称，约一半(47.3%)的青年社会组织还“没有想过”注册的事，17.8%的青年社会组织不愿意注册。统计资料表明，当代我国草根非政府青年组织大致有90万～120万个，其青年成员数量至少上千万。① 共青团南昌市委通过向200个青年社会组织调研，全市青年社会组织在民政局注册比例大致为21.8%，绝大部分为未登记。这里带来两个问题：一是共青团组织如何发挥对青年的凝聚力和影响力；二是大量的青年社会组织因未注册，不是正式的社会组织，不能承接政府购买服务项目。这同时也为共青团组织参与政府购买服务提供了契机和要求，需要加强对青年社会组织的联系服务引导，进而履行政府青少年事务。

(四)青少年综合服务平台不够健全，项目实施缺乏常态阵地

教育类、文化类、体育类、医疗类等其他基本公共服务事项，除了有相对应的政府职能部门，还有相对固定、专属的工作阵地，为政府购买服务提供常态化、规范化的平台。相比之下，共青团组织除了少年宫、青少年宫、青年宫等以活动、培训、娱乐为主要内容的阵地，没有更多的平台。而且这种阵地建设也是不平衡的，全国每个县都有医院和学校，但不是每个县都有青少年宫。在2003年召开的中国青少年社会教育论坛上获悉，目前全国已拥有青少年宫1 200多所，70%以上的城市至少拥有1所设施完善的青少年宫，考虑到杭州等一地多个青少年宫，而且有的并不属于共青团组织，比如北京市少年宫归教育部门，团属的阵地更难平均到县市。作为购买服务项目或实施单位，特别是青少年事务相对集中于社区，除北

① 石国亮．当今世界青年组织的发展趋势分析[J]．中国青年研究，2007(12).

京市社区青年汇500多家具备一定规模，其他地方的青少年综合服务平台特别是社区青少年综合服务平台基本上是点少面稀，尚未形成规范、标准和规模，这为政府购买服务项目的设计和实施造成困难，也使共青团组织承接的青少年事务流于形式化、活动化、短期化。

（五）资源整合力度有限，项目持续实施乏力

共青团组织因其政治性、先进性、群众性的特点，有条件整合体制内和体制外更多的社会资源，这也是共青团组织参与政府购买服务的优势。历史上，共青团组织整合资源开展的“希望工程”和“青年志愿服务”就是很好的典型。这两个项目至今都实施了二十多年。希望工程是1989年由共青团中央和中国青少年发展基金会发起的，目前，累计募集捐款53亿多元人民币，资助农村家庭经济困难学生逾338万名；建设希望小学15 444所，建设希望工程图书室约14 000个，配备希望工程体育园地2 500套，配备希望电影放映设备200套，培训农村小学教师52 000余名；建设保护母亲河工程造林项目总规划面积100多万亩；援建希望医院13所；帮助3 100余名艾滋病孤儿和受艾滋病影响的儿童继续完成学业。[①] 1993年年底，共青团中央决定实施“中国青年志愿者”行动。截至2000年6月份，全国累计已有8 000多万人次的青年向社会提供了超过40亿小时的志愿服务。[②] 2003年以来组织实施的大学生志愿服务西部计划，按照公开招募、自愿报名、组织选拔、集中派遣的方式，每年招募一定数量的普通高等学校应届毕业生或在读研究生，到西部基层开展为期一至三年的教育、卫生、农技、扶贫等志愿服务。截至2013年，共选派11批9万名高校毕业生到中西部22个省（区、市）及新疆生产建设兵团2 100多个县服务。加上地方项目，西部计划实施总规模超过16万人，先后有1.6万人扎根西部。[③] 青年志愿服务的“心手”标识成为靓丽的风景线，“奉献友爱互助进步”的宗旨也成为所有志愿服务者的精神。当前，共青团组织在整合社会资源上面临着新的挑战和压力，一方面，体制内的行政资源特别是资金，由于职能切块等原因分散到各部门难以整合，比如创业资金在

---

① 好搜百科．http://baike.haosou.com/doc/1080018-1142915.html.

② 好搜百科．http://baike.haosou.com/doc/560005-592875.html.

③ 百度百科．http://baike.baidu.com/view/230380.htm? fromtitle=%E5%A4%A7%E5%AD%A6%E7%94%9F%E5%BF%97%E6%84%BF%E6%9C%8D%E5%8A%A1%E8%A5%BF%E9%83%A8&fromid=4281498&type=syn.

人保部门，困难救助资金在民政部门。另一方面，体制外的资源面临纵向消减、横向割裂，从纵向看，越是上级越好整合资源，越到基层越难整合资源，而且像中国青少年发展基金会等有公募资格的平台在省一级普遍都有，市一级很少，以江西为例，只有赣州和南昌两个市成立了（南昌市是2014年才成立的）；从横向看，工会、妇联、残联、红十字会、慈善总会等群团组织也需要整合资源，其他社会组织更迫切需要整合资源。而且目前仅靠政府购买项目拨付的资金和周期，也难以完全满足项目实施。在调研中，承接项目的北京市某社工事务所反映项目资金支出要求十分严格，人员开支费用受限制，申报和表格填写很烦琐，“干活时间两个小时，填报要花三个小时”，而且项目开始实施到资金拨付有空当时间，需要社会组织自行垫钱开展，负担重。不能整合其他社会资源，单靠政府购买服务项目资金，社会组织是无法生存的。从西方国家看，政府购买服务是社会组织的重要资金来源，平均占到社会组织总收入的50%左右。①

（六）社会组织发展不足，竞争不足，专业化人才不足

共青团组织参与政府购买服务的范畴主要是青少年事务，目前我国青少年事务专业社工比较缺乏。2014年1月10日，共青团中央、中央综治委预防青少年违法犯罪专项组等六部门以中青联发〔2014〕1号印发《关于加强青少年事务社会工作专业人才队伍建设的意见》，提出到2020年，全国重点扶持发展10家培养青少年事务社会工作专业人才的高等教育机构，建立30家具有青少年事务社会工作继续教育资质的培训机构，建立50家青少年事务社会工作重点实训基地，建立100个青少年事务社会工作服务标准化示范单位，初步建立20万人的青少年事务社会工作专业人才队伍，并形成运行管理机制和配套政策制度框架。根据民政部发布的《2014年社会服务发展统计公报》，截至2014年年底，全国共有各类社区服务中心31.1万个，也就是说，即使到了2020年实现20万人的目标，也难以保证每个社区服务中心有一名专业的青少年事务社工。青少年事务社工的人才不足，客观上导致一方面有条件有资质的社工事务所不缺资源，在承接政府购买服务上一枝独秀、难以充分竞争。比如说，北京市500多个社区青年汇只能面向7所专业社工所购买社工岗位，其他相对落后的地方找到一家都很难，根本谈不上竞争。另一方面，目前社会对专业社工的知晓

---

① 徐双敏，张景平．枢纽型社会组织参与政府购买服务的逻辑与路径——以共青团组织为例[J]．中国行政管理，2014(9)．

度和认同度不高。据北京市某社工事务所负责人称，在职业发展上社工缺乏上升空间，而且工资5万～7.2万元/年不等，北京市每年毕业社工500多人，但社会地位和收入过低，职业认同感低，留不住人才。

六、共青团参与政府购买服务的完善路径

结合实践探索的经验和上述问题分析，共青团组织参与政府购买应从如下几个方面加以完善。

(一)明确承接政府转移的青少年事务职能，并纳入政府购买服务项目目录

根据财政部《政府购买服务管理办法(暂行)》第二条规定，政府购买服务范围应当根据政府职能性质确定，并与经济社会发展水平相适应。所以，政府职能是政府购买服务范围确定的依据和支撑。没有政府职能，就谈不上政府购买服务。根据《中国共产主义青年团章程》的规定，中国共产主义青年团充分发挥党联系青年的桥梁和纽带作用，积极协助政府管理青年事务，在维护国家和人民利益的同时代表和维护青年的具体利益，围绕党的中心任务，开展适合青年特点的独立活动，关心青年的工作、学习和生活，切实为青年服务，向党和政府反映青年的意见和要求，开展社会监督，同各种危害青少年的现象做斗争，保护和促进青少年的健康成长。《中国共产主义青年团章程》还规定："中国共产主义青年团受中国共产党的委托领导中国少年先锋队的工作。共青团要发扬'全团带队'的传统，健全少先队组织的各级工作机构，支持少先队创造性地开展活动，保护和关心少年儿童的成长，坚持以社会主义思想和共产主义精神教育少年儿童，引导他们听党的话，好好学习，天天向上，爱祖国，爱人民，爱劳动，爱科学，爱护公共财物，锻炼身体，培养能力，努力成长为社会主义现代化建设需要的合格人才，做共产主义事业的接班人。"因此，共青团承接的还包括少年事务，统称为"青少年事务"。胡喆在《共青团协助政府管理青年事务的模式研究——以上海市为例》中将青年事务的具体内容分为：以青年的基本需求为内容的保障型事务，如温饱、安全、维权、救助、住房、医疗、社会保障等；以青年的成长需求为主要内容的发展型事务，如健康、教育、培训、婚恋、生育、社交、闲暇活动等；以青年的自我实现为主要内容的参与型事务，如青年人才、就业创业、参政议政、公益志愿、社会实践、文化交流、参军入伍等；以青年的突出问题为主要内容的预防型事务，如预

防违法犯罪、控制药物滥用、防治艾滋病传播等;以特定人群为主要对象的群体型事务,如针对在校学生、职业青年、失业青年以及来沪青少年、社区青少年、残疾青少年、贫困青少年、外籍青少年、罪错青少年等群体进行的分类管理和综合服务。按照符策良的研究,聚焦政府青少年事务,包括青少年社会教育、青年就业与创业、青少年的健康宣传教育、青少年的参与、青少年娱乐、青少年权益的维护、青少年违法犯罪的预防、青少年社区矫正、政府的大型公益活动和急难险重任务等九个方面。① 而且,政府青少年事务社会化、市场化是必然趋势,如果共青团不承接,其他非政府组织也会承接。许多西方国家以及香港特别行政区等都有由政府资助的青少年社会工作者队伍为青少年群体服务。共青团要承接政府青少年事务,必须建立起一支有爱心、有专业知识和技能、有奉献精神的扎根基层、能力强的青少年社会事务工作者队伍,通过这支队伍来实施青少年事务。共青团组织承接政府的青少年事务,要有相应的法律法规作保障。同时,共青团组织承接政府青少年事务是责任所在,但是也只能力所能及地承接部分青少年事务,而不是包揽政府的所有青少年事务。政府授权是共青团组织承接青少年事务的前提。目前,共青团开展的一些为青少年服务的工作都是共青团组织自己组织、开展的,没有经法律政策赋权或政府有关部门授权;所需的经费也是靠争取来的,缺乏经费的保障;也没有对所进行的工作进行绩效评价。所以,共青团要承接政府青少年事务,必须得到赋权或授权。

国外政府也通过专门的青年工作部门或青年组织履行政府青少年事务。比如,日本有总务厅青少年对策本部(成立于1949年,当时的名称是“内阁官房青少年问题对策协议会”,1984年7月1日改为现名),是日本政府主管青少年工作的最高机构,其职能是提出青少年发展计划和综合性的实施对策,协调各个省所承担的青年工作任务(几乎涉及除大藏省、通商产业省之外的所有政府部门)。澳大利亚政府青年事务管理工作可以分为联邦青年工作和地方青年工作两个层面。联邦青年工作是由澳大利亚教育、培训与青年事务部及其他相关政府部门负责实施和开展的青年工作。教育、培训与青年事务部所属的青年署是澳大利亚负责青年事务的主要职能部门,其主要工作内容包括:确保政府青年政策符合青年的需求,增强全社会对教育及培训工作重要性的认识,为青年事务的研究提

① 符策良.共青团组织承接政府青少年事务的研究[J].广东青年干部学院学报,2009年11月第78期.第55—56页.

供支持，促进青年和政府之间的沟通。在教育、培训和青年事务部内还设有青年部长论坛和青年事务特别工作组两个机构。新加坡政府青年事务管理工作主要由全国青年理事会来承担，执政党人民行动党青年团的主要任务是培养政党接班人，人民协会青年运动则是协助政府推行青年政策和计划、与青年进行直接交流的补充力量。全国青年理事会(全国青年事务协调委员会)成立于 1989 年 11 月 1 日，是新加坡政府管理、协调和促进全国青年事务的机构。它通过研究、制定国家青年政策，指导和支持青年组织开展活动，提供国内和国际青年项目等方式来为全国青年创造各种机会，使青年能有选择地接受挑战、融入社会、积累经验，从而树立起良好的人生观，发展成为优秀的世界公民。其影响面触及全体新加坡青年，新加坡全国多个青年组织都是其会员，其主席由政府工业和贸易发展部部长兼任。人民行动党青年团成立于 1986 年 9 月，是新加坡执政的人民行动党领导的政治性青年组织。人民协会青年运动成立于 1971 年，是新加坡最大的青年组织，紧密依托人民协会，是人民协会青年署的一个部门。①

因此，无论是从国外做法、实践探索还是现实需要来看，都应明确共青团组织可以并应当承接政府青少年事务。在现行体制下，共青团组织既是中国共产党领导下的青年组织，也是政府青少年事务部门；既可以明确对青少年事务的综合协调职能，也可以把青少年校外社会教育、社区青少年服务、预防青少年违法犯罪、青年志愿服务、青年创新创业创优等作为专门的服务职能项目，与现有政府部门的相关职能有所区分，并予以相关的赋权或授权。同时，将青少年事务中可以纳入政府购买服务的列入政府购买服务项目目录，可以在一级目录基本公共服务的二级目录中增加“青少年服务”一项，在三级目录中增加青少年校外教育、青年志愿服务、社区青少年综合服务、农村留守青少年(儿童)服务、青年创新创业创优服务、青年社会组织服务、青少年预防犯罪服务、青少年权益维护服务等项目。

(二)加强青年社会组织培育孵化和枢纽联系

在各地政府购买服务工作的实践中，普遍注重将共青团等群团组织纳入。比如北京市负责政府购买服务的社工委成立于 2007 年，主要履行

① 胡喆．共青团协助政府管理青年事务的模式研究——以上海市为例[D]．上海：复旦大学，2011．

社会建设宏观指导、宏观协调、社会党建、社区建设、社会组织、社工队伍、社会服务、志愿服务等八项职能。2008年北京市委、市政府颁布《关于加快推进社会组织改革与发展的意见》，首次使用“枢纽型社会组织”这一概念。此后，上海、广东等地的政府也先后在工作文件中明确提出要构建“枢纽型社会组织”，通过枢纽型社会组织的构建来推动社会建设，加强社会管理。① 北京市购买社会组织服务主要包括三个阶段28个环节：在申报立项阶段，主要是每年年初发布项目申报指南明确项目申报方向，明确由枢纽型社会组织（团北京市委也是其中之一）和县区社会建设办作为主责单位审核项目，经市社会建设领导小组办公室审核申报主体资质是否符合要求、项目是否符合申报方向、项目预算是否规范等，再经过专家评审、资金合理预算安排、公示、会议研究决定等环节；在项目实施阶段，明确主责单位承担直接项目管理责任，包括项目公开、季度报告、中期评估等环节；在项目结项阶段，包括项目实施单位的结项报告、主责单位的结项评估、满意度调查、资金审计、组织结项检查组检查等环节。2015年7月召开的全国青联②第十二次全体会议指出，“要强化在青年社会组织中的枢纽地位，拓展对青年社会组织的联系覆盖面，提高对青年社会组织服务的有效性，增强对青年社会组织的价值影响力”③。这里涉及一个定位的问题，青联在社会组织中强化枢纽地位，但共青团组织本身并不完全认为是一个枢纽型社会组织。这里主要是共青团组织本身具有特殊的政治性，而且在青年组织中居于核心地位。但是这种核心地位不是靠封出来的，需要在自身建设的同时，不断依托青联等外围组织加强对青年社会组织的联系服务引导，赢得认可和拥护，进而为中国共产党巩固扩大青年群众基础。当前，青年大量集聚在各类社会组织中，共青团组织必须通过改进方式、加强联系和凝聚工作，积极发挥青年社会组织的培育孵化和枢纽作用。

---

① 徐双敏，张景平．枢纽型社会组织参与政府购买服务的逻辑与路径——以共青团组织为例[J]．中国行政管理，2014(9).

② 中华全国青年联合会简称全国青联，成立于1949年5月4日。全国青联是中国共产党领导下的我国基本人民团体之一，是以中国共产主义青年团为核心力量的各青年团体的联合组织，是我国各族各界青年广泛的爱国统一战线组织。http://baike.baidu.com/link?url=MMZJko0eRFrlL4NvA_L_aWUTJeMR8SaU7tdj1E_Kuruc0JrABw-KLovkWGkRQUg9akOhpTPR8BonvHocpMqaJRUHzI7bPx6aZ6Y89vRmC-oL7DlRbrXon8ke8jEsiGYo2A81zogVdMFkoNzIi8lpu-XITrxw-F7K43JDR3MQ7J3xYmSS81YxBT7wY3cKRobP。

③ 全国青联十二届全委会全国学联二十六大闭幕．中国青年报．2015年7月26日第1版．

1. 积极培育团属或认同党团主张的青年社会组织

青年思想引导需要有载体。我们过去做思想引导工作主要是通过理论教育(如培训、演讲、考试等)、仪式教育(如少先队入队和团员入团教育)、榜样教育(选树典型、倡导学习)等方式,现在需要更加丰富的活动教育和体验教育。青年社会组织的活动、组织的追求对青年人思想影响的重要性不言而喻。现在要求行业协会商会与政府部门脱钩,共青团作为群团组织还应发挥青少年有关社会组织核心凝聚的作用。为此,共青团要积极培育团属或认同党团主张的青年社会组织,要继续加强青联、学联、少工委等外围组织的建设,保持政治性、先进性和群众性,并依托这些外围组织加强对各类青年社会组织的枢纽联系,对认同党团主张的青年社会组织通过政治资源、组织资源、行政资源和社会资源的倾斜,鼓励发展壮大。

2. 加强对现有青年社会组织核心人物的关注与联系

现在青年社会组织的核心人物往往在社会上有一定的号召力和影响力,很多都是"网络大V",共青团组织应加强联系,一方面学习借鉴其组织联系、组织活动、组织文化等经验,另一方面也加强关注,发现组织发展的苗头性、倾向性的问题,避免失控和政治化倾向,可以通过将优秀社会组织负责人纳入青年典型,在青联设立社会组织界别,吸引核心人物加入,形成组织联系渠道,还可通过开展社会组织培训、举办公益论坛和联合独立第三方开展公益人物和项目评比、影响力评估等方式,掌握主动权和主导力。

3. 逐步在青年社会组织中建团

对认同党团主张的青年社会组织,要逐步推进建立团组织,可以通过示范带动、荣誉激励、资源倾斜、行业联动等方式加以引导。但是,建团不能一哄而上、一蹴而就,应本着成熟一家发展一家的原则,达到建一家活一家、建一家壮大一家的目标。

4. 加大对草根类社会组织的培育孵化

相比注册类的社会组织,草根类社会组织数量多、资源少、分布广、情况复杂,共青团组织应予以更多的关注服务,寓思想引导于联系服务中。要加强与民政等相关部门的联系,争取专业指导、注册管理等方面的支持,同时也整合项目提供一些团属小项目的承接机会,帮助其成长。现在很多社会组织发展之初有一定的特色方向,但随着发展壮大逐步融合,自益类、互益类、公益类交织在一起,对此还应有意识引导专业化发展,成为专业社工组织。可以发挥共青团组织在地方与高校的组织优势,定期组织青年社会组织进校园宣传、招聘等活动，帮助社会组织吸引人才、扩大影响；要加强对组织负责人培训和能力提升。要打造青年社会组织孵化中心和服务平台，帮助解决办公场地、注册登记、协调活动等困难，通过托管、指导等方式帮助解决财务、文案、宣传、法务等问题，必要时可以对这些组织收编整编。毕竟，“对于中国青年社会组织来说，绝大部分是在2005年之后才诞生的，从整体上来说都是比较弱小的，能力和资源获得渠道方面都十分欠缺。因此，它们急需获得帮助与支持”①。

(三)加强社区青少年综合服务平台建设

共青团组织承接的政府青少年事务大部分需要依托社区，比如志愿服务、社区青少年教育等，这些本身也是为社区服务雪中送炭、增光添彩的工作，完全可以与社区工作结合起来。关键要解决有地方做事、有钱办事、有人干事、有办法管事。

首先，要有一定场所。应将青少年综合服务平台纳入党群办公场所和社区活动场所建设范畴，各地可以因地制宜，既可以搞“旗舰店＋专卖店”，在有条件的地方特别是新建楼盘社区建设旗舰店，多引入一些社会组织，承接的综合服务项目多一些，在专卖店则根据群众需求，设计开展固定常态的少而精的项目；也可以搞“标准＋特色”，形成社区综合服务平台的统一元素标识、标准质量要求，同时也鼓励特色项目、品牌项目；还可以搞“专属＋共享”，考虑社区场地特别是老旧社区场地有限，除了特别需要专属的办公场地之外，更多的可以通过错时使用、共建共享开展项目服务；还可以搞“社区内＋社区外”，有的地方社区办公和活动场地实在无法容纳，可以通过时段购买或项目合作等方式，利用区域内的行政机关、事业单位、企业办公或经营场所建设平台。

其次，要有一定的资金保障。北京市社区青年汇的做法值得借鉴推广。一般一个青年汇按照三个8万元来扶持：市一级8万元主要支持购买社工岗位，区县一级支持8万元主要用于开展活动，街道一级支持折合8万元的场地等。目前全市500多家青年汇的支持纳入各级财政预算保障，依托社区青年汇这个综合服务平台承接社区的政府购买服务项目。各地财政状况不一，可以比照量力而行，但确应纳入财政保障。同时，还应发挥共青团组织整合资源的传统和优势，通过项目包装合作、企业社会

---

① 徐双敏，张景平．枢纽型社会组织参与政府购买服务的逻辑与路径——以共青团组织为例[J]．中国行政管理，2014(9)．

责任感激励、在团属公募基金会设立项目子基金等方式，引入社会资源参与。

再次，要有人做事。根据村（社区）党群组织建设的要求，社区应配有团干部。在解决人的问题上，可以团干部与社工相结合，也可以鼓励基层团干部考取社工资质，团干部兼社工；可以组织与项目相结合，有的以具体项目征召社会组织，有的提供社会组织入驻支持，进而导入项目；可以岗位与项目相结合，政府购买服务既可以购买岗位，也可以购买项目，通过体制内外盘活资源解决人的问题。北京社区青年汇也是通过向全市7个专业社工事务所购买服务，由社工事务所组织人员力量来承接项目。

最后，要有办法管事。要有评估标准、督导体系、量化考核。

（四）创新“共青团＋互联网”工作模式，加强“青年之声”社交平台建设

青年人大部分在网上，网上大部分是青年人。开展青年有关的工作，不能脱离网络。诚如中国青少年研究中心副主任刘俊彦所说：“依托网络运行，这是青年社会组织运行中最大的特点，也是不同于其他社会组织的地方。”[①]共青团组织参与的政府购买服务项目自然不能脱离网络。当前，共青团中央在试点先行、稳步推进的基础上在全团部署开展“青年之声”互动社交平台，体现了“共青团＋互联网”创新工作模式的显著活力，代表了共青团改革创新的基本方向。据统计，自2015年4月28日“青年之声”启动运行以来，全国31个省级团委都已正式开通平台并实现互联，300多个地市级平台正在加快建设，数千个县区、企业、学校平台试点建设也在有序开展。自开通以来，全团平台体系累计吸引青年访问6.5亿人次，接受咨询、求助和问题反映15万条，回复问题2.2万条，开展线下主题活动2 000多次，实地帮扶青年1.5万多人次。[②]“青年之声”以“反映青年呼声、回应青年诉求、维护青年权益、服务青年成长”为原则，线上运用V3.0云平台，不仅具备了国内大型社交网站的用户中心、问答体系和移动接入功能，同时又具备共青团特色功能，即拥有构建在云架构上的全国性专家服务体系、构建在O2O架构上的服务联盟体系和高度保密性

---

① 马慧娟．我国第一份城市青年社会组织发展状况蓝皮书出炉，青年社会组织：一个“若隐若现”的庞大群体[N]．中国青年报，2014-07-13(3).

② 共青团中央召开全团“青年之声”建设推进工作电视电话会议[N]．中国青年报，2015-10-23(1).

的团内通讯体系。[①] 线下搭建了十个联盟:成长服务、创业服务、志愿服务、心理服务、国学教育、就业服务、维权服务、健康服务、婚恋服务委员会、爱心传递基金十大联盟,应该说涵盖青少年需求的各个方面,对共青团组织参与政府购买服务来说,这也是一项重要举措。就"青年之声"线上平台在购买服务项目征集上,可以依托进行网络发布、网络申报;在购买服务项目实施中,可以依托进行网络宣传、网络监督;在购买服务项目评估上,可以依托进行网络审核、网络公示。好的项目可以依托进行网络策划、网络众筹募款,优秀社会组织也可以通过网络评选;通过网上大数据分析,对青少年服务精准发力等。"青年之声"的线下平台集中了更多的专家团队、社会组织和公益资源,按照"政帮青、专帮青、社帮青、青帮青、团帮青"的工作格局,可以实实在在地探索、开发、设计、实施、检验对青少年服务的项目,覆盖群体广的项目可以规划、纳入政府购买服务项目范畴,使青少年对共青团组织的服务有切身的获得感,对共青团组织有切身的存在感,对共青团组织的思想价值引领有切身的认同感,也使政府购买服务项目真正落到实处、取得实效,让党和政府放心,让青少年群众满意,让社会认同。

(五)有效汇聚政策资源、社会资源及自身资源,提高团内外资源整合能力

共青团组织天然具备的政治优势使其在提供社会公共物品时既能够有效排除噪声,避免受到其他社会利益主体的制约,又可以利用其在体制内的影响争取到更多的体制外的资源。共青团组织网络健全,其范围覆盖乡镇、农村、机关、学校、个体私营企业等,健全的组织网络是其参与社会公共服务供给的有力保障。共青团作为唯一合法的全国性青年组织,其良好的公信力也使它具有较强的组织动员能力。[②]

共青团参与政府服务,关键在于整合各类资源。政府的资源是持久的,也是规范的,但是考虑到群团组织众多,社会各群体需求广泛,共青团组织也不可能搞"特殊待遇",能纳入财政预算保障的项目一定是普遍性、迫切的、可持续的,也是有限的。这一块,比如青年社区服务、青年志愿服

---

① 杜美辰."青年之声"V3.0云平台正式开通上线 全国近4 000位专家在线回答青年问题.http://news.youth.cn/wztt/201509/t20150901_7071110.htm.

② 刘园园.共青团参与社会公共服务供给:比较优势与能力再造[J].改革与开放,2010年3月刊.

务、青少年权益保护等大项在顶层设计应有规定、保障和赋权，更多的要依靠共青团组织自身改革创新、整合资源。

1. 要汇聚现有政策资源

现在服务青少年的政策很多，但分散在多个部门，比如说青年创业，教育部门有大学生创业扶持，人力资源和社会保障部有创业贷款贴息政策，经信(工信)部门有全民创业政策，党委组织部门有人才扶持政策，等等。共青团组织要加强与相关政府部门的沟通协调，或争取党政支持健全协调机制，比如青年创业联席会议等，把相关部门纳入，把相应的政策理清，把信息孤岛联通。

2. 要挖掘团内资源

共青团层级化的组织体系和人员队伍本身就是宝贵的资源，要把组织优势转化为平台资源、渠道资源、市场资源；同时，要支持团属产业的发展。香港中华基督教青年会就创办了大量社会企业，还有宾馆酒店、青少年教育机构，①虽然不以营利为目的，但为服务青少年和服务社会积累了大量的资金。共青团组织在20世纪也创办了很多产业，现在团中央下属单位包括团中央机关服务中心、团中央青年志愿者行动指导中心、团中央实业发展中心、中国青年政治学院、中国青少年研究中心、中国青年报社、中国青年出版(总)社、中国少年儿童新闻出版总社、中国青少年发展基金会、中华儿女报刊社、中国青少年发展服务中心、中国国际青年交流中心、中国少先队事业发展中心、团中央网络影视中心、中国光华科技基金会、中国青少年犯罪研究会、中国青年旅行社总社、中国青年实业发展总公司、中国青年国际文化交流中心、中青国际(香港)有限公司、中国青年创业就业基金会等，其中涉及旅游、教育、新闻出版、网络影视、文化交流等多种产业，省一级一般也有“青旅”、“团校”、报社等产业，地市一级一般都有少年宫、青少年宫等资源。建议对共青团组织及其他群团组织产业发展予以鼓励支持，比如青少年校外教育产业集团、青少年军校、青年创业投资引导基金等，引导更多积累资金用于服务青少年的项目，纳入政府购买服务范畴。同时，上级团组织应帮助基层团组织整合资源，通过项目化方式向基层转移支付。

---

① 香港中华基督教青年会2007年推出首项社会企业“魔术王国”，翌年再成立另一项社会企业“甜在心”，为弱势社群提供就业机会。2008年该会两所宾馆——国际宾馆及湾景国际宾馆分别易名为“城景国际”及“湾景国际”。摘自香港中华基督教青年会官网 http://www.ymca.org.hk/page.aspx?corpname=cymca&i=487。

3. 要整合社会资源

要充分利用青联、学联等组织和青年五四奖章、青年文明号等典型荣誉，吸引凝聚各种人财物资源服务青少年发展。中国共产主义青年团章程规定，团的经费来源主要是团员缴纳的团费、党和政府以及企事业单位关于青少年事业的专项经费、团属经济实体收益、正当的社会资助和团组织的其他合法收入。这里规定了团组织区别于其他行政单位，可以接受正当的社会资助；同时，团中央和绝大部分省（区、市）以及部分市县都成立了青少年发展基金会或“希望工程”办公室，青少年发展基金会作为公募资质的基金平台，对捐赠资金享有税前抵扣等政策优惠，可以通过设立项目子基金、公益项目创投等活动，为社会组织参与政府购买服务提供资金支持，同时也有利于对社会组织资金流向的了解把控。对此，政府有关部门也应给予支持和投入。

（六）完善购买服务方式

当前共青团组织参与政府购买服务，公益招标、公益创投等方式较多，客观上发展不足、竞争不足，导致中标的往往是几个大的社会组织。对此，一方面要积极培育社会组织，提高社会组织承接能力；另一方面，也要完善购买服务方式，因事施策、综合施策、透明公开、规范公正、科学评估。从政府购买服务的主要方式来看，有公共竞标、单一来源采购、委托管理、项目补贴、项目奖励、意向性谈判、资助、凭单、公办民营、民办公助等多种购买方式。[①]。比如，针对社区青年汇等社区综合服务平台，可以通过公开竞标和委托管理方式进行；针对青年志愿服务项目，可以通过项目补贴和项目奖励的方式开展；针对青少年需求调研，可以通过意向性谈判等方式；针对某一青少年群体比如留守儿童（青少年）的服务，可以通过公益创投征集项目，再拿出项目进行公益招标；对于严重不良行为青少年，在政府办相关工读学校的基础上，可采取公办民营或民办公助的方式，等等。

七、结　语

共青团参与政府购买服务，无论对于共青团组织自身，还是对政府

① 叶响裙．基于政府购买公共服务实践的思考[J]．新视野，2013(2)．

购买服务而言，都有重要意义。对共青团组织而言，参与政府购买服务既是职责所需，也是优势所在，更是形势所迫。对政府购买服务而言，由于共青团组织的参与，丰富了购买主体，增加了服务内容，整合了更多资源，服务了更多群众。共青团组织参与政府购买服务，必须要明确主要承接的是政府青少年事务职能，并使之纳入政府购买服务项目目录清单；必须要处理好与青年社会组织的关系，切实发挥好核心凝聚、培育孵化和枢纽联系的作用；应当进一步加强社区青少年综合服务平台和“青年之声”社交互动平台建设，让青少年有更多的存在感和获得感；必须创新资源整合方式，完善购买服务方式，提高购买服务项目实施的长效性和实效性。

参考文献

[1]宋贵纶，鲍宗豪．北京社会建设报告(2013)[M]．北京：中国社会科学出版社，2014.

[2]魏中龙等．政府购买服务的理论与实践研究[M]．北京：中国人民大学出版社，2014.

[3]张汝立等．外国政府购买社会公共服务研究[M]．北京：社会科学文献出版社，2014.

[4]王浦劬、[美]莱斯特·M. 萨拉蒙等．政府向社会组织购买公共服务研究——中国与全球经验分析[M]．北京：北京大学出版社，2010.

[5][美]B·盖伊·彼得斯．政府未来的治理模式(中文修订版)[M]．北京：中国人民大学出版社，2013.

[6][美]E. S. 萨瓦斯．民营化与公私部门的伙伴关系[M]．北京：中国人民大学出版社，2003.

[7][美]唐纳德·凯特尔．权力共享：公共治理与私人市场[M]．北京：北京大学出版社，2009.

[8][美]菲利普·库珀．合同制治理：公共管理者面临的挑战与机遇[M]．竺乾威，卢毅，陈卓霞译．上海：复旦大学出版社，2007.

[9]李五一．共青团协助政府管理青少年事务的研究与实践[M]．北京：中国社会出版社，2009.

[10][美]弗雷德·E. 弗尔德瓦里．公共物品与私人社区：社会服务的市场供给(郑秉文译)[M]．北京：经济管理出版社，2011.

[11][英]朱利安·勒·格兰德．另一只无形的手：通过选择与竞争提升公共服务[M]．韩波译．北京：新华出版社，2010.

[12][加拿大]哈里·科臣．提供地方/城市服务[A]．[美]安瓦·沙．公共服务提供[C]．孟华译．北京：清华大学出版社，2009.

[13][英]Graeme A. Hodge. Privatization: An International Review of Performance[M]. Oxford: Westview Press, 2000.

[14]曾颖如．构建枢纽型组织　拓展共青团工作重要空间[N]．中国青年报，2014-01-09(8).

[15]全国青联十二届全委会全国学联二十六大闭幕[N]．中国青年报，2015-07-26(1).

[16]马慧娟．我国第一份城市青年社会组织发展状况蓝皮书出炉，青年社会组织：一个"若隐若现"的庞大群体[N]．中国青年报，2014-07-13(3).

[17]共青团中央召开全团"青年之声"建设推进工作电视电话会议[N]．中国青年报，2015-10-23(1).

[18]周俊．政府购买公共服务的风险及其防范[J]．中国行政管理，2010(6).

[19]张建伟．西方国家政府购买公共服务对我国的启示[J]．东方企业文化，2010(16).

[20]吕洪良．政府购买公共服务：理论依据与国际经验[J]．产业与科技论坛，2012(20).

[21]许光建，吴茵．政府购买公共服务国际经验比较与借鉴[J]．人民论坛，2013(32).

[22]杨淑婷，王琴．政府购买社会组织公共服务研究综述[J]．经营管理者，2014(2).

[23]陈少强，宋斌文．政府购买社会工作服务初步研究[J]．财政研究，2008(6).

[24]句华．公共服务合同外包的适用范围：理论与实践的反差[J]．中国行政管理，2010(4).

[25]苏明，贾西津等．中国政府购买公共服务研究[J]．财政研究，2010(1).

[26]郑卫东．城市社区建设中的政府购买公共服务研究——以上海市为例[J]．云南财经大学学报，2011(1).

[27]王名等．中国民间组织参与公共服务购买的模式分析[J]．中共浙江省委党校学报，2008(4).

[28]魏中龙，王小艺等．政府购买服务效率评价研究[J]．广东商学院学报，2010(5).

[29]王锋．关于共青团组织参与社会管理和公共服务模式的思考[J]．江苏开放大学学报，2010(2).

[30]刘园园．共青团参与社会公共服务供给：比较优势与能力再造[J]．改革与开放，2010年3月刊．

[31]徐双敏，张景平．枢纽型社会组织参与政府购买服务的逻辑与路径——以共青团组织为例[J]．中国行政管理，2014(9)。

[32]郑卫东．上海市政府购买公共服务研究探析[J]．招标与投标，2013(11).

[33]陈建国．政府购买公共服务过程管理研究——以北京市为例[J]．理论探

索,2012(4).

[34]石国亮.当今世界青年组织的发展趋势分析[J].中国青年研究,2007(12).

[35]符策良.共青团组织承接政府青少年事务的研究[J].广东青年干部学院学报,2009(78).

[36]叶响裙.基于政府购买公共服务实践的思考[J].新视野,2013(2).

[37]郑长忠.社会管理创新背景下的共青团发展——党的青年群众工作的新命题[J].中国青年研究,2012(1).

[38]张伟.共青团职能定位与“第三部门”[J].青年探索,2003(3).

[39]安国启,邓希泉,曹凯.当代青年在非政府组织中的作用与发展趋势研究[J].青年探索,2006(5).

[40]吴庆.从动员型组织到利益型组织——共青团组织服务青年的历史考察[J].上海青年管理干部学院学报,2009(1).

[41]王飏,钱崇贤.共青团受政府委托管理青少年事务初探[J].山东省青年管理干部学院学报,2001(1).

[42]陈蓓丽.从官办社团到现代的“非政府组织”——对上海市阳光社区青少年事务中心的个案研究[J].社会工作下半月(理论),2008(4).

[43]黄杰.非营利组织与共青团改革[J].广东青年干部学院学报,2003(3).

[44]毕震钧.拓展团的社会职能 服务青年成长发展——浦东新区共青团组织协助政府管理青少年事务的实践[J].青年研究,2002(1).

[45]胡献忠.公民社会兴起背景下的中国共青团[J].中国青年研究,2010(8).

[46]何海兵,刘易.政府向社会组织购买服务的经验、问题与对策研究——以上海市卢湾区五里桥街道为例[J].社会学,2010(1).

[47]马国芳,何润宝.国外政府社会管理和公共服务发展新趋势及其启示[J].云南财经大学学报(社会科学版),2010(3).

[48]杨淑婷,王琴.政府购买社会组织公共服务研究综述[J].经营管理者,2014(2).

[49]许燕.国外政府购买公共服务范围及特点比较分析[J].价格理论与实践,2015(2).

[50]黄志坚.青年学在中国的发展[J].中国青年研究,2005(3).

[51]王春婷.政府购买公共服务研究综述[J].社会主义研究,2012(2).

[52]李晓静.新时期共青团组织参与社会管理创新探究[J].山西青年管理干部学院学报,2012(1).

[53]齐海丽.我国政府购买公共服务的研究综述[J].四川行政学院学报,2012(1).

[54]罗观翠,王军芳.政府购买服务的香港经验和内地发展探讨[J].学习与实践,2008(9).

[55]周志忍.正确认识并强化公共服务中的市场机制[J].学习与探索,2010

(1).

[56]上海共青团积极探索承接政府职能转移[J]. 全团要讯,2014,13.

[57]王春婷. 政府购买公共服务绩效及其影响因素的实证研究——基于深圳市与南京市的调查分析[D]. 湖北武汉:华中师范大学,2012.

[58]胡喆. 共青团协助政府管理青年事务的模式研究——以上海市为例[D]. 上海:复旦大学,2011.

[59]裴晓涛. 新世纪新阶段中国共青团职能定位研究[D]. 北京:中国青年政治学院,2010.

[60]杨晓燕. 转型期城市青年自组织管理模式研究[D]. 上海:上海交通大学,2012.

[61]彭旦媛. 国外政党与青年、青年组织的关系及其原因探讨[D]. 北京:中国青年政治学院,2011.

[62]季昊昊. 新时期共青团组织对青年公共事务管理的研究——以上海市崇明县为例[D]. 上海:华东政法大学,2013.

[63]岳嘉. 社会管理创新背景下共青团功能定位与作用研究——以共青团广州市委为例[D]. 甘肃兰州:兰州大学,2013.

[64]吴志晖. 市民社会理论视阈下的上海青年社会组织研究[D]. 上海:第二军医大学,2013.

[65]吕纳. 公共服务购买中的政府与社会组织互动关系研究[D]. 上海:上海大学,2013.

[66]袁晓晖. 共青团承接政府青年事务研究[D]. 湖南长沙:湖南大学,2009.

[67]吴娟. 共青团管理政府青年事务的实践途径探究——以上海市共青团为例[D]. 上海:复旦大学,2008.

[68]周继峰. 共青团协助政府管理青年事务的路径分析——以长春团市委服务青年创业工作为例[D]. 吉林长春:东北师范大学,2006.

[69]周志坚. 青少年事务社会工作的本土经验总结及反思——以广州青年地带青少年事务社工试点为例[D]. 甘肃兰州:兰州大学,2009.

[70]叶春晖. 共青团参与政府青少年事务管理研究[D]. 福建厦门:厦门大学,2014.

[71]季昊昊. 新时期共青团组织对青年公共事务管理的研究[D]. 上海:华东师范大学.2013.

[72]王斌. 共青团协助政府管理社区青少年事务研究[D]. 上海:同济大学,2007.

[73]陈燕. 共青团协助管理青少年事务研究[D]. 陕西西安:西安交通大学,2009.

[74]魏静. 中国地方政府购买服务——理论与实践研究[D]. 上海:上海交通大学,2008.

[75]马晨．中国特色社团组织的发展和前景研究——以中国共青团参与公共事务管理为例[D]．上海：复旦大学，2009.

[76]瞿振雄．中国政府购买公共服务研究[D]．湖南长沙：湖南师范大学，2010.

[77]王春婷．政府购买公共服务绩效与其影响因素的实证研究——基于深圳市与南京市的调查分析[D]．湖北武汉：华中师范大学，2012.

[78]关于政府向社会力量购买服务的指导意见(国办发〔2013〕96 号)[DB/OL]．http://news.xinhuanet.com/politics/2013-09/30/c_117575742.htm.

[79]关于共青团组织如何应对政府购买服务的思考[DB/OL]．http://www.sdyl.gov.cn/webs/NewsView.aspx? id=b42cc5cb-3ac1-4a77-af2f-6abb177771d2.

[80]北京市 2014—2015 年市级政府向社会力量购买服务指导性目录(京财综〔2014〕1418 号)[DB/OL]．http://www.bjcz.gov.cn/zwxx/tztg/t20140820_492342.htm.

[81]上海市市本级政府购买服务实施目录(沪财预〔2015〕75 号)[DB/OL]．http://www.ccgp.gov.cn/gpsr/zcfg/201506/t20150623_5453149.htm.

[82]安徽省政府向社会力量购买服务指导目录(财综〔2014〕100 号)[DB/OL]．http://www.ahcz.gov.cn/portal/zwgk/zcfg/fggz/1390927889847762.htm.

[83]中国青少年研究中心．新世纪中国青年发展报告 2000—2010[DB/OL]．安国启、邓希泉主编．http://www.china.com.cn/guoqing/2012-09/27/content_26651119.htm.

[84]第 36 次中国互联网络发展状况统计报告[DB/OL]．http://www.ce.cn/xwzx/gnsz/gdxw/201507/23/t20150723_6022843_3.shtml.

[85]杜美辰："青年之声"V3.0 云平台正式开通上线　全国近 4 000 位专家在线回答青年问题[DB/OL]．http://news.youth.cn/wztt/201509/t20150901_7071110.htm.

[86]2015 年大兴区社会建设专项资金购买社会组织服务项目指南[EB/OL]．http://www.bjdx.gov.cn/jrdx/dxxw/zwxx/674500.htm. 2014 年 11 月 3 日．

致　谢

本课题的研究成文，得益于指导老师、国家行政学院副教授舒绍福、宋雄伟同志的精心指导、耐心帮助，特别是在研究视角、研究框架、研究内容等方面提出针对性、创新性的指导意见，亲力亲为反复帮助修改文稿，从参考引用、内容表述一直到文章段落、标点符号，两位老师的严谨、细致、负责的治学态度鼓舞和教育了课题组全体成员。调研过程中，国家行政学院培训部安令裕主任、朱谐汉副主任、杨斌副主任以及班主任黄创老师，项目组支远、孙金阳、王磊等老师亲自推动、悉心帮助协调在北京的实地调研，北京团市委、北京市社工委、北京市发改委、北京市财政局、大兴团区委、大兴区朗润社工事务所等多个部门和单位积极支持配合，提供详细的介绍和丰富的资料，对本文的形成启发很多、帮助很大。在此一并表示衷心感谢！

由于课题研究的内容实践探索时间不长，积累的经验不多，加上研究时间有限，研究水平也有限，文中还有诸多不尽完善之处，恳请读者批评指正。

指导老师简介：

舒绍福　　国家行政学院政治学教研部副教授

宋雄伟　　国家行政学院政治学教研部副教授

课题组成员简介：

尕玛格拉　　共青团四川省阿坝地委书记

吉卓（女）　　共青团西藏自治区那曲地委书记

盛　炜　　共青团江西省南昌市委书记、党组书记

谢小义　　共青团陕西省委组织部部长

基于首都战略定位的北京城市交通拥堵问题研究

指导老师：胡颖廉　李志明
课题组成员：李园　贾晔　徐亮　戚柳彬　梁天琛　潘震宇
课题组组长、统稿执笔人：梁天琛

一、绪　论

（一）研究背景及选题意义

随着经济社会的发展，我国城市化进程不断加快，而交通拥堵问题已经成为典型的城市病，甚至是城市发展的癌症和顽疾。根据2015年3月的最新统计数据，中国目前的城市化率已经达到了54.77%。由于城市的集聚效应导致人口迅速增长，城市规模也不断扩大，物流、信息流全面涌向大中城市，同时又向各个方位发散，进而引发了城市交通需求的快速增长。而机动车保有量的迅速增加，加之城市道路交通供应不足，交通拥堵问题已经日趋严重。据交通部门相关数据显示，我国各大城市机动车辆数量增长迅速，平均增长速度每年超过10%。随着机动车拥有量的急剧增长，道路拥挤、交通堵塞等现象也日渐明显，城市道路负荷日益加重，对人们工作生活造成的直接和间接影响也愈来愈严重。城市交通拥堵，不仅降低了车辆的行驶速度，提高了燃油费用，增加了排污量，而且大大降低了人们的工作效率，严重地浪费了出行时间，增加了城市环境的负荷和社会经济成本，导致环境进一步恶化，严重地制约着经济社会的健康发展，阻碍着人们工作和生活质量的进一步提高。2013年，据中国科学院科学家牛文元就我国城市交通拥堵和管理问题进行的研究，由于交通拥堵问题，中国十五座大城市每天损失近10亿元。

2014年年末，北京市常住人口总量为2 151.6万人，其中常住外来人口为818.7万人。全市地区生产总值为2.13万亿元，地方公共财政预算收入4 027.2亿元。机动车保有量559.1万辆，其中民用汽车

532.4 万辆。全市公共交通客运量 81.1 亿人次，每年乘坐公共汽车出行人次 47 亿人次；全年轨道交通客运总量 34.1 亿人次；公共电汽车线路达到 877 条，运营里程 2 万公里，运营车辆 2.4 万辆；轨道交通运营线路 18 条，里程达到 527 公里，在建轨道交通 8 条，到 2020 年北京地铁的总里程有望达到1 050公里。目前，北京市汽车保有量迅速增加，交通机动化程度持续上升，中心城区饱和交通状态呈现出由城市中心向外环逐渐扩展的趋势。审视北京市的交通发展历程，可以发现交通拥堵呈现明显的周期性。当前，北京路网晚高峰指数逐渐攀升，运行情况不容乐观，中心城部分区域交通拥堵严重，二、三环内晚高峰交通指数长期大于 8，速度低于 15 公里/小时。虽然北京市采取了许多办法，例如完善路网设计、打通“断头路”，实施公交优先战略，机动车限行限号等方式，有效地缓解了北京城市交通拥堵，但该问题至今仍没有得到根本性的解决。

2014 年 2 月 26 日，习近平总书记对北京城市工作有了最新指示，要重新明确首都的战略定位，即政治中心、文化中心、国际交往中心、科技创新中心，要处理好首都战略定位和自身发展之间的关系，提升首都城市建设和管理水平。习近平总书记指出，北京如何解决好海量人口的出行问题是个大难题。要把解决交通拥堵问题放在城市发展的重要位置，加快形成安全、便捷、高效、绿色、经济的综合交通体系。在如此大环境下，如何综合分析北京的城市交通拥堵问题，“跳出拥堵看拥堵”就显得尤为重要。在全面了解情况的基础上，提出不同维度的治理策略，要以壮士断腕的勇气为北京城市交通拥堵出谋划策。与此同时，作为中国特大型城市之一的北京，站在京津冀一体化的战略定位上对其交通拥堵问题和相关对策进行研究，也对我国类似的其他大中型城市交通管理具有一定程度的借鉴意义和参考价值。

(二)本文研究的主要内容及创新之处

1. 研究的主要内容

在本文的第一部分，主要阐述研究的背景及选题的意义，对创新之处及文章的研究方法等作出说明。

在本文的第二部分，主要是相关文献综述及概念界定。

在本文的第三部分，对北京城市交通的现状进行了研究，重点介绍了北京在道路交通、产业布局、规划管理、公共政策、出行理念等方面的情况，存在的不足以及产生问题的原因分析。

在本文的第四部分，介绍了国外及国内城市交通治堵的成功经验及带给我们的启示。

在本文的第五部分，从交通管理、产业布局、城市规划、政策管理、人文管理等五个方面，分层次提出治理交通拥堵的对策和建议。

2. 本文的创新之处

课题研究的创新之处在于采用多方面、多维度的综合措施进行交通拥堵的治理。本文对北京市交通拥堵问题的研究不仅仅局限于交通管理部门、驾驶员、广大市民等某一个方面，而是站在全局的角度，结合京津冀区域协调发展的战略目标，通过五个层次的维度，结合国内外研究情况进行综合分析，提出相应的结论，能够使综合措施的实施效果更加具有针对性，也更加具有可行性和应用性。

（三）本文的研究目的及研究方法

课题研究的主要目标是提出北京城市交通拥堵全面切实有效的解决方案。主要思路是“提出问题—分析问题—解决问题”。通过对北京城市交通发展情况的阐述、对北京交通拥堵形势的分析，得出北京城市交通拥堵严峻这一问题，随后进一步分析该问题产生的主要因素，并借鉴国内外大城市交通拥堵治理的措施与启示，提出北京市交通拥堵问题治理的对策建议。课题研究的核心内容包括两部分，分别为北京市交通现状与原因分析、交通拥堵对策研究。其中交通现状与原因分析结合其他诸多城市交通问题，进行了多角度、多层面的分析。研究对策从五个维度出发，整合了政府层面的交通管理、产业布局、城市规划、政策管理和市民层面的社会参与。

本文的研究方法是依托国家行政学院培训部和北京市委组织部的相关资源，实地调研北京市交通管理的相关部门，查阅交通拥堵的有关资料，对北京市目前的交通管理、规划设计、产业布局等情况进行了解，运用公共管理、经济管理等理论与方法，在京津冀协调一体化的大前提下对北京城市交通拥堵进行探讨，对于北京城市交通的现状、目前存在的问题及主要原因进行深入分析，从三个方面对国内外其他大城市交通拥堵治理的有益做法和经验进行学习借鉴，最后从五个维度提出解决北京城市交通拥堵的相关对策建议。

二、概念界定及文献综述

(一)城市交通

从广义来说,交通的含义包括两个方面,即运输和邮电。交通是人和物的流转输送,不单指从事人员和货物的运输,还包括各类图文和语言信息的传递。一般而言,将运输分为以下五种形式:公路运输、管道运输、水路运输、铁路运输及航空运输;而邮电则由邮政与电信共同组成。

城市交通,是指公众出行与客货运输,在城市道路交通系统中,由城市公共交通、私人交通和货物专业运输三部分组成。一般情况下,客运都是城市交通的关键因素,其客运高峰期一般出现在工作日上下班时间段。由于每个城市在位置、规模、气候、结构与国家经济地位上都存在很大的差异,因此不同城市的交通也各有特色。

城市公共交通具有运送效益高、载客量大、环境污染小、能源消耗低、成本控制效果显著等优点;公共汽车、地铁、轻轨、有轨和无轨电车、出租车等均属于客运工具,一般情况下定线定站服务、定线不定站服务与不定线也不定站服务共同构成城市公共交通的营运方式;随着城市的发展,在一些现代城市中,快速有轨电车和地下轨道交通在城市交通中发挥着越来越重要的作用。

居民出行,是指城市居民采用不同的出行方式、路径,耗费一定的时间,达到其目的而在特定的位置之间完成的移动。居民出行量大小、方式与目的受到道路、交通形式等因素的影响,结合其自身的条件、经济条件、职业等特征的不同而不同。

从广义上定义,交通流是指车流与人流的总和;而狭义上则是指车流,由道路上车辆连续行驶而构成。交通流可用交通流量、交通流速度和交通流密度三个参数来定量描述,三者之间的关系为:交通流量=交通流速度×交通流密度。在特定时间且不受横向交叉影响的路段,交通流体现为连续流形态;而受到横向交叉影响,如路口信号灯管制时,交通流就会断续。公交线网密度反映居民接近公交线路的程度,能体现公交建设的水平,是公共交通线网规划的一个重要指标。

(二)城市交通规划情况

城市交通作为最重要的基础设施之一,应占有特殊的地位,因此国内有关专家认为，交通规划应先于建设布局。如果要建立理想的城市结构，必须超前发展作为城市骨架的合理的道路交通系统，把城市交通建设同城市结构的形成和发展紧密地联系起来。1995 年，美国提出了一套系统的交通规划理论。这一理论强调，在制定交通规划时，必须对交通出行、将来的城市土地利用、车辆增长趋势、现有基础设施等状况进行详细的调查和分析。一般城市交通规划的成果应由城市发展规划、交通战略规划、近期交通行动计划、重大交通设施的评估四个方面构成，最后还应对建设方案的运行成本和效果进行评价。

近年来，根据城市交通发展的不同特点，部分发达国家提出了一些具有特色的规划理论。最为典型的是俄国提出的“交通枢纽点”理论和日本提出的“铁路结节点”理论。“交通枢纽点”理论在建立具有多种形式的运输线结构框架的基础上，强调交通枢纽点的作用。这种交通枢纽点可看成是运输系统中的“心脏”，强调在超前发展城市骨架的同时，必须力求建立一种既稳定又具有应变能力的规划结构。这种结构应当既能满足城市建设的各种需要，又能为城市建设留下发展的余地。“铁路结节点”理论则主张在铁路枢纽点上分散培育城市功能，以形成大城市的功能和结构体系，并以此作为实现多中心城市结构的前提条件。

（三）城市交通结构情况

国外大城市的客运交通主要是由铁路、地铁、轻轨、有轨电车、无轨电车、公共汽车、私人汽车等交通工具共同承担，并组成一个复杂有效的综合交通体系。随着城市的发展和社会经济水平的提高，大城市的交通问题日趋严重，人们已经把更多的注意力转向公共交通，并大力发展公共汽车、轻轨地铁、城市铁路等运输方式。目前，除美国一些城市长期以小汽车为主要交通工具，并由于城市结构已经定型，很难扭转局面外，其他国家的大城市基本都确认了“公交优先”这一首要原则。

通过比较研究，对综合交通体系内部结构的选择，必须根据城市居民出行的要求，城市的性质和规模、地形条件、布局形式、人口分布特征、公交发展水平、城市规划、国家和地区的经济实力，以及对现有各种交通工具的比较等因素合理地进行，才能选择出大城市的最佳综合交通体系。但总的来看，城市交通结构逐渐显现出一定的趋势，即在大城市或大客流量的线路采用轨道交通，实现列车化运行，同时也必须有相当数量的无轨交通工具作地面交通线路配合，组成城市混合交通工具的综合城市公共交通线路运输体系。

(四)城市交通政策情况

城市交通政策是一个政策体系,它可以从供给和需求两方面进行管理。其中供给管理主要为道路管理,可以通过更有效地管理已有的交通设施和通过建设新的道路设施增加交通容量两个途径来实现。需求管理也可分为两大类,一类是从交通需求源着手,限制机动车的拥有量,即为车辆拥有控制政策;另一类是允许车辆拥有,但对其使用实行控制,即为车辆使用控制政策。其中,需求管理主要通过价格对交通调节的潜在作用而实现。如果没有恰当地控制污染和交通拥挤政策,机动化所带来的可观益处将会被迅速抵消。

从城市交通政策的实际来看,西方一些政府的交通政策主要包括提高道路安全程度、控制小汽车数量、控制流动要求、提供有选择的可达性、推广代替小汽车的交通工具等措施。具有代表性的如荷兰的自行车政策和伦敦的优先发展公共交通政策,都对解决城市交通拥挤和减少污染问题起到了良好的作用。

交通建设与文物保护、环境保护相协调战略。交通建设的发展应与文物保护、环境保护相协调,应从设计、管理以及交通法律法规的制定等诸多方面强调交通建设与文物保护、环境保护相协调的重要性。

道路网规划与建设超前的战略。道路建设应与车辆发展相适应,应规划、建设有足够容量的路网,并保持一定的超前规划;实行交通规划与旧城改造、交通管理相结合的战略,充分挖掘道路潜力,提高道路的利用效率;对于环路外围新建区,道路建设应与土地开发相结合,高起点、高标准形成功能布局合理的区内道路和与中心组团的联系道路。

加强静态交通建设和管理的战略。静态交通与动态交通相辅相成,停车场库的建设必须与车辆同步增长;在进行旧城改造和新建时应按规划建设停车场,并通过控制供应水平和收费标准,调节交通需求;必须按规划预留公共停车用地,同时发展配套的加油站、修理厂等公共服务设施,合理布局,满足静态交通需求,减少对动态交通的干扰。整顿路旁及人行道停车。

(五)城市交通需求情况

交通需求可以概括地定义为,通过影响出行者的行为,而达到减少或重新分配出行对空间和时间需求的目的。可以从基本需求与派生需求两方面对交通需求进行分类,一般情况下基本需求与派生需求是可以相互转化和影响的。

在现代城市，居民出行与物资流动的速度不断加快，需求不断增加，这是任何城市都不可缺少的功能需求，日常出行与物资流动对于城市人口来说是最为基础的需求，这些皆为城市基本需求。而派生需求则是从基本需求中衍生出来的其他非基本需求。在交通需求上，因人而异，存在不同程度的需求，在运输组织、方式上的不同选择可能导致同样的距离或货流量上存在不同的公共交通资源占有程度，也就是交通需求量不同。如果一种对于交通资源消耗量最少的方式存在，那么这种交通方式就是基本需求，而其他交通形式则为派生需求。根据不同城市所处的不同地理位置，不同的社会经济、政治、文化地位，特有的日常生活需要，其基本需求的总量与时空分布都受到上述因素的制约与影响，交通资源的最小占有就是基本需求，其较为难以改变并且具有很强的刚性；与基本需求相对，派生需求具有较强的弹性，其对于运输方式和组织选择有着很大的差别。从“亚当斯定律”中了解到，如果对于城市交通没有采取有效的控制与管理措施，即使政府拓宽新建道路，减少红绿灯，提高公共交通服务，也会不断地提升交通量，导致交通需求超出交通供给，交通供需之间总是倾向于不平衡，进而演变为交通“拥堵”和“缓解”的反复循环。因此，在这种情况下，必须考虑如何有效实施交通需求管理，有效地提高道路使用率。

道路设施与各种各样的交通工具共同构成城市交通系统，交通需求具有随机性，因此开放性是交通需求的一个特点，任何个体可以自由选择何时进出交通系统，在选择交通需求上具有高度的随机性；城市人口所居住的区域存在稳定性，因此其出行目的与方式一般都比较稳定，缺乏变化，因此其交通需求的选择也具有稳定性；通过一定的管理措施对交通需求予以控制，可以有效地缓解交通问题，因此交通需求也具有可控性。对于基本需求来说可控性的重要程度大于随机性；而对于派生需求来说，由于其受到的干扰因素较多，但仍然具有很强的可控性，最简易有效的方式就是以行政措施来对派生交通需求进行抑制。

早在 20 世纪 80 年代，国外学术界提出了交通需求管理（Travel Demand Management，即 TDM）的概念，Peter R. Stopher（斯托弗）针对人们的出行方式，分析研究出行特点，就城市交通拥堵问题提出了实行交通需求管理来解决拥堵的办法；Samir A. Ahined（艾哈曼德）提出通过三重管理来解决城市的交通拥堵问题：即通过道路匝道控制、主干道控制和走廊控制的实施容量管理，通过高峰期的分流和公交系统的优化实施需求管理，通过完善交通监控和驾驶信息系统的构建实施技术管理。

(六)城市交通拥堵情况

所谓交通拥堵，指的是在某路段交通流量所能承受的交通需求不能满足当前的交通量，并且超过的部分大量滞留于道路上。目前世界各国虽然没有对交通拥堵作出统一定义，但却都从各自的实际情况出发，对城市交通拥堵给予了不同的定义。其中，美国将车速为 22 公里/小时以下的不稳定车流称为拥堵车流(美国道路通行能力手册在城市干线街道服务水平等级划分中规定)；日本把一般道路拥堵长 1 公里以上或拥堵时间 10 分钟以上确定为交通拥堵(日本建设省 1994 年制定交通拥堵对策中规定)；中国界定城市交通拥堵的标准为〔以城市主干道上机动车的平均行驶速度 V(单位 km/h)为标准来衡量〕：当平均行驶速度 V 高于 30 时则界定为畅通，当平均行驶速度 V 介于 20～30 之间则界定为轻度拥堵，当平均行驶速度 V 介于 10～20 之间则界定为拥堵，当平均行驶速度 V 低于 10 时则界定为严重拥堵。虽然目前世界各国对于交通拥堵并没有统一的定义，但大多数都是采用时间延误与车队滞留长度来衡量交通拥堵状况，这是常规定义法，但其对于拥堵的性质却不能完全反映，也没有提供能够有效改善拥堵情况的评价指标。

交通拥挤与堵塞的叠加就是交通拥堵，在一定时期、一定区域内，聚集了过多的车流的现象就是交通拥挤。拥挤是指在车流量增加或过大的情况下，车流缓慢运动的情形；而堵塞是指在一定时期一定区域内，由于某种原因造成的车流运动停滞的情况。从出行人员的角度来看，交通拥堵是一种时间与车速的感知，在道路或交叉路口上车辆在排队或运动缓慢。对于拥堵路口与拥堵路段，公安部给出了相应的定义：拥堵路口主要指无信号灯控制的交叉路口处发生车行道受阻的情况，而且车辆排队的长度超过了 250 米；在有信号灯控制的交叉路口，已经显示了三次绿灯车辆仍无法通过路口的状态。而拥堵路段则是指在车行道上车辆受阻并且排队长度超过一公里的状态。从广义上定义拥堵，指的是由于人们居住地点、工作地点、购物地点以及外出旅游地点等不在同一地方，人们选择不同出行方式和不同出行时间，造成交通供需之间不平衡而导致的一种交通状态，当上述问题一起发生时就会造成交通拥堵；交通拥堵有可能呈现周期性，也有可能呈现非周期性，一般在同一地点相似时间发生的拥堵就是周期性拥堵，而由于偶然因素导致的则为非周期性拥堵，如发生交通事故而关闭一条道路所引起的交通拥堵就是非周期性交通拥堵。

交通供给无法满足交通需求量，并且没有及时疏通，所导致的结果就是交通拥堵。在研究交通拥堵问题时，我们应该特别注意其两个性质，即时间性与空间性。城市交通拥堵并不是任何时间任何地点都会在城市中发生，通常只有在对交通资源不充分与不恰当的利用时，才导致出行需求量过大，造成交通拥堵。城市交通拥堵是一种客观存在的现象，对此，人类只能采取一些措施加以抑制或缓解，但不能回避或绝对彻底地消除。对于交通拥堵状况，人们有些可以接受，有些则不能接受。可接受的拥堵是指当出行时间或延误超过自由流状态下的时间或延误时形成的拥堵；当出行时间或延误超过了一定标准时，就会形成不可接受拥堵。对于不可接受拥堵进行治理才是城市交通的主要问题。

（七）城市智能交通控制系统情况

智能交通系统 ITS 是 21 世纪交通科技发展的一个主题，也是近年来国内外交通运输界讨论及研究的最热点、最重要的课题之一，是交通管理系统的重中之重。美国将 ITS 定义为：把先进的检测、通信和计算机技术综合应用于汽车和道路而形成的道路交通系统。ITS 是若干技术开发项目的集中表现。这些技术项目加强了道路、车辆和驾驶员三者之间的联系，因此提高了道路的安全性、系统的工作效益和环境质量等。在发达国家，由于经济发展对交通的需求日益增加，ITS 应用研究不断深入。近几年，美国、英国、德国、澳大利亚、日本都在实施 ITS 计划。欧洲最著名的 ITS 研究计划是 19 个国家投资 50 亿美元的联合项目 EUREKA。日本于 1994 年成立了日本道路交通车辆智能促进协会，用以推动 ITS 在日本的发展。

总的来看，国外关于城市交通理论的主要观点较为成熟、全面，并在实践中取得了一定的经验，对指导我国城市交通的发展具有较大的借鉴作用。其次，由只注重交通供给向注重交通需求转变，多年的实践也证明了只靠增加道路供给不可能从根本上解决交通拥挤问题，必须加强交通需求管理。

三、北京城市交通拥堵现状及原因分析

（一）北京城市交通拥堵现状

1. 交通管理方面

北京市在解决交通拥堵问题上投入了大量的人力物力，包括成立

北京市交通委员会，专门负责北京市城乡交通统筹发展、交通运输和交通基础设施综合管理。聘请各大高校、研究机构、咨询机构等专门力量对北京市交通进行系统性的研究，提供科学、合理的交通发展路线。在交通管理上，北京市坚持顶层设计，坚持京津冀一盘棋，坚持问题导向，坚持民生优先，交通基础设施建设进展顺利，交通运行平稳有序。

(1)交通需求持续增长

从交通供需来看，近年来，北京交通供给持续大幅增加，公共交通承载能力快速提升，交通出行结构进一步优化。至2014年年底，公共电汽车线路达到877条，运营里程2万公里，运营车辆2.4万辆；轨道交通运营线路18条，里程达到527公里；公共交通客运量81.1亿人次，其中乘坐公共汽车出行47亿人次，轨道交通客运总量34.1亿人次；公共交通出行比例上升至48%，小汽车出行比例下降至32.5%。尤其是轨道交通运营里程较2004年增长362%，城市道路里程增长110%，高速公路里程增长97%，较好地支撑了经济社会发展和广大市民出行的需要。

(2)公交出行比例持续上升

近年来，北京坚持优先发展公共交通，即用地优先、投资优先、路权优先、财政优先，实行公交优先政策在可持续发展中的战略地位效果明显。公共交通出行比例由2004年的29.4%提高到2014年的48%，并且在定制公交、公共自行车等多样化服务方面也取得了一定成效。

(3)交通拥堵加剧的势头有所缓解

从2004年至2014年，在北京GDP增长223%、常住人口增长650万人、机动车保有量增长330万辆的背景下，北京交通运行情况总体良好。交通基础设施投资累计完成6 107.3亿元。通过持续的交通设施建设和疏堵工程实施，交通承载力不断提高，交通拥堵得到缓解，交通指数比2007年下降23%。机动车的五日限行措施实施六年，小客车指标调控措施实施四年，调控措施实现常态化。结合28条缓堵综合措施，交通指数从2010年的6.1下降到2014年的5.5，交通需求管理和综合治理取得一定成效。

2. 产业布局方面

产业布局与城市交通关系十分密切。产业布局不仅会直接影响居民交通出行的需求，同时也会间接刺激城市交通的供给发展，而城市交通的发展同样会对产业布局产生引导带动作用。二者相辅相成，相互影响。改革开放以来，北京的产业结构不断得到优化升级，城市的集聚效应日益显现，集中体现在两个方面。

(1)北京在城市功能上高度集聚

作为首都，北京是全国理所当然的政治中心、文化中心及国际交往中心。虽然北京城市发展规划中并没有“经济中心”的字眼表述，但在计划经济向市场经济过渡的过程中，大量掌握国家经济命脉的央企总部也在北京，北京还是国家重要的经济中心。而国有银行的总部，央行、证监、银监、保监等金融核心部门以及大量的金融资产也集中在北京，北京同时承担了国家金融中心的职能。数量庞大的高校、科研院所在使北京成为教育文化中心的同时，人才的高度集聚也使北京成为科技创新的中心。悠久的历史文化资源及人文景点也给北京带来众多的旅游资源，北京还是国内重要的旅游中心城市。众多功能集于一身，北京在城市功能不断扩展的同时，也决定了它同时还将面对人口膨胀的压力。

(2)北京的功能布局在空间上的高度集聚

集众多城市功能于一体的北京，在产业空间布局上也形成了高度集聚的情况。不但政府部门、金融机构、央企总部均集中在中心城区，高校、科研院所甚至近年来规划的众多功能开发区也均设立在中心城区内。北京集众多城市功能于一身，而北京的中心城区又集北京的众多产业于一隅。中心城区人口集中，交通流量不断增加，“城市病”的情况日益突出。

为缓解这一情况，《北京市城市总体规划(2004—2020)》明确，将在北京市域范围内，致力构建“两轴—两带—多中心”的城市空间结构。2015年2月习近平同志在中央财经领导小组第九次会议上提出，要疏解北京非首都功能。2015年4月，中央政治局会议审议通过《京津冀协同发展规划纲要》。2015年7月，《中共北京市委北京市人民政府关于贯彻〈京津冀协同发展规划纲要〉的意见》出台，指出北京将加快通州行政副中心的规划建设。这一系列政策措施的出台，均为优化北京的产业布局、改善城市交通拥堵提供了有利契机。

3. 规划管理方面

北京市在交通方面制定了多项规划，包括综合交通规划、交通设施规划、轨道交通规划、公共交通专项规划、步行和自行车专项规划、停车专项规划等，基本涵盖了整个城市交通系统的各个方面，从规划层面构建了科学合理的交通系统。

4. 政策管理方面

当前，北京市已形成了相对完善的交通管理的法规政策体系，既包括了交通管理的基本法规《北京市实施〈中华人民共和国道路交通安全法〉

办法》,也包括针对交通拥堵的一系列具体政策措施。在建设现代化综合交通体系顶层设计方面,将视野放远至2030年,新编制了《北京市交通发展纲要》,涵盖了推动区域交通协调发展进程、提升公共交通服务品质、管控小客车出行需求、发展绿色循环低碳交通、规范停车等内容。在综合缓解交通拥堵改革方面,研究制定了《北京市缓解交通拥堵总体方案》,提出了44项治本措施和6项治标措施。在机动车限行限购方面,出台了《对部分机动车采取交通管理措施降低污染物排放的通告》《北京市小客车数量调控暂行规定》及其实施细则、《北京市人民政府关于实施工作日高峰时段区域限行交通管理措施的通告》等规范性文件。在促进公共交通发展方面,制定了《北京市人民政府关于加快公共交通发展提高服务和管理水平的意见》《关于调整北京市公共电汽车及轨道交通价格的通知》《北京市轨道交通运营安全条例》等法规政策。在规范停车方面,发布施行了《北京市机动车停车管理办法》及系列配套文件;为治理占道停车的乱象,还出台了《整顿和规范城六区占道停车经营秩序的意见》《占道停车经营服务规范》等一系列文件。

北京市交通拥堵治理政策在实施上取得了一定的效果,机动车保有量增加速度放缓。实行摇号政策前,北京市机动车保有量从2001年的169.8万辆激增至2010年的480.9万辆,其中2010年上半年每月新增5.75万辆,每天新增2 000辆;实施摇号政策后,2011—2013年每年新增24万辆,2014年后每年新增15万辆,预计2017年机动车保有量不超过600万辆。

5. 社会参与方面

从社会参与治理角度来看,当前,广大北京市民对交通工作的关注度越来越高,各级人大代表、政协委员通过各种途径参与到北京交通拥堵治理问题上来,北京市也提供了多种渠道给市民提供建议的空间。目前,北京市在积极发展绿色智能交通体系,提高绿色出行比例,逐步转变市民出行理念,并通过科技手段不断提高交通运行效率,这些都是缓解交通拥堵的重要举措。例如2014年,北京市大力推进公租自行车的发展,推出了公共自行车服务平台,北京市民可进行位置查询,涵盖八个区县和地区共700余个租车网点,也可通过平台了解租车费用、租车流程、租车卡办卡说明和服务电话等信息;共投入公共租赁自行车1.5万辆,使自行车总规模达到4万辆。在志愿服务方面,各种志愿服务组织和志愿者都投入到交通管理中来,人们的绿色出行理念也得到了进一步提升。

(二)北京城市交通拥堵的问题及原因分析

1. 交通管理方面

(1)首都绿色发展,出行方式呈多元化、复杂化

北京城市定位确定了必须要走可持续系统提升的路子。处在这个特殊时期,城市的综合布局、路网结构的调整、中心区和副中心、卫星辐射区的建设是一个复杂漫长的过程,与之相对应的却是城市人口的增加、机动车保有量的持续激增、公共交通滞后的现状,交通出行需求旺盛会在很长一段时间内居高不下,首都交通的压力会集中加大。随着人民生活水平的提高,群众的出行需求与道路供给之间的矛盾会影响社会发展进步的大局。所以以北京为代表的绿色发展、可持续发展模式是特大城市协同发展的必由之路,要着力在机制体制上有所突破,提升城市功能和“四个服务”水平,实现高效、绿色、城乡一体化等发展目标,对交通规划、交通基础设施建设和交通服务体系要进行深入细致的改革措施,以适应首都社会发展的需要。

(2)北京市区交通需求较大

以市中心区域为主要的行政、商业、金融、医院等公共服务集中地区,吸引了很多的车流和人流,城市中心区域有限的空间与日益上升的市区交通需求构成了难以协调的供需矛盾。由此可见,北京同心圆式、摊大饼式的扩大发展,只会使市中心区域的交通流量越来越高,并且交通设施供给如道路和停车场等却极其有限,单凭疏导的办法无法应对交通拥堵的状况。在城镇化加速发展的背景下,未来北京城市交通发展面临的人口压力仍难缓和,交通出行需求仍将保持持续增长。预计到 2030 年,六环路以内日均出行总量将达到 4 000 万人次以上(不含步行),比现状增长 30%以上;日均出行周转量将达到 5.2 亿/人公里(不含步行),比现状增长 50%以上。

(3)北京市小汽车的发展快于公共交通的发展,依靠小汽车出行的交通习惯现已形成

北京自 1997 年以来,机动车净增 300 多万辆,在现已呈现难以调和的交通拥堵情况下,2004 年后才开始实施大力开发大容量轨道交通的方针,再加上完善周期,要再过几年才会表现其效果和作用,培养公共交通出行的最佳时机现已错过,倡议市民公共交通出行的难度已明显增大。

(4)北京道路网的体系性不强

由于许多大院和机构的存在,导致道路距离大,路网密度小,交通流量汇集。北京道路的基本框架已从传统的胡同加大街肌理转变为大街加

大院子肌理为主。从发达国家城市交通经验来看，大城市交通密度大，需要高密度的道路体系支持。北京道路网络密布，集散性支路体系是非常缺少的。低密度路网对减轻北京交通拥堵十分不利。

(5)路网运行速度偏低

2012 年工作日早高峰(7:00—9:00)期间，路网平均速度为 26km/h，其中快速路平均速度为 35.5km/h，主干道平均速度为 23.3km/h。晚高峰(17:00—19:00)期间，路网平均速度为 23.5km/h，其中快速路平均速度为 30.6km/h，主干道平均速度为 21.4km/h。道路系统整体运行水平比 2011 年有所下降，尤以次干路、支路更为显著。2012 年次干路和支路道路里程虽增加 0.5%，但是由于路内停车数量增多，不仅通行空间被进一步压缩，而且通行秩序也有所恶化，以致拖累路网整体运行效率。

(6)拥堵范围增大、时间增加

2012 年早晚高峰常发拥堵路段分别为 219 公里、343 公里，较 2011 年分别增长 84%和 79%。早晚高峰拥堵区域主要集中在中关村、金融

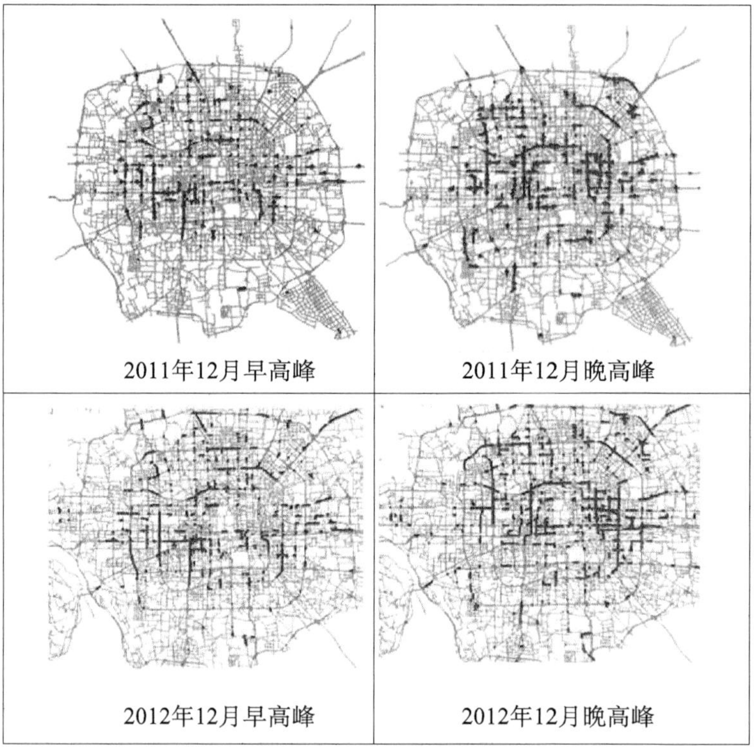

北京高峰拥堵区域示意图

街、西直门、CBD等地区。拥堵范围快速增加，尤其是在中心区域拥堵路段增速较快。2012年，全日拥堵持续时间(包括严重拥堵、中度拥堵)较2011年同期增加了20分钟，其中严重拥堵和中度拥堵持续时间增加了10分钟。

不同类别拥堵时间表

	严重拥堵	中度拥堵	轻度拥堵	基本畅通	畅通
2011年	20分钟	50分钟	2小时20分钟	6小时20分钟	13小时40分钟
2012年	30分钟	1小时	2小时50分钟	6小时10分钟	13小时30分钟
时间变化	+10分钟	+10分钟	+30分钟	−40分钟	−10分钟

(7)停车泊位缺口巨大

根据2011年3月停车普查数据，北京市全市停车泊位供给总量约为248.4万个，其中居住车位160万个，出行车位88.4万个。但全市的停车车位需求约500万个，其中居住车位需求363万个，出行车位需求109万个。虽然近几年城市在大力建设停车设施，但停车位的增速仍然较为缓慢。全市居住车位供需不平衡的现象普遍存在，供给总量不足。城六区出行车位需求远高于外围新城，城六区除东西城区供给小于需求外，其他城区存在出行车位供给总量大于需求的现象。由于停车位不足，大量车辆占路停车，造成可利用道路面积减少，从而增加了交通拥堵。

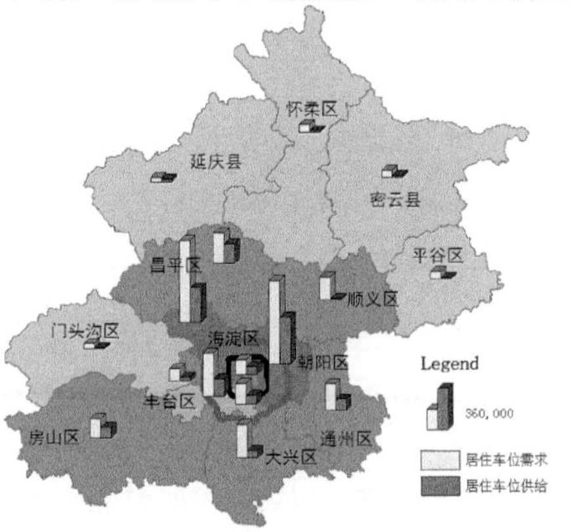

居住车位供需分布图

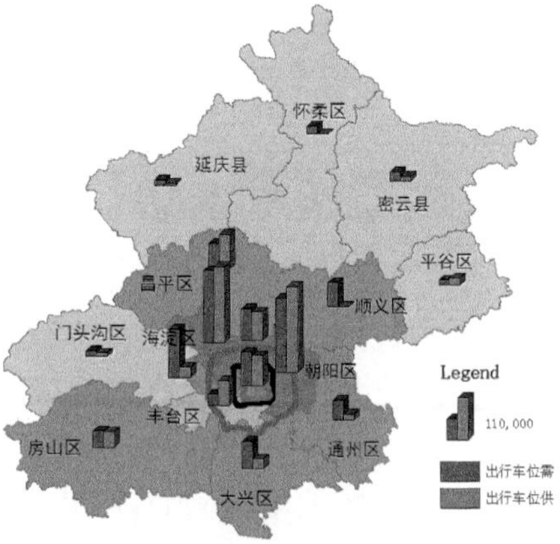

出行车位供需分布图

2. *产业布局方面*

“同心圆”式向外扩展的城市空间布局是北京城市发展的典型特征。随着北京城市规模的不断扩大，这种空间格局越来越难以适应城市发展的要求，众多的产业就业机会吸引了大批人口集聚于中心城区，就业人口在居住地与就业地之间的交通往返形成了规律性的潮汐拥堵，不仅增加了居民的出行难度，也严重影响首都功能的实现，制约首都的可持续发展。

(1)“单中心”产业空间布局使交通出行呈现“向心拥堵”特点

北京市城市总体规划是构建“两轴—两带—多中心”的城市空间结构，但随着城市不断快速扩张，副中心的建设并未发挥应有的作用，多中心的空间结构并没有形成。外围新城建设功能尚不完善，未能承担起副中心的职能。政治、经济、商业、旅游、文化等城市核心功能仍集中在中心城区内。二环内中央部委机关及北京市属单位鳞次栉比，商业中心林立，旅游景点高度集中。北京“十一五”规划确立的六大高端产业功能区中，中关村科技园区、金融街、商务中心区、奥林匹克中心区等四个功能区也均分布在中心城区。城市功能过度集中于中心城区的同时，也集中了大量的产业和就业人口。而中心城区有限的土地资源使住宅房价不断推高，在中心城区大量吸引就业人口的同时，居民住宅则被逐步从中心城区迁出。在中心城区产业高度集聚的同时，职住分离现象却更加突出，上下班交通往返出行使北京市整体交通呈现典型的向心潮汐拥堵，早高峰进城难，晚高峰出城堵。

北京市各区就业—居住平衡指数(JHB值)

中心区	东城(原)	西城(原)	崇文(原)	宣武(原)		
1.65	3.27	1.78	0.54	1.71		
近郊区	朝阳	海淀	丰台	石景山		
1.33	1.17	1.55	1.36	1.31		
远郊区	门头沟	房山	昌平	顺义	通州	大兴
0.51	0.64	0.38	0.61	0.43	0.48	0.73

(2)部分与首都功能不符的低端业态布局中心城区，加剧了交通梗阻

首都作为全国的政治中心，各类机关在中心城区的存在有其一定的必然性，但诸多与首都功能不符的低端业态在中心城区的布局，则进一步加剧了北京的拥堵。例如，服装批发市场等产业既非首都核心功能的需求，也与居民日常生活需求联系不大，但却吸引了大量的从业人员与运输车辆。此类劳动密集型产业既与首都的功能严重不符，也是北京城市交通拥堵需要重点关注的堵点所在。

(3)产业发展单质化，城市基本功能配套不完善加剧了“潮汐”拥堵

居民的交通出行需求主要来自住宅、单位、消费场所之间的空间移

动。城市交通不但要满足居民上下班的潮汐式出行需求，还需要满足人们购物、娱乐消费需求。当产业发展布局综合考虑到了居民住宅、工作、消费等因素时，完全可以减少居民出行的交通流。反之，区域发展单质化、城市配套设施不完善，将导致交通流量的不必要增加。从目前北京市产业发展布局的情况看，综合开发程度低，缺乏产业配套，单质化开发的情况比较突出。如天通苑、回龙观周围主要以住宅房地产开发为主，王府井、西单等以商业为主，国贸、建国门等地又集中以写字楼物业为主，而北京南站、西直门、北京站、北京西站等交通枢纽也仅具有单纯的交通换乘功能。据统计，80％的优质医疗资源集中在三环内。教育资源方面存在同样的情况，西城、东城居住人口不多，但优质教育资源高度集中，而朝阳、丰台、通州等人口集中的区域的学校数量却又较少。单质化开发的结果，导致市民因为居住、工作、消费等原因在不同区域间奔波往返，交通出行量进一步加大。实际上城市仍然保持原有的单中心结构，商务区、金融区和行政区都集中于三环以内，中心区域提供大量的就业岗位和社会资源。随着城市扩张在外围区域建设了大量的居住区（比如回龙观和天通苑居住区），但产业等就业岗位却并未随之配套建设，这些居住区的居民由于“职住分离”，每天不得不奔波于住宅区与就业区之间，无形中加剧了交通拥堵。而中心区域优质的教育、医疗等社会资源同样会吸引大量的外围居民涌入，产生大量的向心交通，造成中心区交通压力巨大，从而产生拥堵。随着单中心“同心圆”式城市规模的不断扩大，“同心圆”的半径在不断增加，但交通流量“圆心”却仍然会聚到中心城区，造成中心区的交通拥堵日益严重。目前占北京仅5％的中心城区土地上，负荷了总量50％以上的交通出行量。

3. 规划管理方面

(1)人口数量增速过快，城市交通负担加重

根据《北京市城市总体规划（2004—2020）》中对人口规模的预测，到2020年，北京市总人口规模规划控制在1 800万人左右，年均增长率控制在1.4％以内。其中户籍人口1 350万人左右，居住半年以上外来人口450万人左右。2020年，北京市城镇人口规模规划控制在1 600万人左右，占全市人口的比例为90％左右。但2014年年末北京市常住人口已经达到2 151.6万人，常住外来人口818.7万人，城镇人口1 859万人，无论是常住人口还是城镇人口规模均已经超过总体规划预测的2020年人口数量。城市交通系统的规划建设是依据总规预测人口数量为基础，对于人口数量的快速增长，交通系统的供应能力已经无法满足居民的出行需求。

(2)公共交通系统规划建设滞后

从20世纪末,北京市机动车的增长速度显著提升,开始出现较为严重的交通拥堵。但城市发展大容量轨道交通的政策却迟迟未出台,直到十年前才确定要大力发展轨道交通,已经导致私家车辆大幅增加,错过了发展公共交通的最佳时间点。再提倡居民采用公共交通的方式出行将见效缓慢,从而给道路带来了大量的交通量,也是造成交通拥堵的重要方面。

(3)小汽车出行较多,公共交通系统分担率偏低

根据《2013北京交通发展年报》中的数据,2012年北京六环内日均出行总量达3 033万人次(不含步行),其中公共汽车出行量826万人次/日,轨道交通出行量为509万人次/日,小汽车出行量为990万人次/日,自行车出行量为422万人次/日,出租车出行量为199万人次/日。全市居民各种交通方式构成中(不含步行),公共交通(公共汽车+轨道交通)比例为44%,小汽车出行比例为32.6%。相对于国际其他公共交通发达城市,公共交通出行比例过低,而小汽车出行比例过高。这将造成道路上产生大量的交通量,导致拥堵产生。

(4)规划理念不当,道路密度、面积不足

北京城市规划理念存在问题也是导致交通拥堵的一个重要原因。计划经济时代的规划思想指导了当时的城市建设,而随着社会的发展,现今却没有按照现代城市规划理念指导城市发展,更没有考虑到北京快速增长过程中激增的交通需求。目前北京仍然沿用传统的"大院"规划理念,只是"大院"被所谓的"小区"所取代。这种规划理念导致多数小区成为自封闭系统,整体占地面积过大,相互之间只能通过主干道进行连接,作为"毛细血管"的支路系统破坏严重,从而使城市干道承担了全部的交通压力,主干路拥堵将很快蔓延导致道路系统大面积瘫痪。不仅城市道路网密度不足,城市人均道路指标也较低,这也导致道路系统的通行能力不足。

世界主要城市人均道路面积统计表

世界主要大城市	人均道路面积	
	1994年	2005年
北京	4.4	9.3
东京	11.3	11.3
大阪	14.9	14.9
纽约	23.9	28.3
伦敦	21.3	21.1
莫斯科	9.1	9.4
巴黎	7.32	9.7

4. 政策管理方面

(1)合法性受到质疑

一是工作日尾号限行政策。2008 年 10 月 11 日,北京市政府以发布通告的形式,宣布试行工作日尾号限行措施。此后该措施均以通告的形式屡次延长实施,至今已满七年。北京市政府最近一期的工作日尾号限行通告发布于 2015 年 4 月 2 日,明确了此项措施至少还将延续至 2016 年 4 月 10 日。《北京市政府关于实施工作日高峰时段区域限行交通管理的通告》这一规范性文件,在层级上勉强算得上政府规章,其制定依据分为两个层次:第一层次是国家法律,即《中华人民共和国道路交通安全法》第 39 条:"公安机关交通管理部门根据道路和交通流量的具体情况,可以对机动车、非机动车、行人采取疏导、限制通行、禁止通行等措施。遇有大型群众性活动、大范围施工等情况,需要采取限制交通的措施,或者作出与公众的道路交通活动直接有关的决定,应当提前向社会公告。"第二个层次是北京市地方性法规,即《北京市大气污染防治条例》第 72 条:"市人民政府可以根据大气环境质量状况,在一定区域内采取限制机动车行驶的交通管理措施。"无论是根据道路和交通流量的具体情况,还是根据大气环境质量状况,北京市政府只有权力制定临时性交通限制措施,而工作日尾号限行措施不断被延长施行期已过七年,俨然成为一项北京人惯以为常的长期政策,可见北京市政府已经明显超越了《中华人民共和国道路交通安全法》和《北京市大气污染防治条例》的授权。工作日尾号限行措施实质上减损了合法主体对车辆的使用权。根据 2015 年 3 月新修正的《中华人民共和国立法法》第 83 条第 6 款"没有法律、行政法规、地方性法规的依据,地方政府规章不得设定减损公民、法人和其他组织权利或者增加其义务的规范"的规定,北京市政府无权制定工作日尾号限行政策。

二是摇号限制购车政策。摇号限制购车是一种通过限制公民购车能力并人为地提高购车准入门槛的行政措施,目的是抑制公民对交通设施的需求。为应对持续的交通拥堵,北京市政府于 2010 年 12 月出台《北京市小客车数量调控暂行规定》,自此开始实行摇号限购政策。这一政策虽然可以在一定程度上抑制市民的购车欲望,人为控制机动车数量的增长,但从法理上看实际是对申领机动车号牌的行政相对人增设了条件,增加了义务。根据新修正的《中华人民共和国立法法》第 83 条第 6 款的规定,北京市政府制定摇号限购政策缺乏明确的法律法规授权,属于越权行为。此外,摇号购车政策将办理摇号登记的条件限于北京市户籍人员以及满足特定条件的在京居住的非京籍人员，有违公平的原则，带有地方保护主义的烙印。同时，摇号购车使得购车名额成为一种稀缺的资源，而这种资源是由行政机关以一种看似“随机”的方式来分配的。而分配的过程是否能够保证透明、公正，这一政策的执行是否能够受到足够和必要的监督，都是存在质疑的。

（2）实施效果缺乏可持续性

北京市基于“交通需求管理理念”出台的一系列交通拥堵治理政策，短期内的实施效果都比较明显，但施行了较长时间后，政策的有效性大多被快速增长的交通需求所抵消。如 2007 年工作日高峰时段平均交通指数 7.54（中度拥堵），而实行工作日尾号限行政策之后，2008 年 10 月至 2011 年 12 月平均交通指数为 5.4（轻度拥堵），下降了 28.4%。与此同时，很多有购买能力的人纷纷新购汽车以减轻限行带来的不便，导致北京市机动车保有量以每天 2 000 辆的速度快速攀升，至 2010 年 12 月实行限购前，机动车保有量已激增至 480.9 万辆，按照尾号限行政策工作日有 20%的机动车被限行，每天上路的机动车约为 385 万辆。比限行前上路行驶的机动车还多 35 万辆。短短两年时间，机动车的自然增长率就完全抹掉了限行效果。

2001 年 12 月 7 日由一场大雪造成的“世纪大堵车”，开启了北京市重点治理交通拥堵的漫漫征程，至此出台了一系列的政策。但由于对各项政策效果及重要性认识的不均衡，导致本该多管齐下共同实施的政策相互分离，没有形成合力，影响了效果的可持续性。如 2003 年北京市开始加大力度实施公共交通优先发展政策，与此同时应采取严格抑制小汽车交通需求增长的政策，从而达到不断优化交通出行结构的持续性效果。由于“公交优先”与“需求管理”未同步施行，在大力发展公共交通设施建设、扩充运力和提高服务水平的同时，限行限购和提高使用成本等抑制小汽车需求的政策没有随之跟进，而小汽车在行驶速度、舒适性、私密性等方面相较公交车、地铁来说具有先天的优势，公交优先发展政策调整出行结构的效果又被快速增长的小汽车抵消了。2009 年，公交出行比例由 2003 年的 28.2%提高到 38.9%，提高了 10 个百分点，但同期小汽车出行比例也提高了 8 个百分点。

（3）不符合京津冀协同发展战略实施的内在要求

要实现京津冀协同发展，其前提和基础是京津冀交通一体化。交通一体化包括两个层面，一是交通规划、建设的一体化，按照统一的利益取向、原则、标准进行规划；二是交通管理的一体化，用对等的政策、规则和方式进行管理。政策层面如不能协调统一，管理就无法统一，京津冀协同发展便无从谈起，推进京津冀一体化以缓解北京交通拥堵的目标也难以实现。比如，北京、河北高速公路收费标准不一致，载重 55 吨的货车从河北张家口至京唐港，经北京市域通道虽比经外环南通道里程长 4 公里，但收费少了 484 元，在节省费用动机的驱动下，货车司机必然选择走北京市域通道，从而使进入北京市区的车流量增加，进一步加剧拥堵。

目前，北京、天津、石家庄都实行了小汽车限行限购等政策，但北京与其他两个城市的政策并不对等，制约了京津冀交通一体化的进程。如北京市规定外省、市、区的机动车进入北京六环以内道路必须办理进京证。进京车辆办证通行是 20 世纪 70 年代在特殊的政治背景下为维护首都稳定而制定的政策，一直沿用了三十多年。进入 21 世纪北京的交通拥堵已经成为阻碍城市发展的头号“顽疾”，进京证制度在控制入京外地车辆的数量、减轻首都交通压力上起了一定的作用，但是也人为造成了地域封锁和市场分割，不符合市场经济公平、公正的原则，给正常的经济贸易往来带来诸多不便，增加了成本，不利于构建统一、开放、便捷的交通网络，在一定程度上阻碍了京津冀交通一体化的进程，不适应京津冀协同发展战略实施的内在需要。因此，天津、河北两省市都强烈呼吁取消进京证，采用经济、环保等其他措施对外地入京车辆进行调控。

5. 社会管理方面

广大市民在绿色出行、文明出行、自我约束、遵规守法等方面还有很大的引导空间。一方面，每一位市民既是交通问题的承受者，也是问题的制造者，每一项交通措施都会对既有利益有所调整，群体和个体、局部和整体、不同群体角度不同、利益不同，因而对于社会预期的合理引导还不够，广大市民没有从根本上形成绿色出行、文明出行的现代交通意识。另一方面，当前的北京交通发展的文明程度还有待进一步提高，广大市民的交通安全意识还比较淡薄，驾驶人员的素质参差不齐，文明驾驶、规范驾驶的意识较弱，随意性较大，存在一定的交通违法行为，许多事故的发生直接导致了交通拥堵。此外，某些驾驶人员片面追求个人利益，只求本人方便，从而产生了随意停车、远光灯常开等情况，直接影响了道路交通秩序，特别是机动车闯信号灯、排队穿梭、随意踩线、变更车道等违法行为的出现和行人、各种非机动车的不良习惯，对路面交通秩序影响很大，非常容易引发交通拥堵。

四、国内外城市交通拥堵治理的措施与启示

(一)优化城市空间结构

优化城市空间结构主要是通过空间移位来调整交通供给与交通需求,对于特大型城市的定位,通过城市副中心的建设来疏解中心城市人口和交通,例如日本东京和法国巴黎,以实现空间布局的长期性和有效性。

1. 精准的城市定位

华盛顿是美国的政治中心,白宫、国会、最高法院以及绝大多数政府机构均设在这里。国会大厦和白宫之间有“联邦三角”建筑群,其中包括联邦政府机构以及国家美术馆、国家档案馆、泛美联盟、史密森国家博物馆和联邦储备大厦等。华盛顿面积最大的建筑是位于波托马克河河畔的美国国防部所在地五角大楼。华盛顿在行政上由联邦政府直辖,不属于任何一个州。华盛顿有许多纪念性建筑,是历史印记聚集的地区。离国会大厦不远的华盛顿纪念碑,高 169 米,全部用白色大理石砌成,乘电梯登上顶端可把全市风光尽收眼底。杰弗逊纪念堂和林肯纪念堂等也都是美国有名的纪念性建筑物。华盛顿是美国的文化中心之一。全市有乔治敦、乔治·华盛顿等 9 所高等院校。创建于 1800 年的国会图书馆是驰名世界的文化设施,华盛顿歌剧院、国家交响乐团、肯尼迪艺术中心等都是美国著名的文化机构。华盛顿还有美国国家艺术博物馆、自然历史博物馆、宇航博物馆等许多著名博物馆。总之,华盛顿市从总体上讲是两大中心,即美国的政治中心和文化中心。由于定位非常明晰,多年来华盛顿面积和人口都基本稳定。市区面积 178 平方公里,特区总面积 6 094 平方公里,人口约 60 万。市区环境舒适优美,俨然建立在植物园里。

华盛顿作为美国的政治中心,精确地定位了城市的功能,明确了政治中心的核心地位,同时兼具文化中心之一。通过精准的定位,确定了城市的职能、人口及用地规模的控制,从而将华盛顿打造成为环境优美的城市。借鉴华盛顿市经验,再结合北京实际,率先做好城市定位是首要解决的问题。2014 年,习近平总书记对北京城市有了新的定位,尤其是结合京津冀一体化,北京的城市功能有了新的发展,如何通过多种途径贯彻落实这一定位,是下一步需要完善的主要工作。

2. 城市副中心的建设

第二次世界大战后,随着人口的恢复性增长、大企业的逐步集聚,东

京城市过度拥挤的情况一度相当严重。大力推进城市副中心建设，成为战后东京产业布局与城市规划的主要特征。此举有效疏解了中心城区人口、产业和城市功能，取得积极的成效。东京曾先后分三批积极推进城市副中心建设。20世纪50年代末期，起步建设池袋、新宿、涩谷三个副中心。80年代初，启动上野—浅草、大崎、锦丝町—龟户三个副中心建设。80年代晚期，东京又规划建设了临海副中心。七个副中心城区的建设，在有效缓解中心城区交通压力同时，中心城市的功能得到了进一步强化。与此同时，东京在城市交通枢纽的开发上也遵循了立体综合开发的理念。综合交通枢纽周边商业林立，写字楼、文化娱乐消费场所高度集中，大量产业以交通枢纽点为中心呈现组团集聚，交通换乘中心、商务中心、购物中心、文化娱乐中心综合开发的结果减少了不必要的车行需求，缓解了交通压力。

1965年起，法国巴黎开始在巴黎外围设立城市副中心，分散居住人口。整个巴黎大区范围内共建设了拉德方斯、凡尔赛等九个城市副中心，每个副中心均配套发展了相应的产业及居民生活消费场所，极大减轻了中心城区的负担。

在国内，《上海市城市总体规划1999—2020》明确了上海市中心城“多心、开敞”的布局结构。“多心”，就是指由市级中心、副中心以及地区级、社区级中心等组成公共活动中心体系，共同承担服务全国、面向国际的综合服务功能。其中“市级中心”主要包括人民广场行政中心、外滩—陆家嘴中央商务区、南京路等商业街及豫园等商业中心以及徐家汇、江湾—五角场、真如和花木四个城市副中心。徐家汇城市副中心主要服务西南地区，规划功能定位为城市文化、体育、商业中心；江湾—五角场副中心主要服务东北地区，规划功能定位为以知识创新为特色的城市公共活动中心。真如城市副中心位于普陀区真如地区，规划功能定位为服务长三角的开放性生产力服务中心和服务上海西北地区的城市公共活动中心。花木城市副中心主要服务浦东地区，规划功能定位为浦东新区行政文化中心和市民公共活动中心。多中心城市结构有助于改善城市通勤交通状况，实证研究选择的上海部分城市主中心及副中心中，主中心居民的平均单程通勤时间大于各副中心居民的平均单程通勤时间。且随着与上海市中心距离的增加，居民平均单程通勤时间逐渐减小。

（二）引导和控制交通需求

通过引导和控制对交通需求进行调整，来缓解交通压力。一方面是指公交优先策略，具体包括建设公交专用道，大力发展城市轨道交通，实行公交地铁的价格补贴、公交信号优先等。另一方面是限制私人交通，主要是针对机动车保有量而言，包括限行限号、牌照摇号、收取高额停车费、控制机动车拥有量，征收城市拥堵费等。

1. 优先发展公共交通

东京是日本国首都，东京都总面积 2 162 平方公里，包括 23 个特别区、26 市、5 町及 8 村，并与周边县构成“首都圈”。目前东京都约有 1 328 万人口，东京都市圈总人口达 3 700 万，是目前全球最大的都市区和都会区。东京也像北京一样，在城市的中心区域集中了大量的就业岗位，但是由于东京的公共交通系统发达，所以市区一般较少发生明显的交通堵塞。

在东京的公共交通体系中，轨道交通占据最核心的地位，轨道交通是东京整座城市运转的“脉络”。经过几十年的不断建设，东京的轨道交通总里程已达到的 2 305 公里，东京一平方公里的土地上平均设有 1.66 个地铁站，居民步行达到最近的地铁车站平均用时只需 9 分钟。得益于发达的轨道交通系统，东京交通圈公共交通出行比重达 58%，工作日全天 24 小时进入东京市区的机动车出行方式中公共交通达 86%，早高峰时段达到 91%，东京地铁系统每日平均客运量达 1 080 万人次。以轨道交通为核心的公共交通体系的规划建设远远早于私家车的普及，加上出台《车库法》等法规限制，东京私家车的普及率并没有持续快速增长，从而使东京的交通实现了良性循环。

东京的道路远没有北京的道路宽，但城市道路网密度较高，人们在出行时会有多条路线可以选择，因而不会出现在某条道路上车辆集聚的现象。通过城市行政区全域平均路网密度比较，东京都为 $11.13km/km^2$，而北京市仅为 $1.73km/km^2$，东京都是北京市的 6.43 倍。从建成区路网密度看，东京都 23 区为 $19.04km/km^2$，北京仅为 $4.85km/km^2$，东京都 23 区是北京的 3.93 倍，可以看出东京都的较高的道路网密度也是避免城市拥堵的重要因素。

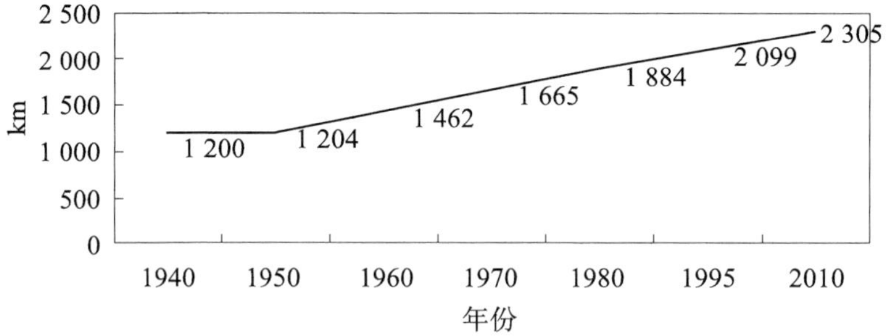

东京轨道交通发展进程

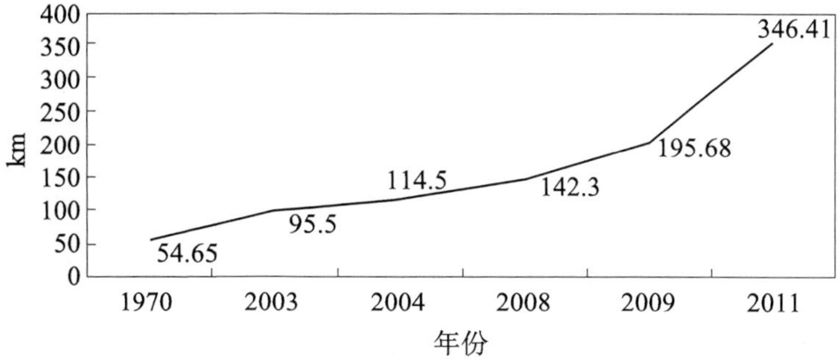

北京轨道交通发展进程

东京作为亚洲第一大城市，全球最大的经济中心之一，每天都承担着巨量的城市客运任务。凭借着强大高效的轨道交通网络，配合地面高道路网密度，城市交通得以较顺畅的运行。北京可以借鉴东京的经验，加快轨道交通网络建设，提高城市道路网密度，实现交通系统的良性发展。

香港是一座高度繁荣的国际大都市，是仅次于纽约和伦敦的全球第三大金融中心，与美国纽约、英国伦敦并称"纽伦港"，在世界享有极高声誉。香港也是亚洲重要的金融、服务和航运中心，以廉洁的政府、良好的治安、自由的经济体系以及完善的法制闻名于世，有"东方之珠""美食天堂"和"购物天堂"等美誉。香港人口密度每年上升，根据 2011 年官方数据，香港的人口密度全世界第三。截至 2014 年年中，香港总人口约 7 234 800人，较 2013 年同期增加 47 300 人，与 2004 年年中相比更大增 451 300 人，总面积 1 070 平方公里，58 万多辆机动车。香港在城市建设时优先建设交通设施，尤其是公共交通先行建设，在规划居住区的人口尚未到位时，交通基础设施已经建设完毕，促进居民优先选用公共交通出行。同时香港采用 TOD 的发展模式，围绕地铁站点周边进行高密度开发，使在这些地区工作和居住的市民不需要其他交通工具换乘，步行即可达到地铁站，从而减少交通流量。香港居民 90%以上的出行均采用公共交通方式，所以香港才会在人口高密度、建设开发高密度、机动车保有量较大的情况下，交通秩序较好，不产生大规模拥堵。

香港作为高度繁荣的国际大都市，通过 TOD 的发展模式，公共交通系统的超前建设，在人口稠密、用地紧张的条件下实现了交通的可持续发展。北京应借鉴香港的 TOD 发展模式，改变摊大饼的发展方式，加强公共交通建设，配合相应的交通政策，引导居民采用公共交通方式出行，实现交通的可持续发展。

2. 限制私人交通

一是控制机动车的数量。例如,新加坡作为一个城市国家,712 平方公里的面积聚集了 508 万人,可谓是世界上人口最密集的城市。新加坡于 1990 年通过推行"拥车证"制度来调控机动车保有量,即对个人购买汽车实行配额制,公民在购买汽车时必须向政府提出申请,投标购买一辆有效期约十年的证件。在"拥车证"有效期届满后,车主无论是继续驾车还是购买新车,都必须另外缴纳一笔费用。并且在第二次有效期届满后,车主必须再次购买新的"拥车证"。实行此项政策后,新加坡小汽车保有量的年平均增长率从 6%降至 3%。

二是提高机动车购买成本。香港于 1982 年开始征收高额车辆登记税,成效十分明显。1982—1989 年香港私家车保有量不增反降,1990 年才恢复 1981 年的数量,2003—2013 年私家车由 33.8 万辆增至 47.5 万辆,年均增长 4.6%,远远低于北京私家车的增长速度。新加坡购车者除要竞买"拥车证"外,还要缴纳高达车辆价值 2.5 倍的消费税。丹麦的购车税费相当于车价的 3 倍,法国汽车消费税为 33%,荷兰购车消费税 47%。

三是提高机动车使用成本。欧洲各国普遍对机动车征收较高的燃油税。伦敦 2009 年开始对高油耗高污染的超大型汽车和卡车按每天 25 英镑标准征收"买路费"。征收交通拥挤费。伦敦自 2003 年 2 月开始对进入内环线范围的车辆收取拥挤费,政策实施后每天进入市中心的小汽车减少 5 万辆,小汽车流量降低了 31%,平均车速提高 21%,公共巴士通行速度则提高 70%。首尔自 1996 年年底起对私家车按 2 000 韩元/辆/天的标准征收交通拥挤费,该规定执行后小汽车通行量减少 53%,通行速度提高了 1 倍。实行高额停车费。丹麦哥本哈根中心城区停车费为 4 美元/小时;在纽约曼哈顿区,拥有车位的居民每月需交付 300～400 美元的管理费,而非固定停车位的费用近 30 美元/小时。东京中心区的停车费为 600～1 500 日元/小时(合人民币 40～100 元/小时),而固定车位租金高达 2 万～4 万日元/月(合人民币 1 400～2 800 元/月)。高昂的停车费使这些城市的私家车主放弃驾车出行而选择搭乘公共交通出行,大大降低了私家车的使用率,有效缓解了拥堵。

四是限制机动车使用。限制公务用车使用。芬兰享受专车待遇的只有总统、总理、内务部长和国防部长,其首都赫尔辛基仅市长一人享受专车待遇;在德国只有联邦级领导人、国务秘书和各部部长才有公务专车;美国、日本和韩国的公务用车也被严格控制。以行政手段直接限制私家车使用。新加坡将汽车牌照分为普通牌照和红色牌照,红色牌照的车辆可享受税费优惠,但只能在工作日 19:00—7:00 及周末、法定假日行驶,其他时间上路行驶需额外支付费用。墨西哥、雅典、圣保罗实行每周轮流对特定车牌尾号的车辆限行政策。

(三)增长和完善交通供给

主要是指为了满足城市出行的需要而不断提供交通供给,包括完善路网系统、新修道路及拓宽道路面积、提高道路使用率等,这种方式在私人交通工具膨胀早期曾被广泛使用,目前在我国使用较多,但是随着城市用地的减少和城市空间结构的影响,交通基础设施建设的成本越来越高,因此这是一种短期策略。

五、北京城市交通拥堵治理对策建议

(一)交通管理方面

1. *解决好交通需求与供给的关系*

交通是由人、车、路、环境四要素构成的,解决交通拥堵首要的问题是处理好需求与供给之间的关系。要优化四个要素着力点也在解决这个首要矛盾,其路径有两条:一条是降低交通需求,另一条是扩大交通供给。改革开放以来是北京历史上发展最快最好的时期,随着首都各项事业的蓬勃发展,道路建设也进入了快速发展阶段,道路由过去平面交叉建设为全立交环路,而道路的建设速度远不及机动车发展速度,形成了“越修越堵”的怪圈。从北京市现有的交通基础条件来看,无论是道路还是交通信息化程度与国外大城市相比并不落后,“遇堵即修”的方式终会受到城市空间的影响难以持续,所以交通压力的减轻还需从降低交通需求和改变公众的交通出行习惯入手解决。影响一个城市的交通需求主要有三个因素,分别是市民(含常住和流动人口)的规模、城市功能空间方案和交通政策。在这三个因素中,市民(含常住和流动人口)的规模到现在因首都独有的定位尚无切实可行的调控措施;在交通政策方面,交通需求的上升趋势受到北京市政府高额财政补贴公交所带来的低票价影响得到了一定的遏制,公共交通的发展对抑制私家机动车增长带来了一定的效果,作为一种福利制度,一经施行便不宜再频繁进行改动。因而,如今北京更需要从城市功能空间方案调整和机动车运用与操控方政策这两个方面来减轻交通需求增长的压力。

多年以来，分散中心地区功能和建造多中心城市空间框架都是北京城市方案修订的重要方向，但从实施的效果来看，并不令人满意，北京的道路体系仍然承受着高度聚集于中心地区的各项功能及其功能人口所带来的持续压力。中心地区巨大的交通压力，迫使北京应当尽快出台新一轮城市功能方案，向远郊疏解已成为未来城市发展的必然选择。两个方面的工作可成为新一轮功能疏解的重点：一是在政府资源配置过程中，优先将那些具有较明显投入吸附与带动效果功能的项目挑选出来，分散到新的城市功能区，以疏解中心地区既有的交通压力，通过资源配置的再调整，使其新的初始引力源为新功能区持续发展带来动力；二是要推进远市郊与中心城区的公共服务设施水平和服务水平的均衡发展，在投入上可向远市郊区（县）多一些倾斜。在远郊要点功能区建设时应当注重职住一体的社会需求，对中心地区的新建项目要做到审批从严，二环以内的新建项目要特别从严，以保证中央国家机关各项政务活动对交通的需求。

2. 重视城市功能布局、土地资源配置、道路建设和交通政策相互间的配合，体现各方协同发展的工作格局

要减轻城市交通压力，各系统例如城市功能布局、土地资源配置、道路建设和交通政策相互间应是互动式的联系。城市建设的道路、土地资源配置和规划是增加交通供给的关键。交通政策的出台应优先考虑与其他各项政策之间的协调关系，必须坚持突出重点、协同发展、合理布局的原则，抓住主要矛盾和关键，这样才能营造维护城市持续发展的格局。

建立优化的城市结构，制定完善的方案，重要的是立足城市发展需要把一些人流、物流密集的产业及时调整到交通流压力较小的地区。这就要求政府相关部门在既定的科学规划前提下集思广益，运用科学的方法，把北京城市功能与产业布局有机结合，实施切实可行的区域建设。北京的土地资源十分有限，要杜绝资源浪费和重复建设，就要在一些重要指标上多做考量，多做调查研究，把资源的运用效果最大化，制定调整方案与功能区建设的最佳方式。增加道路建设，要厘清需求与道路建设结构的问题，建设构想起点要高，充分考虑到路网建设过程中的成败得失、使用情况。对一些已建项目进行一次排查和梳理，总结经验，弥补不足，把道路建设置于城市功能、生活需求、产业布局的大环境中考虑，要引入先进理念优先规划解决人群密集出行地区的公共交通，处理好路网与交通需求之间的关系、轨道交通与整体路网框架之间的关系，坚决阻止那些局部

调整、满足眼前、缺乏前瞻的建设项目。就交通方针而言，除已采纳的操控机动车数量方针外，应在更为详尽的调查研究前提下，设置更加结合实际减少交通拥堵的规划政策，构建符合首都长远发展的利民之举。

以上四个举措在实施过程中要着重在相互配合、细节对接上予以重视，合作与互补是协同发展的最大公约数，只有放弃以己为主的部门、区域利益，自觉置身于发展的大局中规划，才能达到方方面面的和谐进步。决策的统筹和实践的磨合是促进交通事业长远发展的唯一检验方法。

3. 采取经济杠杆调整车型出行比例

北京小汽车使用成本处于全国最低水平，构成对社会公共投入的过度耗费甚至浪费。因而，操控北京小汽车使用最直接、最切实可行的办法即是通过经济措施将隐性投入显性化，使小汽车的采购者、运用者承担起过量出行所消耗的社会投入，然后达到约束其出行的目的。

一是征收小客车牌照费。为减轻交通压力，小客车的采购者应适当付出其新增机动车所上升的交通社会成本。小客车的社会投入包含：交通基础设施建造投入、交通投入占用成本、尾气排放污染治理投入、交通拥堵治理投入、交通事故损失等。上海现行收取牌照费的做法减少了大约 200 万辆小汽车的采购，使上海的交通拥堵情况大大好于北京。选用拍卖定额数量牌照的办法操控新增小汽车数量，如今小汽车抽签限购办法相应取消，收取费用归政府交通基金。如以每年发牌 10 万新车，每张牌照 5 万元核算，可增收 50 亿元牌照费。

二是征收小汽车保有费。为抵偿小汽车出行的社会投入，控制对小汽车采购欲望，可对小汽车收取保有费。达到降低小汽车停车面积、道路压力、行进排放等效果，并对使用公交车和非机动车出行的行为进行鼓励。北京按 400 万辆小型车每车 2 500 元拥有费核算，可收取 100 亿元车辆保有费。

三是征收交通拥堵费。对交通拥堵路段、拥堵时段实行分时段道路使用收费制即收拥堵费的方法，引导车辆避开拥堵路段和车流量高峰时段或是用公共交通出行。道路是一种特别的商品，道路的容量是一种稀缺的时空投入，实行拥堵收费后，居民将依据投入因素考虑各自的出行时间，相应会降低车流量高峰时段的拥堵情况。北京按每日 200 万辆小型车驶入市中心区域，每车收取拥堵费 25 元，每日约可收费 5 000 万元，全年可收取 182.5 亿元。

四是差异停车费。完善机动车运用投入的一种办法是在城市市中心区域实行不同标准的停车费，提升市中心区域停车费收费标准。北京中心地区公共停车场投入不足,停车服务运营市场化程度不高,停车费收入没有进入政府的交通基金,不能构成停车收费的良性循环。应依据市场化准则调整停车需求。市中心公共停车场所实行高收费,市郊进入市区衔接的轨道交通、快速公交站建立免费停车场,这样可以鼓励市民乘公交、地铁进入市区。道路周围日间停车实行计时高收费,夜间停车免费。

五是完善绿色出行。以各类交通设施运用的社会总投入和社会承受能力核算为前提,以交通需求处理方针为指导,逐渐理顺公共客运、私家车、道路通行和停车收费的价格体系,以价格杠杆协调交通供需平衡,既达到有层次的交通花费需求,又要提升既有交通设施投入的使用效率。北京近十年公交出行份额上升过程中,自行车出行和步行出行的数量大幅降低。公交免费和优惠价格政策致使公交车出现 156 亿元政府财政补助,出现很多休闲型公交出行需求,现行公交已变成市民福利的一部分,这同中国发展中国家的地位不相契合。从发展来看,如今的公交补助策略不符合可持续发展战略,公交高额补助给北京财政造成很大的担负。如今北京的财政交通补助数额已经远远高于医疗卫生的财政支出,大于社保的财政支出,不符合市民的利益。因而提高公交价格,适当调低优惠政策是符合公交发展规律的。

4. 加大交通管理力度

一是降低私家车的增长速度,实行限行方针。面临私家车数量激增的现状,北京市应把握私家车的过快增长。针对车流量大的时段私家车混乱出行的状况持续采取错时上下班的办法降低交通压力,或是在流量大的时段对主干道路段实行单双号限行。

二是尽量降低各种施工对交通拥堵的影响。为减轻北京市交通压力而进行各项道路基础设施建造是必需的。为降低市政工程建设构成的交通拥堵,应合理安排施工工序,尽量缩短工期。在保证施工质量、无安全事故的前提下,尽可能降低其对交通的影响。合理安排道路工程的工期,错开交通车流量高峰时段,尽可能在夜间安排道路工程的施工,以最大限度降低因道路建造工程带来的交通拥堵。

三是加强停车规划与管理。就北京市如今停车难状况,有必要加强停车场所建设与管理。依照公共停车场建造方案,大力建造路外公共停车场,增加公共停车泊位。在经常性拥堵的地段,应当按需求收取相应的停车费用,约束私家车的进入,防止交通拥堵的发生。

四是注重交叉口的交通组织。提升交叉口通行能力,减小交叉口交通压力。交叉口的交通组织可采取设置专用车道的措施;对于左转车辆采取设置左转车道、交通管制和变左转为右转的措施进行处理;对于大型交叉口采取设置交通岛进行渠化交通的方法;对于旧城区道路改建难度大的问题,对城市道路网进行综合思考,采取改动交通路线的方法,约束车辆方向,组织单向交通,以及恰当关闭一些主干道上的支路、分时段运转等缓解交叉口的交通拥堵。

5. 寻求交通管理体制机制创新

北京的交通管理职能分散于市交通委、市公安局交通管理局、市政部门以及街镇(政府、办事处)等各个不同层级、不同行业的职能部门,不利于交通的统筹管理。各个部门都掌握了各自职能范围内的技术手段和管理资源,尤其在当前信息社会的背景下,信息的分散致使管理割裂,很难实现对社会应当形成的管理合力和服务效果。所以,在管理体制上进行研究,在管理机制上形成突破,已显得尤为迫切。为此,提供两种方案可供参考。

方案一:将分散于市交通委、市公安局交通管理局、市政部门以及街镇(政府、办事处)的交通管理职能予以整合,成立一个全新的管理机构(或者以某一个部门为主,采取职能吸收的方式),构建“一个部门管交通”的管理全新模式。这个部门将承担起路网规划、道路建设、养护施工、运输管理、机动车管理、驾驶人管理、道路交通秩序维护、道路交通安全执法、道路交通安全宣传教育和道路交通突发事件处置等多种职能。“一个部门管交通”,更能做到管理目标的高度统一和管理责任的清晰准确,实现行政成本的降低和管理效率的提升,避免因政出多门所导致的趋利行为和推诿现象。让大部门制的改革方向实践到任务艰巨、工作烦琐的北京交通管理工作中,具有现实意义,但这种改变需要北京市委、市政府下决心,需要中央政府各部门的支持方可完成。

方案二:若管理体制的调整难度较大,也可在管理机制的创新上做文章。当前,最需要做的就是信息资源的高度整合,将市交通委和市公安局交通管理局这两个最主要的管理机构分别设置的信息指挥中心予以整合,实现人员的合署办公,变“多中心”为“单中心”,形成共同接警、共同研判、共同处置、共同发布的协作格局。这种机制一旦形成,对提升突发事件的处置能力、提升道路信息的引导能力将会起到明显作用。而且这种机制会创造出真正的大数据,将会为交通管理的规划、建设、养护、新技术的运用等发展性问题提供更加完整、更加系统、更加科学的决策依据,使政府的每一项政策、每一份投入均能得到更好的数据支撑。除此之外,还应当正视社会的力量,互联网让更多的社会力量参与到交通管理中,客观上正在发挥着积极的引导作用，公众通过手机等信息终端设备获取免费的道路通行信息已经成为一种出行常态。所以，交通管理部门应当与国内领先的互联网交通信息提供商联手，充分借助已经较为成熟的数字地图、导航和位置服务等技术手段，向交通参与者获取和传递更加及时、准确的信息，实现“信息引导出行”的目标。

（二）产业政策方面

1. 在京津冀一体化大背景下，进一步调整产业结构，优化产业布局

以京津冀协同发展为契机，根据北京城市发展需求，充分发挥好首都城市的功能，同时将部分非核心功能向郊区及津冀地区疏解。在中心城区主要保留金融、高级商务服务业、文化服务业等非劳动密集型的高附加值产业；将第三产业中的批发等低附加值产业逐步往城市外围区迁移。同时，对公共服务性质的教育、医疗等产业进行平衡布局，通过逐步搬迁、建设分校分院等形式，加强城市外围区域的公共服务配套建设，减少因产业布局不合理所带来的交通压力。

2. 将交通要素与空间要素充分整合，进行综合立体开发

借鉴东京综合交通枢纽综合开发的经验，以城市交通枢纽为中心，进行综合开发。将商业、办公等综合规划进行立体开发，在交通枢纽周边积极规划相关配套支撑产业，使得交通枢纽成为相应区域综合开发的辐射核心。使中心城区的交通枢纽成为办公、消费一体化的整合体，而外围区域则成为附近居民就业、居住、消费的副中心。通过综合开发，尽可能缩短居民吃、住、就业等场所间的出行距离，减少交通出行的需求，缓解交通压力。

3. 坚定推进城市副中心建设

要加快通州等新城建设，推进过程中要注重建立新城各项功能区的综合开发。要注重新城规划建设过程中的产业转移，避免发生新城“有城无业”情况，通过产业转移促进副中心居民就近就业，减少职住分离情况，缓解上下班通勤对交通的压力。同时，要注重满足新城居民各种生活性消费需求，在新城建设同时规划引入相应的学校、医院、商场、超市等配套产业，在方便居民的同时，也会相应减少居民的出行需求，进一步减轻对交通系统的压力。

(三)规划管理方面

1. 调整城市职能定位

一是确定城市核心功能。习近平总书记在京津冀协同发展工作会议上指出,调整疏解非首都核心功能,实现京津冀协同发展,是面向未来打造新的首都经济圈、推进区域发展体制机制创新的需要,是探索完善城市群布局和形态、为优化开发区域发展提供示范和样板的需要,是探索生态文明建设有效路径、促进人口经济资源环境相协调的需要,是实现京津冀优势互补、促进环渤海经济区发展、带动北方腹地发展的需要,是一个重大国家战略。提出要坚持和强化首都全国政治中心、文化中心、国际交往中心、科技创新中心的核心功能,努力把北京建设成为国际一流的和谐宜居之都。

二是简化城市职能定位。显然北京应站在京津冀协同发展的角度来考虑自身在区域中的位置,而不应将所有功能要素均集聚在自身,让区域其他城市被动地进行对接。在确定北京是全国政治中心、文化中心、国际交往中心、科技创新中心的核心功能之后,应对北京市的职能定位进行调整。北京市城市总体规划的职能定位包括:①中央党政军领导机关所在地;②邦交国家使馆所在地,国际组织驻华机构主要所在地,国家最高层次对外交往活动的主要发生地;③国家主要文化、新闻、出版、影视等机构所在地,国家大型文化和体育活动举办地,国家级高等院校及科研院所聚集地;④国家经济决策、管理,国家市场准入和监管机构,国家级国有企业总部,国家主要金融、保险机构和相关社会团体等机构所在地,高新技术创新、研发与生产基地;⑤国际著名旅游地、古都文化旅游,国际旅游门户与服务基地;⑥重要的洲际航空门户和国际航空枢纽,国家铁路、公路枢纽。

在新的城市核心功能确定之后,建议对原有城市职能定位进行相应调整,从职能定位角度突出强化北京的核心功能,淡化去除非核心职能。建议对职能定位调整如下:将第三项职能调整为国家和世界主要文化和体育活动举办地,国家主要高等院校及科研院所聚集地,以凸显文化和科技创新中心的国际功能,去除新闻、出版、影视机构所在地等非核心职能;将第四项职能调整为国家经济决策、管理,国家市场准入和监管机构,世界高端企业总部,国家主要金融、保险机构和相关社会团体等机构所在地,高精尖技术创新研发基地,为凸显世界企业总部功能和科技创新中心的核心功能。

2. 疏解城市空间功能

一是协同城市与区域关系。遵照北京的核心功能、城市的职能定位，在京津冀协同发展的背景下，对北京的非核心职能进行疏解，将部分功能转移到区域中的其他城市。具体包括：重新确定北京产业布局和结构调整，从京津冀协同发展的国家战略角度出发，保障环保效益和居民生活品质，坚决将“三高”项目关闭或转移；北京新建和扩建工厂，应严格控制企业技术等级，非高新技术企业不宜建设。制造业等生产环节功能逐步向外围转移，包括新机场经济区和京津冀的沿海区域都是转移的目标区域；迁移大型批发企业和市场，例如大红门、动物园服装批发市场等区域性商品批发交易市场转移到城市边缘地区；促进培训机构外迁；通过通州、新机场等区域的医疗设施建设，引导外地患者向新建医疗设施转移，减轻中心区就诊的压力；疏解首都交通枢纽中心的压力。根据国际交往中心的战略定位，北京可以继续大力发展航空客运，公路运输功能由天津、河北等周边区域承担。加快北京、天津周边区域快速交通网络建设，将首都的客货运输量进行分流。加快北京周边区域环状高铁网络建设，增加城市之间的便捷性，促进城市功能疏解。

二是优化城市内部功能。调整疏解部分行政事业功能。行政事业单位功能的迁移可以起到快速优化城市布局的效果，较快地建立城市副中心。北京的老城区集中了大量的行政事业单位，部分行政事业单位应考虑外迁。市政府部门以及市属行政事业单位可以向通州等区域转移，通过市属部门的搬迁带动城市副中心的建设，从而起到疏解中心区域压力的作用。合理确定公共服务机构的功能定位与布局。加快优质的医疗机构、教育机构向城市新区进行布局，满足当地居民的使用需求。另外市级以上公共服务机构主要定位在知识创新和研究以及解决跨区域重大公共服务问题，而不应过度追求规模和服务量，更不能定位在满足全国需求上。在中心城区严格控制大型建设项目，在城六区留出更多的空间建绿地、河流、园林、健身活动场所，保护具有文化纪念和传承价值的建筑。

3. 公共交通引领城市发展

一是完善建成区域公共交通系统。以轨道交通为骨架，打造由“轨道交通＋公交快线”构成的公共交通快速通勤网络。通过对主要轨道线路进行复线建设，从而增加中心区域的轨道交通网络密度，实现由主要交通生成点、吸引点步行 5～10 分钟即可到达最近的地铁站点。在进行建设地铁复线时，考虑采用“大站快车”的方式，提高轨道交通的平均运行速度，提高线路的运载能力。同时在地铁枢纽的换乘设计时，多采用同站台换乘、平行线路多站台换乘等方式，使换乘更加便捷、高效，增加轨道交通的吸引力。

二是新区优先建设公共交通系统。加快规划和建设市郊轨道交通系统，在更大范围内引导城市空间格局优化。借鉴香港的成功经验，采用TOD的发展理念，以公共交通建设带动城市的发展，引导城市空间形态的转变，以防城市"摊大饼"式蔓延。未来应优先加快密云、平谷、怀柔等远郊新城以及燕郊、固安等北京周边区域的轨道交通网络建设，带动中心城区的居住功能和产业功能向这些区域进行疏解。

4. 转变城市规划理念

《北京市城市总体规划(2004—2020年)》自编制实施以来已有十年时间，在这十年中，国际、国内以及北京市均发生了巨大变化。2012年国务院批复中关村国家自主创新示范区空间规模和布局调整方案。2014年国务院发布了《国家新型城镇化规划(2014—2020年)》，京津冀协同发展也提升为国家的重大战略。为确保城市发展适应新形势的变化，解决城市存在的拥堵问题，北京市政府应尽快启动北京城市总体规划的修编工作。考虑到原有总体规划已经编制超过十年时间，而且现状问题又十分突出，同时国家和区域又出台了新的政策和要求，简单的局部用地修改难以适应当前面临的形势，应该抓紧重新编制和实施新的北京城市总体规划以及相应的专项规划。新编制总体规划应以北京城市核心功能、职能定位、功能疏解与优化为重点，特别突出强调几下几方面内容。

一是在京津冀地区协同规划的指引下，明确北京市与周边区域的关系和功能，促进京津冀区域和谐发展。研究首都与周边区域协同发展的利益分享机制和组织管理体制，形成北京与周边地区协同疏解城市功能的长效机制。确定首都城市功能疏解的重要任务和项目，将首都城市功能疏解作为引领京津冀协同发展的引爆点。

二是严格控制城市人口规模，按照生态环境容量限制、城市发展新要求和现状人口数量，建议到2020年人口规模控制在2 400万以内，2030年人口规模控制在2 700万左右；并且按照新的人口规划重新规划交通系统结构与规模，确定公共交通的主体地位，加强地铁等大运量公共交通的建设，增加城市道路网密度和人均道路面积。

三是巩固提高首都的核心功能，继续强化政治中心、文化中心和国际交往中心功能，打造国家创新中心和世界性总部功能。由中关村国家自主创新示范区带动整个京津冀大区域的发展，将国家自主创新示范区的相关政策在更大的区域内进行推广。

四是在功能向外部疏解的同时，加强城市内部功能优化。将北京五环内进行城市建设管制，限制高强度、高吸引的非核心功能项目建设，统筹考虑疏解功能的空间落位，从而实现优化老城的内部功能的目的。

5. 严格规划监督管理

一是依法科学审批。在总体规划、专项规划以及详细规划编制完成之后，规划审批应严格依据各项规划的要求，确定建设项目的位置、规模、开发强度、配建指标等重要规划条件。尤其应严控城市中心区域的建设项目开发强度，不得随意调整中心区域的用地性质、开发强度以及配建停车指标等重要条件。

二是明确交通影响评价法律地位。根据北京市规划委员会的审批要求，建设项目规划审查依据共有 28 项，包括《北京市城乡规划条例》《北京市绿化条例》《北京市历史文化名城保护条例》等不同方面的法规条文，但缺少针对交通方面的审批依据。建议北京市应对所有建设项目均进行交通影响评价工作，并且具有“一票否决权”，即不能通过交通影响评价的建设项目一律不得审批，确保新增的建设项目对交通不产生过大压力。

三是加强规划监察力度。积极引导社会监督，通过媒体、网站等平台，加强公众参与，征求公众和社会各界对于交通规划编制和管理的意见。运用卫星遥感、无人机监控、云计算等先进技术手段，建立相关数据系统，加大规划监察的查处力度，对于擅自改变规划用地指标和使用性质的违法建设项目或者行为，应坚决予以查处整改，尤其对交通系统产生重大影响的违法建设，应坚决予以拆除。

（四）政策管理方面

1. 提高层级，确保政策合法性

交通拥堵是国内外高密度型大城市经济社会发展必须解决的难题，美国等发达国家通过制定专项法案把治堵政策上升至立法层面，以提高权威和效力。如美国 1968 年“联邦资助公路法案”、1970 年“城市公共交通法案”、1977 年“清洁空气法修正案”，1991 年“综合交通效率法案”等。纵观北京市的交通治堵政策，大多以政府或者部门“通知”“通告”等形式发布，带有临时性管制措施的属性，一些减损公民出行权的规定还是越权制定的，缺乏法律依据和稳定性。从保证合法性、增强权威性的角度，应当对北京市现行的交通治堵政策进行清理，评估实施效果，把行之有效的措施，尤其是减损公民权利和增加公民义务的规定依照法定程序上升为地方性法规。

2. 增强政策实施效果的可持续性

治理拥堵的一个核心面向是坚持“交通设施建设”与“交通需求管理”同时推进。在抑制广大市民对私家车出行需求方面，北京市政府已经采取了“尾号限行”“摇号限购”以及“提高停车费”等措施，但是这些政策都只能在短期内缓解交通拥堵，缺乏长期性、持续性效果。如何增强政策效果的可持续性？应从以下四个方面入手：一是提高政策的执行力度。当前的政策设计上可能有不完善之处，但是执行不到位对实施效果的影响更大。如在北京市全面调整停车费后，违规停车现象非常严重，很多地方出现路边停车位旁边停满了汽车的现象。因此，应当通过严格执法、加重处罚力度来提高违法行为被发现的概率和违法成本，对于保证政策措施得到有效实施至关重要。二是转变政策制定理念。借鉴国外大城市成功有效的治堵政策，结合北京市的实际，改变原来着重依靠行政强制手段抑制私家车出行需求的思路，合理利用经济手段和价格杠杆提高私家车出行成本，如征收拥堵费、提高通行费等，引导北京市居民主动、自愿地选择公交出行，优化交通出行结构，从而实现长效治堵的目标。由于使用经济手段和价格杠杆会造成广大市民一定的经济损失，坚持信息公开、保证程序正义、确保资金流动和使用的透明度就至关重要。三是采取渐进式治堵策略。由于城市化进程时间短、速度快，各种矛盾和问题会在短期内涌现，在面对一些令人措手不及的问题时，管理者习惯采用简单粗暴的方式来解决问题，这不仅无助于解决拥堵，也影响到政府公信力，为以后进一步出台和实施治堵政策提高了难度。因此，在“交通需求管理”上应尽可能地采取渐进的经济措施，减少简单的、一刀切的行政禁令方式。四是充分发挥政策合力。制定、实施政策要注重统筹协调，避免顾此失彼、“一手硬一手软”，多管齐下，让不同类型的政策形成有机整体，最大限度发挥合力。

3. 提高政策制定的民主化和公平性

交通治堵政策涉及公共利益，其中交通需求管控政策又与公民切身利益密切相关，因此，在制定过程中应当对社会公众主体地位予以尊重，保证政策出台后能被更多的人接受，减轻执行阻力。决策民主化，是国家治理体系和治理能力现代化的内在要求。要体现治堵政策制定的民主化，就要广泛征求社会公众的意见和建议，听取人民群众的心声，为公民参与政策制定提供渠道和机会，以避免决策失误带来的施政风险。提高公众参与度，一方面要提供多样化的参与渠道，既要采用听证会、论证会、走访调研等传统形式，还要与时俱进开创新型公众参与渠道，如微信、微博、网络论坛等。另一方面要增强公众参与的互动性,把公众参与贯穿政策制定全过程,通过适当有效的方式向公众反馈对征求意见的处理情况。此外,今后在设计限行限购等抑制私家车出行需求的政策时,应充分考虑机动车所有人居住地、机动车使用区域的差异,避免政策出台后因居住区域和使用区域不同而产生不公平的问题。

4. 在京津冀交通一体化进程中推动政策层面的协调统一

要实现京津冀交通管理政策的协调统一,首先要打破行政区划,破除行政壁垒。正如北京交通大学交通运输学院党委书记朱晓宁所说:"其实我们讲一体化,是因为三个地区还不是一体的,如果将其看作一个整体,就像管理一个城市内部交通一样,那么一体化自然实现了。因此,京津冀交通一体化的前提就是京津冀行政一体化。"京津冀三省市应当站在协同发展的战略高度,跳出行政区划和地方利益局限,积极进行交通管理地方性法规、规章和规范性文件的对接工作,建立协调统一的法规政策体系,实现跨区域执法信息共享,完善区域交通应急联动机制,推进交通一体化,从而缓解首都交通拥堵。其次,还应当设立京津冀交通政策协同机构,专门负责三地的政策对接工作,针对因政策冲突、政策不对等引发的问题及时进行政策调整,为实现政策协调统一提供现实保障。

5. 以大数据为依托,确保政策和制度的科学性

移动互联网、云计算以及大数据技术的发展,给治理交通拥堵提供了新的、科学的工具。最近几年的春节,百度公司都会利用其产品所抓取的数据来绘制全国人口迁移的实时数据,给人们留下了深刻的印象。大数据技术的首要功能,在于其可以利用其强大的收集数据信息并进行实时计算的能力,及时地反映出交通运行的状况,以便管理部门能够及时地作出处理措施。交通部门可以和百度、阿里巴巴等公司合作,通过公民所使用的公交卡、打车软件、移动地图等终端来实时收集公民出行数据,对交通运行情况进行监控,通过科学的分析获得珍贵的数据材料。这些材料是管理部门分析北京市交通现状,作出相应决策的科学依据。大数据除了收集信息分析信息的优势外,还是对交通情况进行预测的重要工具。通过所抓取的用户的出行信息出行频率等数据,交通部门和有关技术公司可以对广大公民的出行选择和偏好作出预测,从而采取相应的车辆调度、限行等措施管理交通。而对于北京市的决策制定者来说,这些数据和结论也是制定一些规范性文件的立法参阅材料。

（五）社会管理方面

1. 积极开展绿色生态出行的宣传

通过各种形式和手段，鼓励市民多采取健康的出行方式。一方面要树立“绿色出行”的理念，这是一种既节约能源、减少污染、提高能效，又兼顾效率、有益健康的出行方式，鼓励人们多乘坐地铁、城市轻轨、公共汽车等多种公共交通工具，环保驾车、联合乘车，或者采用骑自行车、步行等方式出行。通过开展“无车日”“公交周”等系列活动，减少小汽车的使用率，用以缓解城市交通拥堵压力。此外，鼓励和引导市民多乘坐公共交通工具，5 公里以内的出行倡导骑自行车、步行等方式用以缓解交通压力。另一方面积极开展志愿服务行动，鼓励和引导市民作为志愿者上街劝导，切身参与到城市交通发展和缓堵保畅工作中来，通过社区志愿者开展系列宣传活动，以社区为单位加强社会公众的交通参与意识，形成一种“安全文明人人讲、缓堵保畅我先行”的良好社会氛围。

2. 加强交通文明建设，提高市民出行素质

要充分利用各种宣传媒体尤其是微信公众号、微博新媒体的作用，通过进学校、进家庭、进社区、进机关等多种途径开展交通安全文明宣传，努力使广大市民树立道路安全法治观念，自觉遵守交通法律法规，提升他们的交通安全及文明出行意识，营造一种良好的社会氛围。利用网络、电视电台、户外公益广告、报纸杂志等媒介，持续开展交通安全文明宣传教育活动，通过对广大市民交通安全基本常识的普及，逐渐改变当前社会上出现的一些行人翻越隔离栏杆、随意穿越过道、乱闯红灯、不走斑马线以及其他不遵守交通规则的不良不文明行为，大力提升绿色出行、文明出行、健康出行的社会公德水平，让交通安全文明深入人心，真正做到做文明人、走文明路。

3. 人性化交通管理，重视和加强驾驶员的教育

通过开展“最美驾驶员”“零违章竞赛”等各种活动，使广大驾驶员能牢固树立严守法律法规意识、文明驾驶、安全驾驶意识，时刻都严格规范驾驶行为，自觉遵守交通法律法规，积极预防和尽量减少各类道路交通事故发生，理顺道路交通秩序，营造良好的交通氛围，缓解城市交通拥堵状况。尤其要加大对各种违章、违法问题的查处力度，尤其是对违法停车、违法占道、超速行车、酒后驾车等易构成交通拥堵的行为给予严厉打击，促使其标准停车、标准行车，降低因违反交通法规而构成的交通事故和交通拥堵。实行道路交通联动机制，加大交通委和交管局的信息共享力度，通过广播及时

为广大驾驶员提供北京道路通行的相关信息和拥堵动态，帮助他们选择更为方便、合理的行车路线，有效提升主干道路的畅通水平。

4. 倡导良好的交通文化

交通的目的是实现人和物的移动，人是交通的参与者，更是交通的核心。交通出行、交通政策、交通法规以及交通建设最终均要落实到人的身上。人对于交通的理解和执行将对交通系统产生重大影响，所以应加强交通系统的文化建设，在最终的执行端实现交通系统的可持续发展。交通本身也具有文化，交通文化直接影响交通参与者对交通的决策，比如酒后驾车、违章停车这种违法行为是一种交通文化，不排队乘车、行车乱变道抢行这种行为也是一种交通文化。单独依靠法律法规去约束交通参与者的行为并不能全面地、有效地提高交通素质。倡导良好的交通文化，全面提高交通素质是全社会共同的艰巨任务。政府应积极引导交通文化的转变，倡导好的交通文化，提高交通参与者的交通素质，可有效地实现交通系统良性发展。当居民出行时会优先选择公共交通，当居民可以有序排队使用公共交通，当车辆在路面上可以有序行驶，当驾驶员在无信号交叉口可以主动礼让行人先行的时候，良好的交通文化已经为大众接受。

六、研究结论与未来展望

北京作为中国的首都，在城市交通拥堵治理上取得了一定的成绩，但也存在许多不足和值得提升之处。自新中国成立以来，北京城市迅速发展，在其发展初期，交通问题还可以通过大规模的交通建设掩盖起来，但是随着北京的城市规模的迅速扩大，城市人口的不断增长，经济的发展使得小汽车逐步走进普通市民的家庭，交通拥堵问题就变得越来越无从回避。尤其是在京津冀一体化的大前提下，基于首都新的战略定位来处理这一问题就越发重要。解决这些问题，需要中央各部委、北京市各级相关部门、城市交通的管理者正视当前存在的问题，形成各部门之间联动的合力，使城市交通管理走向更加现代化、科学化的轨道。

（一）研究结论

随着经济社会的发展和人民生活水平的不断提高，交通拥堵问题是任何一个发展中的城市所必须面对的，必须用科学发展观来对待这一问题。在本文的研究中，重点分析了当前北京市的城市交通拥堵问题及原因，从国内外的案例中吸取经验，并就北京市的实际情况，结合习近平总书记提出的首都职能定位和京津冀一体化，提出缓解交通拥堵的对策建议。这对于首都的长远发展，提升北京的城市形象提供了一定的基础支撑。通过本文分析与研究，得出以下结论和成果。

第一，北京市的交通拥堵问题是一个多元素相互渗透、复杂化、深层次的问题，本文对北京城市交通拥堵的现状、当前存在的问题及原因进行了分析研究，学习国内外的成功经验，得出解决北京城市交通拥堵问题的有效途径为重在治理。

第二，详细分析了北京城市交通拥堵的现状，借鉴国内外的成功经验，从首都的战略定位出发，结合京津冀一体化的实际情况，从交通管理、产业布局、规划管理、政策导向、人文管理五个方面提出意见和建议，以期在城市交通拥堵的治理上给予有益的参考和指导。

（二）未来展望

城市交通拥堵问题的解决不光是中国，也是世界性的难题之一。本文在借鉴经验、相互对比的基础之上，对北京市的交通拥堵问题进行了较为全面的研究和分析，希冀对这一问题的解决能起到一些建设性作用。虽然在研究过程中有一定的成绩，但由于诸多主客观因素的限制，本文还有许多不足之处，有待于今后进一步加强和完善。我们更应该清醒地认识到，解决任何一个城市的交通拥堵问题，绝不是轻而易举或一朝一夕的事情，不能做到“毕其功于一役”，要真正解决好城市交通拥堵问题，还需要深入调研，进行大量细致的研究工作，这里归纳如下。

第一，进一步将交通管理精细化，提高交通精细化管理水平，是提高综合交通体系的运行效率、缓解交通拥堵的重要措施。

第二，完善产业布局，注重产业布局和经济发展对交通的影响。

第三，重视城市规划，在首都新的职能定位下，用合理的方法、科学的途径提高规划水平，将全市的规划更加系统化，与城市建设有机结合起来。

第四，科学把握政策，要持续制定有利于交通发展的政策。

第五，提高市民的参与程度，市民绿色出行意识的提高对于交通拥堵问题的解决有着至关重要的作用。

参考文献

[1]陈艳艳，刘小明，陈金川．城市交通需求管理及应用[M]．北京：人民交通出版社，2009.

[2]De Borger B, Proosts. Edited, reforming transport pricing in the European Union transport economist [M]. Edward Elgar, Cheltenham, UK, 2001.

[3]陆化普,朱军．解析城市交通[M]. 北京:中国水利水电出版社,2001.

[4]王炜．城市交通管理规划指南[M]. 北京:北京人民交通出版社,2003.

[5]周蔚民．公路和城市交通优化改造设计方案[M]. 北京:知识出版社,2008.

[6]童林旭．地下空间与城市现状发展[M]. 北京:中国建筑工业出版社,2005.

[7]钟伟,王金霞,张强．城市交通拥堵治理实践[M]. 北京:交通部,2014.

[8]蒋水良．城市道路交通管理实践与探索[M]. 北京:中国公安大学出版社,2014.

[9]董国梁,张亦周．畅通城市论——21世纪城市交通与城市规划[M]. 北京:中国建筑工业出版社,2005.

[10]金剑等．城市道路交通管理体系规划理论、方法与应用[M]. 成都:西南交通大学出版社,2007.

[11]陆锡明等．城市交通战略[M]. 北京:中国建筑工业出版社,2006.

[12]张泉,黄富民,杨涛等．世界主要城市公共交通[M]. 北京:中国建筑工业出版社,2010.

[13]交通运输部道路运输司．世界主要城市公共交通[M]. 北京:人民交通出版社,2010.

[14]范冠峰．我国城市交通环境绿色发展的法治化路径研究．齐鲁学刊,2015(2).

[15]周江评,王江燕,许丰功,张见见,李志刚．美国缓解交通拥堵的法律经验回顾[J]. 城市交通,2011(7).

[16]徐弘毅．城市交通拥堵治理政策的法律分析[J]. 法制与经济,2014(7).

[17]杨柳,李红昌．城市交通拥堵治理的法经济学分析[J]. 长春理工大学学报(高教版),2009(8).

[18]裴娜．治理城市交通拥堵现状的行政法律思考——从北京交通拥堵的成因分析[J]. 广西政法管理干部学院学报,2006(5).

[19]何乃华．制度供给科学化:治理城市交通拥堵的新思路[J]. 中共济南市委党校学报,2012(1).

[20]何玉宏,谢逢春．制度、政策与观念:城市交通治理的路径选择[J]. 江西社会科学,2011(9).

[21]刘洪辰,陈阳．民生视角下破解北京交通拥堵难题的对策研究[J]. 经济研究导刊,2015(13).

[22]张国强．东京交通模式对中国一线城市的启示[J]. 公共交通科技(应用技术版),2015(3).

[23]许允．综合治理城市交通拥堵问题研究[D]. 山东大学,2012.

[24]孙雯静．协调治理视域下的城市交通拥堵治理研究——以南宁市为例[D].

广西大学,2014.

[25]梁瑜．我国大城市交通拥堵治理中的地方政府行为分析[D]．暨南大学,2010.

[26]吴裕锋．大都市交通拥堵的政府治理研究[D]．华南理工大学,2012.

[27]朱明皓．城市交通拥堵的社会经济影响分析[D]．北京交通大学,2013.

[28]姚文捷．城市交通拥堵治理:基于城市经营理念的一个典型“城市病”问题研究[D]．浙江师范大学,2012.

[29]席炜．促进我国大型城市交通良性发展的财税政策研究——以北京市为例[D]．首都经济贸易大学,2014.

[30]李景峰．西安市城市交通拥堵分析及对策研究[D]．长安大学,2014.

[31]窦庆江．天津市交通拥堵问题分析及对策[D]．天津师范大学,2012.

[32]杨光灿．上海城市交通拥堵问题分析及对策建议[D]．同济大学,2008.

[33]张如．解决成都市中心城区交通拥堵问题的对策研究[D]．西南交通大学,2009.

[34]孙加君,张亮,王敬陆．基于大数据的交通拥堵缓解方法探索[J]．警察技术,2015(3).

[35]徐墨,欧国立．交通拥堵收费的理论依据和政策分析[J]．中国工业经济,2012(12).

[36]赵蕾．交通拥堵收费研究——基于政策基础的可行性分析[J]．东北大学学报(社会科学版),2015(3).

[37]毛江东．城市交通拥堵的政府治理——基于法律规制的视角[D]．西南政法大学,2012.

[38]刘素峰．公民道路交通权法律制度研究[D]．中共中央党校,2006.

[39]巢美．国外城市道路拥堵收费模式研究以及对北京的启示[D]．江西财经大学,2013.

[40]母睿．国外公交导向发展保障措施及其借鉴性探讨[J]．大连交通大学学报,2014(12).

[41]于一．伦敦、巴黎治理交通拥堵经验措施[B]．商业经济,2014(9).

[42]白彦锋,徐晓芳．北京交通拥堵治理:基于公共服务均等化视角的分析[A]．经济与管理评论,2014(6).

[43]袁静．国外大城市交通拥堵治理方法研究[J]．黑龙江科技信息,2011(6).

致　谢

国家行政学院的校园景色总是那么令人神往,一年四季都有着她独特的魅力。每当我们课题组从外调研归来时,回到行政学院便有了家的感觉。课题研究即将接近尾声，我们14期青干班第五课题组“基于首都战略定位的北京城市交通拥堵治理对策研究”也将告一段落。每每回想起大家在一起构思、调研、讨论的日子，心中总有说不出的感慨。

3月，当我们从天南海北走进学校，便知道了课题研究的任务，后来的我们，因为对北京交通拥堵问题的浓厚兴趣而走到了一起。5月，大家在指导老师的关心下，确定了文章的大致结构和初步调研方案。6月，在学院培训部和北京市委组织部的精心组织和安排下，我们前往了北京市发改委、北京市规划委、北京市规划设计院、北京市交通委、北京市财政局、IBM智慧交通中心等地进行了实地调研和学习，掌握了许多交通拥堵的第一手资料。10月，在完成了暑假期间各自的调研和思考后，我们又前往了北京市交管局、海淀区等单位和地区进行了走访调研。在大家共同的合力下，形成了这篇论文。

在课题撰写的各个环节，我们得到了学院社会与文化教研部胡颖廉副教授、李志明副教授两位老师的精心指导，他们虽然年轻，但是分析问题鞭辟入里，审视角度非常独到，课题研究也凝聚着他们的心血，在此表示深深的感谢！我们还要感谢培训部安令裕主任，班主任黄创老师，项目组支远老师、孙金阳老师、王磊老师，为我们协调奔波，不辞辛劳。

最后，我们还要感谢国家行政学院给我们提供了如此好的一次机会，让我们能够根据自身的爱好和特长，参与研究，总结成果！祝愿我们的母校国家行政学院越办越好！

指导老师简介：

胡颖廉　国家行政学院社会与文化教研部副教授

李志明　国家行政学院社会与文化教研部副教授

课题组成员简介：

李　园　广西壮族自治区人大民委办公室主任

贾　晔　甘肃省公安厅交管局高速公路第一支队支队长

徐　亮　吉林省住房和城乡建设厅城乡规划处处长

戚柳彬　国家食品药品监督管理总局药化注册司化妆品处处长

梁天琛　共青团湖南省株洲市委书记

潘震宇　重庆市交通行政执法总队副总队长、党委委员

下　篇

发展军民融合产业　推动开发区创新发展

乔建伟

党的十八届三中全会把推动军民融合发展作为深化国防和军队改革的重大任务，从而纳入国家“四个全面”的战略总体布局。2015 年习主席在参加“两会”解放军代表团审议时指出，军民融合发展要强化大局意识、强化改革创新、强化战略规划、强化法治保障。党的十八届五中全会提出我国“十三五”时期要坚持协调发展，推动经济建设和国防建设融合发展，坚持发展和安全兼顾、富国和强军统一，实施军民融合发展战略，形成全要素、多领域、高效益的军民深度融合发展格局。为此，构建经济社会发展与国防现代化建设的最大公约数，统筹推进经济、科技、装备、人才等方面的军民融合发展，是实现强国强军和伟大中国梦的重要使命。

山西是资源大省，在经历了煤炭行业“黄金十年”和发生“塌方式腐败”后，由于“一煤独大”的产业格局，导致轻重工业比例严重失调，经济发展的结构问题十分突出，经济发展呈现出增长低速爬行、运行不够稳定、产业发展后劲不足的严峻态势。新一届省委针对山西经济发展中存在的生态不良、转型不快、创新不足等问题，提出了振兴经济的三大战略：一是金融振兴，二是科技创新，三是民营经济发展，下决心改变“一煤独大”的产业格局，创建一个有利于长远发展的新经济发展模式。省委还作出了省会太原市要在“净化政治生态，实现弊革风清，重塑山西形象，促进富民强省”的各项工作中发挥好“六个表率”作用的重要指示，同时立足太原的发展实情，为太原明确了“六大发展”：廉洁发展、转型发展、创新发展、绿色发展、安全发展、统筹发展的重大战略思路与方向。为落实好省委对太原的要求和部署，太原市委立足市情、全盘谋划、着眼长远提出了处理好“六大关系”，实施好“五个一批”。面对新的形势和新的任务，作为山西开发区的重要力量和太原经济的重要引擎，太原开发区就必须勇于担当，努力成为“六大发展”和改革开放的排头兵、示范区，在产业转型升级和转换发展动力上狠下功夫，深化改革、扩大开放、创新驱动，主动适应引领经济发展新常态，积极打造服务高地、政策宝地、发展胜地，突出抓好招商引资，集聚外部资源要素推动发展，坚持一手抓现有企业发展，一手抓招商引资，把招商引资、招商引技、招商引智摆在更加突出位置，努力聚集一批大企业、好项目，以增量带存量调结构，积极培育科技型、成长型市场主体，以创新促进发展。

现代经济理论认为，当今世界全球化趋势势不可当，无论哪一个城市、哪一个产业都难以独善其身，都会主动或被动参与国际分工和竞争。产业和创新是市场根据区域资源禀赋自然选择出来的，而政府就是要做好"加减法"，处理好"管、放、服"，创造良好的市场环境，推动市场有序竞争，给予市场主体更大的支持，提高区域优势经济要素的集聚能力，以促进生产创新，推动本地产业在全球产业链中提升价值，保障区域经济的活力，实现同质化竞争向差异化发展转变。

山西是我国重要的军工省份之一，既有着光荣的革命历史传统，也有着雄厚的装备力量、技术力量，产业链较长，产业配套基础好。太原开发区经过多年的努力和积累，在园区聚集了全省一批有实力有活力的军民融合产业项目，为开发区经济快速发展作出了积极的贡献，同时形成了良好的集聚效应和产业配套基础。在经济进入新常态的新形势下，既要保持传统装备制造产业的优势，又要保持经济快速增长，还要保持工业经济总量的稳定，特别是在传统产业产能过剩的压力下，太原开发区的招商引资和产业集聚就要从同质化产业向差异化产业发展转型，充分发挥区域资源的禀赋优势。因此，紧密结合国家军民融合发展战略，充分发挥山西军工产业几十年发展形成的优势条件和太原开发区十几年所形成的军民融合产业发展高地优势，进一步谋划新产业、提升新水平、实现新跨越，加快推动军民融合产业发展，就能为经济企稳增长和转型发展发挥重要的作用。

一、发展军民融合产业是开发区实现创新发展的需要

(一)发展军民融合产业是开发区共享发展、协调发展的需要

党的十八届五中全会指出，坚持共享发展，使全体人民在共建共享发展中有更多获得感。发展军民融合产业，就是打破过去计划体制下军工企业相对封闭独立的束缚，实现军事科技创新和人民群众获得感的共同

进步，这就要求建立更高层次的军民融合体制机制。军民融合产业不但为军事装备现代化提供了强有力的生存保障基础，同时又有效解决了和平时期军品市场不活跃问题，如汽车产业、工程机械产业、电子信息产业和特种材料产业等制造业，既是军工产业的龙头和重点，也是民品产业技术创新的关键和核心。推动军民融合产业发展，势必有利于形成工业经济新的增长极，在实现服务国防装备现代化的同时，切实为富民强省作出新的贡献。

(二)发展军民融合产业是开发区转型发展、绿色发展的需要

经济步入新常态后，经济转型发展、绿色发展成为发展的主题。要实现转型发展和绿色发展，就必须紧紧依靠科技创新和高新技术企业发展。军事科技的日新月异，使军工装备技术必须与时俱进，否则就意味着威慑能力的削弱和战备能力的不足，这样客观上就促进了军工企业在掌握核心技术和关键零部件上的主动。开发区从建立开始就是集中精力发展高新技术和促进产业化，因此，科技创新和技术进步是开发区实现转型发展和绿色发展目标的必由之路。把军工先进的技术应用于民品，势必会为高新技术打开广阔的应用空间和巨大的应用市场，从而带来可观的经济效益，这与开发区发展目标高度契合。通过军民融合产业发展可以促进军用和民品技术的互通互惠，实现整体提质优化，拉动整个园区产业结构的优化升级和经济发展方式转变。

(三)发展军民融合产业是开发区廉洁发展、统筹发展的需要

开发区作为经济发展的主战场，每天接触到的是土地项目、招商引资，既要快速发展又要廉洁发展。净化政治生态就必须落实“两个主体”责任，紧盯重点人、重点事、重点岗位、重点项目，军工企业优良的传统和严肃的规矩纪律，为廉洁招商和廉洁亲商创造了良好的政治生态。同时军民融合产业通过产业链条专业化合作互动，实现上下游企业的协调创新与技术升级，进而长远稳定地带动产业链条上各个企业的整体发展，这就为开发区经济发展发挥了“稳定器”的作用，有利于统筹开发区经济实现平稳发展和科学发展，避免受市场和宏观经济波动的影响，出现经济走势的忽高忽低。

二、推动军民融合产业发展,引领开发区经济发展新常态

(一)实施科技创新,全面深化改革,激发军民融合产业发展的内在活力

充分发挥国家资源型城市综合改革配套试验区的平台作用,深入贯彻落实山西省科技创新推进大会精神,通过继续深化改革,进一步激发军民融合产业的内在活力,使其健康稳定快速地发展。一是大力实施科技创新战略,积极推动军工科研单位、科研设备等资源向社会有计划有步骤地开放,实现新技术、新产品的深度融合。二是要大力推进军工与民企及社会资源的合作,将国防工业作为资源型城市综改试验区转型的重要支撑,通过将过去的"资源—能源"传统产业链拉伸为"资源—能源—产业"的新型产业链。三是要积极建立完善现代企业制度,推进企业股权多元化,积极稳妥地发展混合所有制,解决单一的股权主体结构和一股独大问题,建立完善适应市场的现代企业生产管理、市场营销管理和品牌管理。

(二)创新体制机制,加强开放合作,形成军民融合产业发展的强大合力

军民融合产业伴随着社会化程度的不断提高,必将得到更多的市场机遇和发展空间,同时军工企业多年来集聚沉淀的装备优势、科技优势、资金优势、人才优势将获得更加广阔的发展提升空间和发展空间。深入贯彻落实山西省金融振兴推进大会精神,充分通过市场机制来创新推动军工企业和非军工企业在开发区开放且富有活力的平台上加强合作,通过有效地发挥资本市场的作用,实现产业的深度整合与发展,为有条件的军民融合企业提供促进上市融资等方面的政策扶持,并选择一部分已上市公司为平台进行专业化整合,还可以通过实施兼并收购,扶持军民融合企业通过资本市场的平台发展壮大。

(三)培养国际视野,加强国际交流,提高军民融合产业发展的持久耐力

深入贯彻落实山西省民营经济发展推进大会精神,积极推荐近年来发展势头良好的民营企业参与到国防工业任务之中,积极鼓励有实力有经验的军工企业集团参与国际合作,既加强与世界制造业强国的联系,引进消化吸收世界先进的设备、技术、工艺,又加强与我们有着传统友好的

发展中国家的联系，把我们吸收消化并转化为先进技术的现代化产品销售出去，充分发挥综保区的政策优势，下力气培育企业自主研发能力和产品创新能力，切实提升管理水平和与国际接轨能力，主动参与“一带一路”战略的实施，提升开发区发展的后劲，为综保区注入新的发展活力。

（四）坚持龙头引领，实施重大项目，强化军民融合产业发展的素质实力

打造龙头企业，努力培育一批主业突出、核心竞争力强、产品市场份额大的军民融合创新型企业。推动开发区与大型军工集团的战略合作，重点实施国家支持的重点军民融合产业项目，打造电子传动、高速动车轮轴、高端液压支架、微电子设备、防信息泄露、北斗导航、重型卡车等一批军民融合重点产品，大力支持晋西集团、汾西重工、通泽重工、江铃重汽、中电科等龙头企业，实现既有大企业顶天立地的发展，也有中小企业铺天盖地的发展，形成军民融合高效务实的产业链和产业集群。

（五）拓展专业园区，强化配套服务，提升军民融合产业发展的服务能力

要把开发区拓展扩区作为二次创业的重大机遇，整体规划高标准的军民融合产业园区，加大招商引资力度，引进一批研发能力强、市场前景好、经济效益优、发展潜力大的新企业，简化审批手续，跟踪优化服务，加快落地建设，尽快达产达效。特别是要做好基础设施配套服务，发挥开发区的服务优势，为军民融合项目发展创造条件，形成声势，努力形成军民融合协调发展的产业格局，建立统一的科研平台、信息平台、融资平台。

〔作者系山西省国家级太原经济技术开发区（太原武宿综合保税区）党工委委员、副主任〕

浅析电子商务发展对传统商贸业的影响

孙晓军

信息技术的飞速发展为互联网投入商业化运营打开了一片新的空间，电子商务也借此应运而生且蓬勃发展，现实和未来的商业格局都预示着全新的电子商务时代已经来临。电子商务以其无与伦比的优势和排山倒海般的趋势，改变着或正准备改变现代商务活动的运营模式和实质内容，对传统企业的经营方式、支付手段和组织形式提出了强有力的挑战，并将给社会经济方方面面带来颠覆性的变革。

国家统计局公布的数据显示，前三季度社会消费零售总额 216 080 亿元，同比名义增长 10.5%，增速比上半年加快 0.1%个百分点。传统零售业增速放缓，联商网统计显示，上半年主要零售企业(外资)国内共计关店 120 家，其中百货业态关闭 25 家，超市业态关闭 95 家。中华全国商业信息中心统计显示，2015 年国庆期间，全国百家重点大型零售企业销售额相比上年同期下降 9.6%，为历年来首次负增长，增速较 2014 年同期低 12.2%个百分点，较 2013 年低 15.9%个百分点，较 2012 年则低 18.1%个百分点。其中，金银珠宝类同比下降 18.6%，低于去年同期 32.9 个百分点；家用电器类商品同比下降 13.4%，服装类商品零售额同比下降 5.8%，分别低于去年同期 3.8 个百分点、11.9 个百分点。相比之下，网上消费一片繁荣景象。国家统计局数据显示，2015 年前三季度全国网上零售额 25 914 亿元，同比增长 36.2%。其中实物商品网上销售额 21 510 亿元，增长 34.7%，占社会消费品零售总额的比重为 10.0%，非实物商品网上销售零售总额 4 404 亿元，增长 43.6%。

一、传统商贸业面临电子商务强力冲击

不可否认，电子商务是在传统商务的基础上发展起来的，两者决不可分离，更有甚者电子商务更像是一件婚纱包裹住了传统商贸业的躯干。传统商贸业在信息技术的保障、大数据的支撑下，电子商务活动方式呈现

出交易电子化，推动了贸易全球化、商贸运作高效化、交易透明化、程序操作方便化、公司部门协作化，对消费者服务个性化、细致化等商业进步性的特点，重点展示出 B2B、B2C、C2C、B2G 等模式。

因此面临着如此冲击性的一种全新型商务模式，传统商贸业的固定模式和套路正受到前所未有的冲击。苏宁云商集团副董事长孙为民说，“电子商务是对传统思维模式、管理模式、业态模式的彻底颠覆，是商务流通业数千年罕见的一次革新，或许只有货币的出现才能与电子商务为商业带来的革命性影响相提并论。”有经济学家指出：电子商务的迅猛发展，使传统商贸业的组织形式、服务流程以及与客户、供应商和合作者的交互方式发生了巨大变化。电子商务让越来越多的业务流程跨越组织边界并处于动态变化之中，协作流程分布于多个组织，使竞争从企业之间转移到企业所在的供应链上……总的来说就是电商改变了传统商贸业运营模式，赋予了传统商贸业新的内容、新的挑战。

改革从来也是机遇，任何一项事物的改变，都会产生不可预测的强大动力。电子商务的发展显然也为传统商贸业提供了许多机会，让传统商贸业面临着一场新的进步性革命。

二、电子商务对传统商贸业呈现出的积极面

1. 打破了信息通信传播的时空限制

互联网的普及伴随着电子商务的兴起，打破了信息通信传播的时空限制，使广量信息传播的速度、深度和广度都得到了前所未有的突破，在经济领域企业管理中企业自身和客户、供应商之间的商业链条关系会因此发生倒置性的变化。电子商务作为一种新型的交易方式，将生产企业、流通企业、普通消费者和政府部门都带入了一个网络经济与信息技术及数字化生存的大世界。

2. 在电商环境下享受便捷的商贸活动

在电子商务环境下，这些角色不再受地域的限制，消费者能以非常便捷的方式完成过去十分烦琐的商贸活动。通过网上银行就能够全天候、无局限地存取资金、查询信息、实时汇转账，等等；消费者购物不再像以往耗时耗力，无论处在任何地方，都可以通过 Internet 随时遴选来自世界各个市场上的衣服款式、种类、品牌。并且享受到下单、送货上门的服务，十分便利；此外，企业对顾客的服务质量也将因此得以较大幅提高。相比传统的实体店，在网络商品交易中交易环节更少，商家也能省去大部分高昂

的店面租金,节约时间成本,产生更大让利空间,最终能达到消费者和商家双赢的局面。

3. 减少库存,降低交易成本

企业为应付变幻莫测的市场需求,不得不保持一定库存产品和原材料库存。产生库存的根本原因是信息不畅,以信息技术为基础的电子商务则可以改变企业决策中信息不确切和不及时问题。通过 Internet 可以将市场需求信息传递给企业决策生产,同时企业的需求信息可以马上传递给供应商适时补充供给,从而实现零库存管理。同时,通过网络营销活动企业可以提高营销效率和降低促销费用。据统计,在 Internet 上做广告可以提高销售数量 10 倍,而它的成本却是传统广告的 1/10;而且,电子商务可以降低采购成本,因为借助 Internet 企业可以在全球市场寻求最优惠价格的供应商,减少中间环节。有资料表明,使用 EDI 通常可以为企业节省 5%～10%的采购成本。

4. 使商贸活动实现多部门通力合作

商贸活动自身就存在一个协调过程,需要客户与公司内部、生产商、批发商、零售商等系列生态链间的良性协调。而在电子商务环境下,它恰好做到了银行、物流配送中心、信息通信部门、产品技术服务等多个部门的通力合作,任何一个环节都是完成商贸活动的必要环节。

5. 改变传统商贸信息不对称状况

电子商务还促进了信息资源开发,推动了信息产业的发展和各部门的足量资料信息化,有效改变了传统商贸的信息不对称状况,避免了市场信息滞后性带来的市场弊端。在传统商贸中,了解产品的价格、质量甚至商店的地点都需要付出较大成本,且传统方式下买卖双方只能获得有限的商品需求和产品质量信息,而电子商务作为一种传播信息的媒介,可以使买卖双方获得最快、最为灵通精准的信息,可以让企业充分意识到市场信息作为企业战略性竞争资源的重要性。

6. 在传统商贸企业发展上发挥巨大优势

电子商务还改变了传统商贸业的经营理念,带动催生了许多新兴行业、新型企业,提供了更多就业的可能和机会,如今最为蓬勃发展的物流配送业就是个最好的实例。在电子商务的条件下,信息的传递由传统商贸业单向的“一对多”向双向的“多对多”转换,促进了以前商贸企业管理层次不同岗位管理人员的横向联系。[①] 另外传统商贸企业进入电子商务领域，基本实现了其线上与线下资源的有效整合，虚实同步，能做到高层在办公室内就能了解到一线市场的现状，在企业的发展上发挥了很大的优势。不管是以国内各大航空巨头、中国电信等为代表的国有企业，还是以中粮集团等为代表的跨国集团，依靠其现有的营销、物流、资金、信息化等实体经济中的诸多渠道，若在互联网电子商务领域辅助下一定可以更上一层楼。电商还可以在一个更宽广的范围内帮助各类型商贸业与更多的商务对象，更有效率地完成更多的工作，缩短商务活动的运转周期，使各行业取长补短、资源共享，从战略上创造新的核心竞争力。

7. 同国际接轨，将商品推向国际市场

电商国际化可以显著降低国际贸易成本，增强国际影响力，在交易效率和全天候服务上有显著的优势。中国商品推向国际化，敦煌网与俄罗斯在线支付公司 QIWI 和快递企业 SPSR 公司签署货到付款协议，通过 QIWI 支付担保、SPSR 代收货款的方式实施，买家在中国仓库交货，通关及当地配送和代收货款都有 SPSR 实现，同意跟 QIWI 结算，提升物流时间，也是中国跨境电商平台首次推出此项服务。

8. 从城市到农村，农村市场尝试电商

国内消费产业正在进行新陈代谢，网络销售则以 40%的年增长率迅速猛增，目前国内最大的电商阿里巴巴已经把战略转向广大农村市场，各地农村尝试电商，经营的“淘宝网”提供当地农副产品的“淘宝村”，截至 2014 年年底农村的“淘宝村”已达到 212 个，计划三到五年时间投资 100 亿元，建立县级运营中心 1 000 个，村级服务站 10 万个，解决农村买难和卖难问题。在大众创业万众创新的引领下，农村电商未来发展将是一个爆发期。

三、电子商务对传统商贸业呈现出的消极面

1. 电商的发展使传统商贸业的局限性日渐突出

近年来，虽然我国经济社会在不断迅猛发展中，传统国有商贸企业的规模也在逐年扩大，市场竞争能力无论在国内市场还是国际市场都有了显著的增强，但由于历史环境因素的影响，这些传统商贸业在实际经营发

① 李盛竹，杨万福．电子商务对传统商贸企业运营模式的影响[J].《商场现代化》，2006(34).

展过程中仍然沿用着传统的代理商业模式，就是政治经济学中提到的牺牲某项资源条件下的粗放型，这种自杀式的发展显然很难适应新时期社会发展的需要，特别是在全球经济一体化不断加深的宏观背景下，电子商务商业模式相对于传统商贸业已经在诸多领域明显占据优势。① 传统的国有商贸企业管理暂行的代理商业模式和电子商务模式相比所存在的局限性是显而易见的，在一定程度上制约了企业的可持续发展。如传统商贸业的价值链短缺易断、发展空间相对狭小、企业运营风险大等，而电子商务则基本在这几年的摸索中形成了一套完整的初步商业模式、一个完整的社会生态系统，尽管存在不少小漏洞、小缺陷，市场的压力和政府的管控也会让这些企业不断去完善。如果现在再回想三年前的 818 电商大战，传统商家在电子商务超级渠道下只能低头。

2. 电商将现有市场划出一道鸿沟

由于电子商务有着天然的快捷便利性，搭建起了良好的用户体验，恰好用户体验是商业化被极致推崇的今天所聚焦的一个名词，所以那些被传统商贸企业建立起来的一道道品类、终端、客情的防线等在体验面前不堪一击，很容易就会摧枯拉朽般倒塌，以前传统商贸企业企图凭借垄断性建立一个保护圈的时代已经一去不复返了。如若有一个完整的购物体系呈现在人们面前的时候，试想那些体验过这些的人还会再倒退到传统时代吗？答案必然是否定的。一旦人们的消费方式发生变化了，那么市场环境、市场格局一定也会随之变化，那么传统商贸业面对电子商务这个市场环境大变化的冲击的时候，处境就已非常危险。当市场环境面临了天翻地覆的变化的阶段，电商就已经将现有市场划出了一道鸿沟，一边是电商市场，另一边是传统市场。无论企业怎么变化，市场中的消费力量都会明智地不断从传统市场转移到电商市场，尽管偶尔会因为怀念以前的那种感觉而回一回头，但绝对不会常住。因为新事物取代旧事物就是那么迅猛。

3. 电商的网购模式逐渐取代了传统商贸业模式

人们的消费习惯正在改变，近几年来电子商务发展势头十分强劲，网络购物已经成为许多人尤其是年青一代重要的消费习惯，1980 年出生的人在网购方面成为消费主体，并具有一定影响力，16 岁到 35 岁的人占国内总人口的 1/3。与父母的购物方式不一样，接受新事物快。与传统消费模式相比，网络购物具有选择面宽、价低、方便、快捷等诸多特点，点对

① 冯晓芸．传统商贸企业如何适应互联网时代的商业模式[D]．温州市现代服务业投资集团有限公司．现代商业，2015.

点的服务，减少流通环节，节约成本。传统商贸业模式从生产商到中间商再到零售商最终到消费者的销售模式很显然不能再满足现代人生活的需要，因为这种传统的模式与电子商务生产商直接到消费者的无店铺模式相比较，造成了很多人力物力和财力上的浪费，这将是一笔巨大而又不可忽视的成本。有管理学家就拿水果销售举过例子，传统商贸业的销售模式是水果从较远的产地运到中间商再到零售商最后送到消费者手中，在这个来回运送的过程中，大大增加了交易的成本而且造成了巨大的资源浪费(不排除中途运输损坏的)。这些都正在冲击着传统消费市场。就拿电子商务中所占比例较大的网购举例来说，随着人们的时间观念的增强，现在大部分人处在快节奏的生活状态中，于是他们没有过多时间去逛实体店，进行一个长时间的甄别选择。越来越多的人不愿意采用传统的购物方式购买所需物品，因为传统的购物方式既耗时又耗力而且并不一定能够买到喜欢的商品，这样传统商贸业的顾客群就会大量流入电商市场，而且传统商贸业利润可观值几乎为零。传统的商贸业模式不仅在消费者方面费力不讨好而且销售商们还要雇用许多销售人员，这无疑增加了销售成本。所以在销售方面传统商业与电子商务相比有着无法避免的弊端。从2013年到2015年第三季度数据分析，原计划在门面店购物，但后来转为线上购买的消费者贡献了约40%的电商销售额增长。不难看出，电子商务正逐步扩大市场份额，引领消费市场。

所以面对如此巨大的挑战，传统商贸业若再死守以前的运营模式，不寻求变革，不跟上时代的脚步，不融合在互联网这个大环境中，那就只能一步步走向灭亡了。

在经济全球化的大市场下，商业模式日益多元化的当今时代，从某种程度上来讲，电子商务对传统商贸业产生了极大的冲击和影响。电子商务从传统商业的发展转变为带动内需的一种经济模式时，传统商业必须进行改造升级。因为现在电商市场外部环境条件并不成熟，大部分消费者仍然对传统的“看得见，摸得着”的消费理念较为接受，虚拟消费的电子商务模式还没有被完全接受。所以如果要跟随现代潮流，不想让传统的商贸业一步步走向灭亡，那么只有传统的商贸业模式与电子商务模式有机结合，共同进步，优势互补，才能促进商贸业的持续健康繁荣发展。

参考文献

[1]李盛竹，杨万福．电子商务对传统商贸企业运营模式的影响[J].《商场现代化》，2006(34).

[2]冯晓芸．传统商贸企业如何适应互联网时代的商业模式[D]．温州市现代服务业投资集团有限公司．现代商业,2015.

[3]国家统计局数据．2015.

[4]中华全国商业信息中心数据．2015.

[5]联商网数据．2015.

（作者系辽宁省沈阳市服务业委员会市场秩序处处长）

完善信访工作应处理好八个关系

盛　炜

说起信访，大家一般想到政府楼前群众喊冤、状衣横幅、拦门堵路，一些学者因信访过程中发生的闹访、群访或极端事件而否定信访工作和信访制度，有的戏称“中国特色”，有的认为与依法治国相背离。我在省级信访部门工作过六年，在乡镇基层也接待过信访群众，参与处理过信访突出问题，对此有一些粗浅认识和体会，总体概括为以下三个方面。

一、信访是什么？

根据 2005 年修订的国务院《信访条例》规定，信访是指公民、法人或者其他组织采用书信、电子邮件、传真、电话、走访等形式，向各级人民政府、县级以上人民政府工作部门反映情况，提出建议、意见或者投诉请求，依法由有关行政机关处理的活动。从这个角度，我理解，第一，信访是一种形式，包括书信、电子邮件、传真、电话、走访等；第二，信访是一个途径，是群众提出建议、意见或者投诉请求的一个途径；第三，信访是一条渠道，是联系政府及其工作部门与公民、法人或者其他组织的一条渠道；第四，信访也是一份职责，依法由行政机关处理，也必须依法处理。进一步而言，相对于诉讼、复议、仲裁等其他诉求渠道，信访的特点就是两个“补”，一是补充，对其他诉求渠道的补充；二是补偿，即对一些法度之外、情理之中的诉求意愿促成一致的补偿。

二、信访为什么可以有？

重点从三个方面理解。

1. 古已有之

在中国，信访渊源很久。尧舜之时，就有“敢谏之鼓”[①]了。舜继位后，在朝廷前设立木牌，名“诽谤木”，让百姓把批评意见写在木牌上。因舜名重华，“诽谤木”又称“华表”，发展到后代，成为宫殿门前的装饰物。大禹悬钟、鼓、磬、铎、鞀(tao)，以待四方之士，曰：“教寡人以道者，击鼓；谕以义者，击钟；告以事者，振铎；语以忧者，击磬；有狱讼者，摇鞀”[②]。周时悬鼓于路门之外，称“路鼓”。这“路鼓”就是后来的“登闻鼓”。晋武帝时起，开始在朝堂外悬置登闻鼓，允许百姓击鼓鸣冤，直接向中央申诉。宋代则专设登闻鼓院(鼓院)和登闻鼓检院(检院)，两院均受理吏民申诉之状。[③] 另外，汉文帝止辇受言[④]、唐太宗纳谏赐帛[⑤]、宋太祖受言书屏[⑥]等信访故事传为佳话。

2. 外亦有之

比如，韩国专门设有国民苦衷处理委员会[⑦]；日本总务省设置了行政评价局[⑧]；欧盟、比利时、瑞典、挪威、芬兰等都建立申诉专员制度；美国设立了民政监察官联合会；保加利亚制定了《信访法》《信访专员法》，设立国民议会信访委员会、政府信息服务局接待处、总统办公厅信访局、行政监察专员等；匈牙利设立公民资料保护委员会、公民教育权益保护委员会、少数民族权益保护委员会和公民权益保护国际专员办公室等部门；香港立法会专门设置申诉部[⑨]。值得一提的是俄罗斯，俄罗斯总统办公厅内设公民信访工作局、联邦政府办公厅信访处，既有总统接待日又有总统热线。2001年，普京的首次总统任期内创立“普京热线”，坚持定期与民众进行“直接连线”。据统计，2011年12月的“普京热线”直播进行了四个半小时，节目收视率达到40%[⑩]；2009年4月9日，时任俄罗斯总统梅德

---

① 刘安．淮南子·主术训[M]．北京：中华书局，2012.

② 钟雷主编．帝鉴图说[M]．哈尔滨：哈尔滨人民出版社，2004.

③ 来源百度百科“登闻鼓”．http://baike.baidu.com/link? url=zqVV7x4CWqpZehbJRn-f2AshKCrFJvK9Xgl9RFzGpR4YJihMhIViNfLCd-E-xWXXqoWPaONvhyVagW2xOLQhMK.

④ 钟雷主编．帝鉴图说[M]．哈尔滨：哈尔滨人民出版社，2004.

⑤ 钟雷主编．帝鉴图说[M]．哈尔滨：哈尔滨人民出版社，2004.

⑥ 钟雷主编．帝鉴图说[M]．哈尔滨：哈尔滨人民出版社，2004.

⑦ 孙汉基．韩国反腐败法律体系的构建及启示[J]．中国法学，2014(2).

⑧ 关于韩国、日本信访工作的考察报告．人民信访，2004(9).

⑨ 盛炜．试论构建和谐社会背景下信访工作的体制与机制[D]．南昌：南昌大学，2009.

⑩ 《普京与民众直接连线对话 谈政府施政承诺反腐》，http://www.chinanews.com/gj/2013/04-25/4765793.shtml。

韦杰夫来到位于莫斯科市中心的总统接待站，直接了解民情民意。[①]

3. 今应有之

说今应有之，首先，信访是建党以来密切联系群众的重要手段。1921年，毛泽东给安源工人回信；1931年，苏维埃工农检察部控告局设立；延安时期，精兵简政和“自己动手、丰衣足食”就是根据群众信访渠道反映的问题提出的；1949年3月，中共中央迁到北平，当年8月就正式成立了中央书记处政治秘书室负责处理群众来信来访。[②] 1951年6月7日，政务院颁布《关于正确处理人民来信和接见人民工作的决定》[③]；1953年1月5日，毛泽东在党内指示《反对官僚主义、命令主义和违法乱纪》中对官僚主义进行了有力批判，并要求结合整党建党及其他工作，从处理人民来信工作入手，整顿官僚主义作风。[④] 1957年，召开了第一次全国信访工作会议；1963年，中共中央国务院联合下发《关于加强人民来信来访工作的通知》；1979年，出现第一次信访洪峰；1995年，国务院《信访条例》颁布；2007年，中共中央、国务院下发《关于进一步加强新时期信访工作的意见》。说今应有之，也因为，信访是社情民意的晴雨表和社会稳定的减压阀。一般情况下，新官上任，来信来访会增多，通过阅信接访可以很好地了解群众的呼声、意见，很多腐败线索都可从群众信访举报中发现，这比兴师动众下基层调研来得真实全面丰富；同时，很多引发群体性事件的问题都经信访反映过，信访处理得当苗头可得化解，信访处理不好激化就会酿成群体性事件，在求决类信访问题中，反映农村土地征用、城镇房屋拆迁、环境保护等方面比重较高，这几类同样是群体性事件高发的问题。说今应有之，还因为信访工作也是各级领导干部检验宗旨观念和衡量执政能力的重要表现，特别是党的群众路线教育和“三严三实”专题教育的重要内容。习近平总书记在《之江新语》中就有四篇文章专门谈信访工作，标题分别为：“领导下访是一举多得的有益创举”“基层干部要把好信访第一道岗”“领导下访必须注重实效”“领导下访的方式方法要不断深化”。[⑤]

---

① 盛炜．试论构建和谐社会背景下信访工作的体制与机制[D]．南昌：南昌大学，2009.

② 刁杰成．人民信访史略[M]．北京：北京经济学院出版社，1996(25).

③ 李剑宏．宪政体制下我国信访制度的重构[DB/OL]．http://www.txwtxw.cn/Article_Show.asp?ArticleID=461.

④ 《毛泽东选集》第5卷[M]．北京：人民出版社，1977(72).

⑤ 习近平．之江新语[C]．杭州：浙江人民出版社，2007.

三、信访工作应如何完善?

毋庸讳言,当前信访工作中也存在一些问题,比如,一些领导干部不重视信访,把信访工作等同于信访部门的工作,导致“小马拉大车”;又比如,《信访条例》明文规定涉法涉诉信访问题应通过司法渠道受理,但群众“信访不信法”,大量进入信访部门,且通过一些领导干部干预个案,削弱了司法权威;还有,缠访、闹访和信访过程中的极端事件时有发生,“大闹大解决、小闹小解决、不闹不解决”等现象事实存在,加上花钱消灾、息事宁人等做法客观上产生“劣币驱逐良币”效应,导致信访秩序不正常,进而破坏了社会秩序。这些问题,不能完全归于信访制度本身,必须综合施策、加以完善,应妥善处理好以下八个关系。

1. 信访与信法

虽然这是群众观念的问题,但也与各级党委政府和领导干部对待信访工作的态度有关。要群众信法,根本上“法”要管用,要依法办事,减少信访问题的产生;要加强法制宣传,引导群众知法懂法守法;要降低诉讼成本,提高群众通过司法渠道维权和利益救济的积极性;要避免领导干部干预司法,维护司法权威;要坚持依法开展信访工作,并在信访工作中引入律师评估机制,避免“好心办坏事”。

2. 维权与维稳

信访工作担当为党分忧、为民解难的职责,简单来说,为党分忧重点就是维稳,为民解难重点就是维权,从根本上、从全局上,这两者是不矛盾的,维稳才能维权,维权才能更好地维稳。但在实践中,把这两者隔离开来甚至对立起来的情况也不少,必须重视改进。一是要主动预防信访问题。通过决策风险评估、相关人听证、法律顾问等,避免产生维权与维稳的对立。二是靠前解决信访难题。通过领导接访、领导包案、特殊疑难信访资金救助等解决维权诉求,避免引发维稳问题。三是要严格落实信访责任。维稳的责任是守土有责,维权也应是守土有责,对不妥善解决群众合理诉求引发影响稳定事件的要严格问责。

3. 合理与合法

客观上,群众信访反映的问题有的合理、有的不合理,有的合法、有的不合法,甚至会出现合理不合法、合法不合理的问题,对此必须清醒认识、正确分析、妥善处理。前面也说到,信访在制度设计或者说演变过程中,形成对法度之外、情理之中问题的聚焦,比如说一些因肇事者死亡或无力承担的交通事故损害赔偿问题、因历史遗留导致的社会保障问题、“三跨三分离”问题(跨地区、跨部门、跨行业,人事分离、人户分离、人事户分离)等,客观上只能靠信访补偿救济。对此,一是要加强法治建设,完善权利保障,减少合理与合法之间的脱节、空白和模糊空间;二是用好特殊疑难信访问题专项基金,要严格范围、严格监督,不能过于随意动用,不能只让“会哭的有奶喝”,更不能让挑战底线、破坏秩序的人得利;三是即便解决情理之中、法度之外的问题,也必须依法解决,纳入法制轨道。

4. 人性与理性

信访工作直接面对群众,当然必须讲人性。这里强调的理性是指在解决具体信访个案中要理性决策,避免引发连锁反应,“按下葫芦浮起瓢”;在人性化关心信访群众的同时,也要理性对待信访过程中的违法行为。比如,2003 年孙志刚事件导致收容遣送制度取消,应该说强制性的收容遣送制度改为自愿的救助管理制度是人性化服务的一大进步,但一些信访人员滞留问题却不可避免地增多了。解决信访个案更是如此,攀比问题在信访工作中经常碰到。比如 1949 年 10 月 1 日以后参加革命工作的退休人员要求享受离休待遇,大集体职工要求参照国有企业职工落实养老保障,小集体职工要求参照大集体职工参加社保等。所以,一是要加强政策的统筹性、协调性、延续性,特别是征地补偿、拆迁安置等政策,不能一味迎合,抬高预期;二是坚决对违反信访秩序的行为予以处置,对信访反映合理的诉求已解决到位,尽管不合理但确实困难的已救济到位,仍反复缠访闹访的,应依法处置。当然这需要上下协同,不能把责任和压力完全推给基层。

5. 上访与上网

“网上信访”是一种全新的信访受理方式,相对于传统书信和走访两种方式,反映更为便捷,受理更为规范,反馈更为迅速。据统计,目前全国网上信访占信访总量的 43.6%。[①] 较早采取这种方式的是云南省德宏州。2003 年 6 月,德宏州委州政府开办“书记州长信箱”,其运行机制是“两头在外、中间在内”,即:网上受理—内部办理—网上回复。[②] 为推进网上信访,国家信访局专门建立全国信访信息系统。推进网上信访工作

---

① 国家信访局:全国网上信访量已占信访总量 43.6%. http://politics.people.com.cn/n/2015/0629/c1001-27221476.html.

② 邹恒华. 当前基层信访工作的实践模式与创新[DB/OL]. http://www.jx-xinfang.gov.cn/zhxx_1/tsyj/201501/t20150128_348911.html.

确实很有必要，关键是确实有效，群众愿意上网，重点要加强网上平台建设，综合视频接访、电邮信访、热线接访等多种形式，打通职能部门网上服务平台，实现网上诉求、网上办理、网上查询、网上监督、网上回复。

6. 上访与下访

上访是群众上访，下访是领导干部下访。显然，后者比前者更主动、更亲民、更务实。2003 年《人民日报》就以《浙江推行领导干部下访制度》宣传当年 9 月时任浙江省委书记习近平带头到浦江县接待群众来访之后，浙江省四套班子的三十多位领导相继到各县市下访，全省各地、各部门也先后展开了领导下访工作，并逐步形成制度。① 另据统计，2012 年以来，北京市各级领导干部下访或接待群众来访 50 多万人次。② 领导下访逐渐成为现场办公、基层调研的重要内容。当然，领导下访一是要坚持制度化，作为领导干部坚持群众路线的重要工作载体；另一方面还要与预约接访、领导包案等相结合，提高领导下访工作的实效性。

7. 逐级与越级

从维护信访秩序、规范信访程序的角度，信访应是逐级反映、逐级受理的。但是，信访一贯具有直诉的特征，大量越级信访现象事实存在，而且动辄到省进京，使信访量呈现"倒金字塔"形，其中很多是重复诉求、反复办理。2014 年 4 月 23 日，国家信访局发布《关于进一步规范信访事项受理办理程序引导来访人依法逐级走访的办法》，至今也产生一定的效果，但还必须综合施策：一是要切实按照谁主管谁负责属地管理的原则，落实基层解决权属范围内信访问题的责任；二是完善信访信息系统，线上快速办理，并掌握以往办理情况，规范处理意见，明确答复口径；三是不能让诉求无理又越级信访的人得利，该教育的教育，该宣传的宣传，该处置的处置。

8. 终结与了结

终结是指程序上的终结，了结是指信访者自愿息诉。根据《信访条例》的规定，信访实行三级终结制，从程序上为解决信访问题提供保障。但是，现实中很多信访问题是程序终结，而信访人不满意，仍然不息访息诉，事情仍未了结。对此，一是严格三级终结的受理程序，一级负起一级的责任，而不是处理意见的简单重申；二是在三级终结程序中引入第三方评估、律师参与，把依法依程序处理与积极回应引导相结合；三是对三级

---

① 浙江推进领导干部下访制度．人民日报，2003 年 11 月 11 日第四版．

② 三年来全市领导干部接访下访 50 多万人次[M]. 北京青年报，2015-05-02.

终结的信访事项，除非存在特别重大错误或影响，切实做到不交办、不通报。

参考文献

[1]刘安．淮南子[M]．北京：中华书局，2012.

[2]钟雷主编．帝鉴图说[M]．哈尔滨：哈尔滨人民出版社，2004.

[3]刁杰成．人民信访史略[M]．北京：北京经济学院出版社，1996(25).

[4]毛泽东选集第 5 卷[M]．北京：人民出版社，1977(72).

[5]习近平．之江新语[C]．杭州：浙江人民出版社，2007.

[6]浙江推进领导干部下访制度[N]，人民日报，2003-11-11(4).

[7]三年来全市领导干部接访下访 50 多万人次[N]．北京青年报，2015-05-02.

[8]孙汉基．韩国反腐败法律体系的构建及启示[J]．中国法学，2014(2).

[9]盛炜．试论构建和谐社会背景下信访工作的体制与机制[D]．南昌：南昌大学，2009.

[10]李剑宏．宪政体制下我国信访制度的重构[DB/OL]．http://www.txwtxw.cn/Article_Show.asp? ArticleID=461.

[11]邹恒华．当前基层信访工作的实践模式与创新[DB/OL].
http://www.jx-xinfang.gov.cn/zhxx_1/tsyj/201501/t20150128_348911.html.

（作者系共青团江西省南昌市委书记、党组书记）

我国高校学生意外伤亡事件处置工作的难题与对策

于红波

发生学生意外伤亡事件是国内外高校普遍存在的问题，从某种意义上讲有些意外事件也是防不胜防、很难避免的。特别是随着我国高校办学规模的不断扩大，学生发生意外伤亡事件的概率也随之增加。每当发生学生意外事件，高校都会面对如何科学合理妥善处置的问题，尤其是当发生学生意外死亡的事件，如何妥善处置往往是十分棘手的难题。为什么会出现这样的情况？问题的根源是什么？怎么解决？带着这些问题，笔者对高校发生的一系列学生意外事件处置案例进行了比对分析研究，梳理归纳原因，分析提出解决对策。

一、高校学生意外伤亡事件处置典型案例简析

（一）案例回放

1. 案例一：学生在校园意外摔伤死亡事件的处置

某高校本科二年级学生刘某，因傍晚在校园自行运动不慎摔倒受重伤。事故发生后，目击者立即拨打 120 和 110，辅导员迅速赶往现场处置，并将事情报学校有关部门。虽经全力抢救，学生终因颅部受撞击过重医治无效死亡。学校领导立即召开应急工作会议，立即启动突发事件应急处置预案，研究如何妥善处置。

学生刘某父亲刘某某接到电话后立即从外地赶往医院，但当赶到医院时孩子已经去世。刘某某得知孩子已经离世的消息，当场昏厥。校应急小组配合医院极力安慰后，将刘某某夫妇安排在宾馆入住。之后，刘某某让其 70 多岁的父亲及其他五名亲属迅速赶到。

第二天上午，刘某某家人在工作人员陪同下到孩子出事地点查看祭奠。之后，又前往派出所，听了有关民警勘验结论，民警结论是刘某属意外受伤死亡。在安慰家属的同时，学校工作人员建议尽快妥善处理学生

后事，但刘某某等不同意，认为孩子在校园里运动摔死，学校没有管理和教育好，要承担责任，要求学校赔偿 30 万元。学校应急小组就公安部门鉴定结论和国家有关法律法规进行了耐心解释说明，表示将按照规定一次性给予适当补助。刘某某等坚决要求赔偿，且不走司法程序，开始散布网络谣言，蛊惑、煽动舆情，最后来到学校大门口烧纸祭奠哭闹。最后，经过长达半个月的"拉锯"，双方反复协商，学校为了尽快处置完毕，做了必要的让步，给予刘某某远超国家规定补助标准的补偿，承担了刘某的丧葬费及其家属的食宿费用，共计十余万元。双方签订协议，刘某某表示不再纠缠并立即消除谣言。协议签署后第二天，刘某某将孩子遗体火化，拿到补偿金后，表示感谢学校并对自己的过激行为道歉。

2. 案例二：学生在校外自杀事件的处置

同样是上述高校，一名大四学生赵某，在即将大学毕业的 6 月，突然有一天到校外某小区 30 层高楼上跳下，结束了自己年轻的生命。学校接到公安部门通知，马上通知家长，并立即成立应急处置小组，启动突发事件应急预案，研究制定了处置方案，明确了工作分工。公安部门现场勘测认定赵某为非他杀。

接下来，学校有关人员立即对赵某去世前在校的表现进行了调查。经了解，发现赵某近一段时间因找不到自己理想的就业单位，很不高兴，情绪不稳定，经常叹气抱怨，有时陷入发呆，还经常失眠。班长曾同他谈心开导，也向辅导员反映此情况，辅导员找其谈心进行教育开导。经开导，表面上看赵某在一个时期有了一些好转，但后来因还是找不到理想工作又陷入苦闷。辅导员为此向其家长打电话，通知孩子的情况并请家长开导和帮助。但是，谁也没有料到，赵某还是没有战胜自己，选择了逃避——跳楼自杀。赵某家长接到孩子出事通知后，迅速赶到学校，几乎崩溃。学校安排家长在校外的某宾馆入住，应急小组人员进行了安慰，介绍了基本情况。同时，请公安部门介入，向家长详细说明了公安勘查和认定结果。

学校安排应急人员在家长入住的宾馆全天候陪同，随时帮助其处理有关问题，及时了解家长情况。经过一天一夜，家长开始同学校谈孩子的善后事宜，提出孩子在学校上学期间死亡，尽管不是在学校内部发生意外，但学校没有管理、教育好学生，应负主要责任。为此向学校索赔。学校应急工作人员将国家有关法规政策向其进行了解释，表示学校只能给予一定的补助。家长开始表现十分激动，提出要上访。为此，学校立即邀请公安部门出面做了进一步解释说明，告知家长要依法办事，不能寻衅滋事。又经过两天的商谈，家长和学校应急小组达成妥善处置协议，学校按照国家规定给予了一定经济补助。

（二）简析

1. 高校学生意外伤亡事件发生往往很难预防

上述两个案例，是这些年我国高校频繁发生的学生意外死亡现象的冰山一角。从高校这些意外伤亡事件发生的情况看，其突出特征往往都是在极短的时间内突然发生，难以提前发现征兆。比如，学生自杀事件，看起来好好的学生或者有一些思想问题但大家都认为不会想不开而自杀，不知什么时候就发生了；遭遇交通、抢劫等意外事件就更无法预料，更是难以预防、防不胜防。

2. 迅速依法妥善处置难度大，但措施得当亦可为之

从案例一发生到处置结束，学校历时半个月，与学生家长进行了拉锯式谈判，家长可谓是在悲痛至极之后失去理智，一味地想方设法无理取闹，不愿意走法律程序，目的就是通过打闹滋扰尽可能多地索取学校的赔偿。学校为此委派应急小组五个人全力处置事件，因为家长时常到学校办公教学区域和大门口哭闹，严重影响了学校的教学工作秩序；同时在网上发布不良煽动信息，给学校造成了不良的社会影响。

然而，在同一学校发生的意外死亡事件，案例二的处置只花费了四天时间，得到了迅速、妥善、依法处置，应该说处置十分迅速有效。这说明只要把情理和依法处置有机结合，采取科学对路的方法，有可能快速妥善解决事件。

二、如何降低高校学生意外伤亡事件发生概率

（一）意外事件发生原因

从高校学生意外伤亡事件发生情况和规律看，导致事件发生的原因是多方面的，有学生自身疏忽大意，也有学生主观刻意为之引起的；有学校管理上的漏洞导致的，也有纯粹是客观不可抗力的情况。具体表现在五个方面：一是发生概率最大的是学生自身心理素质差、自我管理约束能力差等原因导致的，二是因为不可抗力或者无法预料的客观因素引发的，

三是家庭教育方面的疏漏也是事件发生的重要因素，四是学校教育或管理方面的不到位导致的，五是社会不良环境影响学生身心而引发。

（二）减少意外事件的方法

针对意外事件发生机理，应采取有针对性的措施，尽可能加以防范，把发生意外的概率降到最低。重点从四个方面着手。

1. 学校要加强对学生的教育引导服务

着重加强学生心理健康教育和疏导，增强学生自我调适能力。加强学生安全教育，提高学生自我安全管理意识、自我调控能力和遵纪守法意识。

2. 学校应加强安全设施建设和管理服务，防止技术设施隐患

对于高危路段，安装防护隔离措施和醒目的提示标志。按比例配备辅导员队伍，加强学生管理人员的责任心教育，从而确保能及时发现学生中存在的安全隐患问题，及时做好教育疏导工作并与家长保持沟通联络，及时制止和解决学生中出现的问题，不至于小错积成大危险。另外，还要加强任课教师课堂教学管理，提高教师责任心，防止教师对学生无故旷课不管不问。做到了这些，就会把可以预防的意外事件的发生概率降到最低。

3. 家庭教育方面不能缺位

许多学生家长认为将孩子送到高校，教育孩子就是学校的事情了，特别是有些家长感觉自己思想文化素质低难以提供给子女恰当的教育。因此，从孩子进入高校开始，就不再过问孩子的学习生活；也有不少家长仅仅是关心孩子物质生活，或者是仅仅关心孩子的学习成绩，而忽视了孩子的良好行为习惯、品行以及心理健康等方面。因此，家长如能关注孩子在校的情况，及时了解孩子的困惑并给予引导和教育，许多意外会避免。

4. 加强对高校周边环境的综合治理，加强社会和网络治理

不良社会环境会或多或少地影响学生思想行为，也是引发一些意外伤亡事件发生的因素。特别是随着互联网的发展，网上的不良信息和游戏使不少学生受到恶劣影响，引发形形色色的意外伤亡事件。

三、解决妥善处置意外事件困境的对策

高校在意外事件处置中普遍存在学生家属不依法办事、哭闹滋事、索要高额赔偿的乱象，俨然成为高校十分头疼、难以承受的困境。如何解决这个问题？笔者认为，应着重从以下几个方面着手。

1. 加大立法力度，建立完善学生意外伤亡赔付程序等配套法规体系，是解决困境的根本保障

国家要将相关的法律条文整合到一起，修订《高等教育法》，出台高校学生意外伤害保险和高校学生意外伤亡事故处置法规，明晰我国高校学生意外事故发生后各当事方的责任边界。依据完善后的法律法规，有关部委和省市教育部门出台应对学生意外事件的配套规章。特别是应通过建立有关保险法规，用保险为兜底，把家庭和高校可能缺省的权益交给第三方，予以可靠保障。

2. 提高全社会依法办事和依法监管的意识，坚持依法处置，是解决困境的根本出路

要推进普法教育，让老百姓学法、懂法、守法、信法、用法，社会方方面面都要学会和乐于依法办事。高校管理者要做法律尊严的维护者、遵守者，不怕一时受点指责和影响，不给无理取闹者提供生存的土壤。国家和省市主管部门要加大执法监察力度，畅通学生家长法律维权的渠道，同时加大对高校依法治校、依法处置意外事件的监管力度，防止学校领导怕麻烦、怕受影响而使用国家的教育经费来支付无理且不合法的高额索赔。

3. 加大对不依法而无理取闹的相关人员的依法处置力度，坚决推进依法治国，是解决困境的现实选择

国家有关部门坚决维护法律的尊严和高校的安定，这是减少信闹不信法社会乱象蔓延的主要方法。特别是在高校发生学生意外伤亡事件初期，公安部门要积极介入，依法参与，主动耐心地给家长解释说明事故勘验情况，配合高校依法处置，这是稳定和威慑当事学生家长言论行为的重要保证力量。

4. 采取科学对路的应急处置措施，积极有效地与学生家长进行沟通，是能否解决困境的重要因素

事实说明，学校有关人员如果能取得家长的信任，保持与家长的顺畅沟通，及时掌握家属的思想动态，及时帮助家属解决合理合法的问题，不激化矛盾，可以有效帮助快速妥善地处置。

5. 新闻媒体客观真实予以报道，不推波助澜，不恣意炒作，是解决困境不可或缺的因素

舆论主管部门要重视高校意外事件发生的宣传报道的监管和引导，防止不负责任的媒体不经认真核实予以报道而造成推波助澜，对当事学生家长发表的网络言论进行合法监管，杜绝不实和恶意诽谤，营造依法治国、依法处置的舆论氛围。

参考文献

[1]卜春梅,王硕．试论高校学生伤害事故[J]. 华北电力高校学报(社会科学版),2008(2).

[2]佟晓艳．浅析高校群体性事件的处置策略[J]. 警察技术,2009(7).

[3]姚树密．对高校学生意外事件事件的分析与思考[J]. 咸宁学院学报,2011(6).

(作者系青岛大学发展规划处处长)

打造旅游人才就业洼地、创业福地、创新高地

——以湖北省旅游人才队伍建设为例

李　平

人才是第一资源、第一要素，是发展之基、转型之要、跨越之本。2013 年 6 月，习近平总书记在全国组织工作会议上指出："要树立强烈的人才意识，寻觅人才求贤若渴，发现人才如获至宝，举荐人才不拘一格，使用人才各尽其能"。当前，旅游人才不足、不优、不强是制约旅游业快速发展的一个重要"短板"，加强旅游人才队伍建设，是充分发挥旅游业在扩内需、稳增长、增就业、减贫困、惠民生中重要作用的一项根本之举。

一、大视角育才，以人才队伍建设引领旅游产业发展

近年来，湖北省坚持人才强旅、以用为本，把旅游人才培养置于全省大局大势大业之中，切实加强人才培养、使用、开发、管理，形成了以人才引领产业、以产业集聚人才的生动局面。

（一）高起点谋划旅游人才教育新格局

湖北是教育大省、旅游大省，现有旅游院校 70 所，数量居全国前列，其中高等院校 59 所、中职学校 21 所；设旅游系或旅游专业的院校 65 所，独立建制的旅游职业学校 5 所，形成了较完善的旅游教育体系。近年来，湖北省着眼"三大"实际（旅游发展潜力大、旅游院校规模大、旅游人才缺口大），实施"三融"措施（产教融合、校企融研、校地融动），采取了联合办学、订单培养、校企共育等办学方式，形成了本科院校重点培养高级管理人才、职业学校重点培养高级技能人才、培训中心和旅游协会重点培养在岗人才的工作格局。2014 年，全省旅游院校向社会输送各类旅游人才约 1.2 万人，其中本科及以上 1 800 人、专科 5 600 人、中专 4 600 人。通过

着眼市场需求，实施差异化人才教育培养模式，各类旅游人才竞相涌现，截至2014年，全省旅游从业人员达到近400万，其中直接从业人员76万，间接从业人员324万。

（二）高标准构建旅游人才管理新模式

坚持多管齐下，在旅游实践中提升人才素质。一是以赛育才。以导游队伍建设为重点，连续开展了十届全省导游大赛，形成了以赛竞技、以赛提能、以赛树形象的导游服务品牌。启动寻找“最美导游”活动，传递导游正能量，全省涌现了以叶绍磊为代表的道德模范导游、以朱鸿俊为代表的讲解模范导游、以李小毛为代表的敬业模范导游。目前全省有2.8万人取得导游资格证，其中2.1万人持有导游证（IC卡）。二是搭台聚才。依托华中师范大学组建了中国旅游研究院武汉分院，加强旅游基础理论和应用课题研究，为湖北旅游业发展提供了大量智力支持。加强旅游智库建设，成立了湖北旅游发展决策咨询专家委员会，建立了旅游专家对口联系市州制度，充分发挥专家咨询参谋作用，不断提升旅游行政决策水平。三是培训优才。深入开展旅游人才培训和鉴定“千万十”工程，每年培训一千名旅游职业经理人、一万名导游和领队、十万名各类旅游职业技术人员和乡村旅游实用型人才，会同省委组织部连续三年对旅游强县、旅游名镇负责人以及全省新任旅游局长进行培训，开展《旅游法》学习培训，不断提升旅游行政管理水平。

（三）高品质拓展旅游人才开发新领域

立足旅游新业态，开发新人才，拓展新市场。适应乡村旅游快速发展需求，以乡村干部、乡村旅游实用人才带头人、乡村旅游能工巧匠传承人、乡村旅游经营型人才为重点，人社部门落实了创业培训补贴和职业培训补贴，建立了多渠道乡村旅游实用人才培训体系，既提升了乡村旅游服务质量，又促进了农民就近就地就业。坚持招商引资、招人聚财并举，通过旅游项目建设，先后引进香格里拉、威斯汀、喜来登、万达等知名企业管理团队，形成了人才开发良好合作机制。引导旅行社加大产品研发、策划营销、信息管理、高级导游人才的培育力度，以人才开发占领市场制高点，2013年湖北省有8家旅行社进入全国百强，创历史最好成绩。

二、大领域用才，准确把握旅游人才工作呈现的新特征、新问题

旅游人才队伍是发展最快、势头最猛的队伍，也是面临问题最迫切、最严峻的人才工作领域之一。主要特征可以概括为：产业大军，规模大、潜力大；“杂牌”大军，层次多、来源广；“无业”大军，很多旅游工作岗位无“名分”，未列入职业大典；流动大军，流动性强；青春大军，年龄较轻。在这些特征的背后，蕴藏着一些深层次的问题。

（一）旅游教育的基础性作用不够实

一方面，存在旅游专业边缘化现象。2012 年颁布的《普通高等学校本科专业目录》旅游管理专业仅有三个基本专业（旅游管理、酒店管理和会展经济与管理）、一个特设专业（旅游管理与服务教育），还不能涵盖旅游产业领域，更满足不了旅游业诸多新兴领域的人才需求。目前湖北省还没有一所旅游本科院校，旅游专业在综合性院校中往往处于附属地位，旅游相关专业主要分散于地理、历史、经济、园林、社会、建筑等院系中，在管理上不是隶属管理学院，就是挂靠商学院，在实践基地、师资力量、教学设备等方面不受重视，办学条件得不到实质性改善，招生数额偏少，加之本科以上的培养模式更注重于理论学习，人才培养与市场需求存在脱节，旅游本科生在旅游行业内就业率不到 20%。另一方面，旅游应用技能型人才缺口大。目前湖北省 70 所旅游院校中，只有 1 所独立建制的高职院校，湖北旅游院校在校生约有 4 万人，仅占全省所有高校和中职学校在校生总数的 2%左右；有旅游专业教师 1 170 人，校均 16 人。高层次人才难以进入旅游行业，行业引领作用难以发挥。全省旅游院校每年向社会输送人才约 1.2 万人，而每年新增旅游就业岗位约 8 万个，旅游人才缺口大，供给与需求相脱节。

（二）旅游人才职业通道不完善

目前我国设立的职称系列中没有旅游类职称大类，旅游人才都申报经济师或其他类职称，缺乏职称晋升渠道。如大多数导游把旅游业作为人生职业的“驿站”，吃“青春饭”的多，吃“职业饭”的少，职业归属感较差。加上与之相应的薪酬待遇等问题，使很多有志于从事旅游行业的人由于看不到个人发展前景，缺少职业成就感和自豪感，对行业信心不足。

（三）旅游企业人才开发主体作用未能有效发挥

旅游企业大多以中小企业为主，其中绝大部分是微利企业，加之旅游人才流动性大，导致旅游企业在人才开发方面投入较少。以导游为例，专职导游在一家旅行社平均从业年限约 2 年，大多数旅行社不愿“养导游”，主动培养导游的就更少。目前湖北省共有中级导游 640 人，仅占导游总数的 3.1%；高级导游 52 人，仅占 0.3%；日法德等小语种导游 165 人，仅占 0.8%。

（四）旅游人才发展的综合协调机制和公共服务缺乏

旅游人才成长的良好公共服务环境尚未全面形成，尤其是相关资源的投入比较分散，缺乏总体的规划和整合，公共服务发展还比较滞后。由于缺乏统一的旅游人才供求信息平台，供需双方信息不对称，不利于人才流动与发展。

三、大产业聚才，加快培育高素质旅游人才队伍

“盖有非常之功，必待非常之人”。在旅游业快速裂变式发展的时代，必须牢固树立人才是第一资源的理念，坚持“科教兴旅、人才强旅”战略，努力培养一支数量充足、结构优化、布局合理、素质优良的旅游人才队伍，为加快建设旅游经济强省奠定坚实的人才基础。

（一）加快发展旅游职业教育

积极发展旅游高等教育，优化旅游学科设置，稳步扩大旅游专业本科、研究生教育规模。大力发展旅游职业教育，打造旅游专业品牌院校，强化旅游高职院校在实用性人才培养中的引领作用。深化产教融合、校企合作，创新旅游人才培养模式，建立政企学研联合培养机制，根据市场需求办好优势专业，开发新专业，形成办学特色。充分发挥各类培训机构的作用，大力开展旅游人才在职教育培训。加强省级旅游人才基地建设，打造一批旅游人才开发示范点。

（二）加强旅游智库建设

充分发挥湖北省旅游发展决策咨询专家委员会作用，完善咨询参谋机制，组织专家对事关湖北旅游发展的重大战略、旅游规划、市场开发等

重大课题、重要项目开展咨询论证，推进科学决策。支持中国旅游研究院武汉分院加大协同创新力度，加强重点课题研究，发布年度中国旅游业发展报告，努力打造成为“中部领先、全国一流、国际知名”的咨询服务智库、决策管理智囊、学术科研高地、人才培养基地和专业智力支撑。

（三）实施重点旅游人才工程

一是旅游管理人才素质提升工程。举办旅游行政管理人员培训班，选派旅游行政管理人才到省内外高校培训学习，不断提高旅游行政管理科学化水平。二是旅游企业经营人才培训工程。选派旅游企业中高层管理人才到大型品牌企业培训学习，加快培养造就一支职业化、市场化、专业化和国际化的旅游企业经营管理人才队伍。三是导游人才“双优”工程。以扩大中高级导游和外语导游规模为重点，推进导游优先发展、优化结构。按照“资格准入、组织管理、责权法定、挂牌经营、薪酬明晰”要求，推进导游体制改革，成立导游协会组织，建立在线服务平台，保障导游合法权益。开展“星级导游”评选，按等级给予一定政府补助。四是旅游紧缺人才培养工程。加强旅游创意策划、市场营销、电子商务、信息管理、小语种导游及新业态开发人才培养。引导旅游院校、科研院所、规划机构重点培养紧缺人才，吸引高层次人才参与旅游新业态的开发和建设，鼓励旅游企业和旅游院校联合培养旅游新业态开发建设和管理人才。五是旅游饭店技能人才培养工程。开展各类旅游饭店技能大赛，组建全省旅游饭店优秀技能人才队伍；鼓励旅游饭店加强员工在职教育和岗位培训，开展短期实务培训和专题培训。六是乡村旅游实用人才开发工程。以乡村旅游带头人、能工巧匠、经营管理和服务人才为重点，通过送教上门、结对帮扶等方式开展培训，推动乡村旅游标准化、特色化、规范化发展。

（四）完善旅游人才政策

重点完善旅游人才开发政策，编制旅游人才规划，加大民族地区、贫困地区旅游人才开发力度。加大旅游科研成果转化，支持旅游院校大学生创业。开展旅游业完善旅游人才评价政策。以职业道德、能力和业绩为导向，分类形成岗位评价指标体系，推进旅游人才工作的标准化进程。完善旅游人才公共服务政策，积极建立全省旅游人才信息库，不断加强旅游人力资源研究，建立全省旅游人才网，定期举办旅游人才大型专场招聘会，定期发布旅游人才年度发展报告和人才需求信息，推进旅游人才资源的合理配置。

(五)加大旅游人才投入

把旅游人才的培养经费纳入年度财政预算,建立旅游人才发展专项资金。建立完善以政府投入为引导、用人单位投入为主体、社会投入为补充的多元化投入机制,多渠道筹集人才开发资金,为旅游人才工作提供资金保障。

参考文献

[1]高爱颖.山东省旅游人才队伍建设研究 山东社会科学,2013-09-05.

[2]中共湖北省委 湖北省人民政府关于加快培育旅游支柱产业推进旅游经济强省建设的决定.湖北省人民政府公报,2010-07-01.

[3]石培华,陈献春,李成军.我国旅游人才队伍建设的成就、问题与对策思考.中国旅游报,2010-11-17.

(作者系湖北省旅游局人事教育处处长)

农村社会组织参与农村社会治理的探索

——以广东青年发展现代农业促进会为例

黄瑞轸

农村社会治理是指农村社会政治生态中，由基层政权组织、村民自治组织、农村社会组织（民间组织）、农村精英阶层以及广大农村村民通过公开决策、民主决策的方式共同管理农村事务，维护村民自身权利和农村地区发展权益的过程。农村社会组织是指由农民自发组织或者农民在政府的推动和支持下组织的以追求农村经济活动效率、农村社会福利、维护农民社会权益以及丰富农村文化生活为目标的民间社团。当前，农村社会组织概括起来主要分为三大类：第一类是传统的乡社团体，如庙会、香会、宗族团体等；第二类是新兴的民间经济组织，如经济合作社、行会组织等；第三类是一些农民自发组织的文化娱乐团体，如民乐协会、体育协会等。这些农村社会组织长期活跃在农村社会、经济、文化生活等各个方面，是农民参与农村社会活动的重要组织形式。

一、当前农村社会组织参与农村社会治理的背景和意义

党的十八届三中全会决定明确提出“要推进国家治理体系和治理能力现代化”，“改进社会治理方式，激发社会组织活力，创新有效预防和化解社会矛盾体制，健全公共安全体系”。由于“三农”问题在我国经济社会发展中的重中之重的地位，决定了推进国家治理体系和治理能力现代化重要方面就是推进农村社会治理体系和治理能力现代化。农村社会组织作为农村社会治理的重要参与主体，对于农村社会治理的现代化具有重要意义。

（一）党的执政方略和政府职能的转变，为农村社会组织承接政府公共职能、有效参与农村社会治理创造了机遇

党的十八大的报告提出“服务型”执政党和“人民满意的服务型政

府”，特别是近年来政府职能转变，改变过去政府包揽一切社会事务的管理模式，在农村社会治理的主体层面上，乡镇政府和村委会由生产过程的组织者开始转变为真正的服务型治理主体，更多关注乡村社会公共问题的解决和公共物品的供给，这一转变将体现在政府逐步向社会让渡空间，公共服务不断社会化。另一方面，由于长期以来，我国形成了城乡二元的经济社会结构，在公共服务方面农村与城市相比，差距也非常明显。农民作为同等的国民并没有享受到与城市居民同等的公共服务。因而，为农民提供公共服务、增加农村公共产品供给、实现城乡公共服务的均等化，是党和政府对农村社会治理的重要工作目标，也为农村社会组织参与农村社会治理提供了广阔空间。

（二）在市场经济条件下，能否真正维护农民合法发展利益成为农村社会组织参与农村社会治理的基础和重要内容

当前，我国广大农村地区市场化进程加快，农村经济结构发生了重大变革，农村的社会结构、利益格局、分配方式、价值观念都发生很大变化，农民的合法发展利益在市场经济条件下日益多元。另外，在市场经济带动下，农民作为市场交易主体，其主体意识、权利意识、民主意识、维权意识等明显增强，特别在城镇化过程中，由于土地纠纷、征用、拆迁等问题引起的农村社会矛盾，容易引发农民的过激维权行为，严重影响了农村社会发展和稳定，需要有效的利益表达渠道。农村社会组织立足于农村社会，联系服务农民群体，只有真正维护农民合法发展利益，有效协调政府、市场、农民不同社会主体关系，建立三方对话、协商和沟通机制，形成有效的社会利益汇聚和表达机制，才能赢得农民的信任和拥护，这是农村社会组织参与农村社会治理的基础和重要内容。

（三）农村社会转型过程中，社会秩序从行政性建构向契约性建构的转变需要大量农村社会组织参与农村社会治理

在工业化、城镇化的推动下，我国农村社会处于发展转型期，传统的社会管理模式已经不适合农村社会的发展，原有的“人民公社—生产大队”的管理体制转变为乡政村治的管理体制，社会秩序从原来的行政性建构向契约性建构转变。在这过程中农村人口流动加剧，并向城市和农村社会生产、消费环节流动，造成了大量农村社会组织的出现和发展，活跃在农村社会、经济、文化生活等各个方面，使农村社会组织成为生产过程中互助合作的平台、政治生活中利益表达和诉求的平台、文化生产和消费

的主要载体，是农村社会治理的重要主体，在提高农民政治参与意识和合作能力、创新村民自治制度、加强基层组织的社会管理职能等方面发挥重要作用，从而有利于提高农村社会治理水平。

（四）国家对“三农”问题的重视和“五位一体”的战略布局实现，需要社会组织发挥协同治理作用

农业是我国基础产业，农村是我国最广大的地区，而农民是我国最广大的社会群体。当前我国农村出现空心化，农村文化重大流失，农村环境严重破坏，空巢老人、留守儿童、农村扶贫攻坚等问题突出，可以说“三农”问题是我国全面小康社会建设的短板。党的十八大强调：“解决好农业农村农民问题是全党工作重中之重。”2015 年中央一号文件提出“创新和完善乡村治理机制。激发农村社会组织活力，重点培育和优先发展农村专业协会类、公益慈善类、社区服务类等社会组织”。新时期，解决农村社会问题仅仅依靠农村集体组织、依靠农民个人的力量是难以解决的，难以落实“五位一体”的战略布局，必须以政府为主导，充分发挥农村社会组织的协同治理作用。

二、广东青年发展现代农业促进会实践探索

广东青年发展现代农业促进会（简称广东青农会）是由共青团广东省委员会、广东省农业厅、广东省地方税务局、广东省工商行政管理局、广东省供销合作联社、中国农业银行广东省分行、中国移动广东公司等七家单位于 2011 年 6 月联合发起成立的，是广东省有较高影响力和知名度的各类农村青年致富带头人、农业龙头企业负责人、农业青年专业人才以及各地涉农青年行业性组织、农村青年经济合作组织自愿组成，以服务农村青年、发展现代农业、繁荣农村文化、推动城乡一体化发展、增强农村共青团组织凝聚力为宗旨的非营利性社团组织。广东青农会在参与农村社会治理方面进行了积极有益的实践探索。

（一）组织农村青年发展现代农业，壮大农村青年参与社会治理的经济基础

我国加入 WTO 后，农民发展现代农业面对着国际的残酷竞争，客观上需要农民组织起来抱团应对来自市场的各种风险和挑战，提高发展现代农业水平，从而增加农民收入，壮大农民参与社会治理的经济基础。农

村青年作为农村社会最具活力和创造力的群体，是发展现代农业的生力军，对此广东青农会着力组织农村青年发展现代农业，在组织、资金、市场、技术等多个领域，帮助会员提高生产经营技能、享受金融服务、拓宽市场渠道、增强创业致富能力。

1. 扩大农村青年发展现代农业的组织载体

自从 2011 年成立以来，广东青农会按照省、市、县、镇四级设置，自上而下配置资源。截至目前，已推动 15 个地市、48 个县区、216 个乡镇成立各级青农会组织，吸引了 8 885 名会员活跃在广东发展现代农业一线。通过各级青农会把分别从事现代农业生产、加工、销售的各类农村青年组织起来，发挥各自优势和组织优势，抱团发展现代农业，最大程度实现发展共同利益最大化。

2. 开展金融服务

联合金融机构推出政府贴息、龙头企业担保、协会会员联保、一户多保、农资实物借贷、诚信小额贷款等六种贷款模式。五年来，共发放农村青年小额贷款 9.2 亿元，扶持创业农村青年 4 万人左右。联合省人力资源和社会保障厅、省邮储银行实施"青春时'贷'青年创业小额担保贷款"项目，撬动人社系统 2 000 万元担保基金，缓解农村青年创业资金难题。

3. 拓宽农产品销路

建立广东青农会粤北、粤东电子商务发展服务中心，联合省商务厅、阿里集团建立"淘宝・特色中国・广东馆"，组织首批 465 家会员企业进军农产品电子商务领域；定期开展广东青农会市场对接、产品展销会等活动，推广会员产品，提高产品知名度和竞争力，拓展产品市场。

4. 开展多形式技能培训

实施"百镇千村万名农村青年就业创业培训计划"，在粤东、西、北欠发达地区的 100 个乡镇培训农村青年 72 794 人，帮助就业 18 550 人。利用省委组织部远程教育平台开办"农青学堂"，定期围绕发展现代农业主题邀请农科专家授课，培训农村青年近 100 万人次。组织编撰出版《广东青年发展现代农业实用技能》丛书 2.4 万册，发放至各级青农会会员，提高农村青年的就业创业技能。

（二）致力农村青年致富带头人培养，厚植农村社会治理的青年主体力量

农村社会治理中人的因素是最关键的，青年人是农村社会的新生力量，而农村青年致富带头人是农村青年人中有号召力、影响力的群体，可

以影响带动广大农村青年更好地参与农村社会治理，是农村社会治理的青年主体力量。近年来，广东青农会顺应农村社会发展趋势，抓住农村青年创业致富核心需求，着力培养农村青年致富带头人群体，以此厚植农村社会治理的青年主体力量。

1．实施农村青年电商创业致富“领头雁”培养工程

适应引领农村电商蓬勃发展的新常态，在团省委、省商务厅的支持下，与阿里、京东、苏宁等电商平台实行全面战略合作，依托阿里巴巴、京东、苏宁易购在采销、物流、金融、智能云、移动互联网等方面的“互联网＋”资源优势，在全省发展20 000名阿里农村合伙人、京东乡村青年电商推广员、苏宁易购农村经济人，重点培育100名农村青年电商新锐，建立100个农村青年电商创业实习基地，选拔100名农村青年电商创业导师，开展100场农村青年电商培训，开展一场青年涉农电商创业大赛，举办一场农村电商发展峰会暨农村青年电商资源对接会，从而培养了一批依托电子商务发展的农村青年创业致富“领头雁”，影响带动了广大农村青年参与到农村社会电商创业致富大潮中。

2．实施广东省学子返乡创业致富“领头雁”培养计划

顺应农村社会外出人口返乡创业的时代趋势，在团省委、省农业厅、省农业银行的支持下，通过理论培训、创业实训、企业孵化、金融支持、导师辅导、跟踪服务等方式，重点培养35周岁以下、具有明确涉农创业项目或创业计划的大学毕业生（含大学生村干部、西部计划志愿者等）以及具有一定创业基础的优秀返乡创业青年，为他们开展涉农创业服务，有效提高创业成功率。每年重点支持不少于500名学子返乡创业，引导培育其成为家庭农场主、农业经营大户、农业专业化企业家、农村合作组织领办人和农业社会化服务主体负责人等农村青年创业致富“领头雁”，为农村社会治理提供人才支撑。

3．助推会员事业发展

举办广东省青农会“发展现代农业”研修班。多次组织省内各级青农会骨干会员、各地市致富带头人、优秀农业龙头企业家代表赴北京、山东、台湾等开展培训考察活动，帮助广大优秀农村精英提升发展现代农业的能力。实施“专家服务团助力农企创新发展工程”，聘请在不同科研领域具有贡献和影响力的33名专家学者，担任首批广东青年发展现代农业专家服务团专家，组织专家结对青农会会员企业，推动产学研结合，为农企发展提供智力导航。搭建会员网络交流平台。建立“希望田野”青农会微信群，开通“南粤幸福新农村”青农会公共微信平台，定期向广大会员宣传

农业政策、发布产销资讯，促进会员信息共通、资源共享。

4. 选树农村青年先进典型

自成立以来，共推报了 54 名会员成功当选“全国农村致富带头人”，其中，温氏集团董事长温志芬被评为“全国农村致富带头人”标兵。推报了 94 人入选中国农村青年致富带头人协会会员，12 人入选全国百强农产品经纪人，190 多家会员所在合作社被评为国家、省、市示范合作社。

(三)主动承接政府职能转移，发挥农村社会公共服务职能

广东作为全面深化改革的先行地，转变政府职能在社会建设领域走在全国前列，政府机构设置和职能转变不断优化，公共服务不断社会化，为广东社会组织承接政府职能转移提供了宝贵机会。近年来，广东青农会积极探索购买公共服务、承接政府农村青少年事务，将服务农村青年项目与农村社会治理工作有机结合，发挥农村社会公共服务职能。

1. 以承办方式对接政府公共服务职能

承办省经信委农村信息化建设项目，举办“百万农民学电脑”培训服务活动，培训 1 200 名农村青年网络经营带头人，并集中开办 1 200 多家“农家网店”销售特色农产品，打造广东特色产品网络超市，培养了一大批新型农村网商。结合“6·25 土地日”，连续五年承办省国土厅、团省委“珍爱国土·青年担当”主题宣传活动，共组织 75 万名团员青年参与宣教活动，营造了国土保护的良好氛围。

2. 通过联合主办的方式将公共服务品牌项目纳入财政预算

联合省农业厅、省科技厅等 17 个单位连续五年举办了五届“广东农村青年科技文化活动月”，由省财政出资保障活动经费。五年来，“活动月”以科技和文化两条主线，在全省各地共举办了送科技文化下乡活动 6 000多场，各类培训讲座 4 000 多场，文艺表演、图片展 1 500 多场，接受培训服务的农村青年达 20 万人次，受益的群众超过 600 万人次，培养了一批农村科学技术青年人才，提高了农村青年的科技文化素质，丰富了农村青年精神文化生活。

(四)搭建起政民沟通的桥梁，畅通农村青年利益表达渠道

广东作为地区发展差异和城乡发展差别最大的省份之一，广大农村青年的发展诉求多元，如何及时表达他们诉求，建立与政府间的对话、协商和沟通机制，实现“上情下达”与“下情上传”，有效化解社会矛盾，显得尤其重要。这些年，广东青农会坚持走进青年，倾听心声，切实了解全省

农村青年发展诉求，畅通农村青年诉求反映渠道，合力解决农村青年群众突出反映的实际问题，有效化解了农村社会矛盾。

1. 搭建农村青年与涉农政府部门沟通平台

举办“倾听心声　共促发展——农村青年致富带头人与涉农政府职能部门负责人面对面”活动，邀请各级政府官员与农村青年致富带头人围绕着新农村建设、农村金融、电商、税收等与农村青年自身发展利益息息相关的主题，以面对面的形式开展对话，宣传涉农政策，答疑解惑，推动实现政策扶持，指导帮助创业发展，搭建了农村青年与政府职能部门沟通交流的绿色平台。五年来，省市县共组织352场“面对面”活动，解决了一批农村青年反映强烈的问题，受到广大农村青年好评。例如，关于农村青年创业贷款难问题，通过“面对面”活动，争取到省金融办支持，推动省政府将农村青年创业小额贷款财政贴息工作纳入《全省农村金融工作督查考评办法》，实现此项工作的政策突破，成为各级政府金融工作的考核指标。省农业厅同意将农村青年领办的农民专业合作社省级示范社纳入全省“政银保”项目，享受贷款贴息优惠。

2. 建立调研报告制度

定期开展“倾听心声·共促发展——粤东、西、北地区农村青年就业创业情况专题调研”活动，联合多家涉农厅局和涉农院校，分赴粤东、西、北各市县，围绕农村专业合作组织建设、农村创业青年发展需求、创业政策环境、农村电商等主题，深入基层普通农村青年，采取问卷调查、召开座谈会、走访农村青年、实地考察农村合作社和涉农企业等多种形式，摸清农村青年就业创业情况，并形成专题报告，供各级政府决策参考，受到各级党委政府的好评。其中，2013年的调研报告《广东农村青年创业需求及政策环境调研报告》被省社科院列为年度重点研究课题项目，并获得中国农村青年致富带头人协会“倾听心声·共促发展”活动优秀调研报告一等奖。

（五）倡导社会风尚和乡村文明，建设社会主义新农村

当前如何建设社会主义新农村，更好解决农村社会环境恶化、文化缺乏、扶贫攻坚、价值重塑等问题，成为农村社会治理的重要内容，也是各级党政在农村的重要工作。近年来，广东青农会坚持通过各种途径参与新农村建设，倡导社会新风尚，促进乡村文明发展，推动农村社会善治。

1. 弘扬社会主义核心价值观

在团省委、省文明办的支持下，在全省开展了开展“践行核心价值观

携手共筑中国梦”寻找乡村好青年活动，共评出各级乡村好青年 1.4 万余人。组织开展“我的中国梦——奋斗的青春最美丽”“我为核心价值观代言”、乡村好青年网络访谈等宣讲活动 1 527 场，发挥乡村好青年的引领示范作用，向广大群众分享成长故事和人生经历，影响覆盖 137 430 名青年，在农村社会营造“学好青年、做好青年”的良好氛围。联合人民银行广州分行开展农村青年信用示范户评选，在全省评定各级农村青年信用示范户 5 000 多户，有效推动农村信用体系建设，促进了农村创业青年坚持讲信用的好传统。

2. 大力参与农村生态环保建设

连续五年联合团省委、省绿委、省林业厅、省教育厅、省少工委等开展“保护母亲河·青春绿南粤”——青少年植树护绿行动，多渠道筹集植树资金 1 670 万元和 520 万株树苗，组织 1 283 万人次参与植树造林活动，种植 40 230 亩树林。举办“一树一心愿，一绿一心田”网络植树节暨心愿征集活动。邀请时任省委书记汪洋同志启动“网络植树节”并寄语，带动线上广大青少年网络植树共计 150 多万株，线下热心企业和单位认种 100 万株树苗。

3. 主动关爱贫困地区发展

开展“幸福广东·健康同行”直通车行动，组织万名医疗卫生志愿者走进扶贫村服务困难群众。自 2011 年起，连续三年联合团省委、省卫生厅、省扶贫办等六家单位组织千支志愿服务队伍、万名青年医疗卫生志愿者，整合物资 7 100 万元，深入 3 409 个扶贫村，为近 66 万户贫困户和十多万患病困难党员免费提供义诊、体检等医疗服务，有效提高了贫困地区农民的健康水平，促进农村社会的和谐稳定。同时，各级青农会主动参与扶贫开发，发挥协会农村致富带头人集中的优势，从农产品农资赠送、农业开发、产业对接、基础设施建设等方面支持扶贫攻坚事业。

4. 发动会员支持公益事业

广大会员主动响应协会倡议，积极参与社会公益事业，捐资捐物，身体力行，为带动全省农村青年积极投身公益行动作表率。五年来，仅省青农会就收到会员捐赠合计 300 多万元的财物，用于扶贫开发、雅安地震、生态环保建设等公益事业，特别是在 2013 年粤东地区“8·16”特大洪灾中，省青农会副会长、广州茂德公食品有限公司总裁陈宇捐赠价值 24 万元的矿泉水 12 万瓶；省青农会副会长、广东锦丰实业有限公司总经理陈壮华赠送价值 4 万元的方便面 2 000 箱；省青农会专家服务团亲临灾区指导灾后复产 307 户，义诊灾民 3 826 人次，心理辅导 227 人次，受到灾区群众的好评。

三、农村社会组织参与农村社会治理的路径

(一)加强对农村社会组织参与农村社会治理作用的宣传

由于农村社会组织处在广大相对欠发达的农村地区,人们对其及其参与农村社会治理的作用缺乏全面的认识和了解,特别是广大农民朋友对此的认知需要一个过程。思想是行动的先导。要加强对农村社会组织及其参与农村社会治理的宣传,提高各级政府部门和社会成员对此的正确认识和重视。当前各级政府和宣传部门要加大舆论宣传力度,努力宣传和介绍这方面的知识,要重点宣传农村社会组织参与农村社会治理的重要意义,以及与农民自身利益的关系,唤起和增强农民参与农村社会组织的意识和积极性。同时,农村社会组织的骨干要发挥自身影响带动作用,向身边农民宣传农村社会组织参与农村社会治理的好处。

(二)加紧制定相关法律法规,出台扶持政策

为了使我国农村社会组织能够顺利参与并逐步融入主流的乡村治理结构中,为农村社会治理发挥积极作用,必须重视和大力支持农村社会组织的发展。一要不断完善社会组织的立法,针对不同类型的农村社会组织,制定相应的法律法规,以解决其合法的身份和地位;为农村社会组织参与农村社会治理提供制度上的保证。二要改革农村社会组织管理体制,改革农村社会组织业务主管单位和登记管理机关分别负责的双重负责管理体制,改变大量农村社会组织由于注册门槛高、限制多而没有"合法"身份,游离于国家管理体系之外的现状,切实让它们回归到在法律框架内全面参与社会管理和公共服务,最大限度地发挥它们的积极性和创造性。三要加大政策扶持力度,大力培育"面向农村、服务农民、推动农业"的"服务三农"型社会组织,给予它们适当的财政支持和税收优惠,帮助解决农村社会组织经济基础薄弱、资金周转困难等问题,帮助其建立和正常发展。

(三)加快基层政府职能转变和制度创新,为农村社会组织发展提供空间

基层政府的职能转变和制度创新,能为农村社会组织参与农村社会

治理发展提供空间。这需要加快基层政府职能转变和制度创新，改变原来权力高度集中、政府大包大揽的社会管理方式。一要加快基层政府职能转变。政府应从过去“不该管、管不了、管不好”的领域渐渐退出，广泛调动社会组织、企业参与社会服务、把该市场做的事还给市场，把该社会做的事交给社会，逐步形成社会组织与党委政府互联、互补、互动的社会管理和公共服务网络。二要创新政府管理方式。随着社会主义市场经济的发展，政府提供社会公共服务的职能不断强化，但政府职能的发挥方式要不断创新，逐步缩小政府直接提供公共服务的比重，逐步扩大通过政府转移职能和购买服务。从制度建设、政策支持、人才建设等方面鼓励和支持农村社会组织在政府主导下参与社会管理和公共服务，把通过农村社会组织自行可以解决好的、不必由政府承担的事项交给农村社会组织，充分发挥农村社会组织的作用，增强农村社会组织管理社会、服务社会的能力。

（四）农村社会组织要提高参与农村社会治理的能力

打铁还须自身硬。农村社会组织参与农村社会治理，需要加强自身建设能力，主要是人才培养和制度建设。一要培养农村社会组织管理人才。通过各种形式的教育和培训，提高农村社会组织管理人才队伍的管理水平和文化素质。建立人才奖励与补偿机制，引导与鼓励高校毕业生到农村参与农村社会组织的建设与管理，从而构建起农村社会组织管理人才队伍健康发展机制。二要强化农村社会组织内部制度建设。建立权责明确、协调运转、有效制衡的法人治理结构，完善民主选举、民主决策、民主管理、民主监督的制度体系；建立社会监督体系，自觉接受社会监督，建立社会监督与自律相结合的机制。

（五）加强对农村社会组织参与农村社会治理的监管和引导

如果任由农村社会组织自然生长，不利于农村社会组织作用的发挥。政府要坚持扶持发展与管理监督并重的原则，一要对农村社会组织参与社会治理进行方向引导。新农村建设能否成功，关键在于是否有一个正确的发展方向。如果方向不对，那么再多的努力也是白费，往往努力越多，造成的负面影响越大。因此，政府应该为农村社会组织参与农村社会治理掌好舵，这是其健康、快速发展的保证。二要建立健全农村社会组织的监管体制，对农村社会组织参与农村社会治理的行为进行规范。当前，农村社会中介组织还是一个新鲜事物，还处于起步阶段，整体素质较低，其运行机制还不规范，加之法律体制不健全，农民法律观念淡薄，因而政府必须加强对农村社会中介组织的监管，规范其行为。加强对农村社会组织日常运作的规范性、合法性及行为后果进行监督和管理。严厉惩处违法、违纪、严重干扰社会秩序的农村社会组织，坚决取缔迷信、涉黑等非法农村社会组织。加强对农村社会组织的财务审计，保证资金运作的公开透明，增强组织公信力。

参考文献

[1]中共中央、国务院．关于加大改革创新力度加快农业现代化建设的若干意见[Z]. 2015-02-01.

[2]胡锦涛．坚定不移沿着中国特色社会主义道路前进为全面建成小康社会而奋斗——在中国共产党第十八次全国代表大会上的报告[R]．北京：人民出版社，2012.

[3]习近平．中共中央关于全面深化改革若干重大问题的决定——中国共产党第十八届中央委员会第三次全体会议的报告[R]．北京：人民出版社，2013.

[4]曲延春．社会转型与农村社会治理体制创新[J]．农村经济，2014(8).

[5]徐顽强．社会管理创新视角下农村社会组织发展困境和路径研究[J]．广西社会科学，2012(6).

[6]杨嵘均．论农村社会中介组织对乡村治理结构改革的影响及其体制创新[J]．南京农业大学学报，2011(4).

[7]李国宇．关于青岛市农村社会组织培育发展的思考[J]．中共青岛市委党校学报，2009(2).

[8]钟宜．我国农村社会组织发展与乡村治理方式的变革和完善[J]．探索，2005(6).

[9]蔡斯敏．乡村治理变迁下的农村社会组织[J]．西北农林科技大学学报(社会科学版)，2012，05.

[10]周小花．农村社会组织在农村社会管理中的作用研究[J]．安徽农业科学，2012，33.

[11]张云英．农村社会组织：农村社会管理创新的基础[J]．湖南农业大学学报(社会科学版)，2011，06.

（作者系共青团广东省委员会农村青年工作部部长）

韩日农业运动经验对海南热带现代农业发展的启示

徐　腾

在20世纪七八十年代，韩国政府主导的新农村建设运动和日本政府组织的“一村一品”运动，不仅分别实现了两国经济的快速发展，促进了城乡的均衡发展，成功解决了城乡二元结构问题，而且还大大提高了国民的思想道德水平，并从根本上改变了农民的精神面貌，实现了整个社会的综合发展。海南作为我国唯一的热带岛屿省份，在2010年1月4日国务院发布的《国务院关于推进海南国际旅游岛建设发展的若干意见》中，明确以冬季瓜果菜基地、南繁育制种基地、天然橡胶基地、渔业出口基地、畜产品出口基地等五大基地建设为核心的国家热带现代农业基地建设是国家赋予海南国际旅游岛建设的六大定位之一。韩日作为岛国和我国近邻，与我国海南省在社会经济结构、文化发展、地域地貌、气候环境等方面具有诸多相似，研究和借鉴韩日现代农业发展经验，有利于海南热带现代农业健康可持续发展。

一、韩国新农村建设的主要经验和特点

从1970年开始，朴正熙领导的韩国政府主导在全国范围内开展轰轰烈烈的新农村建设运动。在不到二十年的时间里，韩国农业快速增长，农民收入稳步增长，农村面貌焕然一新。

（一）在组织方式上突出“政府主导，全民参与”

1. 新农村运动的成功，与政府积极主导有莫大关系

一是加强顶层设计和引导。朴正熙政府不仅明确提出“加快农业发展，提高农民收入，缩小城乡差距，实现农业现代化，进而实现国家现代化”的新农村建设总体目标，而且制定了具体目标和实施步骤，并且由朴正熙亲自宣布和发动。二是完善新农村运动的组织领导体系。在中央成立了由内务部领导的新村运动中央协议会，负责统筹制定各项

政策和编制财务预算;在市县、乡镇、村三级也相应设立了专门机构,负责协调、指导和促进本地新农村运动。这些机构不仅实行垂直领导,而且实行负责人制,分工到人,有效避免了责任推诿、信息不畅等情况发生。

2. 社会积极参与,确保各项工作顺利开展

一是发动农民积极参与决策。实行普选制,充分发扬民主,扩大知情权和决策权,让每位农民都可以参与新农村建设带头人的推选和项目规划、论证,从而提高农民的积极性,在一定程度上也遏制了腐败发生。据统计,运动开始四年后,几乎全国所有的农民就都积极地参与到新农村建设中来了。二是鼓励广大专业机构和学者也积极投身于新农村建设中。广大学者深入农村,为当地新农村建设献言献策和传播专业技术知识,解决了建设中的实际问题。三是委派官员参与。按照划片包干的原则,政府派出公务员参与新农村建设重点项目的管理和指导,大大改善了与群众的关系。

(二)在补贴方式上突出"因时制宜,灵活多变"

韩国新农村建设坚持"不建不补,多建多补,先建先补"原则,在不同阶段采用不同的补贴方式。一是在基础建设阶段采用实物补贴的方式。据相关资料显示,"在最初开展的新村环境改造工程中,政府给全国三万多个村庄提供水泥,每村为 335 袋,总价值 40 多亿韩元。"①政府通过无偿提供钢筋、水泥等实物补贴方式,用于农业生产基础设施和农村房屋建设。二是在 1974 年至 1989 年期间,主要采用工资补助和保购直付的方式。在这时间段内,韩国政府主要是从提高和改善农民生活水平、环境的角度出发,有针对性地改变了补贴方式,如:"从 1974 年到 1982 年,政府主导的 78 000 个工程项目大约需 9 400 万个工作日,政府投资了 2 260 亿韩元作为工资。"②再如:为保护主要粮食价格,韩国政府采用直接支付方式,从农民手里高价买入大米,再以低价卖给市场,既保证了农民的收入,又保障了市场供应。

(三)在宣传培训方式上突出"专业全面,精神培育"

为确保新农村建设顺利进行,韩国政府在提升农民文化专业素养和

①② 李黎 . 韩国新村运动研究——基于政府作用的视角 . 山东大学硕士论文,2011(4):7.

启蒙农民奋斗精神等方面下足功夫、做足文章。一是完善培训机制。韩国政府牵头组建了新农村指导员研修院，对指导各地建设的精英（指挥者）进行培训；韩国政府还制订政策允许农民通过就读公民初等学校、农民高中、正规高校以提高文化素质，同时还设立专门培训机构提高农民专业技术水平。二是培训形式丰富多样。除课堂培训外，通过优秀农民典型介绍经验、宣讲个人优秀事迹，启迪广大农民换位思考，切身感受，最终引导农民树立“勤勉、自助、协作”的奋斗精神。

（四）在监管方式上突出“齐抓共管，多措并举”

韩国政府不仅推出诸多政策大力支持新农村建设，而且将监管放在重要位置，贯穿整个建设活动。一是创建新农村监督检查机制。韩国中央政府牵头建立了层级分工明确的监管机制。不仅制订了新农村监督检查制度，对每个层级应负责内容、追责处罚都做了详细要求。同时，中央、地方各级政府还不定时到农村调研检查，掌握第一手资料。二是创新奖励机制。一方面，将新农村分为三类，即：自立村（最高）、自助村、基础村（最低）。通过物质激励方式，能够促使低级别村的农民因为落后于其他层级的农村而不断提高自己，同时也将让那些高级别村的农民以领先其他村子而自豪，继而再接再厉。另一方面，通过精神层面的奖励方式，鼓励农民积极参与新农村建设。对于建设较好的村落，政府将在村口设立“光荣碑”，并将该村先进个人的名字刻在碑上，以示表彰；对于建设较好的农村带头人（指挥者），总统还予以亲自接见和慰问。

二、日本“一村一品”运动的主要经验和特点

日本“一村一品”运动于20世纪70年代末在大分县率先开展。与韩国新农村建设运动一样，日本“一村一品”运动在组织方式、培训方式等方面具有诸多相同特点，也取得了明显成效。但是，日本“一村一品”运动也具有其显著特点。

（一）在品牌定位上突出“立足本地，放眼全球”

日本的“一村一品”最显著的特点就是品牌，而在打造民族品牌方面真可谓不遗余力。一是因地制宜，选定品牌。就是从本地实际出发，挖掘地方特色，不拘于品种数量，通过技术方面精益求精，把产品打造成为全国乃至全世界知名品牌。二是搭建平台，扩大品牌影响。一方面，利用本

地展示平台，宣传和介绍特色拳头产品；另一方面，定期主动到国内外大城市开设品牌产品推介专场，并在条件成熟的大城市中设立“一村一品”专卖店。三是发展加工业，延长产业链。对不宜长期保存的农产品，加快发展农产品加工，创建新的品牌，不仅提高了农产品的附加值，而且有效地促进了农民就业、农民增收。

（二）在组织模式上突出“自主自立，锐意创新”

一是充分发挥市场决定性作用，创新投入模式。日本政府仅在品牌推介、技术推广、公共基础设施上投入有限财力，更多的投入主要依靠社会资本。二是大力发展社会公共服务组织，创新管理模式。在全国分级创建农协，由农协牵头负责农资购买及发放、人员技术培训、农产品质量安全和运销等，大大降低了政府从业人力成本。

三、启示

近年来，海南省委省政府以农民增收为核心，以农村改革为动力，以品牌农业为抓手，加快转变农业发展方式，保持了农业稳定发展、农民快速增收的好势头。2014 年全省农业增加值 832.76 亿元，增长 5.1%；农民人均可支配收入 9 913 元，增长 12.6%。要实现海南热带现代农业又好又快可持续发展，还应借鉴韩日农业发展经验，做好以下几点。

（一）找好找准角色定位，创新创建管理服务

若要充分发挥市场在资源配置中的决定性作用，作为政府，就应调整定位，扮好角色，创新做好管理服务。一是创新农民教育培训机制。在农业发展中，农民是主体。韩国新农村运动证明：输血式发展不如造血式发展。只有充分发挥好农民的主体建设作用，运动才能成功。所以，政府要创新农民教育培训渠道，鼓励社会教育培训机构通过举办流动课堂、夜校、农民宣讲团等方式，给有条件的农民提供学历晋升、文化拉伸、技术提升的机会，培育新型职业农民。二是创新财政扶持方式。海南农业基础设施水平还相对薄弱，采取的方式基本上是财政资金补助。一方面，政府可以尝试实物（如水泥、钢筋）补贴的方式，既解决了基础设施建设的需要，又能有效地预防腐败的产生；另一方面，也可以探索建立引进社会资本参与农村基础设施建设“入股分成”合作机制，实现共赢。三是探索创建“公共服务组织＋政府”农产品质量安全监管方式。政府要大力发展社

会公共服务组织，给予政策性倾斜和资金扶持，准许社会公共服务组织参与到农产品质量安全监管中来，探索建立“公共服务组织＋政府”模式，即：服务组织负责产品检测、质量追溯和发放离岛通行证件，政府有关部门负责监管和执法。建立多层次农产品质量安全保障体系，提升海南农产品质量水平。

（二）用好用足自身优势，做大做强农业品牌

近期，国务院办公厅印发的《关于加快转变农业发展方式的意见》明确提出：推动农业发展由数量增长为主转到数量质量效益并重上来。要实现农业发展数量质量效益并重，大力发展农业品牌则是关键所在。海南省气候特色鲜明，农业发展自然条件优越；地处南海，毗邻越南、新加坡、中国两广、中国香港、中国澳门等国家（地区），交通便利；应利用好自身优势，加快农业品牌发展。

1. 鼓励适度规模经营

适度规模经营是发展农业品牌基础，不仅可以提高生产效率，而且对把控农产品质量安全、改善地力和减少地源污染具有积极意义。一是继续加强土地确权和土地有序流转。一方面，在充分总结试点经验的基础上，科学谋划确权任务，加强政策和技术指导，争取在2016年土地确权内业工作全部完成；另一方面，要严格贯彻落实中办、国办《关于引导农村土地经营权有序流转 发展农业适度规模经营的意见》的精神，结合海南实际，探索建立土地流转信息管理系统和土地流转交易市场。二是加快培育新型农业经营主体。积极推广“公司＋合作社＋农民”或“公司＋农民”模式，引进大公司主导经营运作；继续发展和壮大农民专业合作社，提高组织化、规模化水平。

2. 加快品牌发展进程

一是制定品牌农业发展规划。借鉴日本“一村一品”运动经验，结合实际，引导各市县充分挖掘当地特色，选定当地一种或几种特色农产品作为重点发展对象（在选取特色农产品时应着重考虑热带水果、冬季瓜菜等海南优势产业的品种）。二是加强政府品牌专项资金扶持和引导。结合品牌农业发展规划，有针对性地使用品牌专项资金引导各市县发展本地特色农产品。如：某市把苦瓜、红薯作为当地特色农产品，那么政府品牌扶持资金仅对该市的种植苦瓜和红薯并具有一定规模的种植大户和公司进行补贴。三是大力发展农产品加工业，延长产业链。以现代绿色农业加工园区为载体，围绕特色优势产业，聚合生产要素，突出可持续发展理

念，打造现代绿色农业加工示范园区，使现代绿色农业园区成为海南品牌农业发展的先行区。四是严格品牌标准、标志的管理，培育具有海南特色的区域公用品牌。五是加强品牌推介和营销。继续办好中国(海南)冬交会、国内外市场推介会，宣传和推介海南农业品牌；大力发展农产品电子商务，培育新型流通业态，同时继续扩大海南品牌农产品直销配送中心覆盖范围，形成多层次覆盖国内外的营销网络。

(作者系海南省农业厅机关党委专职副书记、机关团委书记)

那曲地区牧民增收问题探索

吉　卓

随着西部大开发的实施和国家扶持政策力度不断加大，那曲地区的经济进入了持续快速的发展阶段，牧民生活水平有了很大提高。但与兄弟地市相比，牧民收入增长仍然较慢，严重影响了牧民群众的生产生活，而且制约着那曲地区经济社会的发展和全面建成小康社会进程，增加牧民收入已成为那曲地区发展的必然选择。

牧民主要是指在牧区以畜牧业为生的人。在那曲地区，由于牧民聚居的特殊性和民族特征，决定了牧民增收问题不能直接套用农民增收的方式和措施。本文结合那曲地区目前客观发展的实际，客观分析牧民增收的现状，提出促进牧民增收的对策建议。

一、增加那曲地区牧民收入的背景及意义

（一）增加那曲地区牧民收入的背景

近年来，那曲地区经济保持持续稳定增长，在全国特别是浙江、辽宁两省和中央五大国有骨干企业的大力支援下，经济发展，社会稳定，基础设施不断完善，人民生产生活水平明显提高，但是牧民收入增长趋势缓慢，与城镇居民收入差距明显。随着收入差距的不断扩大，尤其是随着那曲地区的对外开放日益扩大，较低的牧民收入无论是对国家安全还是地方稳定而言都显得力不从心。因此，增加牧民收入，对于推进那曲地区长治久安和跨越式发展都具有重要的现实意义和深远的历史意义。

（二）增加那曲地区牧民收入的意义

从那曲的发展历程来看，西藏和平解放后，直接由封建农奴制度过渡到社会主义社会，社会进程有了极大跨越，牧民生产生活方式有了极大改

变。只有坚持经济又好又快地发展，创造丰富的社会物质财富，解决好广大牧民群众最直接、最关心、最现实的利益问题，才能够更好地维护边疆地区的安全稳定；只有提高牧民群众收入，缩小城乡差距，才能更好地凝聚民心，形成发展的强大动力。

二、那曲地区牧民收入现状及原因分析

近几年，那曲地区牧民收入保持了较快的增长态势，纵向比增速较快，但仍存在着继续保持较高增长水平的难度较大，追赶全区平均水平、缩小与全国差距的难度加大等困难和问题。分析原因，主要是牧业基础薄弱、产业化程度低、生产效益不高、增收渠道比较单一等制约了牧民收入的持续快速增长。

(一)传统畜牧业生产效益不高，影响了牧民增收

从构成上看，畜牧业生产是牧民收入的主要来源。长期以来，那曲地区畜牧业生产主要以家庭经营为主，靠天养畜，手工耕作，规模较小，仍然持续着传统的生产方式。传统畜牧业组织化程度低，生产资料分散，特色经济发展滞后，畜产品科技含量偏低，经济效益不高，畜牧业产业化的发展与牧民增收的要求不适应。只有加快推进传统畜牧业向现代化畜牧业转变，提升牧业综合效益，提高畜产品商品率和附加值，才能从根本上巩固牧业基础地位，增加牧民群众收入。

(二)牧区自我发展能力不强，畜牧业外部增收渠道狭窄

与全区相比，那曲地区在转移牧区劳动力就业方面差距十分明显，二、三产业发展落后，群众劳务输出的积极性不高，劳务输出创收未能在国家大投入、那曲大建设中实现大增长，大批牧业人口长期滞留在草场；部分群众对虫草资源过分依赖，使增收基础不稳固，直接影响着牧民收入的增长。如何组织引导牧区剩余劳动力走出草场，务工经商，从事二、三产业，开辟新的生产经营领域，培育新的经济增长点，已成为那曲地区牧民增收中迫切需要解决的现实问题。

(三)牧业基础薄弱、牧区基础设施滞后，制约了牧民收入的增长

受高原特殊的地理条件和气候影响，那曲地区雪灾、大风、冰雹等自

然灾害频繁，畜牧业生产基础条件和抗御自然灾害的能力弱，群众自储饲草料能力有限，即便是在应对短期小型雪灾方面也显得捉襟见肘；草原退化、鼠虫毒草害比较严重，牧草质量下降，制约了牧区经济社会的快速发展和牧民群众增收步伐。牧区交通、能源等基础设施建设薄弱，市场流通等服务体系不健全，信息滞后，畜产品流通不畅，牧民群众“买难卖难”的状况没有根本性改变。加大牧区基础设施建设投入力度，加快草原生态畜牧业防减灾体系建设，提高牧区公共服务能力，是改善牧民生产生活条件、破解群众增收问题的关键所在。

（四）牧民思想观念落后、劳动技能普遍较低，加大了增收的难度

牧民群众思想观念陈旧保守，把牛羊更多地作为家庭财产、生活依靠，商品经济观念落后，市场竞争意识淡薄，“惜杀惜售”的传统观念依然存在；牧民科技文化素质普遍较低，劳动技能整体较差，劳务输出组织化程度偏低，转移就业缺乏市场竞争能力，推动牧民增收的难度加大。事实证明，牧民文化素质越高，家庭人均收入也越高。加强群众教育引导、增强群众增收致富意识，加大牧民培训力度、提高劳动者技能，适应社会发展进步和现代畜牧业的发展需要，势在必行、迫在眉睫。

（五）贫困人口比重较大，增加了牧民增收的压力

按照全面建成小康社会的目标要求，帮助贫困人口脱贫致富，改善生产生活条件，提高群众整体生活水平，充分发挥市场和政策对牧民人均纯收入的拉动作用，是牧民增收工作的必然要求。

三、提高那曲地区牧民收入的对策建议

在今后的工作中，要着力在加大出栏力度、提高畜产品商品率上下功夫，着力在做好防抗灾准备、确保牧业生产安全上下功夫，着力在强化督查、狠抓落实上下功夫，努力确保牧民收入持续增长。

（一）积极搭建增收平台，引导群众加大出栏增加收入

坚持“政府搭台、牧民唱戏”的原则，把举办畜产品展销会作为拓展销售渠道、增加群众收入的重要平台，加大宣传力度，强化政府服务，努力办好畜产品展销会，树立那曲“高原绿色食品”品牌。同时，在有条件的县单独或与其他县联合举办畜产品展销会、交易会，主动为群众组织畜产品进

入市场牵线搭桥，为畜产品进入市场创造有利条件，为群众增收搭建平台，使牧民的好收成变成好收入。加快建设面向牧区、服务牧民的畜产品批发市场、集贸市场，促进牧区商品流通，进一步完善市场功能，增强辐射能力，建立起覆盖城乡的牧区畜产品流通网络，缓解牧民“买难卖难”的实际困难。积极教育引导牧民群众转变“惜杀惜售”的传统观念，增强群众增收致富意识，通过政府联系和自主推销相结合的办法，调动牧民投身市场的积极性和主动性，提高牲畜出栏率和畜产品商品率，切实增加牧民收入。

（二）全力做好特殊季节的防减灾工作，保障牧业持续增产增效、牧民持续增收

牢固树立“减损就是增收”的思想，强化县级干部包乡、乡级干部包村、村级干部包户的工作责任制，确保一旦发生灾情，做到有组织、有秩序、有步骤地开展抗灾救灾工作；强化防抗灾物资储备，早安排、早部署，采取政府储备与群众自筹相结合的方式，切实做好粮食、饲草料、燃料、衣物、药品等防抗灾物资的储备，挨家挨户进行检查，逐条逐项进行落实，真正做到有备无患、防患于未然；强化交通、通讯保通工作，采取有效措施，提早抓好道路的维护、多灾易灾区域道路保通机械设备、油料、突击队的安排工作，加强对通信线路的维护，确保通信畅通；强化牲畜出栏，按照“多存多出、少存少出，积极淘汰老畜、弱畜、非生产畜”的原则，科学合理地加大牲畜出栏力度，减少防抗灾压力，尽最大努力避免因灾造成损失，保持那曲地区畜牧业发展良好形势，确保牧民群众增产增收。

（三）加强技能培训，提高牧民增收致富能力

充分利用现有的职业培训机构，按照市场化、社会化的要求，加强组织领导，强化沟通协调，完善培训工作机制，多领域各部门对牧民进行形式多样技能丰富的各种培训，大力培养懂技术、会经营、有文化的社会主义新型那曲牧民。突出培训的实用性和针对性，按照需要什么样的技术就培训什么样的技术、技术指导直接送到户、技术要领直接送到人的要求，举办各种技能培训班，真正使牧民掌握1～2门增收技能，增强牧民主动参与劳务输出和转产转业的信心，激励和促进农牧区剩余劳动力顺利转移就业，有效增加牧民群众收入。大力培养善于生产经营的农牧民合作经济组织带头人、经纪人、致富能手和农牧企业家，使他们成为建设社会主义新牧区的生力军，成为带动牧民增收致富的带头人。

(四)全面落实国家的强农惠农政策,实现牧民转移性收入稳定增长

从根本上规范落实国家强农惠农政策的体制机制,不断完善符合牧区实际、管用实用、方便群众的办法和措施,充分扩展落实空间,最大限度地发挥政策效益,切实发挥“政策增收”的作用。确保草原生态保护补助奖励机制资金、畜牧良种补贴、畜牧业补贴、农机具补贴、野生动物肇事补偿、政策性涉农保险理赔等各项强农惠农资金足额落实到位、及时发放到户。把草原生态保护补助奖励机制资金兑现工作作为一项重要内容,作为落实各项惠民政策的重中之重,进一步加快工作进度,及时把资金兑现到群众手中,真正把党的好政策落到实处。

(五)加大扶贫开发力度,解决贫困群众增收问题

围绕“确保贫困人口到2020年如期全部脱贫”的目标,以整乡推进扶贫、产业带动扶贫和培训专业就业为切入点,以到户帮扶为核心,着力提高贫困地区自我发展能力,帮助贫困人口改善生产生活条件,努力提高群众整体生活水平。加快扶贫农发项目建设,大力实施创先争优强基惠民扶贫农发直通车行动计划,充分发挥强基惠民驻村工作队的作用,深入推进扶贫开发工作。深入做好贫困户的更新核实工作,为到户帮扶、分类帮扶提供科学依据,确保实现应扶尽扶、应保尽保。

(六)强化督促检查,确保增收措施落到实处

继续加大督促检查力度,深入开展“三农”工作大检查,围绕牧民生产生活、促进牧民增收等“三农”工作进行全方位、多角度督促检查,针对牧民增收工作中存在的问题和薄弱环节,提出和改进加强牧民增收工作的措施,大力推动那曲地区牧民收入持续稳定增长。

(作者系共青团西藏自治区那曲地委书记)

浅谈环兰高速公路交通事故应急处置存在的问题及对策

贾　晔

近年来，随着我省社会经济的持续快速发展、高速公路网建设的不断完善和社会的不断进步，持续促进了交通运输业的迅猛发展，各地机动车保有量呈现出爆棚式增长趋势，高速公路作为运输大动脉的基础地位将不断上升，环兰高速公路（环省会兰州由G30、G75、S1、G6、G22等组成的"三纵两横"路网）交通安全环境也日益复杂。据统计，近三年，环兰高速公路共发生各类道路交通事故7 000余起，其中，发生一般程序处理交通事故300余起，共造成283人死亡，459人受伤，直接财产损失800余万元；其中发生一次3人以上较大事故17起，造成67人死亡，28人受伤。交通事故的频发，对高速公路安全畅通的影响不断加剧，给高速公路交通事故的应急处置带来重大挑战，而我省目前高速公路基础设施落后和现有的人、财、物、机械装备等应急资源的缺乏，越来越跟不上交通管理工作的需要，给环兰高速公路交通事故的应急处置造成被动局面，影响应急管理的高效进行，极易造成不良社会影响。

一、环兰高速公路交通事故应急处置现状

（一）交通基础设施现状

环兰高速由于修建较早，受资金等条件限制，公路设计标准普遍偏低，安全防护设施不够完善，道路呈现出建设标准低、道路线形差、坡大弯急、桥隧众多等特点，部分路段已达到超饱和状态，远远超过道路设计通行流量，完全不能适应当前交通运输实际需求，存在较大的安全隐患。一是道路线形差。多数路段道路宽度设计标准不够、未建设紧急停车道或紧急停车道宽度不足，造成以上路段内交通密度大、违法频率高，易因交通流量饱和而造成道路拥堵。二是坡陡弯急。环兰高速长下坡弯道路段较多，其中榆中隧道群、东岗长下坡、王家山长下坡、乌鞘岭隧道群、新七

道梁隧道长下坡路段坡陡弯急，有效视距较短，重载货车易因刹车失灵而引发重特大道路交通事故。三是隧道安全隐患突出。支队辖区现有隧道15处，其中G22柳沟河段有隧道4座，兴隆、定远与和平三座隧道构成榆中隧道群，G30华藏寺段和双塔段有隧道5座，乌鞘岭一、二、三、四号和古浪隧道构成乌鞘岭隧道群，目前多处隧道内设施陈旧老化，隧道内照明灯光不足，隧道两侧发光的边缘性、路面标志标线不全，隧道出入口提示性标志标牌设置较为凌乱，出入口路面未设置金刚砂或震荡线等措施，无法对车辆出入隧道口时起到强制降速作用，导致隧道内事故多发，发生交通事故后应急处置工作难度较大。四是环兰高速收费站安全隐患突出。环兰高速兰州主城区的兰州、兰州东、兰州南、兰州西、兰州北五大收费站全部设在长下坡路段，坡陡弯急、视线不良，加之匝道距离较短且转弯半径较小，收费站通道较少，极易导致车辆通行不畅；兰州收费站立交匝道出入口设置不符合驾驶员习惯，将进入兰州市设为主线，易造成车辆误行；收费广场与城市道路连接段相对狭窄，导致高速与市区转换不畅。由于各收费站安全隐患突出，频繁引发恶性事故，增大了交通事故应急处置工作率。五是绕行线路少。环兰高速周边国省道由于道路线形狭窄、坡陡弯急，部分桥梁年久失修、承载有限，一旦道路发生交通事故，对车辆进行分流时通行不畅，尤其重型货车及超宽车辆无法通过国省道绕行，极易造成大面积拥堵，给交通事故应急处置工作带来很大困难。

（二）应急管理机构现状

目前环兰高速公路应急管理的主要力量是各高速公路运营管理单位、路政、交警部门，根据事故现场情况再通知急救、消防、环保、公安、安监等部门参与。甘肃省公安厅交警总队和高速公路管理局联合成立了路警指挥中心，并明确了各单位（部门）间的职责和权限，但在交通事故应急处置过程中，各单位（部门）分别启动应急预案，开展应急处置工作，在相互协作配合上往往要通过路警指挥中心进行协调，没有较为完善的高速公路应急管理制度化体系，导致在道路交通事故紧急救援预测、预警和协调联动存在体制、机制上的极大障碍。

（三）应急管理人员的现状

客观来看，由于目前普遍缺乏对高速公路应急管理的全盘考虑和统筹规划，在各部门各自为政的情况下，高速公路应急管理的人力资源主要来自运营管理单位的救援大队、路政、交警、消防等各职能部门以及公路沿线的部分道路救援外协单位。因此，救援队伍除消防部门外，其他部门专业程度参差不齐，整体素质不高，加之缺乏必要的实战演练和专业培训，部分民警、交通协管员和其他救援人员道路交通事故现场处置能力及应变能力较低，导致交通事故现场救援及撤除的速度较慢。

（四）应急救援装备现状

我省是西北经济欠发达地区，目前高速公路应急救援力量由运营管理单位的救援大队和社会救援力量组成，高速公路应急处置的大型设备和专业装备较少，现有施救清障实力还不能完全满足当今高速公路交管工作的需要，主要表现在：一是施救人员不足和缺乏足够的大型施救设备，遇到大型货车肇事时只能根据需要临时召集施救人员和租借吊车、驳货车等大型施救设备，严重耽误了施救抢通时间；二是高速公路上驳货工作难度较大。大型货车事故现场往往造成货物散落在通行车道甚至对向车道上，由于环兰高速公路地理位置的特殊性和货物形态的不同，一些装卸货物的机械设备无法使用，只能靠人工清理，耗时较长。

（五）驾驶员队伍现状

目前，高速公路车辆驾驶员多为过境驾驶员，个别驾驶员安全意识差、法律意识淡薄，无法从源头对驾驶员纳入管理、进行安全教育，环兰高速公路超速、超员、疲劳驾驶，违法变更车道等重点违法行为突出，导致各类事故高发，高速公路应急处置工作压力较大。占用高速公路应急车道的行为十分突出，发生交通事故后，非法占用应急车道，随意穿插被堵车辆，造成更大面积的交通堵塞，使救护、消防、交警等车辆无法进入事故现场开展及时有效的救援，严重影响事故处置救援工作，应急车道关键时刻起不到应急作用，给人民群众生命财产造成巨大损失。

二、目前环兰高速公路应急处置中存在的主要问题

（一）交通事故施救难度大、时间长

环兰高速公路事故高发点为急弯、长下坡路段，且事故多为货运车辆，货车在长下坡路段因制动效能降低，刹车失灵后导致多车连环相撞后

侧翻，货物散落，现场大而凌乱。发生道路交通事故后，必须对长下坡路段进行封闭管制，当民警勘查完现场，需清理货物再施救，但由于散落的货物过于沉重，导致清理时间较长，施救速度大幅度降低，导致封道时间过久，极易导致大量的车辆滞留。

（二）相关协作部门联动协调不够

环兰高速公路交警部门虽然与辖区收费、路政、应急救援、道路养护等部门建立了环兰高速“一路六方”“一体化”应急体系，但在道路事故应急处置工作中，因缺乏统一领导，仍然存在各单位（部门）分别启动应急预案，根据各自职责开展应急处置工作，缺乏相互配合、相互协作精神。同时，个别部门在交通事故应急处置工作中存在不及时、不主动的问题，仍然存在事故现场交警单打独斗的局面，从而导致交通事故应急处置工作协调、联动不力。

（三）资源共享机制不健全

目前，环兰高速公路交通事故应急处置的主要力量是交警部门、路政、救援大队和社会救援力量。一般情况下，由高速公路交警接警后，到达事故现场后对信息进行汇总处理后汇报大队，根据实际情况上报上级交管部门，并视情通知路政、救援、急救、消防、环保、安监等部门参与，对于一些大型货运车辆发生交通事故需要施救的，由交警部门上报路警指挥中心，路警指挥中心再指派救援大队，救援大队到达事故现场后，根据现场判断才调用社会救援力量，导致交警现场勘查完毕后现场不能及时清理。高速公路交通事故应急响应机制运行包括接警、确认、决策、指令、处置、恢复等程序，在高速公路突发事件应急管理处置工作中，信息资源的共享是及时、高效处置好突发事件的前提，但由于目前在资源共享方面存在很大不足，没有形成扁平化指挥体系，影响了快速科学决策和统一指挥的效果。

（四）缺乏对高速公路应急资源的管理

应急管理资源是高速公路应急管理保障体系的重要支撑，在人力、队伍、物资、技术、设备、信息等多个方面为交通事故应急处理提供帮助。但目前在环兰高速公路交通事故应急处置工作中，因缺乏对应急资源的统一管理，存在人员培训不到位、缺少专业性强经验丰富的处理人员、组织和参与应急处置的指挥员及民警临场经验不足，技术因素和设备不完善，物质资源保障不到位，有预案不演练、各联合单位的应急处置预案缺乏整体性、一致性，且预案对应的处理流程没有可变性等问题，导致决策缺乏针对性和灵活性，影响整个交通事故应急管理体系的快速高效实施。

三、运用政府应急管理理论提出对策建议

高速公路交通事故应急处置是道路安全运营的前提和保障，其应急体系应包括合理的组织结构、健全的系统框架、缜密的运行机制，它的完善与否对提高高速公路使用效益、减少交通阻塞和延误，以及降低交通事故率有着极其重要的意义。

（一）以党委政府为主导，完善群策群力的高速公路交通事故应急处置领导机制

高速公路交通事故应急处置工作要严格依据公安部《高速公路交通应急管理程序规定》，按照“统一领导、分工负责、协调联动、快速反应、妥善处置、确保安全”的原则，积极争取当地党委政府的重视，从政策上给予更多的支持，切实打破相关部门间管辖、权利、义务等诸多壁垒。由当地政府部门牵头，成立公安、宣传、公路、医疗、交通、消防、化工环保、气象、清障等多部门负责人为成员的交通应急处置领导小组，建立专门管理机构，理顺工作关系，明确各自分工，责任落实到人，形成在党委政府领导下，部门群策群力、齐抓共管的大格局。在交通事故发生后，做好各部门指挥、协调、指导、沟通等具体工作，同时，建立相应的监督、检查、考核等管理机制，进一步提高各部门交通事故应急管理工作的积极性和处置效率。

（二）健全监测预警和资源共享机制，确保高速公路交通事故应急处置管理体系有效运行

高速公路监测预警和信息资源收集是应急管理体系有效运行的重要支撑，高速公路上突发事件信息及时、准确的获得是高速公路交警正确决策、采取科学应急管理措施和策略的前提条件。在高速公路突发事件预警系统方面，要健全高速公路信息采集、监测系统，建立科学的风险评估指标体系，充分利用多种信息采集方式，包括气象灾害预报、监控设施、路面巡逻、报警电话等，通过对高速公路沿线各种信息的分析、整理，对可能出现的风险做出预测，及时向应急处置机构甚至决策机构发出适宜的警报，将危险消灭于萌芽状态。

(三)强化部门联动和预案演练,不断提高高速公路交通事故的应急处置效率

高速公路交通事故的应急处置效率决定着损害后果,提高应急处置效率,部门联动的顺利实施和处置预案的完善是基础。高速公路交通事故应急处置作为一项社会性工程,党委政府成立专门的应急指挥机构,将地方政府各相关部门纳为机构成员,并在制订应急处置统一预案的基础上,本着贴近实战的原则,充分利用各部门人员、装备、科技等优势资源,适时组织开展应急演练,提高应急预案的实效性、针对性和可操作性,确保在交通事故应急处置时,各相关部门能够做到快速反应及时、调度有序、救援快捷、处置规范,最大限度地减少人员伤亡和财产损失。

(四)结合环兰高速公路特点,不断提升应急管理水平

结合环兰高速公路实际特点,高速交警部门要认真分析研判交通安全形势,多措并举,全面加强高速公路交通事故预防工作,有效缓解交通事故应急处置压力,不断提升应急管理水平。一是加强分析研判,增强事故预防能力。要认真分析交通事故特别是较大以上事故发生原因,研究事故规律特点,查找管理的薄弱环节和突出问题,研究针对性的对策措施。二是加大推进公路安全隐患治理工作。加大事故多发路段和隐患路段治理工作,跟踪隐患的治理落实情况,尽最大可能改善道路基础设施和通行环境,减少安全隐患。三是适时开展重点违法行为专项整治活动,净化路面通行秩序。四是强化宣传教育,提高驾驶人的安全守法意识。要在传统的宣传模式上不断改进创新宣传模式,增强交通安全公益性广告宣传频率,不断提高交通参与者的安全守法意识。

高速公路交通事故应急处置工作是高速公路应急管理体系的核心,也是全社会应急管理体系的一部分。作为高速公路交通管理部门,应充分认识到高速公路应急管理体系的重要性,抓好应急体系的建立,健全应急体系的措施,保障应急体系的实施,站在服务大局、服务社会、服务民生的高度,不断加强交通事故应急处置工作的演练与实践,全面提高应急管理水平,从而有效保障公众的生命财产安全,为促进甘肃经济社会和谐发展作出应有的贡献。

(作者系甘肃省公安厅交管局高速公路第一支队支队长)

坚持科技创新　努力提升治江水利科技工作水平

丁洪亮

长江水利委员会(以下简称长江委)水利科技工作深入贯彻落实中央新时期治水方针和水利部治水思路,聚焦长江重大科技问题,深化科技体制改革,加强自主创新,在治江重大问题研究、科技创新体系建设、科技奖励、水利标准修订等方面取得显著成效,为长江委水利可持续发展提供了有力的科技支撑和保障。

一、近年长江委水利科技工作成效

(一)重大治江科技问题研究成效显著

长江委自 2006 年以来共承担国家级课题 57 项,省部级课题 215 项,涵盖了国家科技支撑项目、"973"项目、水利部公益性行业科研专项经费项目、"948"项目、水利科技推广项目等。项目紧紧围绕长江流域防洪减灾、水电开发、水生态与环境保护、水资源综合利用、河道治理等领域的重大和热点问题,攻克了一批关键技术,突破了瓶颈制约,提高了长江委水利科技的整体水平,提升了长江委水利建设和管理的现代化水平,为治江事业提供了有效支撑。相关研究成果已经在《长江流域综合规划(2012—2030 年)》《长江流域防御洪水方案》、2010—2013 年长江防汛抗旱调度,三峡工程 175m 蓄水调度,乌东德、小南海、白马、构皮滩等项目水利水电工程的可行性论证,西南五省(自治区、直辖市)重点水源工程近期建设规划环境影响评价,雅砻江水电站鱼类增殖放流站等项目中得到了成功应用,解决了一系列治江关键技术问题。

(二)科研成果质量显著提高

对科技项目实行过程管理,注重立项审查、年中检查等环节,为提高科技成果质量,委托长江委科技委对项目实施中期评估,效果显著。组织专家对"高坝泄洪雾化工程安全及环境影响评价与对策"等水利公益性行业专项项目进行了中期评估，及时发现并解决了项目执行中存在的问题，为水利部国科司对水利专项项目验收获得优秀评价结果奠定了良好基础。

（三）科技创新平台建设取得重大突破

2014年年初，水利部批复长江委组建"水利部山洪地质灾害防治工程技术研究中心"，时任水利市副部长胡四一同志亲临长江委出席山洪地质灾害防治工程中心学术交流会，并为中心揭牌。至此，长江委共建有一个国家大坝工程安全技术研究中心，以及四个省部级重点实验室、三个省部级工程技术研究中心和一个省部级科技推广中心，科技创新平台建设取得新的突破。为加强长江委科研能力建设，根据专家评估意见，组织编制了《长江委2015—2020年加强省部级重点实验室和工程技术研究中心能力建设指导意见》，指导委内科技创新平台建设。

（四）科技奖励成果丰硕

长江委通过开展水利科技研究，取得了丰硕的研究成果，近年来按照分奖种、分专业组的策略申报各类科学技术奖，效果良好。2006年以来，长江委共获得国家科学技术奖16项（国家技术发明二等奖1项、国家科技进步二等奖15项）；获得大禹水利科学技术奖54项（特等奖2项、一等10项、二等奖27项、三等奖15项）；获得湖北省科学技术奖103项（突出贡献奖2项、自然科学二等奖2项、科技进步特等奖3项、技术发明二等奖1项、科技进步一等奖26项、科技进步二等奖39项、科技进步三等奖29项、科技成果推广一等奖1项）；获得其他省部级和行业科学技术奖近300项；取得各类专利150项；发表学术论文近5 000篇；出版专著93部；编制国家标准5部、行业标准66部、企业标准36部。

为整合优势科技资源，规范长江委内部国家科学技术奖培育申报工作，制定了《长江委2015—2019年国家科学技术奖培育申报工作指导意见》。根据指导意见，长江委推荐"水利水电工程隐蔽缺陷无损检测与处理新技术""水工岩体特性评价与工程利用关键技术""白鹤梁题刻原址水下保护工程研究与实践"等三个项目分别从水利部、湖北省、国家文物局申报2015年国家科学技术奖。

（五）科技讲座持续开展

为拓宽长江委领导干部视野、丰富知识结果，每年邀请院士、大师等知名专家来委开展科技讲座。邀请张建云院士为我委领导干部做了题为“关于水生态文明建设的认识和思考”的讲座，中国科学院院士、全国政协常委王光谦应邀做了题为“大数据时代的水利”的科技讲座，邀请湖北省副省长郭生练教授做了题为“国内外设计洪水计算方法比较研究与评价”和“水库洪水资源化与联合优化调度”的讲座，邀请北大倪晋仁教授做了题为“基于河流全物质通量的水生态系统管理”的讲座，所邀请专家报告内容对策有力、指导性强，在很多方面都提出了详细、独到的见解，使我们开阔了视野，增长了知识，深受启发。

同时，针对长江流域水利工程对水资源和生态环境的影响与对策以及长江流域综合管理等重大问题，组织举办了长江委青年科技论坛，反响良好，弘扬了科技创新、爱岗敬业精神，为青年职工积极投身治江科技工作营造了氛围。

（六）水利科技改革不断加强

贯彻落实《长江水利委员会深化水利改革工作方案》《长江水利委员会深化水利改革领导小组 2014 年工作要点》文件精神，积极推进长江委水利科技体制改革。就如何提高长江委科技协同创新能力，实现水利科技成果共享，切实加强科技项目质量管理等开展了广泛的调研，在此基础上，经过认真梳理，针对水利科技管理中存在的问题，提出长江委科技成果共享与协同创新机制初步工作方案。目前，根据长江委深化水利改革统一部署和工作方案，继续深入推进水利科技体制改革。

二、科技工作中存在的问题

长江委水利科技工作虽然取得可喜成绩，但与新时期治江工作快速发展的需求还有一定差距，仍存在一些问题和不足。

（一）水利科技创新体制机制改革有待深化

科技创新的体制机制与水利改革发展的要求不相适应，同类科研力量的整合还未达到预期效果，科技资源整合与共享、科技协同创新、科技平台管理等工作还需进一步深化；联合申报科研项目，各单位之间沟通协调不够。

(二)科技平台建设有待加强

长江委省部级实验室和工程技术研究中心能力建设取得了一定的成绩,但在建设及运行管理中存在以下问题:国家级科研项目比例偏低,国际合作与国际交流不足,开放基金项目数量和资金规模偏小;工程中心科技成果的应用与转化力度不够,产业化能力有待增强;开放程度低,资源不能得到有效整合,部分设施和设备平台利用率低、共享程度不高;部分实验室研究方向发展不够均衡,科技成果单一,国家和省部级奖励、SCI和EI论文,专利、专注、水利标准等成果偏弱,论文、专著等的署名有待规范。实验室和工程中心与依托单位的关系尚未完全理顺,须进一步处理好基础研究和技术开发与生存发展的关系。

(三)科技项目管理水平有待提高

长江委专业设置齐全、科研实力雄厚,但科研项目不足的问题仍然存在,且科研课题完整性、连续性不足。"948"项目和科技推广类项目较少,科技成果引进与推广的难题仍然存在。科研结构不平衡,工程研究实力强,但自主创新能力、知识产权保护意识、理论及基础研究能力还有待进一步提高。科技项目和仪器设备存在重复申报的问题。科技项目重视程度不够,重申报,轻管理,个别项目没有按照中期评估意见整改,成果质量不高。项目执行进度滞后,特别是水利标准制修订工作滞后严重。

(四)治江科技领军人才仍有不足

近年来,长江委认真贯彻落实科学发展观,扎实推进《治江高级人才计划》,全委人才队伍建设取得了可喜的成绩,但与治江事业快速发展的需要仍不能完全适应。主要表现在:高层次领军人才、中青年学术骨干、经营人才缺乏;把握国内外水利科技发展动态的高层次人才引进比较困难;科研团队数量少,且团队间差距较大。

三、坚持科技创新、强化措施,扎实推进长江委水利科技工作再上新台阶

(一)按照长江委党组统一部署积极推进长江委水利科技体制改革

充分发挥政策的杠杆和导向作用,释放更多的制度红利,不断提升研

发能力、激发人才活力、增强创新动力、凝聚文化张力，服务创新发展大局，为形成强大的核心竞争力提供有力的制度支撑。继续完善长江委科技信息查询共享平台，对重大仪器设备与科研平台、科技项目信息、科技项目中期评估意见与验收意见、水利技术标准编制情况月报以及专利、软件著作权、奖励成果等信息进行发布。

（二）进一步强化治江科技支撑

围绕治江水利改革发展中心任务，面对新时期治江战略及重大技术问题需求，加强顶层设计，突出整体技术优势，重视项目提前准备与谋划，争取从水利前期、国家科技支撑项目、重点水专项等不同渠道申报计划，有针对性破解水安全、水资源配置、水环境保护等治江重大科技问题，并注重科技成果推广与转化。

（三）加强科研创新平台建设管理

认真落实《长江委2015—2020年加强省部级重点实验室和工程技术研究中心能力建设指导意见》，发挥管委会和联席会议制度的作用，做好年度目标设定和检查，进一步提高现有国家、省部重点实验室、工程技术中心等在科技创新中的作用，研究建立开放共享、互惠互利的运行服务管理模式。根据需要和准备情况积极推进其他科研平台申报建设工作。

（四）加强科技项目管理工作

继续加强科技项目的过程监督、管理和协调，组织开展科技项目储备入库、项目申报审查、项目中期评估等工作，逐步建立科研诚信制度、项目执行情况公布制度以及黑名单制度，以期强化项目成果质量管理。

（五）加强科技成果管理

做好科技成果总结凝练、鉴定工作，认真落实《长江委2015—2019年国家科学技术奖培育申报工作指导意见》，做好长江委科学技术奖和省部级科学技术奖的组织申报工作，在此基础上全力做好国家科学技术奖的组织申报工作。

（六）加强各单位之间的协同创新

充分发挥与清华大学、河海大学共建的“水安全与水科学协同创新中心"和与武汉大学等单位组建"长江中三角地区水资源安全保障湖北协同创新中心"的作用，推动委内外单位产学研结合，联合开展国家重大项目（课题）的申报与研究，促进科研成果转化。

（作者系水利部长江水利委员会国际合作与科技局副局长）

共产党员信仰宗教的现实表现及危害

王耀纲

宗教信仰自由是对国家的公民来说的，而对共产党员来说，则不能信仰宗教。中央组织部于1991年根据中共中央〔1982〕19号文件精神，下发了《关于要妥善解决共产党员信仰宗教问题的通知》（组通字〔1991〕4号），明确了共产党员不能信仰宗教。而现实当中，有一部分党员暗地里信仰宗教或明目张胆地走进寺院教堂成为一名虔诚的教徒，这些既信仰马列，又信奉天主、佛祖等神灵的党员在群众当中造成了恶劣影响。

一、部分共产党员信教的现实表现

（一）受社会上封建迷信影响而信教

有的官员热衷于参加迷信活动，一些党员干部，甚至是中高级领导干部烧香叩头以祈福消灾，求签问卦以预测仕途，做决策请"大师"当顾问，用人时以"八字"做参考。如被党纪国法处理的河北省原常务副省长丛福奎、原省国税局长李真就非常具有典型性。丛福奎在任常务副省长期间就暗地里皈依佛门，取法号"妙全"，在家设佛堂，烧香、拜佛，在被中纪委双规的前一天晚上还在家中念了很长时间的"消灾灭难经"。李真在仕途升迁的过程中多次算命打卦，在双规之前，已是惊弓之鸟的李真担心出事，在去省委的路上又给"大师"打电话，问下午会不会出事，"大师"立即卜卦，算后说"下午没事"，结果这天下午他一去不复返了。可以看出，丛福奎、李真都是彻头彻尾的唯心论者，而不是唯物论者。

（二）对共产主义理想信念失去信心而信教

部分共产党员对共产主义理想信念产生了动摇，有的党员认为"咱们国家提倡信仰自由”“宗教信仰是个人的事,没有人会管”“这年头信什么教的都有,就是马克思这一套太抽象,离我们太遥远,信与不信对我们现实的生活没有太大的影响”。如某市原中共市委党校副校长、市委讲师团团长,其本人有家庭信教的背景,暗地里自己信仰基督教,并且组织北京、秦皇岛等地的大学生共计50多名基督教徒租用市委党校的场所进行非法基督教聚会,被安全部门侦破,当地市委给予开除党籍、免职处分。某市无线电管理局原副局长李某,2007年在基督教会领洗,因懂无线电技术,在基督教会负责电器管理和维修,并在教会负有管理责任,因信念动摇被党组织劝退,并免去职务,现在已成为一名虔诚的基督教徒。

(三)离退休、家庭不幸的老党员因寂寞或受他人影响而信教

一些年龄偏大的老党员和离退休老干部因在家无事可做,儿女都成家立业,隔辈孩子都看大上学,基层党组织生活和文化生活处于空白状态,心理空虚,寻求精神和心灵上的寄托,在接触到传教人员或在周围信教群众的宣讲、怂恿下走上信仰宗教的道路。如某县检察院退休职工李某,1963年入党,曾是多年的优秀党员,在周围基督教徒的影响下,领洗加入基督教,并在教会管理财务。在和她座谈当中,她明确表态,她从小是孤儿,在党的怀抱中长大,对党有着深厚的感情,但她也是个虔诚的基督徒,劝其退党,她决不同意,劝其退教,她也不同意。用她自己的话讲,“让我不信天主不行,让我退党更不行”。

(四)无法抵御基督教等宗教渗透而信教

从党员参与宗教活动或信仰宗教的类别分析看,信仰基督教的比信仰其他宗教的要多。这同基督教的大规模渗透、扩张,以及宽泛的入教条件有直接关系,相比佛教和天主教等其他宗教的教规教义及信教规程严格和入教手续烦琐有其优势。有的基督教会提出,“拉一个共产党员信教就占领了一片阵地”,他们以此来扩大自己的影响,炫耀自己在“慕道友”方面的成绩。

(五)因病、因贫或为了延年益寿而信教

有个别老党员,由于生活贫困,身体多病,再加上家庭条件不好,无钱看病,党组织又缺少关心,这个时候教会为其送温暖,并出钱帮助看病,还组织教友为其祷告。这时如果立场不坚定,在信徒的劝说下,就会随波逐流而入教。张家口怀安县有一名老党员刘某,他因病而入了天主教。别

人问他为什么信教，他说："信教好啊，教堂有那么多人来看我，送钱送东西给我，身体不好为我祷告。别人谁对我这么好？所以我就信天主教。"

（六）受家人鼓动或其他人影响而信教

有些党员参与或信仰宗教，一开始并非主动到宗教活动场所去参加宗教活动，而是陪着父母或妻子去，到教堂听讲道，到寺院、宫观去烧香，久而久之，习惯成自然，无形中成了一名教徒。个别党员生活在较浓厚的宗教家庭氛围中，其思想直接受到宗教的影响，基层一部分党员对政治信仰和宗教信仰认识模糊，慢慢加入到信教群众的行列，出现"双重信仰"问题。

（七）利益驱动或参与宗教活动而信教

个别农村基层生活贫困的党员长期得不到党组织的关怀，并每年还要给党组织交少量的党费，而当地的天主教教会或基督教会每年在圣诞节或复活节等宗教节日时给教友或普通信众以圣诞礼物，送去教会的温暖，在他生病时教会组织教友为其捐钱、看病，并在老教友去世后，教会还为其举办葬礼，举办追思法会或弥撒，让生活贫困、缺少温暖关怀的老党员感受到另一类的关爱和慰藉。从一名贫困老党员手中拿钱交党费过渡到教会给他钱，虽然钱不多，但在他们的心中落差很大，所以他选择了教会，而抛弃了党。

二、共产党员信教的危害

2012年，习近平总书记在十八届中共中央政治局第一次集体学习时强调："坚定理想信念，坚守共产党人精神追求，始终是共产党人安身立命的根本。"共产党员信教的危害是显而易见的，也是多方面的。一是共产党员信仰宗教是丧失或动摇了马克思主义和共产主义的理想信念。形象地说，理想信念就是共产党人精神上的"钙"，没有理想信念，理想信念不坚定，精神上就会"缺钙"，就会得"软骨病"。当我们自愿加入中国共产党的时候，就意味着无条件地接受了马克思主义的辩证唯物主义世界观，也就意味着自愿选择了不信仰任何宗教。二是如果允许党员信教，那么就是允许党内唯心主义与唯物主义两种世界观并存、有神论与无神论并存，这势必造成马克思主义指导地位的动摇，在思想上、理论上造成党的分裂。三是如果允许党员信教，就等于允许一些党员既接受党组织的领导，又可以接受各类宗教组织的领导，这势必在组织上造成党的分裂，将极大削弱党的组织在反分裂斗争中的战斗力。共产党员信仰宗教，脑子里只有上帝、神佛，肯定就挤占了人民的位置，党的宗旨——全心全意为人民服务也就自然蜕变成了全心全意为神佛服务了。一心只供奉神佛，用虚幻的神佛来监督约束自己的言行，势必会造成欺上瞒下、无所顾忌之风，置民众利益于度外，这样的共产党员，特别是这样的党员干部，必将堕落成为害群之马。四是如果允许党员信教，一些党员则势必成为某一种宗教的代言人，不可能平等地对待每一种宗教，不可能真正贯彻宗教信仰自由的政策，党的宗教工作基本方针将从根本上动摇。实践充分证明，如果允许党员信教，就会导致宗教狂热和宗教极端势力的蔓延。

三、关于解决党员信教问题的对策及建议

解决党员信教问题，是加强党组织战斗力、凝聚力的必然要求，各级党委必须常抓不懈。切实解决好党员信教问题，要以思想教育为基础，努力提高党员的思想政治觉悟，同时，采取多种措施，实行综合治理，建议重点应抓好以下几项工作。

（一）坚持将宗教工作与其他各项中心工作一起谋划，同步落实

抓好信教群众聚居村的宗教工作，解决好部分党员信教问题，必须改变“就宗教抓宗教”的单一做法，要通过抓好信教群众聚居区的党支部班子建设、党员队伍建设、经济建设、精神文明建设和民主法制建设，促进信教群众聚居村宗教工作纳入良性循环的轨道。要紧紧抓住信教群众与不信教群众在实现共同富裕上的共同利益和愿望，把信教群众与不信教群众的意志和力量集中到实现共同富裕、建设社会主义新农村上来，充分调动他们的积极性和创造性。通过选准致富路子、落实帮扶措施、实行政策倾斜等，使信教群众聚居村的经济建设特别是集体经济有大的发展，在经济和社会发展中解决党员信教和社会稳定问题。

（二）强化工作措施，加强信教群众聚居村党支部班子建设

针对信教群众聚居村情况复杂的实际，加强信教群众聚居村党支部班子建设，重点强化三项措施。一是督导“一定三有”机制落实。制定下发《关于推行农村党支部书记任期目标责任制的意见》，督促落实村党组织书记、村委会主任基础职务补贴，激发信教群众聚居村干部干事创业活

力。二是加强农村干部培训。在抓好办班培训的基础上,培树转化典型,把这些村建成村干部特别是信教群众聚居村干部的参观点、实习点、研修点。三是实行信教群众聚居村党支部书记由县委组织部直接管理制度,强化对信教群众聚居村党支部书记队伍的监管。

(三)加强政策法制教育,加强聚居村党员教育管理

信教群众聚居村党员对宗教活动耳濡目染,极容易受到宗教思想潜移默化的影响而导致世界观发生变化。因此,必须准确把握信教群众聚居村党员教育的特殊性,坚持不懈地抓好对党员的世界观教育、理想信念教育、政策法纪教育以及科技知识教育,从思想上增强党员抵御宗教思想渗透的能力,从根源上防止党员信教问题的出现。扎实开展好党员“设岗定责”工作,针对信教群众聚居村实际,可增设“帮教转化岗”和“暖心爱心岗”。通过教育,使党员干部清楚地认识到哪些活动能参加、哪些活动不能参加,从政策法律和意识上有一个明确的认识。同时,要做好先进典型的宣传工作,激励基层党组织和党员参与党的工作和投入经济建设,淡化宗教氛围,为切实解决好党员信教问题提供良好的社会环境。

(四)做好信教群众聚居村的发展党员工作

按照党员发展要求,把好党员“入口关”。把发展党员工作与加强后备干部队伍建设联系起来,把优秀信教青年逐步转化、培养和吸收到党员队伍中来,把优秀党员逐步培养成后备干部,解决部分信教群众聚居村干部后继乏人的问题。对于信教群众比例不高的村,要转变不发展信教群众入党的错误思想,通过教育帮助信教群众,引导他们退教入党,为党员队伍输入新鲜血液。同时,在制定处理信教党员措施中,要视不同情况进行妥善处置,如:对极少数搞宗教狂热,甚至利用宗教反对四项基本原则、制造民族分裂的党员,必须开除出党;对丧失共产主义信念,笃信宗教,或成为宗教教职人员的党员,劝其退党,劝而不退的,予以除名;对热衷于组织与参加宗教活动,经过批评教育,有转变决心和实际表现,并由本人要求留在党内的,应给予限期改正,到期不改的,劝其退党;对受宗教观念影响或迫于社会、家庭的压力,参加一般性宗教活动,但本人能够执行党的路线、方针、政策,积极为党工作、服从党的纪律的党员,不能用简单的办法对待,而是要对他们进行耐心细致的教育,帮助他们从思想上和行动上逐步摆脱宗教的束缚;要把党员信教同参加某些纯属民族风俗的活动区别开来,对生活在这种环境中的共产党员,党组织既要教育他们在思想上

同宗教信仰划清界限，又要在生活中适当尊重和随顺民族的风俗习惯。

(五)进一步落实各级党委管党责任制

要进一步明确各级党委和部门党委（党组）抓基层党建工作的责任，加强对基层党建工作的考核，加大考核结果的运用力度，强化党建工作责任追究和党政领导干部问责制的贯彻执行，切实把各级党委管党责任落到实处，不断提高基层党组织应对党员信教问题的能力。

（作者系中共河北省委统战部联络处处长）

关于吉林省城乡规划工作现状和对策建议的调研报告

徐　亮

以习近平同志为总书记的党中央在党的十八大提出了“新四化”要求，即新型工业化、信息化、城镇化、农业现代化。笔者作为省级住建部门的城乡规划处处长，如何在新型城镇化背景下完善城乡规划编制体系、加强城乡规划监督管理，就成为当前工作面临的一个重要课题。为此，笔者利用暑假时间，就吉林省城乡规划工作的现状和存在问题进行了认真调研，有针对性地提出了对策建议。现将有关情况报告如下。

一、总体情况

截至 2014 年年底，吉林省行政区划面积 18.74 万平方公里，总人口 2 752.38万人，其中城镇人口 1 508.58 万人，城镇化率 54.81%。全省共有 49 个市、县，其中地级市和自治州 9 个，设市城市 30 个，县城 19 个。200 万人口以上城市 2 个，50 万人口以上城市 5 个，20 万至 50 万人口城市 7 个。全省 12 个市、县设有规划局，地级市都成立了规划局，全省规划管理人员 1 500 余人。城乡规划编制单位 123 家，已按照新的资质标准要求申报的 49 家。全省规划设计人员 2 500 余人，其中注册城市规划师 270 余人。

(一)城乡规划编制体系初步建立，各层次规划编制取得较大进展

1. 吉林省城镇体系规划批准实施

在国务院办公厅和住建部的大力支持下，2012 年 5 月吉林省城镇体系规划获得国家批复，并得到高度评价，被列入国家试点省。规划提出的“强化中部、构筑支点、区域联动”城镇化战略和“两区、四轴、两带”城镇空间格局，为吉林省推进新型城镇化提供了科学指引，成为省委省政府《关

于统筹推进吉林特色城镇化的若干意见》以及《吉林省新型城镇化规划》的重要内容。

2. 新一轮城市总体规划修编基本完成

吉林省长春、吉林两市属于国务院审批总体规划城市。2011 年 12 月，长春市总体规划获得国家批复。2011 年 2 月，吉林市总体规划由省政府上报国务院审查待批。其他 47 个市县总体规划修编工作基本完成，其中 39 个市县总体规划获得省政府批复，全省新增建设用地 731 平方公里，土地资源得到合理有效释放。我省积极探索多规融合，创新经济社会发展、城乡建设和土地利用一体的规划编制体系，2015 年初启动了首批"三规合一"三个试点城市总体规划修编工作。

3. 各类区域规划和专项规划编制顺利开展

围绕新型城镇化和长吉图国家战略实施，编制完成《全省城镇化空间发展规划》《长吉图空间发展战略规划》等区域规划及多部专题研究成果。研究提出了符合省情实际的"就地就近城镇化"和"生态城镇化"发展模式，纳入了省委省政府新型城镇化战略决策。结合城市二次供水改造、"暖房子"工程、保障性安居、园林绿化等省重点民生工程，组织编制各类专项规划，为增强城市综合承载力提供规划支撑。

4. 城市近期建设规划和控制性详细规划全面实施

49 个市县编制完成 2011—2015 年城市近期建设规划，开展城市拟开发收储用地控制性详细规划滚动编制，保障城镇化建设项目落位和建设用地供应，科学调控土地开发速度和节奏，新区开发和旧区改造用地控详规覆盖率达到 100%。

(二)城乡规划审批制度日趋完善，规划管理水平全面提升

1. 加快立法进程，健全地方性法规

颁布出台《吉林省城乡规划条例》，制定下发《吉林省城乡规划管理技术导则》《吉林省城乡规划备案审批办法》《吉林省建设项目选址规划管理办法》和《规范我省城乡规划行政处罚裁量权指导意见》等多部规范性文件，指导各地完善规划审批合理误差标准、审批文书范本等技术操作规程。

2. 规范审批制度，提高规划审查效率

制定《城市总体规划审查工作规则》，以省规委会为平台，完善省规划专家库和部门联席审查制度，与省政府办公厅及 14 个省规委会成员单位

建立了良好协作机制，总规纲要评审组织专家现场论证，总规成果审查由我厅组织召开省规委会专题会议，审批时限不超过40个工作日。为提高城市总体规划修改审批效率，通过我厅积极协调，省政府办公厅下发了《城市总体规划修改工作规则》，授权我厅全权具体办理，简化了上下级政府间多次行文的复杂程序。

3. 加强依法行政，建立权力运行监督机制

清理省级规划审批职权，制订权力清单和权力运行流程图，通过网络公开公示，明确了权力运行各节点责任人和职责，对权力运行全过程实时监控。强化规划编制资质、省级项目选址等重点审批环节监督，推进廉政风险防控标准化试点建设。

（三）城乡规划监管体系加快健全，监督检查力度不断加大

1. 城乡规划委员会制度全面落实

省城乡规划委员会制度得到加强，2005年成立了省长任组长、副省长任副组长、相关厅局主要负责人为成员的组织机构，负责审议全省城镇化重大政策方针、重要区域规划等事项。省政府审批的城市总体规划、重大建设项目选址等日常工作，由省规委会办公室（省住建厅）负责召开专题会议审查。各市县也都建立城乡规划委员会，各项规划审批行为逐步规范。

2. 信息化管理手段广泛应用

省域城镇体系规划动态监测系统全面建立，通过卫片图斑变化与城乡规划成果的实时比对，及时发现和纠正各地违法建设活动，实现对全省设市以上城市规划实施的动态监管。大力推进省级规划审批“无纸化办公”，减少审批环节和审批时间，建立各类行政许可网上审批系统。

3. 城乡规划监督检查成效明显

每年始终坚持开展至少一次的全省规划执法专项检查，扩展城乡规划监管领域和覆盖范围，有力维护城乡规划严肃性。2015年按照国家三部委要求，全面开展《城乡规划违法违纪行为处分办法》贯彻落实专项检查，对21个地方政府存在的31项突出问题予以通报批评，并责成其以政府名义上报整改意见。全省共查处违法案件198起，给予相关人员党纪政纪处分8人，移送监察、司法机关8人，对城乡规划违法违纪行为起到了极大震慑警示作用。

二、存在问题

(一)城乡规划编制审批进度有待提高

一是规划编制滞后。总体规划实施评估开展缓慢,控详规不严格依据总体规划编制且覆盖率较低,近期规划和专项规划编制跟不上城市建设需要。一些地方政府有意拖延规划编制进度,随意调整规划、干预规划。二是规划编制审批周期过长。省域城镇体系规划和城市总体规划编制时间较长,有时跟不上城市发展要求。规划审查报批环节较多、进度较慢,有的规划刚批复就申请修改或修编,有的规划批准时近期规划已过期。

(二)各类、各层次规划之间缺乏统筹协调

一是各行业规划和区域规划不协调统一。受到不同规划体系和部门事权影响,经济社会发展、城乡建设、土地利用和环境保护等规划不相衔接,城乡规划划定的“三区四线”无法准确落位,对城镇化发展的引导作用大打折扣。各类新城新区规划、空间一体化规划等跨区域规划增多,定位缺乏统筹与核心,对上位规划体系的落实造成干扰。二是规划编制水平不高。有的规划编制缺乏可操作性,前期调研不深入,基础资料收集不齐全,不符合当地实际。有的规划编制理念不先进,没有前瞻性,缺乏持续的、全要素的战略规划意识。有的地方政府盲目崇拜省外规划院,规划编制质量不高,实施过程中出现诸多问题。规划高端人才奇缺,有待充实外脑和专家咨询力量。

(三)城乡规划权威性受到严重挑战

一是地方政府不尊重规划。个别地方政府为追逐短期利益,违规调整规划、越权审批、违规审批。上级规划主管部门对地方政府的约束力有限,缺少惩戒手段和机制,对于地方政府违反规划行为纠正较难。二是规划管理不规范。个别城市没有依据经批准的控详规核发规划许可,有些规划审批和处罚程序不规范,不符合政策法规要求。信息化监管手段落实后,动态遥感监测结果没有在监管工作和处罚过程中充分运用。城市地下空间开发利用规划管理存在盲区。规划管理部门机构不健全,基层管理水平力量薄弱,专业人员素质有待提升。三是违法建设查处执行不

到位。地方政府分工不明确，规划执法多头管理，对违法案件的查处执行难、落实难。该拆除的不能及时拆除，该罚没的处罚偏轻，存在以罚代拆、以罚代批现象。

（四）城乡规划工作复杂性逐步加剧

一是规划编制内容刚性与弹性的矛盾不好把握。当前，规划修改频繁呈现常态化趋势，两类性质用地成为规划修改的焦点。一类是居住与商业、仓储与工业等兼容性或混合性用地简单置换，一类是公共绿地、保障性住房、教育、医疗等公益用地受到市场利益驱动的非理性调整。规划刚性过强，不能满足城市快速发展需要；规划弹性过大，影响规划权威性。二是规划底线与个人权益之间的矛盾日趋尖锐。依据规划法律法规，在满足采光、日照规划标准底限的前提下，不支持补偿。但随着社会公众维权意识的增强，对于规划审批标准合理范围内，降低标准申请补偿的信访案件逐年增多。

三、下步对策

（一）建立适应新型城镇化的城乡规划编制体系

树立以人为核心的规划编制宗旨，围绕城镇化、“十三五”规划的发展目标和中心任务超前谋划，提升总体规划、控详规对城镇化发展的预见性和调控能力，加强历史文化名城保护，注重人居环境质量改善，突出城市鲜明特色。强化各类专项规划对城镇化发展的保障能力，做好城市住房保障、地下管网、园林绿化、老工业基地转型改造等专项规划编制。高质量完成城市地下空间开发利用国家试点任务，组织试点城市做好《编制办法》和相关规划编制工作。

（二）强化省域城镇体系规划实施监管

做好省域城镇体系规划实施评估检查，制定《实施管理办法》，增强对新型城镇化战略实施和跨区域规划的引导作用。加强省级主管部门查处违法建设的强制手段，严格执行空间管制要求、生态环保目标、重大基础设施布局等强制性内容。升级省域城镇体系规划动态监测系统，监管范围向县级以上城市和重点镇拓展。

(三)抓好省级审批备案管理制度执行

强化省级主管部门监管职能,在城市分区规划、控详规、近期规划备案审查,以及城乡规划实施评估、修改认定、项目选址等方面加强顶层设计和制度创新,建立区域规划省级审查报告制度和前置性审查制度,提前掌握介入地方重大规划动向。推进省派城乡规划督察员制度,采取派驻、巡查、督查等多种方式,加强对地方政府常态化监督。

(四)推进城乡规划监管体制机制改革

搭建省、市、县三级管理数据库,建立城市规划网格化管理信息系统。规范城乡规划委员会和公开公示制度,推进民主决策和社会监督。建立规划决策专家咨询机制和执法人员持证上岗考评机制,提升行业整体素质。健全《〈省规划条例〉释义》等配套法规体系,完善信访案件层级管理制度,解决群众利益重大关切。加大违法违纪案件查处督办力度,建立重点案件核查、挂牌督办和约谈问责机制,实施责任追究跟踪督察制度。

四、工作建议

(一)改进城乡规划编制审批方式

出台相关政策文件,优化省域城镇体系规划和城市总体规划审查程序,明确编制、报批各环节时限要求,完善对地方政府拖延规划编制报批行为的惩戒措施。为缩短规划审批时间,建议分层次审批总体规划。

(二)推进"多规融合"规划编制

做好城乡规划与相关规划协调衔接。加大"多规合一"国家试点工作力度,创新规划编制协调与部门联合审查机制。

(三)调整城市总体规划强制性内容

进一步明确、量化强制性与非强制性内容的规划修改程序。对于涉及民生和公共利益的刚性内容由政府控制,严格设定修改环节;对于容易受到政策、市场和项目影响的弹性内容由市场主导,非强制性内容的调整容许在一定比例下进行;对于国务院审批总体规划的城市,涉及小规模、非强制性内容调整的,建议授权省政府审批,报住建部备案。

(四)加大城乡规划监督考核力度

赋予省级主管部门对地方政府违反规划的惩戒权力，建立城乡规划考核指标体系，将地方政府的违法行为及约谈问责后的处理结果，通告上级人事任免机关和监察机关，作为党政领导干部考核和离任审计重要参考。

（作者系吉林省住房城乡建设厅城乡规划处处长）

未成年人保护工作问题研究

——以湖南省株洲市为例

梁天琛

未成年人是祖国的未来，民族的希望。他们的健康成长，是民族进步、社会发展的重要基础。维护未成年人的合法权益，保护和促进未成年人健康成长，事关党和国家的前途命运，事关我国依法治国基本方略和构建社会主义和谐社会顺利实现。笔者结合在湖南省株洲市从事共青团工作的实践经历，对未成年人保护工作中存在的问题进行分析和研究，并提出对策建议，以期为提高我国未成年人保护工作水平、服务未成年人健康成长提供参考。

一、株洲市未成年人保护工作基本情况

湖南省株洲市有近 70 万未成年人，约占全市总人口的 18%，近年来，株洲市积极探索符合未成年人身心特点的工作载体和工作模式，在强化组织领导、加强宣传教育、构建保护体系、关爱重点群体等方面取得了长足发展，但也存在一些问题亟待解决。

（一）组织保障趋于完善，但参差不齐

为加强未成年人保护工作的组织建设，株洲市建立了由共青团株洲市委牵头，涵盖 23 家成员单位的未成年人保护工作委员会和综治委预防青少年违法犯罪专项组两个工作机构，并制定下发了《关于印发〈株洲市未成年人保护委员会及市综治委预防青少年违法犯罪工作领导小组各成员单位主要工作职责〉的通知》，明确了各成员单位的工作责任。全市十个县市区均成立了未成年人保护（以下简称“未保”）和预防青少年违法犯罪工作（以下简称“预青”）专项组，为两项工作的开展提供了组织保障。但部分县市区、乡镇（街道）和村（社区）因为综治考评要求，虽成立了组织机构，但对组成人员、职责任务、工作制度等没有进行明确和落实，导致该

项工作没有得到足够的重视，工作成效难以落到实处。此外，每年株洲市财政都安排了株洲市未保工作经费5万元，预青工作经费4万元，市一级的工作经费得到了基本保障，但是面对复杂、繁重的工作任务，对比其他各兄弟市州，株洲市的工作经费还是偏少。各县市区都划拨了专项工作经费，但差距较大。而乡镇（街道）、村（社区）一级的工作经费相差更大，大部分没有专项工作经费。

（二）保护体系已形成了基本框架，但仍存在不良因素

近年来，在全市各级各部门的努力下，株洲逐步建立了家庭、学校、社会、司法"四位一体"的未成年人保护体系。在家庭保护中，通过家长学校等阵地建设，进一步宣传和普及了先进家庭教育理念，改进了家长的教育方法，有效推动了未成年人家庭教育水平的提高；在学校保护中，通过对贫困学生帮扶，减少未成年人失学、辍学，使更多的未成年人享受义务教育权利；在社会保护中，通过开展对校园周边环境整治，加强了对各级各类青少年活动场所的管理，减少了不良因素对未成年人的侵蚀；在司法保护中，通过依法严厉打击侵害未成年人合法权益的行为，设立专人或专门机构对未成年人违法犯罪的案件进行不公开审理，建立合适成年人参与未成年人案件审理制度，为未成年人提供法律援助等措施，切实保护了未成年人的合法权益。但也存在着一些不利于未成年人健康成长的因素。如在家庭，还存在着不合乎实际的望子成龙、望女成凤的做法；在学校，依然存在重学识轻素质教育的现象；在社会，各种消极文化的影响在不断增加，对未成年人有很大的毒害作用。

（三）法制宣传教育工作初显成效，但效果有限

近年来，株洲市把"两法两办法"列入宣传重点，充分利用报纸、刊物、网站、微博、手机报以及其他宣传阵地进行广泛宣传，发挥了舆论导向作用。通过开展"12355株洲市青少年法制、心理教育进社区""12355青少年服务热线在行动"等丰富多彩的法制宣传教育活动，增强了广大未成年人的法制意识，提高了未成年人运用法律武器维护自身合法权益的能力。虽然市、县两级未保机构成员单位都各自开展了宣传活动，但是由于缺乏统一、完备的工作计划，很多教育活动仅限于抽象的口号宣传，没有具体或者有效的教育措施，内容缺乏针对性，覆盖面有限，导致宣传教育效果有限，要让株洲市所有未成年人知法、守法、用法，还需要各相关部门齐心

协力加大对相关法律法规的宣传。

(四)未成年人健康成长的社会环境整体趋好,但喜忧参半

针对影响未成年人健康成长的吸毒、网吧、有害音像制品和出版物等突出问题,株洲市各级团委、公安、工商、文化、教育等职能部门开展了一系列治理、整治行动,经常性对校园周边环境进行集中执法检查。仅2015年,全市共收缴各类非法出版物28 000余册,收缴淫秽色情音像制品1.1万张,取缔无证销售出版物摊点6家,检查网吧1 120余家(次),查处未成年人上网1 000余人,查处违规接待未成年人网吧32家,为未成年人的健康成长提供了良好的社会环境。虽然株洲市在净化未成年人成长环境方面取得了一定成效,但是影响未成年人成长的有害因素还大量存在,特别是网络对未成年人的影响特别严重,如网络暴力、网络赌博、网络诈骗、网络色情、网络游戏等仍然深深地影响和毒害着未成年人的健康成长。

(五)重点青少年群体服务管理和预防犯罪工作已全面铺开,但任重道远

2011年,株洲市下发了《株洲市重点青少年群体服务管理和预防犯罪工作实施方案》,全面开展重点青少年群体排查摸底工作。依托县市区综治网格化管理平台,摸清了六类重点青少年群体的具体数据。2014年,全市共有闲散青少年5 425人,有不良(严重不良)行为青少年402人,受救助流浪乞讨青少年60人,农村留守儿童48 873人,服刑在教人员未成年子女273人,刑事解教青少年166人,根据每一类重点青少年群体分门别类进行了简单的建档帮扶。但因帮扶人员不够、业务知识不熟、帮扶措施不实等,致使帮扶效果不佳。据调查,近三年株洲市法院共受理、审结未成年人刑事案件分别是128件、116件、78件,占年度罪犯总数比例为4.06%、3.18%、2.11%。从数据来看,株洲市未成年人违法犯罪总量保持较低的趋势,这与经济实力的增强、社会文明与和谐的提升有关。但从全市的许多个案来看,家庭亲情与教育的缺失、文化程度水平过低、外来流动人口中的未成年人犯罪等因素影响较大,如何加强未保和预青工作仍是株洲市今后面临的一项严峻的工作任务。

二、未成年人保护工作存在的共性困难和问题

结合株洲市未成年人保护工作的实践情况,笔者认为我国未成年人

保护工作存在以下几个共性问题。

(一)未成年人保护法律体系不够完善

在《未成年人保护法》等我国现有有关未成年人的法律法规中,原则性的法条多,具体实施的法律细则少,缺乏实际工作的可操作性和对行为约束的针对性。虽然大部分省、市都根据《未成年人保护法》制定了一些实施办法,但是大多过于粗糙,缺少相应配套措施,各项条款很大部分无法落实,而且还存在着一些缺漏,还有个别未成年人权益保护的死角,导致这些法律法规形同虚设,在处理许多问题时让人无法可依、有法难依。例如《未成年人保护法》规定:“对侵犯未成年人合法权益的行为,任何组织和个人都有权予以劝阻、制止或者向有关部门提出检举或者控告。”但由于没有具体规定由何组织、何人实施,造成无人劝阻、制止或检举、控告的局面,致使未成年人难以有效维权。

(二)未成年人保护工作成效难以落实

未成年人权益保护是一项系统工程,涉及社会的各个方面,没有一个高层次、权威性的专门机构来领导、管理、监督、检查、协调未成年人权益保护工作,势必导致社会误认为未成年人保护人人有责,可往往未成年人需要保护的时候,却出现无人管、无人过问、人人都没有责任的局面,社会责任最终落不到实处。新修订的《未成年人保护法》第七条第三款规定:“国务院和省、自治区、直辖市人民政府采取组织措施,协调有关部门做好未成年人保护工作。具体机构由国务院和省、自治区、直辖市人民政府规定。”目前,我国专门保护儿童的综合机构有两个,一个是妇女儿童工作委员会,另一个是未成年人保护委员会。但这两个机构办公室一般都设在妇联或共青团等群团组织,因人员编制少,经费有限,加之议事协调机构没有行政执法职能,协调难度大,导致各部门之间工作没有有效衔接,有时容易造成工作上的内容交叉重复或者脱节,甚至是相互推诿扯皮,影响工作合力,难以充分发挥未成年人权利保护的职能作用。同时,一些地方对该项工作重视不够,由于受经济社会和各种因素的影响,部分单位还未能把未成年人保护工作摆到应有的位置,没有真正将其作为日常工作去开展,而是在遇到集中行动和专项检查时才临时应付一下,工作缺乏积极性、主动性、持久性、连贯性,总体上使得未成年人保护工作明显滞后。

（三）未成年人权益保护工作开展仍不平衡

由于我国城乡之间、地区之间经济文化社会发展不平衡，导致我国未成年人保护工作在东部地区和西部地区之间、城市与乡村之间、一般未成年人与重点未成年人之间存在着巨大的差异。突出表现为：在一些偏远贫困农村地区，未成年人受教育权利难以得到有效保障，农村中小学生特别是女生辍学率远高于城市；未成年人保护组织和网络体系不健全，普法教育相对落后，法制意识薄弱，未成年人犯罪和侵害未成年人权益现象发生率高；对流浪、留守、闲散、不良行为等重点未成年人群体缺乏切实有效的帮扶救助措施等。这些现象将严重影响国家的长治久安、均衡发展和全面小康社会建设，应该予以高度重视。

三、加强未成年人保护工作的建议和对策

未成年人保护工作是一项系统的社会工程，需要全社会共同努力。我们要从坚持以人为本的高度，充分认识加强未保和预青工作的重要性和紧迫性，适应新形势新任务的要求，在巩固已有工作成果的基础上，采取更加扎实的措施，切实帮助青少年健康快乐成长。以下就加强未成年人保护工作提几点建议。

（一）完善法律体系，使之适应新形势的需要

法律在未成年人权益保护工作中，与所有经济的、文化的、社会的保护方法相比是最有效果的，其保护效率高，最具有可操作性。建议尽快修改和完善现行《未成年人保护法》和其他法律法规中涉及未成年人保护的条款，对缺乏具体落实条款的制度予以充实，完善相关法律制度体系，使未成年人保护法律真正成为迎合时代潮流、照顾本国实情、符合科学规律的现代法律，使之适应新形势的需要。

（二）健全工作机制，推动未保和预青工作机构建设

一是完善工作机制。要建立和完善各级政府牵头、有关部门和群团组织参加的未保和预青工作机构，综合、协调、督促、检查各成员单位的工作，研究解决工作中存在的重大问题。二是建立工作制度。按照增强工作针对性和实效性的原则，建立健全联席会议、信息通报和督查督办工作制度，及时通报工作情况，推进部门之间的沟通与协作。针对涉及多个部

门和区域性的突出问题，要采取纵向联动、横向互动、集中力量联合整治的形式进行治理。三是加强考核、评估、表彰和奖励制度建设。制定科学合理的考核评估标准，通过自查和上级检查相结合、定期和抽查相结合、全面和专项检查相结合的形式，对相关单位和部门的未成年人保护工作进行检查评估。四是加大工作投入力度。将未成年人保护工作纳入国民经济和社会发展规划以及年度计划，相关经费纳入本级政府预算，财政部门要切实保障未保和预青工作的正常经费，并列入财政预算，实行专款专用，同时随着财政收入的增加而逐步增加。加大对公益性青少年校外教育阵地建设管理支持力度，推进未成年人活动场所建设。加强基层未保机构建设，根据工作需要，配备适应的专(兼)职工作人员。五是充实工作力量。壮大青少年维权律师、禁毒防艾志愿者、“五老”志愿者、代理家长、知心哥哥(姐姐)等志愿服务队伍，引导社会力量在促进未成年人健康成长中发挥作用。

(三)坚持教育为本，不断提高未成年人综合素质

大力加强思想道德教育。要把爱国主义教育、革命传统教育、中华传统美德教育和民主法制教育有机统一，坚持德育与智育并重，坚决克服片面追求升学率、重智不重德的不良倾向。家庭、学校要努力培训未成年人良好道德品质和文明行为，帮助广大未成年人懂得与人相处、为人处世的基本道理，使其具备文明生活的基本素养。要深入开展法制和心理健康教育，充分发挥法制副校长、心理辅导员的作用，运用多种方式，开展丰富多彩、寓教于乐的活动，进一步增强未成年人的法律和心理健康意识。要广泛开展自我保护教育，围绕治安防范、心理健康等主题，通过举办自护培训班，采取专家授课、模拟情景训练等形式，向未成年人宣传自我保护知识，传播认识社会、拒绝诱惑、远离危险、防范侵害的自护理念。

(四)突出重点群体，努力维护未成年人合法权益

一是进一步保障未成年人受教育权。要以农村初中为重点，建立健全贫困学生资助制度，广泛开展各种社会公益助学活动，进一步降低农村学生辍学率。要不断完善和解决好进城务工人员子女的就学问题。二是进一步做好特殊未成年人群体的保护工作。对离异家庭的、残疾的、失足的、留守的未成年人给予特别关注，依托乡镇(街道)、村(社区)台账，及时掌握他们的思想动态、学习生活状况、抚养交往关系等，有针对性地制定教育、服务计划和措施，做到生活上解决困难、学习上帮助、行为上纠偏。

三是进一步深化“青少年维权岗”创建工作。整合社会资源，推动更多的基层党政部门、企事业单位、各类社会服务机构参与青少年维权岗创建活动，探索适合未成年人身心特点的工作方法和工作制度，完善创建的各项工作制度。

（五）加大整治力度，营造优化未成年人的社会环境

未成年人是社会中的一个特殊群体，各级各部门要充分发挥职能作用，采取得力措施，积极营造有利于未成年人成长的社会氛围。依托现有的青少年专门活动场所，积极开展教育、科技、文化、艺术、体育等未成年人喜闻乐见的活动，引导未成年人参加各种有利于身心健康的活动。继续开展娱乐场所、少儿食品和用品市场以及儿童游乐设施安全专项执法检查活动；加强网吧、网络游戏和网络信息管理；规范学校周边小餐饮和小商贩的经营行为，保障未成年人的食品安全；加大“扫黄打非”力度，查处危害青少年身心健康的非法出版物、淫秽色情出版物；继续强化校园周边环境的整治工作，完善设施功能，为未成年人创造一个良好的学习、生活环境，确保未成年人的健康成长。

（六）实行防治结合，切实预防未成年人违法犯罪

要坚持推进学校、家庭、社会“三结合”的教育体系和综合评价体系的建设，充分发挥学校教育的主渠道作用，将预防工作与在校生法制教育、心理健康教育、安全教育相结合。要积极创办各类家长学校，帮助家长提高自身素质，增强管理、教育子女的责任心和能力。要加强那些处于家庭管不了、学校管不着、社会管不到、有学不上、有家不归的闲散未成年人的教育管理，对已经完成义务教育、无业在家的闲散未成年人，要摸底排查，逐步建立全面的信息管理系统，提高工作的针对性，真正把他们融入教育管理和服务范围。要加大对不良行为和严重不良行为未成年人的矫治力度，组织专业人员、学校教师、社区民警、基层干部、志愿者配合亲属对其进行心理疏导和教育，开展心理咨询和服务，帮助他们解决因长期受不良环境影响而产生的心理障碍、心理困惑。通过跟踪服务、专人联系、定向辅导等方法，帮助他们解决生活、学习、就业等困难，矫正不良行为习惯，促进他们健康成长。

（作者系共青团湖南省株洲市委书记）

民族自治地方立法困境与对策思考

——基于广西民族立法实践的分析

李　园

依照民族政治、经济和文化的特点制定自治条例和单行条例，是宪法、民族区域自治法赋予民族自治地方的一项重要自治权。截至 2014 年，全国 155 个民族自治地方共制定颁布了自治条例和单行条例 780 多件，这些法规的实施，为落实民族自治地方享有的法定权利，促进当地经济社会发展提供了坚实的法治保障。立法对建设中国特色社会主义法治体系具有引领和推动作用，坚持立法先行，提高立法质量是关键。自治条例、单行条例是中国特色社会主义法律体系的有机组成部分，如果没有完善的民族自治地方法规体系，就没有完善的中国特色社会主义法律体系，全面推进依法治国的总目标也无法完成。本文基于广西民族立法实践，分析当前民族自治地方立法面临的困境，提出走出困境的对策思考。

一、民族自治地方立法面临的困境

民族区域自治法颁布实施三十多年来，各民族自治地方在制定自治条例、单行条例方面取得了明显成效，但实践中面临的困境也客观制约了民族立法事业的发展，影响了民族自治地方自治权的行使和其他法定权利的落实。

（一）权限界定不明确

立法法对中国特色社会主义法律体系的其他组成部分（即法律、行政法规、地方性法规、部门及政府规章）权限作了明确、具体的界定，但该法第七十五条只对自治条例和单行条例的立法主体、制定原则、批准程序以及变通法律和行政法规的权限范围作了规定，未明确规定自治条例和单行条例有权对哪些事项进行规范，2015 年立法法的修改也未涉及这一内容，没有对此予以完善。由于缺少法律的明确界定，在立法的实际操作中对民族自治地方立法权限的理解出现了分歧。一种意见认为，自治条例和单行条例只能在立法法第七十五条第二款规定的权限范围内，变通法律、行政法规的规定，如果没有变通，自治条例和单行条例与地方性法规无异，就没有制定的必要。另一种意见认为，凡属于民族自治地方的事务，只要符合当地民族的政治、经济、文化的特点，都可通过制定自治条例和单行条例予以规范，对法律和行政法规进行变通只是民族自治地方立法权限范围内的事项之一，而不是唯一的事项。理解上的分歧造成了立法导向的不明确、不统一，而对自治条例和单行条例可以规范哪些事项、不能规范哪些事项、其与地方性法规有何区别等问题的争议，也给实际操作带来了困难。

（二）部门利益难超越

习近平总书记在2014年中央民族工作会议上强调，要坚持和完善民族区域自治制度，把宪法和民族区域自治法的规定落实好，帮助自治地方发展经济、改善民生。民族区域自治法规定了民族区域自治地方享有获得上级国家机关扶持照顾的权利，如财政转移支付倾斜照顾、优先安排基础设施建设项目及减免配套资金、输出自然资源利益补偿、生态环境保护利益补偿等，但这些规定大都比较原则，需要通过制定自治条例和单行条例予以具体化。可以说，自治条例和单行条例是民族区域自治法的配套法规，没有完善的配套法规体系，民族区域自治法赋予民族自治地方的权利就不能得到全面落实。要在自治条例和单行条例中细化民族自治地方享有的上述权利，必然要求上级国家机关超越部门利益的局限，切实履行民族自治法规定的扶持职责，对民族自治地方放权让利给予倾斜照顾。而在实践中，上级国家机关往往从部门利益出发，对其扶持民族自治地方的职责履行不到位，甚至是不履行，造成一些民族自治地方的自治条例和单行条例多年难以出台，民族自治地方对其享有的法定权利只能是“雾里看花”。如《广西壮族自治区自治条例（草案）》起草工作始于1958年，民族区域自治法颁布实施后，广西人大常委会把制定自治区自治条例纳入议事日程，先后17次易稿，1993年形成了条例（草案）第18稿，但在征求意见时，国家有关部委对草案中有关细化民族自治地方享受的法定权利的核心条款大都持不同意见，短期内未能消除分歧形成共识，立法进程也随之停滞了二十多年，直到2014年才重新启动，但何时能出台仍然无法预期。

（三）民族特点不突显

突出民族自治地方民族的经济、政治、文化特点和地方特色，是民族立法的生命力所在。广西有12个自治县，这些自治县的自治条例和单行条例普遍存在民族特点不明显、缺乏地方特色的问题，主要体现在三个方面：一是照抄照搬上位法的规定，缺乏针对性和实用性。12个自治县的自治条例中有半数以上是按照民族区域自治法的模式制定的，不少条文规定与民族区域自治法的规定相同或相类似，体现民族特点和地方特色的内容较少。如《金秀瑶族自治县自治条例》共有54条，与民族区域自治法相同或相似的规定就多达27条；其他一些条款则在土地管理法、矿产资源法、森林法等上位法中也有明确规定。二是根据当地实际制定的条款往往不够完善，难以操作。如三江、隆林等自治县的自治条例规定提供矿产资源地质资料的单位，可以资料参股开发自治县境内的矿产资源，由于目前国家和自治县都没有就矿产资源地质资料的评估出台明确统一的标准，评估矿产资源地质资料在实践中很难操作，以资料参股开发矿产资源基本没有可行性。三是未充分行使变通权。广西现行的24件自治条例和单行条例中，仅有2件单行条例的两处条文对森林法的有关规定进行了变通，变通内容所占的比例非常小。

（四）立法主体欠主动

自治条例和单行条例的立法主体是民族自治地方人民代表大会。从广西的情况来看，12个自治县的自治条例和单行条例严重滞后于国家法律法规和政策的调整。1992年12个自治县全部完成了自治条例的制定工作，但直到民族区域自治法重新修订施行十年后，2011年在广西人大有关专门委员会的推动下，各自治县人大才着手对其自治条例进行相应修改，截至2015年7月仅有50%的自治县完成了这一轮的修改工作。在单行条例制定方面，广西各自治县的积极性也不高，单行条例的数量偏少，至2015年9月，12个自治县制定的单行条例只有12件，其中富川、融水、都安、环江4个自治县尚未制定单行条例。各自治县人大作为立法主体欠缺主动性和积极性，究其原因主要有以下两个方面：一是缺乏立法专业人才。由于历史原因及现实条件，广西大多数自治县人大法制机构的工作人员只有1～2名，而这些人员中绝大部分都不具备法律知识和立法技能。二是自治县享受的法定权利难以通过立法予以落实。在立法过程中，自治县要求给予政策倾斜、优先照顾的条款大多因得不到上级国家机关的支持而未能保留，许多直接体现自治权的利益诉求条款经多次协调后也只能规定得比较原则，操作性不强，致使自治县领导和负责同志普遍认为自治条例和单行条例的“干货”少，给本地方带来的实惠十分有限，可用性不大，削弱了立法的动力。

二、走出民族自治地方立法困境的对策思考

如何走出民族自治地方的立法困境，可从以下方面寻求对策。

（一）廓清立法权限的范围，形成明确的立法导向

界定自治条例和单行条例的立法权限，必须正确理解立法法第七十五条的规定。该条第一款规定民族自治地方人大有权依照当地民族的政治、经济、文化的特点，制定自治条例和单行条例。从立法原意上可以理解为：符合当地民族的政治、经济、文化的特点的民族自治地方事务，自治条例和单行条例有权进行规范；第二款关于自治条例和单行条例变通权的规定中使用了“可以”二字，而不是“必须”或者“只能”，也说明变通法律和行政法规的规定仅是自治条例和单行条例立法权限范围内的事项之一，而不是唯一的事项。单靠正确理解法律条文的现有文字和立法原意，民族自治地方立法权限的争议和分歧仍很难消除，要在全国范围内统一认识，需要权威部门对此作出明确界定。鉴于立法法刚刚修改，再次启动修改程序对这一问题进行补充完善不太现实，而通过全国人大常委会发布法律解释的方式明确自治条例和单行条例的立法权限范围，则是比较可行的做法。

（二）加大立法协调力度，突破部门利益“瓶颈”

民族自治地方立法的根本目的是依法保障民族自治地方充分行使自治权，加大对民族自治地方的扶持力度，加快当地的经济发展和社会进步。要实现这一目的，必然涉及调整各方面利益的问题，需要各有关方面的支持和配合。特别是自治条例、单行条例制定中涉及上级国家机关放权让利的条款，更需要进一步做好上级政府及有关部门的协调工作，以突破部门利益这一“瓶颈”。在推动自治区层面的自治条例和单行条例立法上，应由全国人大民族委员会就各自治区享受的扶持照顾等核心问题组织相关协调，搭建自治区与国家部委的沟通平台，争取国家部委的理解和支持，把对自治区的扶持照顾落实到位。在自治州、自治县立法层面上，

应由省级人大常委会组织自治州、自治县与省级政府及其有关部门进行协调。广西人大常委会在加强立法协调上的做法可圈可点。为使自治区有关部门与自治县在核心问题上能尽快达成一致意见，广西人大常委会领导自2011年起多次主持召开自治县自治条例修改工作协调会，广西人大民族委员会在协调会的基础上，又多次组织自治县人大负责同志到自治区发展改革委、财政厅等部门，就自治条例修改涉及的核心问题进行协调，达成了较统一的意见，为推进自治县自治条例的修改打下了坚实的基础，有效推动了修改进程。

（三）从实际出发，突出民族特点和地方特色

要突出自治条例和单行条例的民族特点和地方特色，在立法中必须把握以下几个方面：一是立法观念要由“大而全”向“小而精”转变，不能照抄照搬法律和行政法规的条文，要体现民族特点和地方特色，增强针对性和可操作性。二是民族自治地方立法机关应当走出立法就是向上级国家机关争取扶持照顾的误区，把重心放在研究如何用足用好自治权上，总结符合当地实际、行之有效的经验和做法，使之上升为法规条文。三是在立法法第七十五条第二款规定的权限范围内充分行使变通权，为民族自治地方用足用好自治权，加快经济社会发展提供法规保障。

（四）立足现实，增强立法主体的主动性

进一步加大学习宣传力度，加深对民族自治地方法规的性质、作用、法律地位的认识，增强自治机关及其有关部门工作人员的民族区域自治意识，培养立法的自觉性，提高立法的主动性和积极性。此外，还要多渠道解决立法人才短缺问题。2013年3月17日李克强总理在会见十二届全国人大一次会议的中外记者时提出：本届政府内财政供养人员只减不增。因此，通过增加人员编制的途径解决立法人才短缺问题，短期内难以实现。立足现实，可采取以下方法增强民族自治地方的立法力量：一是整合民族自治地方人大机关现有人力资源，把具有法律知识的人员充实到立法岗位上；二是对现有立法人员进行培训，增强立法技能，提高业务水平；三是在法规进入正式审议程序前，上级人大法制、民族等工作部门主动为民族自治地方提供技术指导和服务；四是采用委托专家立法的方式，利用社会资源，提高立法质量。

（作者系广西壮族自治区人大民委办公室主任）

从四个全面的维度看重庆交通

潘震宇

2014年11月，习近平总书记在福建考察调研时提出："协调推进全面建成小康社会、全面深化改革、全面推进依法治国进程。"2014年12月，习近平总书记在江苏调研时在"三个全面"基础上，增加了"全面从严治党"，将"四个全面"首次并提。"四个全面"的提出，使当前和今后一个时期，党和国家各项工作关键环节、重点领域、主攻方向更加清晰，内在逻辑更加严密，新一届中央领导集体治国理政总体框架更加完整，日臻成熟。"四个全面"的提出为各级组织、各个行业共同努力实现中国梦提供了战略指引，各项工作均应以此为基准与之对接。杨传堂部长在交通运输部召开贯彻落实"四个全面"战略布局、当好发展先行官动员部署电视电话会上强调，要以"四个全面"战略布局为统领，进一步加快综合交通运输体系建设，努力使交通真正成为发展的先行官，为经济社会持续健康发展提供有力支撑和坚强保障，进一步指明了交通运输行业在未来工作中的行动方向。那么，我们又该如何面对未来的新形势、适应未来的新要求呢？接下来，笔者将通过"四个全面"分别对照到重庆交通，谈谈自己的看法。

一、全面建成小康社会与重庆交通

当下的中国，发展速度令世人惊叹，经济总量稳居世界第二，交通建设在改革开放三十多年来飞速发展，高速公路里程世界第一，高速铁路里程世界第一，世界十大港口中国占七席，但是在这些骄人数据的背后，是城乡差距、东西部差距、贫富差距在不断增大。全面建成小康社会的最大难点是怎样才能缩小差距。现实告诉我们，社会的发展也好，交通的发展也好，农村是一块巨大的短板。习近平总书记谈到小康不小康、关键看老乡，已经把实现这个目标的重心说得再明白不过了，要全面建成小康社会就是要实现农村奔小康。

重庆是四个直辖市当中唯一的大农村、大城市格局，作为中央统筹城乡发展的试点区域，更应为全国作出示范。在这种形势下，重庆在西部率先实现小康社会，交通要有所作为，必须将目光聚焦于农村，切入点就是做好两件事：一是不遗余力地改善农村的道路条件，花大资金、大力气投入，要将农村道路的建设放在与主通道建设同样的高度去看待，使农村的道路不但通畅而且美丽，要通过道路的建设让农村老百姓感受到社会的发展和进步，让他们对党和政府满意。二是务实地完善农村客运，让农村的公共交通逐步缩小与城市的差距，要改变一些固有观念，比如 9 座以上客运通行乡村道路问题，这些问题与现行政策有关，我们应按照建设小康社会的大方向，认真研究农村的运力需求与运输方式的选择，对现行政策作出调整。

要改变农村的交通现状需要领导者的决心，需要执行者坚定的信念和实际的行动。唯有如此，在全面建成小康社会的征途上交通才能有所作为，才能配得上先行官的定位。

二、全面深化改革与重庆交通

全面深化改革的提出，让未来的改革道路变得更清晰、更坚定、更系统，只要是影响发展的就必须要改，只要是影响人民群众合法利益的就必须要改，作为交通行业也必将随着改革大流不断前行。重庆市交通体制的大变革帷幕已开，大交通的格局雏形已成，公路、水运、铁路、航空全部纳入交通委的统筹协调，在全国已处在先行位置。毫无疑问，这次改革定会深入持续下去，这是件大事，事关上层，需要领导者和决策层的大智慧，因见识履历所限，不敢遑论，止谈于此是为了引出另外一些需要改革的领域。

改革应从痛处入手。要找准痛处，首先要寻找痛的亲历者，也就是广大的交通参与者，这当中包括以交通为职业并赖以生存的人群，也包括需要通过交通实现生产生活目的的人群。其次要找到他们最不满意的事情。那么，什么是当前交通行业的痛处呢？一是出行的不方便，二是交通的不快捷。

说到出行的不方便，除了广袤的农村以外（前文已经谈及，不再赘述），当前有一个问题不可忽视，那就是城市公共交通的边缘地带——出租车行业。笔者认为当前争论的专车合法化是一个伪命题，如何培育起出租车市场的竞争性才是问题的核心。要做到这一点，首先要逐步放开价格上的管制，让市场去决定价格。其次要让武装在“专车”上的信息化技术普及到出租车上，去适应定制化服务要求。每次要建立起乘租双方的信用体系，实现社会与行业的良好互控。最后是政府要注意保持与市场的距离，审批应当“重质量、轻数量”，以审查车辆的安全性与驾驶人的技能与守法素质为重点，做到合法即准入，至于数量还是交给市场更加合理，优胜劣汰的市场法则自然会起作用。

谈到交通的不快捷，主要与高速公路有关。在这里，笔者只谈两点解决问题的思路：一是路该怎样修？车多了路少了就带来了空间上的矛盾，西部第一的高速公路密度按理说也不少了，但重庆现实的问题是经济发展并不平衡，西强东弱的格局从未来的功能定位上看也注定不会平衡。所以，主城与渝西地区的高速公路新建扩建应当加大力度，同时可否在修建与主城区连接通道时放弃简单的平均，按出多进少的原则予以布局，这对于缓解城市中心的涌入压力、提升车流的排出能力或有作用。二是路该如何管？首先，在目前高速公路投资多元化的格局下，应尽快完成对高速公路管理机构的组建；其次，在管理中还应改变因概念混淆带来的认识问题，形成安全即是畅通的理念刻不容缓。

全面深化改革是大势所趋，重庆交通必须乘势而行，现在最需要的是制定出落实中央精神的具体指导意见，将改革的精神、改革的方向、改革的重点公之于众，让交通行业的干部职工争当创造者、做好执行者，以此推动未来的各项改革任务。

三、全面依法治国与重庆交通

翻开历史的长卷，在不同的时期，推行人治的国家并不都阻碍发展，推行法治的国家也并非全部都发展良好，但可以肯定的是，法治社会比人治社会更稳定。习近平总书记讲道：“我们要继续深化改革，开弓没有回头箭，改革关头勇者胜。我们要全面推进依法治国，用法治保障人民权益、维护社会公正、促进国家发展。我们要让全面深化改革、全面推进依法治国如鸟之双翼、车之双轮，推动全面建成小康社会的目标如期完成。”这段话将依法治国与深化改革这两件大事并列起来，凸显出依法治国的重要性。这表明，在国家治理中，法治成为方向。当下，既然中央有要求，且交通建设的最高峰已过，管理的任务会越来越重，法治的进程应当加快。首要的问题是建立法治理念。缺少法治思维是当前政府及其工作人员的共性问题。如何让最应当遵守法律的人群建立起应有的法治理念，需要各级领导带头垂范才行，需要“遇事问法”的习惯养成才行，需要对遵循法律程序而降低并不合法的“效率”的行为心怀容忍态度才行。然后是做好立法（立规）工作。在地方性立法工作方面，可在质量上下功夫，将交通行业的各项基本职责用法律形式固化清晰，交通行业新体制的各项成果以法律形式予以明确。除此之外，交通行业的每一项政策、每一份文件都是贯彻法律的载体，它们承担着让法律落地的重任，必须做到字斟句酌，必须做到系统连贯，必须做到上承下接，只有这样，依法定规则、依法管交通的格局才能形成。最后是执法要全面到位。重庆有一个全国独有的综合执法体制，在依法治国背景下，严格执法必是主线不可偏离，不可瞻前顾后，否则事事无成。

法律是治国之重器，也是掌控交通全局的首要手段，是将交通稳定发展从手动模式升级为自动模式的转换方式，必须敬畏之、善用之。

四、全面从严治党和重庆交通

习近平总书记强调，对广大党员干部既要靠教育，也要靠制度，二者一柔一刚，要同向发力、同时发力。这段话为如何实现权力约束确定了方向和方法。

思想教育是我党的传家宝。当下，重庆市交通行业正在按照中央和市委的要求开展“三严三实”专题教育活动，市交通党委作了动员，笔者学习后深深感到“务实”是这次教育活动的主题，因为每一个中央与市委的要求后面都将交通行业的问题及任务进行了结合实际的部署；但也有所担心，担心到了基层走了样，担心出现“形相近、意相远”的状况，这个问题需要警惕。主要的担心是落地困难。落地靠什么？靠实事求是的对照分解。现在的问题是笼统贯彻篇幅极大，结合实际蜻蜓点水，这种不严不实的做法并不鲜见，应当大力纠正，否则原本想实现的教育目标会因为搞形式、走过场反而带来负面效果。

制度建设在十八大后上升到从未企及的高度。“把权力关进制度的笼子里”，形象而简单的一句话，将刚性的制度作为权力运行的制约与监督手段，让所有的党员干部明白了中央的意图和思路。《中国共产党党员领导干部廉洁从政若干准则》《推进领导干部能上能下若干规定（试行）》等一系列党内制度的出台，兑现了从严治党的政治初衷。对于各级基层组织来讲，也应当按照中央的思路，做好本行业、本单位的制度建设工作，扎牢“笼子”，约束权力。在制度建设中应当重点考虑以下因素：一是制度的层次要厘清，权力的梳理很重要，每个单位的权力是什么、每个职位的权力是什么，必须以权力清单的形式界定清楚，下级只能对上级的制度延伸细化，不能形成冲突。二是制度的横向关系要清晰，防止因交叉产生内在矛盾，造成无所适从。三是要防止制度越多越好的现象。好的制度往往简单易记，比如交通党委对工程建设领域作出的三条禁令就非常简单非常管用。四是重视制度的可遵循性，在短时间内不能达到的过高标准，最好在制定制度时留有余地。五是注意制度的相对稳定性，适应规则需要时间，要尽可能减少非自身原因带来的朝令夕改现象。六是制度的执行保障要到位，也就是不这样做如何办的问题要写清楚，只有行为准则没有惩戒激励的制度往往容易被忽视。

除了教育与制度以外，还有一个约束权力的好办法，它的名字叫技术，也就是信息化。信息化改变了我们的监督方式，让监督不再停留在口头上，不再止步于专项检查，不再被动地等待举报投诉获取违法违纪信息。未来，应当尽可能地涵盖应用面，只要能够通过信息化手段实现的，就可以加大投入以替代传统的人工方式，让监督约束无处不在。

强化思想教育可以做到让人不想腐，重视制度建设可以做到让人不敢腐，推动信息技术可以做到让人不能腐，若三者并举，或能形成权力约束的新常态。

在新形势下，重庆交通必须自觉把交通工作纳入“四个全面”战略布局中来研究、谋划和推进，率先作为，走在前面，加快建成现代综合交通运输体系，大力推进交通运输现代化，担负起支撑和引领经济社会发展和保障人民群众安全便捷出行方面的责任，为重庆在西部率先实现小康社会提供有力保障。

（作者系重庆市交通行政执法总队副总队长、党委委员）

如何加强和推进藏区共青团和青年工作

尕玛格拉

多年来，藏区共青团和青年工作始终保持了良好的发展态势，形成了自身的特色和优势。但在新形势下与党的要求和青年的期望还存在一定的差距，这也成为当前和今后一段时期藏区共青团和青年工作必须理性认识和科学应对的重大课题。

要做好藏区共青团和青年工作，必须始终坚持党的领导，牢牢把握正确的政治方向，教育引导团员青年按照党指引的方向健康成长；必须始终坚持服务大局，竭诚服务青年，带领青年建功立业，促进青年全面发展；必须始终坚持解放思想、实事求是、与时俱进，把党的路线方针政策与团的实际结合起来，创造性地开展工作；必须始终坚持统筹协调的原则，有效地整合资源、汇聚力量，形成品牌化发展、项目化运作、事业化推进的工作机制；必须始终坚持加强团的自身建设，多做打基础、利长远的事，为共青团事业的发展壮大提供有力保障。

一、以落实保障为根本，大力夯实团的基层组织

基础不牢、地动山摇。团的基层组织建设是藏区共青团工作的生命线，只有牢牢抓住基层组织建设这条生命线，团的事业才能得到有力推动和健康发展。目前藏区基层团组织建设存在诸多薄弱面和软环节，其中尤为突出的便是发展不平衡，农区县与牧区县之间、农区县之间、牧区县之间、同一县域内乡（镇）村之间普遍存在发展不平衡点，这些问题的存在一方面因地理区位和地方经济发展的客观制约所致，同时也受到党政领导重视，团员青年自身素质、意识形态，团干部主观能动作用发挥等主观因素的直接影响。

（一）以“党建带团建”为抓手，夯实团的基础保障

“党建带团建”是来自基层的创造，是被实践检验并充分证明了的加

强团的基层组织建设的一条成功经验。团建脱离了党建,无异于无源之水、无本之木,团的工作势必失去重心、无从着力。

1. 注重巩固强化与创新团建模式有机结合,全面实现共青团组织的广泛覆盖和有效覆盖

学校、机关和农村基层团组织运行相对规范,但软弱涣散、作用发挥不力的现象仍然存在,必须加强管理和整顿,强化其功能建设,彻底消除团组织"名存实无"的现象;非公企业尤其是新经济组织以及外出务工青年群体中建团是新形势下衍生的新鲜事物,这些领域中聚集了大量的青年群体,并呈现日趋增多的必然趋势,在其中建立团组织以凝聚和服务广大青年,既是实现团组织有效覆盖的客观要求,又是共青团服务藏区稳定与发展的现实需要。另外,针对不同领域、不同青少年群体的思想多元化、意识形态多元化、服务需求多元化的现实,必须在团建模式上进行积极有效的探索,努力形成切合藏区实际的团建新实践。

2. 注重思想建设与作风建设有机结合,打造政治坚定、作风过硬、水平一流的团干部队伍

团干部队伍建设中首当其冲的是团干部配备问题,再好的工作决策也需要人去落实,团干部流动相对较快,因此,首先要解决好团干部配备特别是专职团干部配备问题,确保"有人干事"。其次是配强团干部、把好"入口关"的问题。再次是团干部队伍的素质提升问题。要始终坚持把团干部政治素质、思想素质及业务素质的培训提高作为团干部队伍建设的重要内容,一以贯之抓紧抓好。

具有坚定的政治立场是对共青团干部的起码要求,是衡量一名团干部是否合格、是否成熟的首要标准和必备条件,这一点对于长期处在反分维稳一线从事青年工作的藏区团干部显得尤为重要。要始终不渝地拥护党的领导,继承和发扬好"党有号召、团有行动"的优良传统,把党的路线、方针、政策迅速而正确地贯彻落实到团的各项工作中,把党的各项主张和决议迅速而广泛地传达到广大团员青年中去。要本着推进党的建设、对青年和共青团事业高度负责的政治态度,沿着坚定正确的政治方向勇往直前,做到不变质、不褪色。

团干部队伍能力建设是共青团工作成效的决定因素,如果说作风问题是态度问题,能力建设则是水平问题。共青团工作没有既定模式,需要

不断推陈出新，出新招、出实招，不断提升团组织的凝聚力、向心力，用真情实意与务实举措不断提升团组织的服务水平和社会影响力。

3. 注重团结凝聚与发展壮大有机结合，着力培育和壮大思想先进、信念坚定、充满生机与活力的团员青年队伍

在藏区，发展团员是一大难点，团员队伍主要通过返乡学生被动充实，主动发展所占比例很低，且极不规范，部分团员青年对团的概念不清楚，入团做什么、团员干什么、入团为什么、为团做什么等没有在广大青年思想意识中正确定格，团员老龄化，团员不作为、不懂如何作为、难作为是发展团员工作中必须攻克的难关。在抓好团员队伍建设的同时，必须抓住“党建带团建”这股动力源，进一步规范“推优入党”工作，将其作为优秀共青团员加入中国共产党的必经程序，真正把团员队伍打造成为推动经济发展和社会稳定可以信赖和依靠的重要力量。

（二）以“党建带团建”为牵引，积极为共青团工作创造必要的环境和条件

藏区乡（镇）村级团组织团的工作阵地和活动阵地普遍滞后，工作经费得不到有效保障，团员青年看不见组织、找不到组织的现象不同程度存在，团的工作开展缺乏有利的条件支撑等，都成为制约共青团和青年事业发展的现实障碍。团的工作既要围绕党政中心，创造独具影响的新作为，更不能同党政中心相剥离，单唱“独角戏”，而是必须加强资源整合，充分利用村两委活动中心、牧民定居行动计划村民活动中心等资源，争取党政支持，落实“党建带团建”有关文件，确保团的工作有场所、活动有阵地、经费有保障。

二、以阵地建设为依托，切实加强对团员青年的思想和工作凝聚

藏区普遍地处偏远、交通滞后、信息相对闭塞，特别是在牧区，广大青少年对先进文化、思想、理念和外界新鲜事物接触少、认识少，精神文化生活相对匮乏、思想较为封闭。因此，必须通过改革开放巨大成果在牧区群众中的完全展示和共享，让广大团员青年从思想上和行动上接触、走进并接受现代新潮流和新思想。一是要强化思想教育阵地。通过加强政治思

想和形势宣传教育，使团员青年了解掌握国家法律法规，领悟党的民族宗教、富民惠民政策及社会主义制度的优越性，从思想上真正树立起拥护中国共产党、拥护社会主义制度、感党恩、报国情的坚定信念。通过组建流动宣讲团，定期深入乡（镇、场）、村开展法律法规、方针政策、农牧科技等宣教工作，针对不同青少年群体定期开展知识灌输、信息传递、思想交流等活动；依托现有的村两委活动室或“牧民定居行动计划”青少年活动中心建设，建农村书屋，配备法律法规、卫生保健、务工技能、娱乐休闲等方面书籍和影碟，为农村青年脱贫致富提供科技保障。二是加快青少年活动阵地建设步伐。活动是共青团工作的主要形式和有效载体，是团结凝聚和服务团员青年的重要手段。活动阵地建设的滞后势必影响到青少年的成长和发展，当前和今后一个时期，要将青少年活动阵地作为藏区共青团工作的重点，大力实施牧民定居点青少年活动中心建设，力争使团的活动和工作覆盖全体青年，为广大青少年成长成才搭建平台、创造有利条件。三是加强青年网络阵地建设，提升联系服务青年能力。现代中国社会，大众传媒的迅猛发展和网络应用的迅速普及正在深刻改变着社会结构和生活方式。要积极适应现代青年群体工作和生活方式变化，把新媒体作为青少年思想教育的重要载体和有效阵地。现阶段，要重点建设微博、微信、手机客户端、网站等“四个载体”；注重培育团的新媒体骨干、青年自组织网络领袖、社会专业媒体人士、校园新媒体联络员等“四支队伍”；不断完善新媒体工作组织机制、管理机制、督导机制和安全机制等“四项机制”；充分发挥新媒体思想引导、组织动员、成长服务和维护青少年权益等方面的“四大作用”。

三、以工作创新为突破，着力打造“团”字优势品牌

青年志愿者、青年文明号、希望工程、保护母亲河等共青团自身的品牌工作之所以能够长青不衰，是因其本身的工作特性能够较长时期地适应经济发展和社会进步的需要，才会有如此强大持久的生命力。“团”字品牌既是共青团工作的招牌，又是团的工作有效载体，青年志愿者在各类大型会议、活动、节庆中是独特风景和聚焦点，在应急抢险、抗震救灾、维护稳定工作中是主力军和有生力量。对于已经形成的团内品牌，要着重在打造新的工作亮点、填充新的品牌内涵上下功夫。在此基础上，还需要与时俱进、紧跟时代前进步伐，充分尊重基层的创造，敏于发现“金点子”，善于提炼、科学总结、注重推广，在特色工作、特殊效果、特别管用上做好

文章、做大文章,努力培育新的工作品牌,使广大团员青年在品牌活动中受教育、得实惠、建功业。

四、以资源整合为手段,不断提升团的工作效能

新的历史时期,共青团组织和青年工作不断被时代赋予新内涵,工作形式也不仅仅停留在抓活动、搞宣传这一简单层面,而是逐渐由务虚向虚实结合进行转型。近年来,在服务青年就业创业及关爱维权领域进行了许多有益的探索,也总结出很多好的做法,比如农村留守学生之家建设、青年就业见习基地建设、青年创业小额贴息贷款以及志愿者建设项目推进等被纳入党和政府实施民生工程范畴,这一方面体现出共青团不断适应新的历史时期不同青年群体的客观需求,做到了与市场经济体制改革的时代发展相呼应,"工作活动化、活动项目化、项目社会化"已然成为当前共青团工作的重要走向,成为共青团服务党政、服务社会、服务青年体现新作为的有效方式。另一方面也促使共青团组织必须摒弃单靠孤军作战的"小团队"工作理念,全面树立大合作意识,推崇"大团队"精神,方能争取更广阔的发展空间和更长远的发展前景。必须积极主动面向团内、面向党政部门、面向社会各界,大力增强整合能力,努力实现资源共享、工作互联互通互动,才能达到事半功倍的成效。一是要强化共青团内部资源整合,集中优势"聚"力,积极发挥好共青团组织、人才和品牌优势,强势提升团的自身发展"内动力";二是要强化与党委政府部门的资源整合,依托优势"借"力,着力强化与职能部门的工作配合,主动争取政策、资金、项目上的支持,为团的快速发展争取"带动力";三是要强化与社会各界的资源整合,运用互联网、新兴媒体作用,聚合优势"引"力,呼吁和吸引更多的社会资源为共青团所用,为不断扩大团的社会影响制造"互动力"。只有有效、有力地整合各类可用资源,共青团工作才能从固有的客观束缚中解脱出来,共青团和青年事业才能得到快速长足发展。

综上,新形势下,藏区共青团和青年工作必须站在新的历史起点,着眼新的历史定位,在团的自身建设上求突破,在团的工作方式上求创新,在团的服务手臂上求拓展,在团的效能提升上求发展,才能不断推动藏区共青团和青年工作在党旗辉映下展示新的作为。

(作者系共青团四川省阿坝州委书记)

对贵州茶产业发展中政府行为的思考

张　妤

贵州是茶叶的发源地之一,2014 年年底,贵州的茶叶种植面积达到了 662 万亩,成为全国茶叶种植面积最大的省份。茶也成为代表贵州的"五张名片"之一。2007 年贵州省委、省政府出台了《中共贵州省委贵州省人民政府关于加快茶叶产业发展的意见》(黔党发〔2007〕6 号文件),茶产业成为重点发展的农业产业,政府对茶产业的人才、科研、资金、基础设施等方面予以了大力支持。通过近八年的发展,贵州的茶产业有了长足的进步,但是也存在一些问题。本文从政府行为的角度,对贵州茶产业的发展做了一些思考,供大家参考。

一、贵州茶产业发展中政府行为存在的问题

(一)政府定位不够明确

政府的职能应该是更多地采取法律和经济手段,从宏观上进行调控,监督和引导企业的行为,营造公平的竞争环境。在贵州茶产业发展的过程中,由于政府定位不够明确,造成区域发展不协调、与相关产业之间缺乏有机协调等问题,使茶产业带动经济增长的效应没有得到很好的发挥。

(二)政企不分和管理失调

就目前来看,贵州茶业企业的直接参与者和组织者在很大程度上是政府或半官方机构。虽然这种模式对贵州茶产业的早期发展具有一定的合理性和必要性,但随着茶产业的进一步发展,势必弱化茶产业的市场特性,还会引发企业化运作机制不顺、生产效益低下等问题。

(三)政府管理制度不规范

政府对茶产业的管理制度不规范,茶业市场秩序亟须整顿。从目前

情况来看，茶产业管理法规相对滞后，影响了茶产业的健康发展。各级行政管理部门都出台了茶产业发展与扶持的法规和管理办法，使得政出多门、互不协调，难以有效规范市场行为。管理制度的不完善导致了市场管理滞后、经营秩序混乱、茶叶卫生水平不稳定、质量安全等问题。

（四）产业政策体系不完善

产业政策包括产业结构政策、产业组织政策和产业布局政策等内容。目前，贵州的产业政策体系还不完善，产业发展过程中仍存在品种结构搭配不很合理、茶协会的功能弱化、茶园和茶叶加工企业的分布不够合理、管理不够科学、营茶效益不高、产业化程度较低等问题，在茶产业链上没有一个很好地将产业链延伸发展的产业支撑政策。

（五）茶产业人才培养管理机制缺失

人才和技术资源是茶产业发展的重要驱动力，贵州现有的专业技术人员远不能满足茶产业的发展需要，人才的缺失已经成为茶产业发展的瓶颈。一方面，现有技术人员主要从事种植生产的指导，而产品加工和新产品开发的技术人员不足。另一方面，茶产业的人才培养机制没有真正建立起来，在茶产业发展规划中没有明确培养茶产业人才的类别、规模和途径，政府也没有出台有关茶产业人才培养和管理的政策。

（六）政府对茶产业基础配套设施建设相对滞后

茶叶基地是茶产业发展的基本要素之一。茶叶基地的建设离不开路、水、电等基础设施的建设。近几年来，政府加大了对茶园的基础设施投入，由于贵州是欠发达地区，公共财政的投入有限，虽然大部分茶园水电路基础设施有所改善，但是整体上茶园的路、水窖等基础设施建设还需进一步加强。

二、贵州茶产业发展中政府行为问题的原因分析

（一）理论认识上存在偏差

主要体现在政府与市场关系问题上理论认识的偏差。在市场经济条

件下，市场机制应对资源配置起决定作用，在市场机制对资源的配置出现无效率的现象时，政府的主要职能是运用各种经济政策，从宏观上加以调控。从微观角度看，政府作用仅限于制定游戏规则和各种政策法规。因此，政府所制定的公共政策应从引导产业发展的宏观方面着手，而不能过多地关注资源配置领域等微观方面。

(二)市场机制不完善

市场机制包括价格机制(核心)、供求机制、竞争机制、风险补偿机制等。贵州茶市场体系还不完善，资本等要素市场发展相对滞后，社会信用体系不健全，市场秩序比较混乱；收入分配秩序不规范，初次分配的激励约束机制不健全，再分配的调节措施不完善。

(三)政府职能角色错位

政府部门在茶产业发展过程中不应直接干预企业生产和经营的具体事务，而是通过各项经济政策、法规等调节和规范企业的经营活动；而对茶产业进行协调、管理和服务的工作，大部分应由茶业协会来承担。虽然一些地方相继成立了茶业协会，但是背后几乎都有政府的影子，严重制约了协会职能作用的发挥和自身的建设，最终造成了政府既是裁判员又是运动员的情况。

(四)资本投入渠道和方式有限

一方面，贵州茶产业的基础设施建设主要还是依靠政府的项目支持，但是贵州的财政支持比较有限，不能满足发展所需。另一方面，由于市场融资体系不完善，茶叶企业的资金来源有限，无法有效推进茶叶的规模化、产业化发展，从而限制了茶叶企业的发展。

(五)政府管理体制滞后

一方面，政府对各类茶叶项目的监管不到位，使得茶产业得不到及时的指导和控制，导致一些茶农种茶不护茶，茶叶企业套用种茶资金的行为出现。另一方面，政府在茶产业管理制度建设上不完善，政府一味强化企业经营管理，而没有对茶叶企业的长远发展、文化建设等方面进行必要的引导和监督。

三、对贵州茶产业发展中政府行为的建议

（一）突出市场主导地位

以产品市场建设为核心，加强对全国茶叶市场调研分析，实行自主创新、政策推动、服务促进、机制创新的“四轮驱动”产业市场建设战略，切实抓好主要销售区域目标市场及茶青收购市场、产品批发市场、旅游消费市场的建设。引导行业组织按照市场规律，充分发挥自我协调、自我服务、自我管理的自律性职能作用，实现产业市场井然有序，促进产业健康发展。

（二）加强茶产业发展战略的制定与完善

制定和完善具体的茶产业发展战略，明确茶叶产业发展的目标任务、工作措施、产业布局、建设品牌投入、产业扶持政策等。要在加快茶产业发展上科学规划，坚持以市场为导向，以提高茶产业经济效益、增加农民收入为目标，以做大做强龙头企业为核心，以科技创新为支撑，强化茶开发，加强茶研发，开发新产品，提高茶叶质量和市场竞争力，延长产业链，拓宽市场占有率。重点实施品牌带动，组建茶叶集团公司，按照“扶大、扶优、扶强”的要求培育壮大龙头企业，推进茶产业规模化、品质化、产业化、品牌化发展。

（三）注重产业政策扶持引导

产业的政策扶持和引导，很大程度上决定了产业的发展速度和方向。一方面调整现有的政策和资金的扶持引导方式，从过去的补助和奖励茶叶种植逐步调整到重点引导自觉性的产业调整和茶产品的品质提质。另一方面，创新投融资的政策支持引导，在基础设施配套体系建设、茶叶规模化产业化经营上，以政策吸引社会资本的投入，充分发挥好社会资本的力量，使茶产业的发展与市场更好地融合。

（四）严控茶产品质量安全，实施标准化生产

茶叶质量安全是茶产业发展的生命线，解决茶产品质量问题，首先要加强茶产业安全体系的建设，建立茶叶质量监管体系，引入大数据管理，逐步实现产前、产中、产后全过程的检测网络的覆盖，建立农业生产资料

监管体系，从源头上控制“农残”。其次要实施标准化发展战略，一是要进一步推进茶叶质量认证，做好有机、绿色、无公害农产品的组织申报，积极引导企业认证质量管理体系。二是制订茶叶地方标准，使茶叶的种植和制作工艺实现规范化管理，从而控制茶叶生产各环节及茶叶成品质量。再次是要加强茶产业的执法，使执法和管理相结合，通过日常抽检、专项整治、联合检查等形式，整顿农资市场，规范茶产业的生产。

(五)实施品牌发展战略

茶叶品牌战略可以明显提高茶叶产品的知名度和价值，从而实现茶叶产品的销售，扩大市场占有率。一是整合资源，建设区域茶叶品牌。在茶产品品牌打造过程中，政府要起到引导者、规划者、扶持者、管理者和服务者的作用。政府要加大品牌建设资金投入，在统一商标、质量标准、形象标识的基础上，着力在品牌名称、产品支持、个性灵魂、合理包装、宣传推广、活动营销、终端建设和品牌经营管理等环节工作抓好落实。二是加大宣传力度。除了运用传统的电视、报刊宣传手段外，一方面，充分利用互联网、微信等新媒体宣传手段，有效发挥“互联网+”的效应；另一方面，可以与其他产业的宣传相融合，利用旅游宣传、旅游活动、举办论坛、参加展销会、评选会等方式进行宣传，提高品牌知名度、影响力和美誉度。

(六)充分发挥茶叶协会的作用

正确处理好政府和茶叶协会的关系，政府对茶叶协会主要是指导，避免把茶叶协会变为自己的“二政府”。一方面，要指导完善茶叶协会职能，加强对茶产业的监督管理，以政策手段引导茶叶协会按照政府的战略进行市场管理，使其成为联系政府和市场的纽带；另一方面政府要简政放权，赋予茶叶协会相应的权力，使协会有权对市场中出现的不规范现象加以纠正和管理，对市场上的违规企业行为进行处罚和整改，这样才能保证茶叶协会的监管力度。

(七)完善茶产业发展要素支撑体系

为搞好茶叶质量管理、提高茶叶品质，坚持依靠科技进步，大力推广先进技术，走科技兴茶之路。一是建立茶产业发展投入保障机制，积极争取上级项目资金，设立发展专项资金，创新投融资形式。二是建立人才培养机制，加强从业人员培训，实施茶产业人才培养计划。三是制定有效的人才引进、奖励办法。四是建立科技兴茶机制，抓好茶园建设技术，抓好茶叶加工技术，抓好茶叶种植技术，整合茶叶科研力量。争取建成集茶树品种培育、茶园管理、茶叶生产加工、茶文化旅游多功能于一体的茶叶研发基地，为茶产业提供支撑。

综上所述，贵州茶产业发展具有广阔的发展空间和前景。在推进贵州茶产业健康、持续发展过程中政府行为角色定位与其作用的发挥有着重要意义。从茶产业发展规律上看，在茶产业从起步、发展到成熟的过程中，政府的角色应相时而动，即是由政府主导逐步转向政府引导、市场主导的阶段，对于茶产业发展中存在的外部性问题，政府应通过外部性问题内部化的方法采取积极有效措施加以规制和治理。

参考文献

[1]吕志斌．呼和浩特地区会展业发展中的政府行为研究[D]．内蒙古大学，2010.

[2]丁育红．安溪县茶业产业化经营研究[D]．福建农林大学，2008.

[3]王家伦，罗显扬．构建贵州茶叶产业技术体系的思考[J]．贵州农业科学，2009(7).

[4]文年，小秋等．贵州茶产业发展机遇与危机浅议[J]．论茶叶科学技术，2010.

[5]李长才．产业集群成长中的政府行为分析[J]．中共中央党校学报，2009.

[6]杨华．贵州茶叶产业现状及发展对策[D]．贵州大学，2009.

[7]侯彦双．贵州省茶产业发展现状及对策[J]．现代农业科技，2011(5).

[8]韩冰．雅安市茶叶产业化发展对策研究[D]．四川农业大学．2003.

（作者系贵州理工学院招生就业处处长）

共青团承接政府购买服务研究

——以陕西共青团组织为例

谢小义

习近平总书记在中央党的群团工作会议上强调，转变政府职能是全面深化改革的一项重要任务，群团组织要抓住机遇，承担一些适合群团组织承担的社会治理服务职能。共青团作为党的助手和后备军，党章赋予共青团联系广大青年桥梁的职能地位，在协助政府管理青少年事务方面具有自身独特的优势。本文试图通过对陕西共青团组织承接政府购买服务具体实践的研究，对新时期推进共青团承接政府购买服务工作提出一些对策建议。

一、共青团承接政府购买服务的背景和意义

政府购买服务是一种新型的政府提供公共服务方式，即将社会公共服务事项交给有资质的社会组织或市场机构来完成，并根据社会组织或市场机构提供服务的数量和质量，按照一定的标准进行评估后支付服务费用，[①]概括来讲即“政府承担、定项委托、合同管理、评估兑现”。2014 年 7 月，陕西省印发了《关于政府向社会力量购买服务的实施意见》，明确了陕西省购买服务工作的指导思想、基本原则、目标任务和总体要求。共青团不同于一般的社会团体，与党和政府有着“血缘”关系，承接政府购买服务具有重要意义。

（一）承接政府购买服务是加快转变共青团组织职能的必然要求

长期以来，我国公共服务主要依靠政府设立机构直接提供，服务效率低、质量不高、机构臃肿等弊端日益显现。陕西共青团积极探索向社会力

① 国务院办公厅．关于政府向社会力量购买服务的指导意见．国办发〔2013〕96 号．

量购买服务，充分发挥团组织联系服务青年的组织优势，不断提高管理和服务效率，同时形成公共服务提供主体多元化格局，有效发挥各类青年社会组织作用，激发团组织的活力和创造力。

（二）承接政府购买服务是提高共青团组织服务水平的重要途径

随着我国经济、社会的发展，人们对公共服务的需求也不断提高。由政府及其设立的各类事业单位直接提供公共服务的传统模式难以满足公共服务需求。共青团组织积极承接政府购买服务，能有效动员社会力量，吸引更多的社会力量参与提供公共服务，构建多层次、多方式、多元化的公共服务供给体系，为青少年健康成长提供更加方便快捷、优质高效的服务。

（三）承接政府购买服务是创新共青团组织管理的迫切需要

当前青少年组成结构和思想观念都发生了深刻变化，通过政府购买服务，将部分公共服务和事项交由社会组织承担，实现共青团组织调控和青年社会组织协同互联、团组织行政功能和社会组织自治功能互补、青少年教育引导力量与青少年社会组织调节服务力量互动，最终由社会力量向广大青少年提供专业服务，对于创新共青团管理和服务青少年成长非常必要。

二、陕西共青团组织承接政府购买服务工作的实践探索

近年来，共青团陕西省委积极探索、先思先行，通过建立陕西青年社会组织培育发展中心及青春驿站，从承接主体、枢纽构建、购买主体、构建平台四个方面进行探索，积极推进承接政府购买服务工作，取得了较好成效。

（一）着力培育社会服务承接主体

团陕西省委以“服务社会、服务青年、发挥作用、共促发展”为宗旨，成立了陕西青年社会组织培育发展中心和省级青少年综合服务平台——陕西省青年驿站总站，直接参与政府购买服务。目前，“青春驿站”已实现全省 11 个市（区）和 107 个县（市、区）的全覆盖，并将在 2017 年年底覆盖全

省所有街道和50%以上的乡镇。通过搭建信息、项目策划、培训、交流和服务平台，为青年社会组织提供入驻注册绿色通道、日常办公场地、人员培训和规划指导服务，促进青年社会组织向组织化、专业化和规范化方向发展。目前全省各地共培育孵化青年社会组织1 200多个，吸引了陕西青年与环境互助网络、三秦义工、陕西爱暖人间公益中心等一批民间社会组织入驻，为承接政府购买社会服务项目打下了坚实基础。

(二)加强社会服务项目设计指导

针对社会组织普遍存在服务不专业、不规范的问题，团陕西省委充分发挥社会组织与政府之间的桥梁纽带作用，指导社会组织找准服务的专业领域，规范服务流程，健全完善服务标准，着力提高社会组织对接设计社会服务项目的能力水平。通过举办青年社会组织培训班及公共服务主题论坛等形式，手把手传授项目设计的方法，明确承接政府购买社会服务的流程，指导社会组织开展调查研究，结合政府购买社会服务的热点难点领域，有针对性地设计符合政府与群众双赢的项目。

(三)提升社会服务项目实施水平

陕西共青团积极引导青少年社会公益组织大力开展“五色行动”，为青少年提供成长咨询、青年创业就业服务、志愿服务、社会实践、文化交流、重点青少年帮扶、预防青少年违法犯罪等服务项目。通过开展“公益福彩”——红领巾手拉手行动、“君昂有我”·关爱留守儿童公益活动、“小斑马”文明交通劝导等示范活动，使社会组织熟悉项目的组织实施，获取社会资源支持。引导青少年社会组织开展专业化志愿服务，形成社会功能和自身特色的品牌项目，逐步使其走向规范化、长效化，推动政府与社会组织良性互动，不断提升团组织参与政府购买公共服务的能力和水平。

三、共青团承接政府购买服务存在的问题与不足

在共青团组织参与政府购买服务方面，北京、上海、广东等地也和陕西一样进行了积极探索，积累了一些经验做法，但总体上都存在购买行为内部化、购买标准不清晰等问题。[①]

---

① 王浦劬，[美]莱斯特·M. 萨拉蒙. 政府向社会组织购买公共服务研究：中国与全球经验分析. 2010.

(一)没有纳入政府购买服务目录,缺乏政策依据和持续保障

根据国务院办公厅发布的《关于政府向社会力量购买服务的指导意见》,共青团具有一定的购买主体资格,但通过查阅各省、市出台的购买服务目录,基本上没有纳入共青团工作内容,导致共青团参与政府购买服务、特别是发挥购买主体作用的能力受到限制,客观上也会影响到对青少年公共服务项目的实施。

(二)青年社会组织大量涌现,缺乏强有力的服务引导手段

近年来,社会上涌现了许多青年自组织,特别是通过网络发起的,有的是纯兴趣爱好类,如登山协会、徒步俱乐部等,有的是公益志愿服务类,比如应急救援协会。但这种组织形式相对自由,很多没有在政府注册甚至不愿意注册。据统计,当前我国草根非政府青年组织大约有 90 万~120 万个,其青年成员数量至少上千万。① 这带来两个问题:一是共青团组织如何发挥对青年的凝聚力和影响力;二是大量的青年组织因未注册不是正式的社会组织,不能承接政府购买服务项目。

(三)青少年综合服务平台不够健全,缺乏常态阵地

相对教育类、文化类、体育类、医疗类等其他基本公共服务有相对固定的工作阵地,团属服务阵地总量较少、分布不均,青少年综合服务平台特别是社区青少年综合服务平台基本上尚未形成规范、标准和规模,这客观上对政府购买服务项目的设计和实施造成困难,也使共青团组织承接的青少年工作容易流于形式化、活动化、短期化。

(四)资源整合力度有限,项目持续实施乏力

共青团组织有条件整合体制内和体制外更多的社会资源,这也是共青团组织参与政府购买服务的优势。但当前共青团在整合社会资源上面临着新的挑战和压力,一是体制内的行政资源特别是资金,由于职能切块等,分散到各部门难以整合。二是体制外的资源面临纵向消减、横向割裂。如不能整合其他社会资源,单靠政府购买服务项目资金,社会组织很难生存。

---

① 石国亮. 当今世界青年组织的发展趋势分析. 中国青年研究,12,p. 24.

四、推动共青团承接政府购买服务的对策和建议

结合实践探索的经验和上述问题分析，共青团组织参与政府购买应从以下几个方面加以完善。

(一)合理界定购买范围，解决好“买什么”的问题

明确哪些可以买、哪些不能买，是顺利开展团组织购买服务工作的前提和基础。各地政府出台的文件都明确了购买范围的基本公共服务事项、社会管理服务事项、行业管理与协调事项、中介技术服务事项等服务目录。共青团组织在实施过程中，必须按照当地政府文件规定，先把与救助救济弱势群体青少年密切相关的、能够做的、便于操作、条件较成熟的服务项目纳入团组织购买服务范围，然后逐步增加购买内容。

(二)准确把握购买主体，解决好“谁来买”的问题

政府购买服务的主体，即由谁来购买，顾名思义，政府就是购买主体。这里讲的政府主要包括三大类：一是行政机关，二是参公事业单位和具有行政管理职能的事业单位，三是群团组织。共青团是纳入行政编制并按照公务员法管理的群团组织，经费也由财政负担，虽然团组织概念上不属于行政机关，但工作职责和提供的服务也可以采取购买服务的方式。

(三)准确把握承接主体，解决好“向谁买”的问题

近年来，政府购买服务承接主体的范围由“社会组织”扩大到“社会力量”，把依法成立的企业和机构也纳入进来，因此，作为承接主体的社会力量就包括三部分内容，一是社会组织，二是企业，三是机构，社会组织是开展购买服务的重要承接主体。但需要注意的是，没有在民政部门登记但以社会组织名义活动的“草根社会组织”，不能作为承接主体提供服务。

(四)健全购买机制，解决好“怎么买”的问题

如何购买是共青团组织承接政府购买服务工作能否取得实效的关键。一是要规范运作，合理确定购买流程并严格执行；二是购买形式可灵活多样，可以采取委托、承包、特许经营、战略合作等方式选择承接主体。对于受市场主体发育不足等因素制约，现阶段难以形成有效竞争的服务项目，购买主体可采取将大额项目分包、新增项目另授等措施，有针对性地培育和发展多元承接主体，同时充分考虑服务类项目的特点，探索出台

符合当地实际的购买方式。

（五）明确资金来源，解决好“用什么买”的问题

共青团组织购买服务只是公共服务供给方式和财政资金使用方式的改进，是在既有财政预算中统筹安排，目的是提高资金使用效益，更好地方便群众。为确保购买服务工作不走偏、不变样、可持续，要坚持购买服务资金从团组织预算安排中解决的原则，根据批准的预算，安排购买服务计划，并报财政部门审批后实施。

推进国家治理体系和治理能力现代化为共青团组织提供了广阔的发展空间，共青团组织应加大改革创新力度，主动服务政府职能转移，积极有序承接政府购买服务工作，在围绕党政中心工作、服务改革发展大局中做出积极贡献。

参考文献

[1]王春婷．政府购买公共服务研究综述．社会主义研究．2012(2).

[2]叶春晖．共青团参与政府青少年事务管理研究．厦门大学硕士学位论文．2014.

[3]团中央办公厅．全团要讯．2014(13).

[4]季昊昊．新时期共青团组织对青年公共事务管理的研究．上海：华东师范大学．2013.

[5]马晨．中国特色社团组织的发展和前景研究——以中国共青团参与公共事务管理为例．复旦大学硕士学位论文．2009.

[6]李晓静．新时期共青团组织参与社会管理创新探究．山西：山西青年管理干部学院学报．2012 年第 1 期．

[7]齐海丽．我国政府购买公共服务的研究综述．四川行政学院学报．2012 年第 1 期．

[8]刘昆．贯彻落实三中全会精神 大力推广政府购买服务．中国社会组织．2014 年 2 月 16 日．

[9]钱凯．我国政府购买公共服务问题的观点综述．经济研究参考．2014 年 12 月 21 日．

[10]苏新泉．在陕西省政府购买服务工作电视电话会上的讲话．2014 年 10 月 10 日．

[11]陕西省人民政府办公厅关于政府向社会力量购买服务的实施意见．陕政办发〔2014〕107 号．

（作者系共青团陕西省委组织部部长）

互联网+热背后的政府治理冷思考

戚柳彬

在2015年全国两会上，国务院总理李克强提出了“互联网＋”的概念，标志着一个新时代的来临。“互联网＋”不仅改变着我们的生产、工作、生活方式，也正在成为中国经济发展的新常态。作为政府部门，如何科学地认识“互联网＋”这一新常态，如何适应“互联网＋”这一新常态，如何把握好“互联网＋”这一新常态，在“互联网＋”热浪背后还需要冷静的思考。

一、“互联网＋”是把双刃剑

互联网就像一把“双刃剑”，在看到互联网技术与传统产业融合所迸发出的巨大活力、推进社会经济发展、方便日常工作生活的同时，应当看到它同时也带来了一系列的新情况、新问题，对传统政府的社会管理工作提出了挑战。

(一)“互联网＋”对传统的政府治理形成了挑战

1. 对现有的法律制度的挑战

社会的快速发展与法律的相对稳定决定了法律先天的滞后性，而法律的这一先天属性在“互联网＋”时代显得更加突出。快速发展的互联网技术带来了淘宝电子商务、海外代购，兴起了互联网专车，突破了传统金融监管的限制产生了互联网金融。而无论是淘宝网、互联网专车或互联网金融在现行法规中均未有明确的界定。在推进依法治国的大背景下，热浪澎湃的“互联网＋”经济在法律上却处于模糊地带，让监管部门处于两难境地：立即封杀可能会扼杀创新，视而不见又可能损害法律的权威。

2. 对现有政府规制模式的挑战

按照现代公共管理的理论，政府对社会生活的管理主要通过经济性规制及社会性规制两个方面来实现。经济规制指国家通过一定的手段进行干预，以弥补市场的缺陷，矫正市场机制作用的消极后果，进而保证资源配置的高效率并确保利用者能够公平利用。社会性规制是针对所有可能产生外部不经济或内部不经济的企业及事业行为的规制[①]。“互联网＋”作为新生的经济形态，虽然改变了市场运行的模式，但同样不可避免地仍会存在市场失灵的情况，必要时仍需要政府的经济规制。同时，“互联网＋”所构建的网络社会的秩序建立在现实社会基础之上，网络经济中发生的违规行为均会在现实社会中得到体现，网络社会同样需要政府的社会性规制，以保障公众的合法权益。

在政府未寻找到行之有效的手段对“互联网＋”进行有效规制之前，不仅“互联网＋”领域的市场失灵及公众权益不能得到有效调节、维护，而单纯对传统实体产业的规制还在一定程度上导致了市场的不公平竞争。

3. 对政府治理体制形成了挑战

传统市场监管模式下的管辖权基于地理区位的划分，而互联网改变了基于地理位置的时空观，互联网对于所有用户而言都是等距离的，或者说是零距离的。一个国家甚至整个世界的用户访问同一个网站时，对用户而言，服务器放在什么地方并不重要，也不会产生影响。对于承载着全国各地甚至世界各地经营者的第三方平台商，不能按照地理位置的划分确定市场监管管辖权，需要有一个统一的、全国性的、跨地域管辖的监管机构进行管理。美国学者史托尔曾认为：互联网是人类有史以来最接受无政府主义的东西。这种无政府主义深深根植于互联网的技术结构之中。这种结构没有传统星型结构的中央控制中心，所有的子网地位上平等。只要遵从网络协议，任何网络都可以联入互联网而无须批准[②]。互联网的非中心性，是对传统集权式中央等级式组织的解构。这种互联网技术的无限扩展性与传统政府治理的属地管辖模式的差异，不但增加了政府管理的难度，同时也是网络无政府主义在技术上的温床。

(二)对社会现有利益分配格局的挑战

“互联网＋”在社会生活各领域的延伸，优化了社会资源的配置，也方便了公众的生活，但同时也对现今社会传统产业带来了巨大的冲击。当

① 韩明华．宁波大学学报(人文科学版)，2007(7).

② 陶文昭．网络无政府主义及其治理．探索，2005(1).

我们欣喜地看到淘宝网等电子商务快速发展壮大的同时，也应当看到实体店铺行业的惨淡；在更多的驾驶员热衷于加入互联网专车行业时，我们看到的还有出租车行业的集体罢工抵制；在互联网金融快速赢得消费者青睐时，我们还时时听到传统金融行业对于不公平竞争的感伤。

应当看到的是，“互联网＋”之所以能迅速颠覆传统产业，除了其先天的技术优势使其更加符合生产力与生产关系的发展外，政府监管盲点所带来的隐形“红利”也使其备受不公平竞争的指责。

客观上看，不仅是互联网税收征管的难度使得“互联网＋”产业实质上降低了运营的成本，对于一些传统上高度管制行业的渗透则进一步降低了“互联网＋”产业的行政成本。在金融行业，银行是需要受严格监管的，而互联网金融既不受资本金管理，也不受贷存比管理，几乎不需要什么成本。互联网专车税费管理尚处于空白，也不需要运营许可，更可以大肆以红包补贴的形式与出租车抢夺市场；淘宝商家可以不需要实名登记，不需要食品流通许可，这些均在一定程度上使得“互联网＋”在市场竞争中处于有利地位。

作为社会利益的协调者，政府部门的责任显然不是保护垄断、保护落后产能。但如何营造一个公平竞争的市场环境，让“互联网＋”产业与传统产业在同一个竞争起点共同发展，是政府治理不容回避的议题。

（三）“互联网＋”带来的负面效应不能忽视

在看到“互联网＋”激发社会财富创造、方便公众生活方面的优势同时，还应当看到缺乏有效社会规制所带来的种种负面效应。

如在互联网金融领域，产品的高流动性、高收益性可能会带来货币需求的不稳定，货币层次界限模糊，会造成货币供给量难以控制、削弱货币政策工具效果、使货币传导机制有效性降低等一系列的风险；在互联网专车行业，缺乏资质的驾驶员违法运营、乘客安全保障措施完全依靠企业自律均会带来安全性风险；在电子商务领域无照经营、销售假冒伪劣商品、发布虚假广告、侵犯知识产权等违法犯罪活动也屡见不鲜。

二、存在的问题

当前，一些地方的政府部门应对“互联网＋”的发展和应用还缺乏正确的认知，大体可以归纳为以下几个方面。

(一)消极对待

仍然沉浸在既有的治理模式中,不愿打破现有的利益格局,没有动力或不愿尝试互联网治理创新。在一些地方部门看来,“互联网+”只是众多领域中一个比重较小且难度较高的工作,从行政资源的有效利用分配角度出发,解决传统的工作才是政府治理的核心。这种态度一定程度上反映了对于快速袭来的“互联网+”经济新常态所带来的挑战认识不足,对形势发展的预见存在偏差。

(二)简单拥抱

视“互联网+”为“万能钥匙”,国家都已经将“互联网+”上升为国家战略了,对于此类新生事物应当予以扶持呵护,开口闭口都是互联网思维,鼓励创新,但是却缺乏对“互联网+”所带来的挑战的全面认识。

(三)盲目管制

对“互联网+”的规律认识不足,存在“一刀切”“一把抓”“打乱仗”的倾向。对于“互联网+”经济下的新生事物,要么立即当作违法行为予以盖棺定论,要不就套用传统的监管手段予以规范,结果是“互联网+”产业的发展受到了限制,但“互联网+”所带来的负面效应却未得到有效的治理。

三、对策与建议

(一)认识上适应“互联网+”时代的新常态,主动作为

互联网是虚拟社会,但其仍根源于现实世界,是现实社会的特殊镜像。因此,“互联网+”的管理仍是社会管理的有机组成部分。在互联网经济背景下,可能会出现大量现实社会管理所不曾面对的新问题及新生事物(如互联网专车),按照现实社会的管理方式、方法可能并不适合,但这只是增加了政府管理社会的难度,而从政府职能边界的角度出发,保障公平竞争、加强市场监管、维护市场秩序、推动可持续发展等依然是政府必须履行的职能。

在国家致力推进国家治理现代化,在社会转型期政府职能转变的大背景下,面对“互联网+”经济带来的挑战,政府职能定位不仅要“有所不

为”，更要“有所作为”。认识“互联网＋”，适应“互联网＋”，用“互联网＋”的思维不断探索提升政府管理创新能力才是应有的态度。

（二）定位上适应“互联网＋”时代的新常态，共同治理

党的十八届三中全会提出要完善和发展中国特色社会主义制度，推进国家治理体系和治理能力现代化。长期以来，我国“政府监管”的理念深入人心，但对“政府治理”的模式则相对陌生。显然，在互联网时代的信息爆炸背景下，由政府对“互联网＋”进行单独监管，不仅难度极高，而且从效率角度而言也并不经济。引导网络经济中各行为主体共同参与，积极推进“互联网＋”治理方是治本之策。近几年，我国在一些立法项目中已经陆续出现一些这些方面积极的变化。如《食品安全法》《互联网食品药品监督管理办法》等法规文本中，均对互联网平台方提出了相应的审核、检查、安全管理等义务，也是政府在“互联网＋”经济形态下引导多元化参与的有益探索。

（三）体制上适应“互联网＋”时代的特点，优化组织管理

传统政府监管模式下的管辖权基于地理区位的划分，而互联网改变了基于地理位置的时空观，互联网对于所有用户而言都是等距离的，或者说是零距离的。随着互联网时代的来临，政府在网络监管方面的组织形态不能再单纯按照地理位置的划分确定管辖权，而是应当向适应网络监管特点的扁平化网状结构转变。通过不断地摸索，在网络监管管辖上打破传统的属地观念，通过合理的机构职能设置，实现网络市场监管流程再造。

（四）方式上应适应“互联网＋”的规律，以网治网

在具体行政管理手段、方式、方法层面上，要合理运用现代信息技术，努力推动治理手段创新。“互联网＋”经济依赖着大量的、及时的信息流通，政府不仅要加强自身的信息化技术建设，为治理提供及时、准确、科学的服务，还应当加强对“互联网＋”平台各类数据信息的监控管理，真正做到“以网治网”。

（五）制度上应加快“互联网＋”的立法，以法治网

法律法规是市场经济条件下政府管理经济和社会的基本手段。面对“互联网＋”经济下新业态、新生事物的不断出现，一方面要提升立法效

率，及时予以规范；另一方面，要注重立法的前瞻性，对一些基础性问题予以概括性的规范，而对一些具体的业态规范则交由立法程序相对简单的部门或政府规章予以完善。通过加强网络立法，完善市场准入监管制度，限制打击不正当竞争行为，让“互联网＋”经济与传统产业在公平竞争起点上共同发展。

（作者系国家食品药品监督管理总局处长）

浅谈我国大学生创业教育中创新精神的培养

杨海燕

在2015年3月5日的政府工作报告中，李克强总理指出要培育和催生经济社会发展新动力，一方面增加公共产品和服务供给，一方面推动大众创业、万众创新。这次会议，政府工作报告将“大众创业，万众创新”写入其中，并提升到了中国经济转型和保增长的“双引擎”的高度之上，充分显示出政府对创新和创业的高度重视，以及创新、创业对中国经济发展的重要意义。

随着社会的迅速发展，作为国家寄予创新希望的当代大学生，不仅要掌握书本上的理论知识，更要具备创新精神和具体的实践能力去提高自身综合素质，顺应时代的挑战，融入社会发展的大潮，对国家和社会的发展起到推动作用。

一、创新精神与创业的内涵和关系

创新精神又叫创新态度，是个体对于创造性活动所具有的比较稳定的、积极的心理倾向，是创造性人格的动力因素。创新精神属于科学精神和科学思想范畴，是进行创新活动所必须具备的一些心理特征，如创新兴趣、创新胆量、创新决心、创新意识和创新思维以及相关的思维活动。创新精神属于科学精神的一个方面，与其他方面的科学精神统一联系，不相矛盾。

而所谓创业，是指创业主体为了满足自身创新需要，运用现有的知识、技能、信息和经验，通过认真思考，大胆实践，革旧布新，从而创造新的业绩和成果的社会实践活动。

创业过程中必然伴随着创新精神的产生。创新精神和创业是不可分割的，两者紧密相连，缺一不可。创新精神是影响创业目标、行为、结果和绩效的核心因素，创业则是创新精神的依托。

二、创新精神对创业实践的作用

(一)对创业实践中灵感的培养

灵感是人们在进行创造性思维的过程中,经过长时间的积累、准备,在瞬间产生的、取得突破的思维方法。在创业实践中,许多问题都模糊复杂,多种方案可供选择也多种可能性并存,在这种情况下,大学生创业者要凭灵感和直觉进行判断和选择。创新精神可以培养大学生在创业实践中的灵感,灵感又可以帮助广大学生在复杂多变的创业实践中,预见、把握未来发展的方向,选择正确的道路。

(二)对创业实践中辩证思维的培养

辩证思维就是用联系的、发展的和全面的观点去观察问题,分析问题的本质和要害,从而获得解决问题的方法的一种思维活动。它是一个思维动态的过程,具体表现为思维方式、思维途径的多样性以及"综合一体"思维程序。学会辩证思维就能把事物的各个部分联系在一起。创新精神可以让大学生在参加创业实践中通过观察、思考了解社会,在了解社会中学会辩证地分析社会现象。

(三)对创业实践中求异思维的培养

求异思维是指在思维过程中自觉地打破已有的思维习惯和思维定式或以往的思维成果,在事物各种看似巨大的差异之间建立一个"中介",从而突破传统经验思维束缚的思维方法。求异思维可以帮助人们运用所学知识去拓展思路。大学生在创业实践过程中会接触很多新生事物和遇到一些新的问题,而创新精神能帮助他们从多角度提出新的、不同的设想,变传统封闭式思维为开放性思维,通过不断地理清思路,找到正确答案,使认识不断地向外拓展,直至提出创新。

三、目前我国大学生创新精神的培养及创业的现状

在很长一段时间内,由于受到价值取向单一因素的影响,大学生创新精神的培养受到了一定的制约。传统的教育在一定程度上忽视了学生们对个体价值的需要,而对个性的肯定和自由发展是发挥个体创造力的必

要前提和基础条件，如果个性和个人价值不能得到充分尊重和肯定，创新精神的培养自然也就无从谈起。

因此，我国大学生普遍存在的情况是：具有一定的创新意识和要求，也不缺乏创新的兴趣和热情，但缺乏长期目标定位和执着的追求；必备的创新技能和方法的掌握、知识面的宽度都存在着不足；同时过多地依赖书本、老师和课堂，学习自主性不强，对问题缺少全面性、深层性和灵活性的思考，缺乏新意和突破；较大多国外的学生而言，我国学生应试能力有很大优势，但在运用创新技法和实践动手能力方面却较欧美一些国家学生有很大差距。

1. 我国与欧美发达国家大学生应届毕业生自主创业比率对比

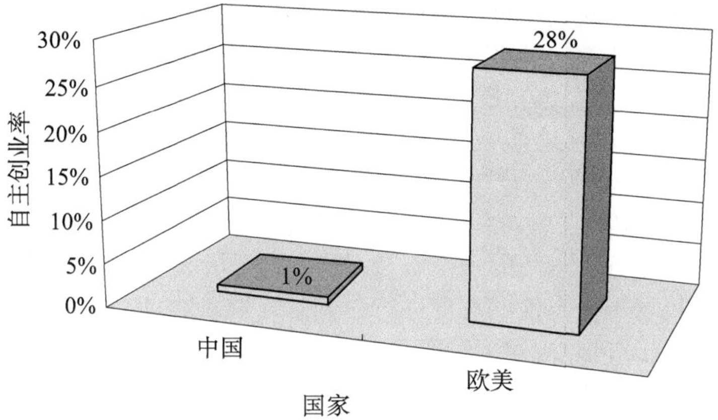

2. 我国与欧美发达国家大学生毕业 3—5 年后，继续坚持创业的比率对比

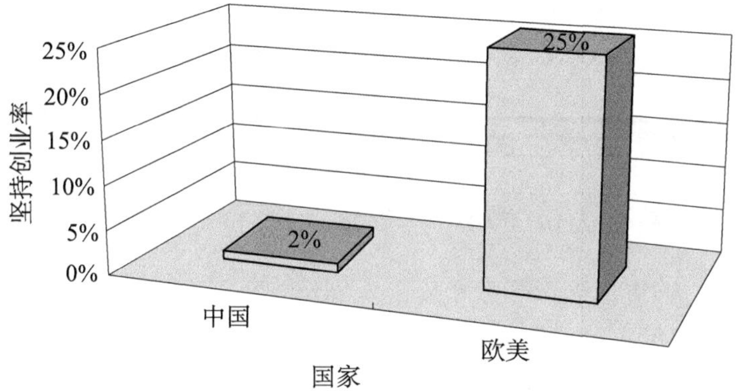

3. 我国与欧美发达国家大学生的创业成功率对比

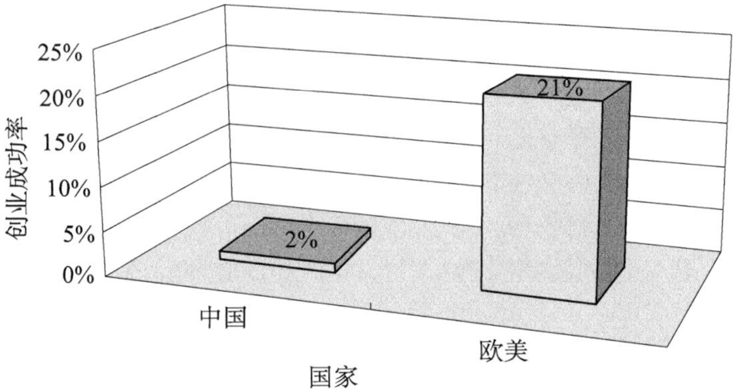

从以上三个对比图可以看出，我国大学生创业的比率和创业成功的比率与欧美发达国家的平均率相比，存在着很大的差距。当然，形成差别的原因是多样的，包括：社会与家庭的传统观念上不支持创业；创业者自身研发能力弱，抗风险能力差，管理经验不足；政府的制度、政策落实不到位；等等。

众多的原因之核心主要在于我国大学生普遍存在的创新精神的缺乏。欧洲企业管理学院的一份研究在研究跨文化沟通时，曾对世界上不同国家人民对不确定性的态度进行过调查。调查表明，东亚一些国家百姓大多数属于“风险规避型”，即对未来不确定性的恐惧与焦虑程度很高。在风险规避型文化背景下，人们把对安全与归属感的需求置于第一位，远高于对成就的需求。体现在职业规划上，更多人缺乏企业家精神和创新精神，而只是希望被安排，同时倾向于终身雇佣制。

欧美国家人们更多属于“风险偏好型”，即他们认为充满不确定性是正常的，心理上对此也习以为常。这类人群更喜好探索与创新，对成功与成就感的需求高于对安全的需求，在职场上也更倾向于独立承担责任。

四、如何培养大学生的创新精神

（一）尊重个人价值和个性需要，培养创新主动性

对个人的价值的重视是发挥个人创造力的基础，只有让个体的个性充分发挥，才能提高其创新能力。因此，要想培养创新型人才，首先应该促进其个体的创新性行为。有了个性的发展才能有人的全面发展。在创新精神培养实践中，只有充分肯定大学生的个人价值，才能充分发挥个

性，提高个体的创新能力和创新行为，从而增强他们的创造信心和创造能力。

（二）组织形式多样的创业大赛，培养创新意识

创新意识是指对创新需要及对创新的一种理性认识。创新成果的产生既需要具有一定创造力，还需要有能将创造性理念转化为实际创新成果的创新知识和技能。创新活动进行中要受到很多外部因素的影响，如机遇、环境条件等，但创新精神品质尤为重要。培养大学生在实践过程中的创新意识就是引发他们对创新意义以及创新性质的认知，并不断地将其升华为创新动机。学校可以通过组织创业计划大赛，要求学生组成互补的竞赛小组，通过风险投资的运作方式，找出一些具有市场前景的技术产品或服务，并以获得风险投资为目的完成一份具体、深入、完整的商业计划书。再通过参与创业计划大赛的实践，学生们可以使项目具有商业上运作的可能性。在此过程中，学校一方面为学生营造了良好的创业氛围，另一方面强化了学生们的创业理念，提高了他们的综合素质，培养了创新意识。

（三）设立开放型实验室，培养创新需求

开放性实验室在高校中是指既对本学院、本专业的师生开放，同时也对外学院跨专业、跨学科的师生开放的实验室。相比传统实验室而言，这可以方便更多学生更长时间地在实验室里进行学习和实验研究。既有利于调动广大学生做实验的积极性和主动性，也更有利于激发学生创造和创新的欲望，让他们在思考、失败、再思考中得到训练，从而培养他们的创新性思维。同时，促使学生对课余时间充分利用，对他们感兴趣的课外科技学术活动和实验项目进行研究，为学生提供更多的自主实验的机会，让学生在参与实验过程中由被动变为主动，不断激发其创新精神、提高创新能力。

（四）开展社会实践，培养创新性格

人的性格与人的活动相联系，良好的性格品质是进行创新活动的必要前提。从创新的本质来看，创新不仅仅是知识、经验或能力、技法问题，更要求创造者具有强烈的动机、浓厚的兴趣、炽热的情感、坚强的意志和进取的性格。学校可以有效利用一年两次的寒暑假，在学生参与社会实践的过程中对他们进行创新精神的培养，锻炼学生的刻苦耐劳精神和社

会适应能力，使其在这个过程中能有所思考和发现；让学生对一些产品进行市场调查，研究改进的措施和方法；还可以让学生参与设计一些产品，去实地调研和考察设计生产这些产品的必要性以及可行性。学校要从多方面强化、培养学生的创新性格和创新素养，为学生将来真正实现创业发挥积极的作用，让学生在实践中去感悟，在实践中培养创新精神。

（五）建设校外基地，培养创新环境

校外基地是广大学生接触和了解社会的一个主渠道，在校外基地参加实习可以提高学生们解决实际问题的能力。学校可以设置相关的选修课程，采取校企共同培养办法，制订培养方案，关键的课搬到现场教学，学习在现场，考试在现场。同时将企业文化引进教材，教学和实践有机结合，让学生在实践中创新，在实践中扩展创业思维，培养学生新的管理观念。同时，学校可以建立一批融多学科为一体的综合性教学科研基地来培养大学生的创新精神，如创办创意工作室，把第一课堂的教学和第二课堂的实践结合起来，把校内交流和校外学习有机相联，经常开展一些讲座和沙龙活动，为学生将来的创业发展打下良好基础。

学校还可以实施教学指导，如演讲与口才、市场营销、就业与创业等，帮助学生学习各种与创业有关的知识，同时可以设立大学生创新创业实验室或孵化园区，营造一个良好的创新环境，让学生在实践中历练、体验，培养创新精神和新的创新能力。

参考文献

[1]刘峰．管理创新与领导艺术[M]．北京：高等教育音像出版社，2006.

[2]李柱．创新型企业家的素质结构研究[J]．沿海企业与科技，2008(3).

[3]孙兰英．论科学精神是培养创新人才的核心[J]．学校党建与思想教育，2011(26).

[4]卿大勇．加强高校实验室开放　努力培养学生创新精神[J]．实验科学，2010(3).

[5]陈德文．高等教育改革与学生创新精神的培养[J]．教育研究，2012(12).

（作者系内蒙古科技大学学生工作部部长）

浅论青年自组织与现代社会治理

李伟峰

青年自组织是青年群体按照不同需要和追求而自发形成的、依托网络发展而兴起的青年组织。这些组织没有正式注册，但其有创意的活动内容和不设门槛、自愿参与的生活方式，吸引了大量青少年参与其中。截至 2015 年 10 月，根据腾讯社群统计，仅大庆市就有各类青年自组织 28 290家，其中具有代表性、规模较大、影响力较强、表现较活跃的有 3 145家。青年自组织的大量涌现，对于执政者来说是一个挑战。相对于社会组织由民政部门来监管，这部分数量庞大的群体由谁来管理、谁来服务、谁来引导，对于执政党而言、对于现代社会治理都是一个崭新的、不容回避的课题。

一、青年自组织产生的背景

1. 市场经济推动了青年自组织的发育

经济基础决定上层建筑，市场经济的建立为青年自组织的形成、发展注入了内生动力。从某种意义上说，青年自组织绝大多数是有着共同兴趣爱好和社会需要、相对固定的人群自发成立的松散型“社会组织”，这些组织的涌现，在很大程度上填补了社会需求的空白，促进了现代社会发展。

2.“互联网＋”促进了青年自组织的成长

正如蒸汽机带来了工业社会，网络也在建构出一种新的社会形态——网络社会。国际知名社会学家曼纽尔·卡斯特在《网络社会的兴起》中指出，网络社会既是一种新的社会形态，也是一种新的社会模式，强调的是一种新的社会结构形态的“网络社会”。国内学术界认为，网络社会是指在信息通信技术和网络技术发展和整合中创造出一种新的社会，是卡斯特“网络社会”的浓缩版。虽然中西方在理解上有些差异，但是大家都有这样一个共识：网络社会的到来为社会生产方式和经济形式的创新提供了丰富的契机，为各类青年自组织提供了一个发表言论、沟通思想、交流信息、达成共识的平台。

3. 青年群体分化催生了青年自组织的发展

青年不仅是指处于特定年龄阶段的人口，还是指一个社会类别。这个类别在不同的社会、不同时期会被赋予不同的意义，所以青年群体一直存在分化与重组，从而催生了青年自组织的发展。一是青年再组织化。我国产业结构调整和市场化、城镇化等社会转型引起了社会结构和社会群体的广泛分化与重组。二是青年需求多样化。由于社会更加开放、人民生活水平不断提高、文化形态更加多元，青年追求生活风格的个性化、价值取向与生活方式的多样性就成为一种必然的选择。三是青年的自我实现。青年依靠青年自组织的组织优势，开展自我服务；利用青年自组织这一组织网络，展示自己的才能，自我实现。

二、青年自组织主要类型与运作规律

青年自组织自发成立、自主发展、自我运作，活跃于网络，集中在交友聚会、时尚运动、社会公益等领域，虽然没有正式登记注册，但却因其服务对象特定、服务目标明确、组织参与灵活和组织动员便捷，对青年形成了强大的吸引力，对政府现有的地域管辖体制提出了挑战。青年自组织是介于法律边缘灰色地带存在的一类“组织”，说其为组织，尚未依照社团管理条例进行登记，说其不是组织，它又具备组织的相关要素，事实上存在着。

1. 主要类型

青年参与的自组织并不限于某一特定类型，很多青年同时是多个青年自组织的成员。大庆青年所参与的自组织类型最主要以互联网、创业创新、户外运动、汽车文化、交友娱乐类组织为主，参加此类自组织的青年人数占总人次的50%，其次为教育学习类(20%)、公益类(10%)和文学、音乐、收藏等爱好类(20%)(当中自组织成员有交叉)。根据最新情况分析，大庆市青年自组织大致可分为六种类型：一是兴趣爱好型。这种由拥有相同或相近的兴趣而自发组成的青年团队在这次调研中占有相当大的比例，如羽毛球俱乐部、社区篮球队、百湖男女QQ群、探行户外活动小组、轮滑协会等。这类型组织主张以兴趣交友，探寻健康、时尚的新生活方式，涉及领域广泛，有车友会、旅游、宠物、音乐、绘画、美食、时尚、街头运动、动漫游戏等，几乎涵盖了整个社会领域，真可谓“有什么样的兴趣、爱好、需求，就有什么样的青年自组织”。二是社会公益型。此类自组织的发起人和参与者都具有强烈的社会责任感和奉献精神，热衷于公益事业，以帮助他人为快乐，倡导用爱心和行动建设和谐社会。由于这类自组织影响力强，社会反响好，容易得到群众和政府的关注和认可，如大庆义工联盟、爱心传递等。其中大庆爱心传递救助贫困学生的事例引起相关部门的重视，并联动市内外新闻媒体进行了报道。三是经济链条型。这类自组织比较特殊，它先是由青年自发成立的非经营性的青年组织，但在发展过程中，由于队伍不断壮大、活动不断增多、影响力不断增强，自组织的发起者和管理团队已无法单靠私人出资来维持团队正常运作，故另外成立一个经济实体来供给自组织，但自组织依然保持非经营性运作。如大庆吧论坛、大庆网论坛、不差钱易物网，这样的自组织都有详细的团队章程、固定的管理人员、办公地点和成员活动场所，都有固定经济来源作为其自组织的经济后盾。四是学生社团型。如市内各高校有学生社团300余个，分为理论学习、学术科技、文化艺术、志愿服务等八大类，参与人数近20 000人，平均年龄为19岁。此类组织一般由各大中专院校在校学生组成，有党团组织引导并加以规范，可以自发开展各类积极向上的活动。五是共生环境型。如一些同学会、老乡会等。此类组织人员固定，社会影响力小，活动频繁但方式简单，并具有排外性。六是互联网社群型。依托腾讯公司互联网QQ群、兴趣部落、QQ公众号打造全新的移动社群生态。目前已经进入3.0时代。社群1.0以2002年腾讯QQ群首创群聊形态为代表，以互联网人群聚集、信息互通与传递为核心目的；社群2.0则是基于兴趣的陌生人社群，在熟人社交之外，陌生同好成为常态，同时由于运营者的差异化策略逐步形成社群独有的文化效应和归属感，品牌号召力日益显著；社群3.0时代，社群以连接一切为目标，不仅仅是人的聚合，更是连接信息、服务、内容和商品载体，形成了“群＋应用＋兴趣部落＋公众号”的聚集新模式。目前大庆此类型自组织正在统计当中，预计数量为5 000个左右。

青年自组织中的消极现象也不容忽视，主要有三种现象：第一种是成立动机不纯。一些别有用心的人以低俗甚至不健康的目的成立自组织，从而吸纳“臭味相投”的青年参与。比如：一夜情交友、情色俱乐部、暴力讨债等。第二种是成员素质不高。随着自组织的发展，会员不断增多，一些有其他目的的人混进组织，并在自组织中散布一些未经核实的虚假消息，依托群组和朋友圈等途径扩散，从而达到某种目的，不明真相的青年很容易受到误导。比如散布地震谣言、对某一话题进行夸大炒作、鼓动集体上访等。第三种是运作方式欠妥。自组织开展活动的初衷是良好的，但是在实施的过程中还存在一些问题。比如婚庆车队阻碍交通畅通问题、摄影扫街人像侵权问题、户外活动乱丢白色垃圾问题等。

2. 运作规律

一是自由自主性。青年自组织在内部治理上，成员既是社团的参与者，又是社团的组织者，在开展的各类活动中，各成员都可以自主支配时间、自主决定是否参与，具有很强的平等和自由的气氛。二是无偿灵活性。青年自组织成员在进入退出过程中较为灵活，体现自发参与、自由退出的特点。绝大部分青年自组织的活动资金来源于会员 AA 制或社会募捐。三是网络私密性。网络在自组织当中起到的重要作用显得格外突出。在开展活动的联系方式上，90%的青年选择了互联网工具。另外，网络隐藏了成员的真实身份，成员间大都以网名相称，互不探究对方隐私，彼此间少了一些拘谨，多了一份轻松。四是资金不稳定性。绝大多数的自组织活动所涉及的消费，成员之间都是 AA 制分担或是依靠外来捐助或是依照“谁组织谁出钱”的自筹原则(这种情况多出现在公益型青年自组织中)。自组织大都没有维持长期自我运作的“造血”功能。青年自组织的主要目标是借助组织这一平台，实现志同道合的青年朋友们之间的沟通交流，或者能提供一些公益服务，或者仅仅只是娱乐交友乃至于一起度过业余时间。

3. 组织特点

通过对爱心传递、爱卡车友会、风之队、快乐天使联盟等 30 多家青年自组织进行个案研究，同时结合工作实践，我们发现青年自组织虽然组织结构松散，但总有一个核心人物，只要抓住这个人，就能靠近他所在的群体。进而，我们对青年自组织的一些特点又有了进一步的认识，主要表现为发展速度快、号召能力强、影响范围广、活动品牌少、经费筹措难、生存周期短、骨干苦恼多。

三、青年自组织发展中存在的问题

随着我国经济社会的快速发展，青年思想更加活跃，自发性青年组织快速发展，自组织今后该朝着什么样的方向发展成为现代社会治理亟须解决的问题。

1. 政府监管的问题

在政府职能转变、市场功能深化的背景下，中国青年自组织的影响力正在日益凸显，自组织发展就像潮水般涌入社会的大潮。如何找准青年自组织的切入点，提高服务青年的能力，政府对自组织的管理还处在研究探索阶段。

以大庆一家乒乓球俱乐部为例。该俱乐部有 4 个核心成员，成员 20～30人，平时通过 QQ 群召集活动，每次参加人数大约 10 人。活动的组织者和成员认为，我们只是一群朋友闲暇时在一起打球，这也需要注册取得合法身份吗？这家乒乓球俱乐部规模较小，刚刚起步，没有相当的社会影响力，即使该组织没有合法身份也不会受到任何政府部门的关注和影响。该阶段为自组织成长初期。

随着自组织规模的不断扩大，组织的影响力越来越强，组织的合法性开始被社会各界关注，该阶段成为成熟期。我国现行的社团管理是双重管理制度，即每个社团都需要有一个业务主管单位和登记管理机关，也称为归口管理。为了取得组织的合法地位，青年自组织通常会采用挂靠某一单位这一形式来解决。而有资格作为主管单位的组织并不情愿担当管理责任，因为它们既不能从社团中获取利益，又必须为社团可能出现的任何问题特别是政治方向问题负责。

成长后期，在取得合法生存条件的前提下，青年自组织的独立性再次成为被关注的重点。以大庆蓝天救援队为例，尽管已经取得合法身份，但是如何确保机构的独立性和自主性成为这个阶段的一个新问题。自组织负责人很难面对组织成员的质问，因为相当多的组织成员对挂靠行为不理解，部分成员认为这样做损失了成员的利益，“觉得这个组织已经不能自由运转，开展活动了”。

2. 组织发展受制问题

(1)受制于法律制度空间

1999 年公布的《中华人民共和国公益事业捐赠法》第十条规定：“公益性社会团体和公益性非营利的事业单位可以依照本法接受捐赠。本法所称公益性社会团体是指依法成立的，以发展公益事业为宗旨的基金会、慈善组织等社会团体。”以大庆一家单车运动俱乐部为例：现有会员 1 000 多名，开展“行车之乐＋助人之乐”“爱心献给贫困山区”等项目，主要资金和物资来自成员的募集，随着组织规模扩张，组织影响力扩大，服务需求也在相应增加，全国各地的求助申请接踵而来，所需要的资金和物资都远远超出组织成员的募集数量。该组织的负责人表示，“只有狠心拒绝，觉得心有余而力不足”。主要原因是大规模社会募捐是“高压线，碰也不敢碰”，青年自组织在法律上又不具备这样的合法身份。国际上社会组织成熟的实践表明，社会组织只有依靠大量的组织外的资源才能生存和发展。

(2)受制于人才的短缺

青年自组织能够得以维持和发展并不是基于科学管理的组织架构，而是由于该自组织领导的人格魅力和情感维系。在调查中发现，这种人治式的管理存在不少弊端，突出表现在：一是青年自组织领导的理念发生变更，往往带来组织使命、组织意愿等方面的变动，不利于组织的稳定成长。二是发生组织领导的更迭，相当多的追随者可能退出该组织，从而影响组织持续发展。三是大部分青年自组织领导者以虚拟的身份出现，组织成员对其并不是完全了解，难以对其行为进行有效约束。通过以上问题可以看出，青年自组织领导者没有及时分析追随者的特性，缺乏调整和培养追随者的自我领导、独立地工作、提升组织的整体效能能力。

3. 发挥社会功能问题

(1)社会资源整合能力较弱

青年自组织对于外部社会环境的适应性还不强，主要依靠内部成员的个体固有资源优势的简单汇总，不能充分运用社会资源为其进一步发展提供有效帮助。在调查中发现，只有39.58%的自组织有要求运用社会资源。从开展社会公益行动来看，青年自组织在与其他社会机构和部门的联系合作等方面缺乏必要的意识和能力。这些问题已经阻碍了青年自组织的进一步发展。所以说青年自组织把工作重心放在内联上的做法不可取，违背了社团发展的一般规律，必将给组织发展带来许多实际困难。

(2)培育社会和谐文化能力存在局限性。

青年自组织能够敏锐地捕捉青年关注的热点，成为传播和倡导青年时尚文化的重要载体。虽然在活动内容上积极参与文化、公益、环保等社会事务，彰显了青年与社会和谐互动、与自然和谐共处的精神，有利于和谐社会建设，但是青年自组织本身的发展限制了它参与社会公益事业的规模。主要原因：一是青年自组织没有一个合法的身份，资金的来源有限，填补不了政府在社会公益事业中的缺陷；二是青年自组织不愿意与政府走得太近，他们普遍认为传统的党群组织僵化、虚浮、开展活动过于形式主义，也担心主管部门下任务、派指标，推行社会主义和谐文化与自己无关，那是政府的事。在调查中发现，只有14.55%的人想为社会多做贡献。

(3)无法保证积极影响的持续性和稳定性

青年自组织是青年人步入社会的第一个阶段,他们需要有认同感,需要得到帮助,需要一定组织的力量来帮助自身融入社会。在这个阶段,如果所在的自组织方向正确且获得了一定的成功,自组织内的青年人就会沿着正确的方向走下去。如果发生了偏差,后果也许会比较严重;同时青年人对于非主流的、低俗的、有害的观念和行为缺乏应有的抵制,甚至有些组织在助长或推动这类不良风气的传播。

四、引导青年自组织理性发展的对策

引导青年自组织的有序发展,对于提升现代社会治理和有序合理发展将起到积极作用。

1. 营造有利于青年自组织发展的环境

(1)降低青年自组织准入门槛,推行备案制度

笔者认为,首先,应对所有自组织开放备案注册平台,鼓励各种自组织到民政部门进行备案注册,在不违反国家法律的前提下,对所有备案注册的自组织给予合法存在的基本权利。其次,对于影响较大、活动范围较广、涉及公民政治参与或社会政治生活的重要自组织,实行强制性的审批登记制度,对符合条件审批合格的发放许可证,并赋予其社团法人的资格。再次,对于从事社会公益事业的自组织,在获得政府许可议政的基础上,实行更加严格的公益法人认证,通过公益法人认证的自组织应当享受国家在财政税收等方面的优惠待遇,同时也接受更加严格的行政监督和社会监督。

(2)借鉴国外经验,健全青年自组织法律法规体系

我们应该在宪法的指导下,完善自组织建立和发展的相应法律法规。笔者认为,由全国人大制定法律或国务院制定行政法规来规范民间组织的设立、组织和活动,并且要详细具体,具有可操作性。最好的立法模式是大陆法系传统的社团法人和财团法人的两分法,并且辅之以无权利能力的社团制度。国际上对非营利组织管理的法律框架有不同的模式,如南非的《特定非营利活动促进法》,德国的《结社法》,捷克的《公益法人法》等。我国也可以效仿制定《结社法》,明确规定自组织登记的方式和程序、享有的权利、承担的责任、运行的规则、注销的条件与程序等。

(3)拓宽自组织筹资渠道,建立开放的支持体系

建立开放的支持体系,加大工作投入,通过健全政府服务购买机制、

设立专项发展基金等，为青年自组织提供资金、场地、项目等方面的扶持，推动它们加强自身建设、开展有益活动，在现代社会治理中发挥自己应有的作用。可以通过建立民办非企业性质的中介服务机构，为难以自身名义接受捐赠的青年自组织代为接受捐赠。

此外，鼓励青年自组织走经费自筹道路，主动向市场筹措经费。有以下几种方法：一是允许通过设立会员收费制，从组织内部解决部分经费；二是允许公益性、行业性青年自组织通过承担项目或自行设计项目的方法，向社会相关部门或行业单位争取经费。

2. 搭建政府和青年自组织的沟通桥梁

要根据青年自组织发展过程中面临的不同困难，主动服务，不断优化青年自组织发展环境。一是加强沟通联络。政府要加强服务，对于那些有意愿加强与政府联系的青年自组织，可以通过发展其骨干为青联委员、学联会员、志愿者协会理事等方式，加强与其骨干成员的联络。二是提供各项服务。要发挥政府的组织优势，为自组织发展优化环境；要发挥政府的人才优势，为自组织提供智力指导；发挥资源优势，积极为自组织发展创造条件，对于承接政府服务项目的自组织，可以给予相应的资金扶持。三是开展领袖培训。针对青年自组织骨干横向交流和自我提升的要求，积极主动地通过青年自组织峰会、论坛等形式，加强青年自组织之间的横向交流，通过开设骨干交流、专题研讨等形式，开展青年自组织领袖训练，帮助青年自组织实现规范化发展、科学化管理、健康化导向。四是建立服务平台。如建立青年民间组织服务中心或青年自组织联合会等。这样不仅有助于支持青年活动，塑造青年先进文化，更为各自组织提供一个交流的平台，帮助自组织进行宣传，同时更便于进行指导与管理。五是引导和支持青年自组织参与社会事务管理。政府要创造条件引导、支持青年自组织参与社会事务的管理。这样既可以减少政府管理的成本，又可以调动各种社会力量，形成政府与社会互动的机制，使政府对社会事务的管理更加现代、科学、有效。此外，政府还可以帮助自组织做宣传，通过建立表彰奖励制度，对有良好社会影响的青年自组织给予一定的表彰奖励，并且鼓励媒体对其进行宣传、鼓励和引导。

（作者系共青团黑龙江省大庆市委书记、中共龙凤区委副书记）

让“追求卓越”成为青年工作的价值准则

——创建“上海青工卓越共青团组织”的探索与实践

陈 峰

一、引 言

在上海共青团的引领下，“上海青工”(指上海职业青年)作为本市政治、经济和社会建设领域的生力军和突击队，聚焦城市新一轮的改革与发展，适应经济新常态的转型与升级，在投身打造中国经济升级版的进程中，激情建功、精心育人、竭诚服务。上海青工系统在学习兄弟省市团建经验和参与社会建设有效措施的基础上，坚持价值引领，建立质量观念，培育国际化视野，树立市场化意识，借鉴互联网思维，努力打造学习型、服务型和创新型组织。团的工作主动学习和对标以新加坡、纽约、东京、伦敦等为代表的国际化大都市的城市青年工作和社会组织管理的先进经验和水平，这不但是上海国际化大都市要求所决定的，更是推动社会治理现代化的需要，共青团服务城市发展、服务青年成长的能力应当彰显上海城市格局和城市文化品位。

上海青工试图运用质量管理工具，通过全新的社会治理视角，聚焦基层创新实践，诠释属于上海共青团组织提升自我与变革创新的构想。按照国家质量标准《卓越绩效评价准则》的思想和要求，为团建导入卓越评价手段，探索团建标准化建设，从根本上说是一次创新的探索，更是携手广大团员青年学习提高的过程。“争创上海青工卓越团组织”应当说是团建的一个新名词。为此，上海青工积极进取、开拓创新，携手 180 多家市属团组织和 1 500 余名专兼职团干部改革先行、学习研究、创新实践，并于 2014 年年底成功推出上海社会团体首批地方标准。

二、问题与现状

近两年，上海市委一号课题，从“社会治理创新”到“打造具有全球影响力的科创中心”建设，都围绕着“创新”这一主题。为此，上海青工系统抓住参与改革创新的有利时机，积极倡导“卓越团建”，不断提升团组织参与社会治理的价值贡献，致力于打造上海团建的升级版。

标准化是制度化的最高形式。国家质量标准《卓越绩效评价准则》在企业经营和公共服务领域都实现了应用，在上海城市管理和社会建设的实践中也初获成效。改革创新浪潮已席卷而来，面对国家和城市的创新升级，共青团理当率先垂范、有所作为。团作为党联系青年的桥梁和纽带，党交给了我们组织青年、引导青年、服务青年以及维护青少年合法权益的重要任务。共青团自身又如何进行改革和创新呢？团的建设和管理如何引入标准化建设？共青团追求卓越的目标和方法又是什么？审视我们的工作，还存在着不少问题和可以改进的地方。

（一）团建评价没有形成客观的标准体系

团建评价与考核能够参照的标准相对宽泛：《团章》《团务通》以及共青团系统的各类文件和活动要求，对于做什么、怎么做有详细的说明，但是对于怎么做得好、怎么与时俱进却没有针对性解读。

（二）团建水平的横向比较没有统一标尺

各团组织所在领域和行业跨度大，青工系统有制造业、服务业、党政机关、新兴行业等，工作内容和形式差异大，部分基层组织还存在各自为政的评价规则和主观倾向，时常目标不一致、步调不协调。

（三）团建的纵向发展有时会遇到梗阻

目前，基层团组织团建水准的高低状态会随着团干部的接替变化而变化，个人能力和工作思路将直接影响到该单位团建的质量和水平，人治的痕迹明显，无法形成持续改进的制度安排，团的项目和品牌另起炉灶的现象时有发生，这直接导致团建在继承发展上的不稳定和延续性不佳。

（四）团建目标需要主动对标党政的工作要求

“围绕中心、服务大局”是我们的工作主线，改革的攻坚阶段，在上海努力打造中国经济升级版的关键时刻，共青团更要与时俱进，以作为求地位。团的工作需要主动对标党政的工作要求，国际化视野、市场化意识、互联网思维、大数据运用，应当成为这代团干部的职业素养和自觉选择。参与社会治理体系和能力现代化的要求"号角嘹亮"，共青团自身的改革与创新已迫在眉睫。

三、背景及依据

"标准化"为国家和社会获得经济社会的最佳秩序和效益做出了贡献，为人类文明的延续和发展提供了重要的技术保障。当今世界，标准化水平已成为各国各地区核心竞争力的基本要素。2014 年 3 月，习近平总书记在河南考察时指出，"标准决定质量，有什么样的标准就有什么样的质量，只有高标准才有高质量的明确要求"。共青团工作亦是如此。

党的历史上有过两次重大理论创新的飞跃。第一次伟大的飞跃，是党把马克思主义和中国革命实践相结合，产生了毛泽东思想，回答了中国进行什么样的革命、怎样进行革命的问题。第二次飞跃，是党把马列主义、毛泽东思想和中国改革开放新的实际相结合，走出了中国特色社会主义道路，这就是中国特色社会主义理论体系，回答了什么是社会主义、怎样建设社会主义的问题。

坚持价值引领、追求卓越理念应成为共青团工作追求的目标和方向；卓越建功、精心育人和优质服务是我们工作的内容。"夯实基础、聚焦服务、扩大影响"，团建创新需要理论先行。为了回答什么是共青团、怎样建设共青团，我们创造性地提出把共青团的"四大职能"（组织、引导、服务、维权）与国家质量标准《卓越绩效评价准则》对照并有机结合起来，形成了《团组织卓越绩效评价准则》的理论和实践创新。"上海青工卓越团组织绩效评价准则"的探索就是共青团工作按照《卓越绩效评价准则》理念和要求的创新结合，是共青团投身社会治理现代化的创新实践，也是共青团建功育人的创新举措，"卓越团组织"体现的是政治性、先进性和群众性的有机结合。

四、对策及创新

那么，什么是卓越团组织？卓越团组织的定义和标准又有哪些？如何解读卓越团组织的评价指标体系呢？

这套评价准则借鉴了国内外卓越绩效管理的经验和做法，结合了共青团组织的基本职能和具体实践。一方面，组织、引导、服务、维权是团组织的四大职能（“维权”作为服务的特殊形式包含在服务的内容中）。而国家质量标准 19580—2012《卓越绩效评价准则》由领导、战略、顾客和市场、资源、过程管理、测量分析与改进和结果七大指标构成。

“领导”强调组织中的目标导向和领导力驱动，这与团的“组织”职能联系起来。

“战略”就是党政的工作意图和团的行动纲领，这些都需要通过引导的方式传递到基层组织和团员青年，这与团的“引导”职能不谋而合。

“顾客和市场”强调了服务对象和服务实施的领域，与团的“服务”职能彼此呼应。

因此，我们创造性地将“领导、战略、顾客和市场”演变成新标准中“组织、引导、服务”三大职能指标。“资源，过程管理，测量、分析与改进，结果”这四项内容作为卓越团组织绩效评价标准中的卓越评价指标。

卓越绩效评价模式—卓越团组织绩效评价模式	
· 领导	· 组织
· 战略	· 引导
· 顾客与市场	· 服务（维权）
· 资源	· 资源
· 过程管理	· 过程管理
· 测量、分析和改进	· 测量、分析和改进
· 结果	· 结果

图1　卓越绩效评价模式与卓越团组织绩效评价模式的对比

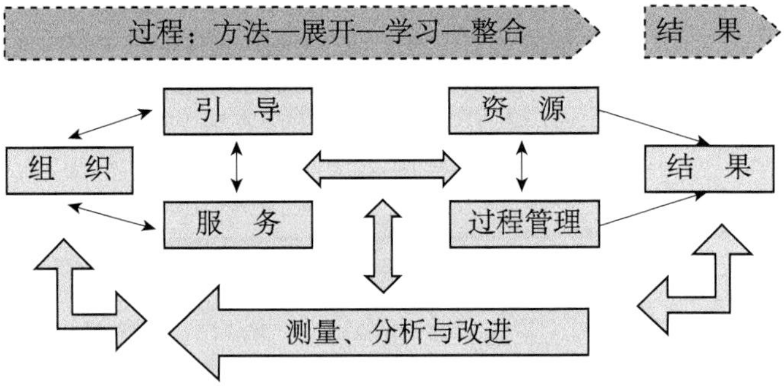

图 2　上海青工卓越团组织七项指标的评价模型

● 组织、引导和服务(维权)为团组织发挥职能作用的“职能三要素”,关注的是团组织如何正确地做事。

● 资源、过程管理、测量分析与改进和结果为团组织工作的“卓越四要素”,解决的是团建效率和效果的问题。

因此,“组织,引导,服务,资源,过程管理,测量分析与改进以及结果”等七个指标组成了卓越团组织绩效评价的七大指标,为团组织追求卓越提供了自我评价的准则,为争创“上海青工卓越团组织”提供了切实的评价依据。《上海青工卓越团组织绩效评价准则》以更高的标准和目标,追求卓越,为团组织、团干部、团员、青年,以及党政组织和社会创造价值。重点体现以下理念:a)卓越领导 b)青年为本 c)以德为先 d)服务为重 e)以发展共赢为主题 f)组织责任 g)重视过程与关注结果 h)学习、改进与创新 i)系统管理

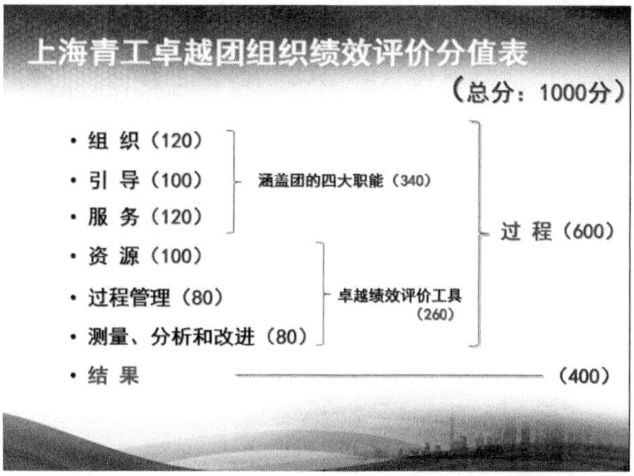

图3 上海青工卓越团组织绩效评价平衡表

团的组织是一个整体,以科学、有效的方法,实现团组织的统筹规划、协调一致,提高团组织管理的质量和效率。

围绕《上海青工卓越团组织绩效评价准则》七大指标的二级指标包含内容,对照《卓越绩效评价准则》二级指标的要求和规范,对照上海《团务通》的基本内容和要求,我们对《上海青工卓越团组织绩效评价准则》的二级指标进行了全面解读与对应完善。

1. 组织

1.1 组织建设(包括:两个全体要求、两条主线、三个关键)

1.2 班子建设(包括:团干部选用、培养和输送)

1.3　组织建设(包括:政治责任、根本任务、工作主线)

2. 引导

2.1　党政意图贯彻(包括:党政要求、战略部署、组织文化)

2.2　团队文化建设(包括:团员意识、青年文化)

3. 服务

3.1　工作品牌(包括:工作内容、特色项目)

3.2　工作阵地(包括:号手队岗、线下阵地、线下阵地—新媒体与互联网阵地)

3.3　服务大局(包括:围绕中心、服务大局)

3.4　服务青年(包括:青年需求、服务效果)

4. 资源

4.1　政策资源(包括:纳入党建、政策水平)

4.2　经费资源(包括:开源节流、社会化合作)

4.3　人力资源(包括:青年培养、团干培训)

4.4　信息和知识资源(包括:团建信息化水平、快速动员响应)

4.5　相关方关系(包括:有效影响、合作共赢、网格化团建)

5. 过程管理

5.1　制度的设计与推进(包括:制度设计有没有)

5.2　制度的落实与改进(包括:制度执行好不好)

6. 测量、分析与改进

6.1　调研与分析(包括:有效调研、科学分析)

6.2　改进与创新(包括:持续改进、创新创效)

7. 结果

7.1　连续三年考核结果(指:长期先进的基层团组织,让优秀成为起点)

7.2　党政满意度(指:党政组织的评价)

7.3　青年满意度(指:团员青年的评价)

7.4　人才效益(指:青年人才培养推优的结果—百万青年成长计划)

7.5　经济效益(指:创新创效结果,选择性比较)

7.6　社会效益(指:影响力、美誉度、合作意识)

五、实践及论证

上海团市委青工部每年下发《关于开展争创××年度上海青工卓越团组织活动的通知》,申报单位一般应为本市长期先进、持续改进、追求卓越的一级团组织或大口二级团组织。申报创建单位还需要符合两项条件:①近三年度考核结果中,获得过两次上海市青工系统先进团组织或获得过一次先进团组织标兵的青工系统各市属一级团组织;②青工系统中各大口团工委认定的,具有先进性和代表性的二级团组织。按照《准则》的一级指标及其二级指标予以衡量评价。活动及准则的试点论证工作得到了基层团组织的普遍认同和积极响应,基层团组织在学习创新的基础上,把试点工作作为实现自身建设从优秀到卓越的重要实践。截至2015年年初,共授予25家基层单位为"上海青工卓越团组织",8家团组织授予"上海青工卓越绩效推进单位",各单位的实践和做法为基层团建创新提供了形成可复制可推广的新经验。

在《上海青工团组织卓越绩效评价准则》的编制、培训过程中得到了上海市质量监督局高度重视和支持,使《卓越绩效评价准则》在社会团体建设领域得到了创新实践。依据《中华人民共和国产品质量法》《质量发展纲要(2011—2020年)》,《卓越绩效评价准则—GB19580》,2014年10月16日《上海青工卓越团组织绩效评价准则》作为上海第一批社会团体(管理)标准向社会正式发布。

六、结语

追求卓越是时代的呼唤,也是共青团组织的自觉选择。未来,依托于上海卓越团组织创建的深入开展,"号、手、队、岗"创建与评价也将进一步延伸"卓越"理念和"标准化"探索,倡导价值引领,科学管理,持续改进,带领团员青年再立新功。上海的共青团组织、拥抱改革、锐意创新,我们的实践和探索还有很多不成熟、欠考虑的地方,但希望通过我们的初探能为共青团组织新一轮的改革发展抛砖引玉。随着国家"十三五"深化改革的推进和经济新常态的引向深入,共青团组织的凝聚力、战斗力和服务能力必将获得新的发展和提升。我们要深刻理解和把握《关于加强和改进党的群团工作的意见》的精神和要求,为巩固和扩大党执政的青年群众基础做出新的更大贡献。

(作者系共青团上海市委常委、青工部部长)

创造“人才红利” 实践人才强校

——对合理构建地方新建本科高校人才队伍的若干思考

查振华

党的十八大以来，习近平总书记十分强调人才的重要性。他指出，创新是引领发展的第一动力。抓创新就是抓发展，谋创新就是谋未来。适应和引领我国经济发展新常态，创新驱动实质上是人才驱动。①

作为支撑创新驱动战略的生力军，所有高校都必然选择人才强校作为自身发展的根本战略。各类高校竞夺高层次人才是高等教育发展历程中的生动局面。教育部的数据显示，2013 年北京和上海地区高校教师的博士比例为 49%，2014 年进一步上升为 51%；②另据不完全统计，2014 年安徽大学③、江西财经大学等老牌院校④的博士教师比例都在 40%以上，而地方新建本科院校的博士教师比例普遍在 10%左右；因此，地方新建本科院校引进高层次人才的急迫性显而易见。但是，在这场旷日持久的竞夺中，地方新建本科高校囿于地理、经济、信息乃至人脉方面的资源制约，引进人才和留住人才都可谓难上加难。因而，如何创造“人才红利”，合理构建地方新建本科高校的人才队伍是一个非常有意义的课题。

所谓合理构建人才队伍，至少涵盖科学性、合适性和可行性三方面的要求，所要实现的目标应该是“建成一支适应学校全面发展的，规模适当、结构合理、特色鲜明、素质较高的人才队伍，能为实现学校的办学目标提供坚强的人才保障和智力支持”。在这一意涵下我们试着从人才的引进、

---

① 人民网．人大开幕当天，习近平强调了什么[EB/OL]．http://politics.people.com.cn/n/2015/0306/c1001-26647038.html.

② 教育部．2013 年教育统计数据[EB/OL]．http://www.moe.gov.cn/s78/A03/moe_560/s8492/；2014 年教育统计数据[EB/OL]．http://www.moe.gov.cn/s78/A03/moe_560/jytjsj_2014/.

③ 安徽大学．2014 年度安徽大学基本数据[EB/OL]．http://www.ahu.edu.cn/n/2014-12-26/289447.shtml.

④ 江西省高校师资培训中心．江西省普通本科院校师资队伍情况统计表[Z]．内部资料，2014.

保有和培养三方面探讨地方新建本科高校的人才队伍建设。

一、人才引进

引进高层次人才是补充和增强人才队伍的基本途径。那么，地方新建本科高校要如何实现人才引进方面的“合理”呢？我们以九江学院为例来加以剖析。

九江学院地处欠发达的赣北地区九江市。2010 年以前该校的人才队伍的状况是：高层次人才紧缺，人才整体层次不高、领军人才基本空缺，人才竞争力不强、影响力不大，团队较少、缺乏合力。

(一)思想要解放

2012 年，九江学院新领导班子正视学校的发展瓶颈，作出“内涵发展”的战略选择，把引进高层次人才作为学校发展的重大专项之一。毫无疑问，这在当时需要破除守成思想的负面影响。

守成的教职工认为，学校作为欠发达地区的教学型高校，教学质量总体良好就够了，大量引进高层次人才必然打破学校的薪酬结构、职称结构，从而造成各方面的不稳定。为解放思想，学校领导班子明确指出：制约学校发展的最重要的瓶颈是人才，教职员工危机意识不强，对当前和未来高等教育的激烈竞争缺乏清醒认识；教师的能力水平与社会发展需求和办学目标要求还不完全适应；现有高层次人才队伍难以支撑学校可持续发展。因而，一定时期内引进足够多的高层次人才是必然选择。

校党委利用务虚会等形式实施“头脑风暴”，把干部的思想统一到强卫书记在省委十三届八次全会上提出的“要像招商引资一样大胆招才引智”的精彩论断上来，确立了“存量资源的大手笔整合与优化”“增量资源的跨越式引进与充实”“教师能力的非常规释放与加强”“干部执行力的刚性提高与督导”等四项重要共识，对人才工作作出战略规划，通过“节衣缩食”新增办学经费 5 000 余万元，启动了“百名博士引进计划”。

李克强总理在“人才红利”的论述中明确提出要“使人才的贡献与回

报相匹配”①。要让人才心动就一定要拿出和人才相匹配的待遇，即便是哈佛大学也要为一名好的教师花上百万美金礼聘，何况九江学院？所以学校在力所能及的范围内，以“安居乐业”为指南，为各层级人才提供较为优厚的住房补贴和安家费等优惠政策，让“急需人才”可以借此直接能买一套房，“次急需人才”也购房无压力，大大增强了对人才的吸引力。

（二）引才要“合适”

一方面，人才是分能级的，人才只有与合适的岗位和发展前景相匹配才能发挥其功用。为此，必须以学校的发展目标为指引，将高层次人才引进与学科和专业的发展紧密结合，使英雄有用武之地，为高层次人才“自我实现”提供保障。九江学院的做法是实施高层次人才差异化引进，也就是按照“分层次、分缓急、区别待遇”的原则引进人才，重点引进高水平博士和紧缺专业博士，并适度引进一般博士作为人才储备，高水平和紧缺专业博士引进待遇提高到省内最高水平。对于引进的高层次人才团队，政策还予以适当倾斜。

另一方面，正如李克强总理指出的“完善创新激励机制，要更好发挥政府投入‘四两拨千斤’的作用”②，高校在创造“人才红利”的投入中也要追求“四两拨千斤”。九江学院在财政并不宽裕的情况下毅然决定实施“百名博士引进计划”，通过薪酬待遇合同化、工作任务定量化、事业前景具体化等手段实现了人才引进政策的杠杆化效应，吸引了上千名海内外博士咨询或应聘，通过双向选择，仅 2014 年引进的博士就有 80 余人。

二、留住人才

（一）变革和创新管理

人才自由流动是市场经济的一大特征，地方新建本科高校如何留住人才是一大难题。外单位的经济诱惑、“内才”与“外才”之争都是常见问题。变革和创新管理就是学校人事管理的当然课题。

九江学院的做法是合同制管理和强化性考核相结合。合同制管理，就是以激发高层次人才的活力为目的，对新引进的博士，实行合同制管

① 李克强．2014 年政府工作报告[Z]．2014.

② 李克强．李克强同“杰青”基金获得者代表座谈：深化改革释放人才红利[EB/OL]．新华网：http://news. xinhuanet. com/politics/2014-08/22/c_1112196004. htm.

理，约定工作量和工作任务，合同期满达标则续聘，不达标则解聘，以保持学校人才队伍素质和能力的提高。为解决“内才”与“外才”之争，允许“内才”通过申请变更人事管理方式，与新引进人才一样实施合同制管理。通过对高层次人才的有效管理，逐步探索出一条符合学校实际、有利于人才发展的管理机制，更好地促进了优秀人才脱颖而出。

强化性考核，就是以刚性条款开展年度考核，约束和引导高层次人才争创一流业绩，多出高水平成果，以考核的结果来兑现绩效奖金。学校采取了晒业绩的做法，让人才在阳光下展现实绩，使那些按学校规则做事凭实力说话的人才，高薪拿得安心，羡慕的人看着舒心。学校非常注重考核指标的导向性和可操作性，做到尽可能细化、量化考核指标。

（二）留才要“养士”

高层次人才的成长和发展模式是没有固定套路的，因而对高层次人才的管理要富含“养士”精神。李克强总理就明确指出过，对待人才要“做到看准人、多支持、少干预”①。

人事管理中，考核是惯常手段，但是要根据不同人才制定不同的考核办法，宽容失误、包容个性、加强引导。注重考核结果的运用，把激励与约束结合起来，激发人才队伍的活力。

九江学院要求全体员工为高层次人才和人才团队营造良好的工作氛围和科研环境，在工作上、生活上关心他们，为他们提供施展才华的空间、事业发展的环境。为使人才安心工作，学校并不追求人才早出成果、快出成果，为需要潜心研究的人才开辟了科研工作岗，将科研工作考核期拉长至三到五年；制订了针对学术研究的“临时教学工作量核减方案”，为高层次人才腾出了更多时间和精力投入科学研究。

（三）筑巢引凤

人才之所以成为“人才”，在于其拥有较高的智商和情商。“人才留不住”是欠发达地区的通病。这就需要地方新建本科高校充分挖掘自身潜力，搭建人才发展平台，让人才来了就不想走。

得力于杨叔子院士等人的大力支持，九江学院建立了省市两级院士工作站，引进了华中科技大学史铁林教授为首的学术团队，获取的宝贵经

① 李克强．李克强同“杰青”基金获得者代表座谈：深化改革释放人才红利[EB/OL]．新华网：http://news.xinhuanet.com/politics/2014-08/22/c_1112196004.htm.

验就是：要让人才留得住，必须建构有魅力的发展愿景，让人才有可持续发展的平台，为人才提供贴心的服务。

学校积极融入昌九一体化战略，抢占世界名山研究和高校公共外交等高地，将“特色鲜明”作为学校办学目标的核心词，从战略高度上勾勒出了学校发展的美好愿景。为使人才安心工作，学校发动全体干部致力于构建服务型行政，主动了解人才所思所想所需，积极创造工作条件好、人际关系和谐的工作环境和事业发展平台。这一切的努力向人才展现出了充足的魅力。中组部派往九江学院的博士服务团成员雷蔚真博士在挂职期满回京后，就常常表达对学校的恋恋不舍之情。

三、人才培养

人才队伍建设的另一个核心问题就是人才的培养，这是一个覆盖面更广、更具内生动力性质的课题。

(一)刺激人才主动发展

九江学院大力气引进高层次人才的一个积极影响就是实现了鲶鱼效应，激发“内才”们自我发展的强烈欲望，教师普遍认识到提高学术素养的重要性和提升科研业绩的重要性、认识到职称竞争的激烈程度，学校借机提供合适的发展机遇收到了事半功倍的效果。

为提升人才发展的内生动力，九江学院在学校职称评聘工作中，注重发挥其“指挥棒”的作用，通过强化职称评聘与学校规划目标之间的联系以及逐步下放职称评聘权限等一系列措施，极大激发了高层次人才自我发展的积极性和主动性。学校还通过稳步推进工资福利制度改革，建立竞争机制、注重业绩、奖励贡献的办法有效调动了广大人才成长的积极性。

(二)大力资助教师进修

为夯实人才发展平台、拓宽人才成长途径，九江学院每年拨出 1 000 万元用以实施“培养者计划”，彻底改变了以往教师进修的被动局面。近两年，合计执行 1 700 余人次教师进修，其中中青年教师攻读博士学位的态度尤其积极，在教师的学历结构、教学科研水平、团队培养及新专业建设等方面都发挥了重要的促进作用。

(三)开展竞争力和影响力建设

九江学院以捏合团队为手段、凝聚方向为目标、合作研究为基础,持续提升人才团队的竞争力。以大力支持教师为政府和企事业单位提供咨询、参谋或直接承接课题等形式,大范围培养获得外界认可的专家,持续提升学校人才的影响力。

学校先后成立了“庐山文化研究中心”“鄱阳湖生态经济研究中心”“沿江产业开发研究中心”“昌九一体双核发展研究中心”,大力推进“山江湖”学科建设工程,构建服务地方经济社会发展的新平台,积极引导人才服务地方社会经济建设,取得了不俗成绩。

作为本文的例子,九江学院在人才队伍建设方面的各项措施效果是明显的。一个例证是,近年来该校每年都能获批 20 余项国家自然科学基金和国家社科基金项目,各类科研立项经费超过 3 000 万元;而 2010 年之前该校每年获得国家级科研项目的总数不超过 5 项,科研经费总额不超过 300 万元。另一个例证是,近年来该校在省级教学成果奖上取得了突破性进展,不但获得三项一等奖,而且二等奖获奖人数也大量增加;而 2010 年之前,该校没有一项省级教学成果一等奖,二等奖获奖人数也屈指可数。

总之,在实施“创新驱动”战略和推动“大众创业、万众创新”的过程中,人才是根本。面对当前高等教育领域激烈的人才竞争,地方新建本科高校务须创造“人才红利”,才能保证“人才强校”战略的有效实施。为此,以尊重人才为根本出发点,以学校的发展目标为旨归,积极保护高级知识分子追求公平正义和自我实现的特有品性,使人才有其用、有所值,让人才对学校充满认同感和归属感,营造出良性竞争、和谐发展的环境,才能使地方新建本科高校在人才引进、保有和培养中获得良好成效,从而达成合理构建人才队伍、创造“人才红利”之目的。

(作者系九江学院党委组织人事部部长、机关党委书记)

广西企业“走出去”现状、问题与对策

路万青

近年来，广西“走出去”企业不断发展壮大，逐步从自发、随机、盲目逐步向自觉、主动、战略指引转变，农业、矿业、制造业、服务业和对外承包工程“五位一体”走出去格局基本形成。目前，广西企业在亚洲、欧洲、非洲、美洲、大洋洲等五大洲68个国家和地区均有投资。

一、广西企业“走出去”概况

（一）对外投资

截至2014年年底，广西核准的境外投资企业563家（含增资和境外机构），双方协议投资额54.01亿美元，其中中方协议投资额47.87亿美元。2014年，广西核准境外投资企业58个（含增资和境外机构），协议总投资额23.69亿美元，其中中方协议投资额21.20亿美元，比上年同期增加172.87%；实际投资额2.89亿美元，同比增长128.29%。

随着中国—东盟自贸区建成升级和国家“走出去”战略的深入实施，目前以东盟市场为重点的“走出去”已经成为广西对外开放最有特点、最具潜力、大有作为的领域。一是增长速度快，从20世纪80年代的0.18亿美元到2010—2015年的42.80亿美元。二是投资目的地比较集中，按中方协议投资额分析，58%集中在东盟地区，23%集中在港澳地区。三是投向行业分布较广，其中制造业占43%，采矿业占24%。四是投资来源以大城市为主，在全部对外投资563家企业中，南宁有175家、区直102家、柳州87家、桂林46家。五是对外投资额在全国排名比较靠后，以2014年中方实际投资额全国排名为例，广西排在第24位。

1. 年代分布

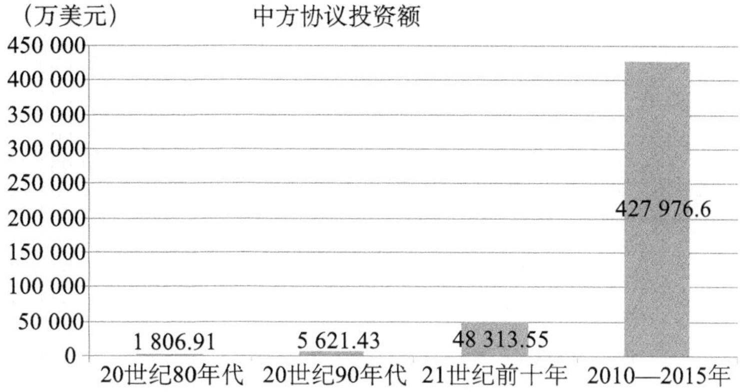

图 1 广西对外投资流量对比图(按年代分)

2. 国别地区分布

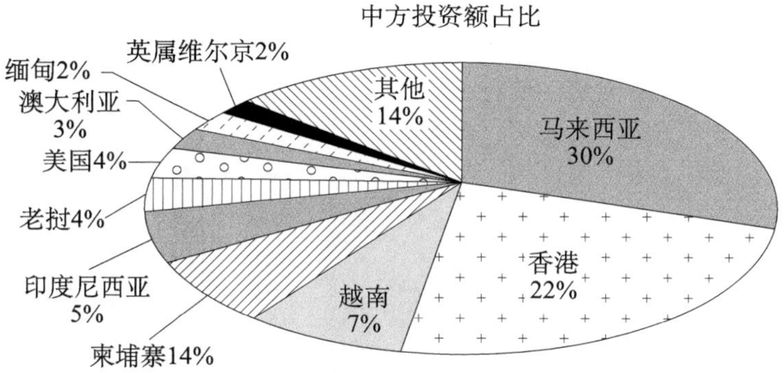

图 2 广西对外投资存量国别地区分布图(截至 2014 年年底)

3. 行业分布

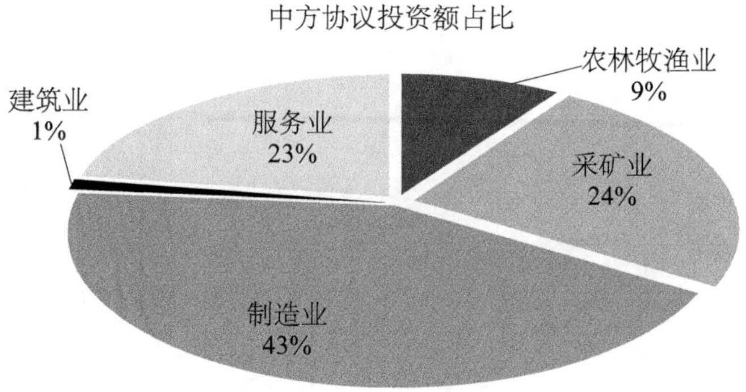

图 3 分行业广西对外投资存量图(截至 2014 年年底)

(二)对外承包工程与劳务合作

近十多年来,广西对外承包工程数量猛增,工程合同额、营业额屡创新高,对外承包工程已成为广西对外经济合作的新品牌。2014 年,对外承包工程完成营业额 8.77 亿美元,同比增长 5.70%,新签合同 81 份,合同额 8.64 亿美元,同比增长 169.85%,期末在外劳务人数 3 704 人。一是增长速度快,实际营业额从 2004 年的 0.19 亿美元增加到 2014 年的 8.77 亿美元,年均增长 46.97%。二是对外承包地较集中,主要集中在安哥拉和越南。三是工程承包业务集中在少数几个大企业,按 2012—2014 年三年完成营业额统计,广西水电工程局占 38%,广西海外建设集团占 22%,广西建工集团第一安装公司占 11%。四是对外工程承包在全国排名位次偏中下,以 2014 年完成营业额全国排名为例,广西排在第 21 位。

1. 年度分布

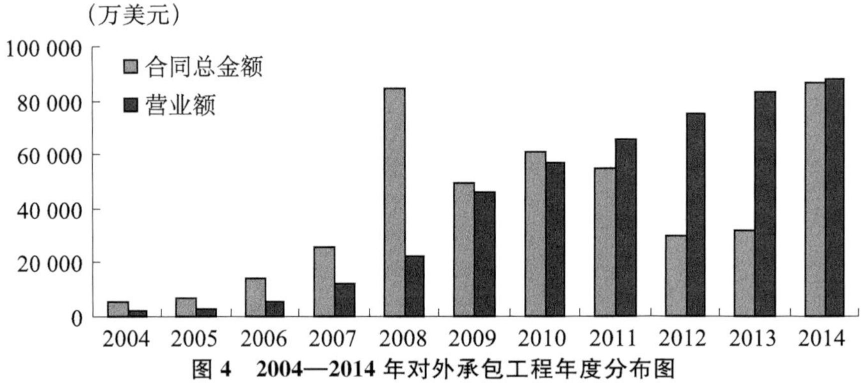

图 4　2004—2014 年对外承包工程年度分布图

2. 国别地区分布

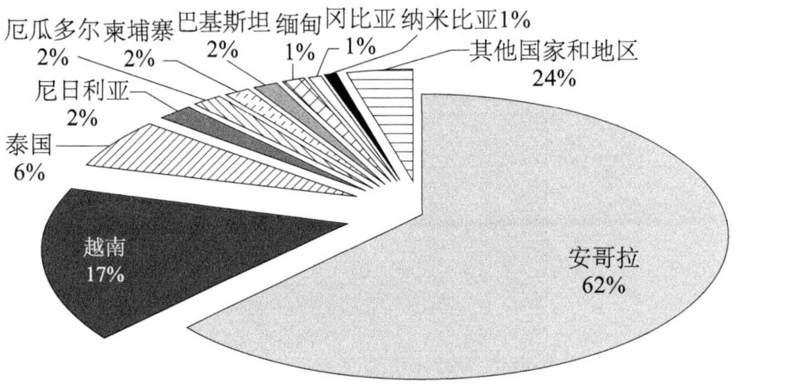

图 5　2001—2014 年对外承包工程合同额前十国家分布图

（三）对外援助

近年来，广西加大对外援助工作力度。一是推进了埃塞俄比亚农业技术示范中心、中柬农业促进中心、援科摩罗“光明行”等国家级重点援外项目。二是除了继续向加蓬、科特迪瓦、塞内加尔等国派遣农业专家外，新增在埃塞俄比亚等国开展“南南合作”以及派遣农业专家组。三是援外培训工作稳步推进。2006 年至今，广西已经成功举办中国—东盟经贸关系、大湄公河次区域企业信息化、甘蔗和木薯生产加工技术等 29 个援外人力资源培训项目。共培训了来自非洲、大洋洲和东盟 20 多个国家的学员近 400 名。四是继续利用地方资源开展援外工作。近几年广西向东盟国家捐助总价值约 1 000 万人民币的汽车、建筑机械、农业机械、电脑等物资。

二、存在的主要问题

（一）“走出去”能力仍然有所欠缺

总体上看，广西外经企业资本实力不强，投资能力不足，投资规模偏小。在截至 2014 年底广西核准的 563 家境外投资企业中，平均协议投资额仅 959 万美元。2015 年上半年备案的 28 个对外投资合作项目，中方协议投资额平均也只有 3 164 万美元。其中，过亿美元的项目只有 2 个，过 5 000 万美元的项目只有 5 个。可以看出，广西企业对外投资的能力仍显不足。

（二）对外投资合作市场集中度高、风险加大

广西对外投资合作市场主要在东盟和非洲个别国家，还没有形成相对集中和具有一定规模的市场。由于国际形势的不断变化，东盟和非洲的个别国家战乱不断、战争风险不断增大，少数国家政治暴乱、征收、汇兑限制、政府违约等政治风险趋强，一些国家项目业主违约、破产等商业风险加大，导致了海外资产和部分项目风险敞口很大。

（三）对外投资合作企业融资难

随着“一带一路”建设和“走出去”战略的深入实施，尽管对外投资合作需求不断增大，但“走出去”企业仍然普遍面临国内融资难融资贵、国外又无融资渠道等多重困难，影响“走出去”能力。

(四)对外承包工程项目资金回笼难

由于受外汇管制和工程项目进度影响,部分对外工程承包项目的工程款资金回笼困难,影响对外承包工程企业经营业绩。

(五)东盟国家政策的可操作性不强

东南亚国家对外来投资合作都有大的政策,但缺乏支持企业的实施细则,可操作性不强,很多时候都是依靠企业自身努力去摸索适应政策。

(六)对外承包工程在部分国家因缺乏驻外使领馆经商处支持函而无力进行投标

为避免恶性竞争,我国驻外使领馆经商处通常对开具对外承包工程支持函有名额限制,一般偏向大型中央对外工程承包企业和其他重点企业。而对广西的企业,因规模较小、实力较弱等,驻外使领馆经商处一般限制出具支持函,进而银行就不能开具保函,为此影响了一部分项目的招投标工作。

三、加快推动广西企业“走出去”的对策措施

(一)以“一带一路”建设推动广西企业“走出去”

把“一带一路”战略的实施作为广西企业“走出去”的最大机遇,加快推动广西沿“一带一路”国家具体“走出去”项目的实施。一是加快推动“一路一带”规划基础设施建设,尤其是要通过鼓励广西企业参与“一路一带”的能源、交通、通信等基础设施建设,规避各国之间的政治敏感性问题,加快帮助东南亚等基础设施落后国家完善基础设施。二是充分发挥广西区位优势和语言、习俗相近等特点,加快推进广西与东盟国家甚至欧美发达国家文化教育交流与合作。三是推进建立“一带一路”共管机制和规则,建立由各国人员组成协调管理机构和机制,通过共管机构协调处理企业在外投资遇到的实际问题,保证依规维护“走出去”的广西企业的合法权益。

(二)依托亚投行和人民币国际化提升企业“走出去”金融服务

当前亚投行已明确成立,建议加大推动国内各大商业银行先“走出去”与“一带一路”沿线国家合作,尤其是加大在东南亚国家的银行机构布

局，加强与东盟国家银行机构合作，尽快设立银行驻非洲机构，或建立与非洲当地银行的合作、互认机制，解决企业“走出去”资金流通难题，并争取在东南亚国家率先推进人民币国际化，实现人民币不经过美元兑换直接走出去投资，如允许人民币直接兑换越盾等东盟各国货币。鼓励各国的中资银行为所在国的中资机构服务和支持，给予一定特殊授信额度，在抵押物、资产负债率等方面给予政策支持，在汇率方面给予指导。鼓励金融机构开发专门针对“走出去”企业的金融服务品种，适当提高授信额度、放宽贷款条件、降低贷款利率，在发放优惠贷款、开具保函、提供政策性保险等方面为企业创造便利条件。

（三）进一步优化广西企业“走出去”的政策环境

一是要进一步简化企业“走出去”行政审批程序，协助企业解决在市场准入、多重技术标准、劳务用工等方面遇到的限制或壁垒，努力构建便利的“走出去”政策环境。进一步完善企业投资“走出去”和产品“走回来”通道政策，如推动我国与外国的检验检疫互认、保险互认等机制，推行共同对一个国际性检验机构检验检疫认可等。二是加大政策、资金支持力度。加大企业“走出去”政策支持，尤其是增加广西支持企业“走出去”专项资金，通过贷款贴息等方式鼓励企业“走出去”。三是建立企业“走出去”事后联系政策机制，随时掌握企业在外生产经营实际情况，做好国际关系协调服务工作。

（四）建立健全服务平台，引导企业“走出去”

创新公共服务，推动建立对外投资合作公共信息服务体系，为企业提供法律政策、投资环境、产业导向等信息咨询服务。一是进一步完善中国—东盟博览会等平台建设，如在广西建立中国—东盟企业合作磋商会、中国—东盟技术转移中心等平台，组织企业“走出去”参加国际会展、投资招商等活动。二是设立政府统一的海外投资信息平台，帮助企业查询国内政府相关鼓励对外投资的全部政策措施，了解国际市场和投资环境，学习投资国政策、法律，规避风险，及时了解投资国别及行业、项目的投资风险等。同时，邀请国外相关领域专家到广西有针对性地讲解政策和项目，避免盲目投资。三是对广西企业投资重点国，选派一些对所在国的法律专家到我国驻该国使领馆跟班或工作，为广西甚至其他中资企业在法律方面服务，减少国际贸易摩擦、劳资纠纷等。四是以外事办、商务厅为主，联合有关商协会组建广西企业“走出去”服务队伍，加强政治外交水平，为企业“走出去”帮助企业规避投资目标国的政治、法律风险。

(五)培育发展服务于企业“走出去”中介组织，发挥中介组织协调服务作用

一是加大培育涉外行业协会商会发展，发挥商会组织和服务平台作用，协调和引导企业的行为，帮助企业与当地政府进行沟通，从而帮助新进入的企业尽快熟悉当地的投资、法律环境，依法维护自身的正当权益。尤其是对优势、特色行业“走出去”，要成立相应行业协会，扶持这些特色产业到东盟国家投资，充分利用东盟国家的自然资源和劳动力资源，进一步做大做强我们的优势、特色产业。二是加大发展对外服务的法律、会计、投资、咨询等市场中介组织，鼓励引导市场中介组织为“走出去”企业提供各类专业服务。

(六)加强“走出去”人才队伍建设

实施“走出去”人才培养工程，通过政府和社会共同开展对外投资合作的政策和业务培训。重点加强跨国经营管理人才培训，培养一支具有全球视野和国际化战略思维、熟悉国际规则和法律法规、精通市场开拓和跨国经营管理、外语熟练的复合型人才队伍。鼓励境外投资企业广泛引进留学、海外就业的专业人才，尤其是聘用所在国专业人才，促进人才交流提升。

(七)建立完善广西企业走进东盟的通道平台

加大广西门户与通道建设，加强服务，争取更多国内企业通过广西走进东盟，并在广西落脚投资新项目，进一步壮大广西经济，增强广西企业“走出去”内生动力。

参考文献

[1]陈福添．中国企业境外投资理论研究前沿[M]．厦门大学出版社．2013.

[2]宋维佳．基于 FDI 的我国企业“走出去”战略研究[D]．东北财经大学．2006 年 6 月．

[3]吴晔．基于竞争力的广西企业“走出去”战略研究[D]．广西大学．2008 年 6 月．

[4]黄焕升．加快实施“走出去”战略[N]．广西日报．2012 年 1 月 12 日．

（作者系广西壮族自治区商务厅对外经济合作处处长）

让自由裁量权不能太“自由”

——规范行政执法机关自由裁量权的思考

冉小鸿

自由裁量权是指执法机构在选择具体执法时限和执法行为的方式上具有自由裁量的权力，以及在实施行政处罚时，根据特定情节、事实和证据，在法律法规规定的幅度内可以合理适用处罚幅度的权力。这意味着行政机关享有自行决定的权力，其行政行为不超出范围和幅度，没有严重不当的行为都认为是合法的。作为行政权重要组成部分的行政自由裁量权，是依法行政的难点问题。本文拟就规范行政自由裁量权的有关问题作出一定的探析。

一、存在问题

在行政执法中，自由裁量权每时都在行政之中，它有效增强了执法办案的准确性和灵活性。然而，由于一些行政执法机关和人员不能正确行使自由裁量权，将“自由裁量”演变为“任意裁量”，导致行政处罚前后不一、轻重不一、显失公正等。具体表现在：

（一）裁量不准

由于行政处罚的具体作出者是执法人员，执法人员难免有理解法律方面的局限性及受一些不良外部因素的影响，在行使自由裁量权时，往往发生自由裁量超过一定的标准，或自由裁量超出一定的范围、种类，出现畸轻畸重的现象，造成行政自由裁量权的滥用。以罚款为例。如：某些违法案件虽在法律规定的罚款额度内，但是，一些执法人员为了省事，没有明确、充足的理由，一律罚款 1 000 元。

（二）处罚不当

在具体的执法办案中，执法人员往往考虑相对人的社会地位、政治背景、经济状况等因素，对类似的事实、情节、后果作出不一致的处罚，自由裁量权运用不当。以罚款为例，一些地方的执法单位追求利益，将罚款多少与单位的经济收益直接挂钩。故在实施处罚时，受利益的驱使，一味从重处罚；在执法过程中，在“合法”执法的外壳保护下，运用自由裁量权为小集体、个人捞取好处；还有一些执法人员，照顾人情，如果遇有熟人或领导说情，则处以轻罚或干脆不罚。

（三）随意性大

由于法律法规的有些规定未明确行政机关履行法定职责的期限，因而何时履行法定职责，行政机关便可以自由裁量。表现在两个方面：一是行政执法人员在执法过程中仅凭主观臆断和个人好恶作出行政处罚决定；二是行政执法部门作出处罚决定不严肃，往往刚刚作出一种处罚，事后又作出另一种处罚，且在处罚的种类、幅度等方面偏差太大。

二、原因探析

造成滥用自由裁量权的原因是多方面的，归结起来主要有以下三点。

（一）法律自身问题影响自由裁量权的行使

主要表现在三个方面。一是法律法规的配套解释不完备。法律法规对各种情况不可能罗列穷尽，只能规定一些原则性的弹性条文，没有起到解释清楚的作用。诸如很多法规中的“问题严重的……”“……从轻处罚”“按有关规定执行”等，什么现象属“严重”、何种程度算“从轻”、“相关”究竟有哪些等都没有严格界定和明确解释，不具体、不明确、不清楚导致在适用时随意性较大，使得行使自由裁量权不规范。二是相关裁量依据自身的局限。法律、法规、规章的制定呈滞后状态，跟不上行政执法工作的需要。往往是某类问题已经出现苗头甚至成为普遍现象，但相关的规范却还没有出台，当其出台时原有的问题已经产生了新的变化和升级，所谓新的法律法规又有了诸多的不适应、不适用，出现新的滞后。三是自由裁量的空间过大。如法律法规中有处“1 到 10 倍”的处罚、处“等值以下”的处罚等规定。假设某案件涉案货值金额 20 万元，对应前者则罚款额为 20 万元至 200 万元之间，有“沉痛打击”和“生死存亡”的区别；对照后者则罚款在 1 元至 20 万元之间，理论上讲可以产生 20 万倍的差距。

（二）人的主观因素左右自由裁量权的行使

自由裁量权的行使最终是由人来理解和决定的，因此不可避免受到人的主观因素的影响和左右，而人的影响又可根据动机不同分为无意、无意的有意、被动的有意和主动的有意四种情况。一是执法人员能力和水平不同造成的无意。由于执法人员法制理论知识的储备不同、适法经验的积累不同，因此，在行使自由裁量权时，会因为不同的人对法律的理解和运用能力的差距造成对自由裁量的把握不一致，出现相同的违法行为不同单位、不同的人处理大相径庭的情况。二是客观条件、环境和主观喜好造成的无意的有意。一方面，人都是有爱恨喜憎等感情的，主观意志的好恶使人在把握自由裁量权的范围、幅度时往往有失偏颇；另一方面，案件发生时所处的时间、地点、条件、环境等客观因素的不同也可能对裁量产生影响。三是人治思想和地方保护主义造成的被动的有意。这是导致行使自由裁量权不规范的最重要、最普遍的原因。不可否认，目前还是“人治”与“法治”兼而并存，甚至在局部地区人的影响远大于法的作用，成为行政机关正常执法的重重阻力和工作中无法回避的无奈之痛。相同的违法行为，有无领导授意、朋友说情成为自由裁量中比违法行为轻重更关键的因素，其最直接的反映就是导致个案自由裁量的不公。四是利益关系造成的主动的有意。自由裁量权的设置出于保证行政处罚的合情合理，但同时也赋予了某些人一定的权力。在现实中，个别人为了一己私利而放弃原则，主动地、有意地乱用自由裁量权，造成了诸多不规范现象的产生。

（三）监督制约机制放纵自由裁量权的行使

其实现有的监督机制不可谓不在，也不可谓不多，但在实际运用中却问题重重，往往难以发挥实效。问题在于：一是监督存漏洞有待完善。“该谁监督”不明确。似乎涉及监督就是纪检监察机关的专利，纪检监察机关由于专业知识的不足，对于行使自由裁量权是否规范起不到真正的监督作用。“监督什么”不清楚。提及自由裁量权的监督，专注于看罚款的多少、对不对，对于拖延履行法定职责等情况不理不问，造成监督的片面和盲区。“怎么监督”不好办。采用何种形式、方式、频率进行监督是实际操作中的问题，涉及监督人行使监督权力有无法律支撑、调阅案卷时效性、细节理解是否一致以及行政执法机关形象、社会影响等问题。二是监督似虚设有待加强。有的制度过于原则、笼统、模糊，所有的关键点都是用“有关”来描述；有的制度内容落后于实践，没有随着形势的变化而加以修改和完善，缺乏操作性甚至成为某种限制；有的制度执行不严格，对监督的落实没有再监督，执行制度的随意性大，对违反制度的行为责任追究不够到位。三是监督被弱化有待整合。现有监督缺乏自下而上的上行监督，民主集中原则没有得到切实执行，对外界因素干扰自由裁量权规范行使缺乏监督，监督范畴片面使监督被弱化；现有监督缺乏自前而后的前置监督，通常只是进行事发后的严格查处，事前没有提出有力的监督防范措施，监督环节缺失使监督被弱化；现有监督缺乏左右呼应的全面监督，各种监督机构和监督力量各自为政，在监督过程中要么各执一端，要么互相推诿，缺乏沟通甚至相互掣肘，监督力量分散使监督被弱化。

三、对策建议

自由裁量权具有较大的主观性和可变性，是行政执法中最容易引起纠纷的环节。因此，必须加强行政自由裁量权的规范管理，通过教育、制度和监督等机制的设计和运作，从源头上解决自由裁量权过于“自由”的问题，使之具体化、规范化，具有较强的可操作性。

（一）加强教育培训，提高主体素质

自由裁量权行使的准确与否最终取决于人。因此，要从思想上、道德上、能力上净化和升华，锻造一支依法行政的铁军。首先，应打造不“自由”的公心。加强执法人员思想素质、法制意识和职业道德的教育培养，增强执法人员全心全意为人民服务的公仆意识，打造一颗辨正误、明廉耻、惜荣辱的“公心”。其次，应培养会“裁量”的能手。行政执法是一项与专业知识紧密联系的工作，尤其是部分行政执法部门涉及法律法规多、技术要求高，仅有好的思想，不具备必要的专业技能和处理复杂问题的能力，是不能正确行使自由裁量权的。因此，要加强执法人员的业务培训，增强行政能力，提高业务水平；注意培训和引进熟悉业务、精通办案、善于裁量的能手，防止业务不过硬造成的自由裁量扭曲。再次，应弘扬用好“权”的正气。通过思想教育、政治教育和廉政教育，使执法人员树立正确的世界观，增强自身内控力，克服和抵制不良思想的侵蚀，在思想上消除滥用自由裁量权的欲念，保证自由裁量权的正确行使。经过多渠道、多形式、多角度的教育培训，使行政执法机关和人员在行使自由裁量权的时候，就能够出于正当的目的，而不是带有不良目的开展工作，进而使自由

裁量权的行使逐渐趋于规范。

（二）加强制度建设，严格执法程序

通过制度建设解决或缓解“有弹性、可操作、不规范”的问题，消灭或减少“乱”的环节，使行使自由裁量权具体化、明晰化。一是完善回避制度，实行主动回避与申请回避相结合，防止利害关系引起自由裁量权的滥用。二是细化信息公开制度，公开行政主体据以作出行政处罚的相关材料，从而有利于公众行使和实现自己的权利，有利于遏制自由裁量权的滥用。三是严格告知制度，行政机关必须告知行政相对人依法享有的申辩权、听证权、申请复议和诉讼、请求国家赔偿等权利，给予当事人获取信息和发表意见的机会，使行政相对人权利具有可救济性和可诉性。四是建立行政行为说明制度，行政执法机关应该向行政相对人说明其作出行政行为的事实因素和法律依据，说明其行政行为合法性、合理性的事实依据和法律依据以及进行自由裁量的原则和理由。五是落实听证制度，关键是不要将该制度搞成形式，做成选择对象听、应付了事听、听了也白听、只听想听的等假听证，应通过公开调查、相互质证和辩论，探寻案件的真实情况，有利于促进行政处罚决定更加合理。六是强调时效制度，明确规定行政处罚行为开始和结束的时间以及与此相关的法律后果，使行政行为严格遵守法定的时限规定，产生预期的法律后果。七是落实复议制度，行政复议是行政相对人认为行政机关的具体行政行为侵犯其合法权益时而提起的，行政复议机构受理后将对案件的程序、证据、适法等进行审查，同时，申请人也可以查阅被申请人提出的书面答复，作出具体行政行为的证据、依据和其他有关材料，有利于证据和事实的公开，利于自由裁量权的规范行使。八是应探索司法审查制度，对争议确立司法最终裁决的原则，使自由裁量权的行使逐步规范。

（三）加强吸纳整合，强化监督检查

这一措施有两个要素：“监督”和“全员”。“监督”是规范行使自由裁量权的关键，至少要做好四方面的监督。一是对具体执法行为的监督。应通过实行案件回访等方式，对案件进行跟踪，听取行政相对人对执法人员的行为、程序、作风等方面的情况反馈，了解执法人员有无违法违规现象。二是对适用法律法规准确性的监督。抽查执法机构的案卷和案审原始记录，着重检查同一行为同时触犯了多部法律法规时，是否依法按照行为的违法程度和性质来确定最合理的适用法律、处罚条款和幅度。三是对处罚决定合理性的监督。案件的处罚决定是案审会集体决定的，应对处罚合理性的理由和幅度进行认真审查和监督。四是履行告知义务的监督。如果不严格履行告知义务，相对人的权利就会被无形剥夺，该陈述的没机会陈述，该知晓的无途径知晓，一些与案件有关的情况得不到反映和吸纳，影响自由裁量的确定。

"全员"是促使监督发挥实效的重要保障。一是应打造全员参与的平台，解决路少门稀的障碍。应当建立完善一系列参与渠道，使参与者能够方便、快捷且无后顾之忧地进行参与，而不是形式上的存在实质上的虚无。二是要激发全员融入的热情，排除事不关己的思想。一方面要通过宣传、引导和教育召集新的力量参与其中，使大家认识到规范自由裁量权关乎政府形象、企业生存、百姓生活，人人有责；另一方面要巩固好、维护好已有的力量，认真对待每个人、每种方式的每次参与，以求真务实的态度使参与者意识到他参与的重要性和正确性，而不是像某些公开电话一样长期占线或每次接听都以"之前的事不知道""之后的事再等等""已请相关部门相关人员按相关规定"等话语扼杀群众的参与热情。三是要建立全员监管的体制，构建协防群控的网络。应积极借鉴"交通协管员"、企业"全员营销"等成功模式，采用长期鼓励、临时聘请、事后奖励等方式吸引和组建覆盖广、时效快、协防群控的群众督察、监管和救济网络，使行使自由裁量权的警示之声无处不在，鞭策大潮充分涌流。

参考文献

[1]葛倩. 执法中自由裁量权的控制[J]. 大众标准化，2007(9).

[2]胡晓博. 税务行政自由裁量权的滥用与规制[D]. 延边大学，2014(5).

[3]张建中. 行政自由裁量权行使过程中存在的问题及其法律控制[J]. 法制与经济，2010(11).

[4]费军. 行政处罚自由裁量权在工作实践中的运用[J]. 中共桂林市委党校学报，2010(6).

[5]索朗次仁. 试论行政执法中的自由裁量权[J]. 中国西部科技，2011(5).

[6]郑文兵. 行政处罚自由裁量权的行使与控制[J]. 佳木斯大学社会科学学报，2009(12).

[7]吴益中，蒋继荣. 试论公安行政自由裁量权的自我控制和规范[J]. 浙江公安高等专科学校学报，2004(8).

[8]李学伟. 如何规范行使自由裁量权[J]. 中国水运，2008(4).

（作者系重庆市计量质量检测研究院党委副书记、纪委书记）

对构建清朗网络空间的思考

范　宏

当前，互联网迅猛发展，给政治、经济、文化、社会等带来深刻影响。互联网不仅成为经济发展的新引擎、文化传播的新平台、人们生活的新空间，更成为意识形态的新阵地、社会管理的新领域。习近平总书记在全国宣传思想工作会议上强调，要把网上舆论工作作为宣传思想工作的重中之重来抓，切实加强网络社会管理，使网络空间清朗起来。要通过构建“为民、文明、诚信、法治、安全、创新”的网络空间，推进早日实现网络强国的战略目标。

一、构建清朗网络空间是我国网络治理的发展趋势

随着网络带宽的持续拓展、移动智能终端的日益普及以及社会化功能不断从传统空间向网络空间转移，网络的重要性达到了新的高度，网络空间已经成为人类社会的“第二生存空间”。

（一）构建清朗网络空间有利于巩固意识形态安全

当今世界，不仅是全面开放的世界，而且是复杂多变的世界。互联网是当前意识形态领域面临的“最大变量”，是影响国家安全和意识形态安全的重要力量，带来了人们信息表达、交流沟通、社交联络和思维习惯的重要转变。特别是随着西方传媒的进入，各种思潮相互交织、相互依存、相互影响，使意识形态领域的防线受到冲击。构建清朗网络空间，有利于抢占网上舆论高地，掌控网上舆论主导权，增强网上舆论引领的“总效应”，让网络上的众说纷纭变得更为有据、有矩、有理、有节。

（二）构建清朗网络有利于夯实网络文化软实力

网络文化是软实力的一种，是一个民族的血脉，是一个国家人民的精神家园。建设网络强国要有丰富全面的信息资源，更要有繁荣发展的网

络文化。世界多国都把互联网作为提升文化软实力的重要载体和手段,采取多种措施抢占发展先机,谋求发展的优势地位。构建清朗网络空间,在网上开展中华优秀传统文化教育,引导广大网民传承中华传统美德,可以弘扬社会主义核心价值观,传播社会主义先进文化。

二、当前我国构建清朗网络空间存在的问题

(一)网络安全意识不强

21 世纪以来,互联网快速发展,网络基础设施建设突飞猛进,各种网络应用如雨后春笋,网民数量呈爆炸式增长,但网络安全知识普及和安全意识教育却严重滞后于网络的快速发展。中共中央宣传部副部长、中央网络安全和信息化领导小组办公室主任、国家互联网信息办公室主任鲁炜曾明确指出,我国网络安全长期存在的突出问题就是网民网络安全的知识缺乏、技能缺乏和意识缺乏。网络病毒数量呈现几何级数增长态势、网络攻击愈演愈烈、网络犯罪日益猖獗,但广大人民群众缺乏安全防护意识,轻信网上虚假信息,轻率打开不明邮件,随意访问不良网站,不设或简单设置口令密码等,导致用户信息泄露滥用、木马病毒大面积传播、不良和违法信息蔓延、网络攻击和网络诈骗等网络安全事件时有发生,严重侵害了网民的信息安全和财产安全。

(二)网络管理水平不高

当前,我国政府采取了相应的手段管理互联网,但仍存在诸多问题,主要表现为:网络舆情发现能力不强,移动端传播规律的度把握不好,反应慢,处置不当;议题设置能力差,缺少对网民心态的科学研究,不能从网民所思所想及需求关注着手,在对网民的回应关切、情绪疏导等方面还有很大差距;网评工作战斗力有待提高,网上发声的有效性不够,被动跟着网上舆情走,难以掌握网络舆论的主动权;传统媒体与新媒体互动融合不够,各自为政,在重大热点问题上难以互动互补;有关网络舆情研判方面的理论基础和专家队伍相对缺乏,不注重发挥意见领袖引导民众舆论良性发展的积极作用,一味采取"先审后发"等行政命令的方式应对舆情,极易导致公众产生负面情绪和逆反心理,增加了舆论引导的难度,甚至误判网络舆情的走向,错过有效处置的最佳时机。

（三）网络保障能力不足

在网络舆情的监测分析方面，分析和研判的技术手段相对落后，技术水平普遍不高。很多舆情信息是在舆情发展至高潮阶段后，才由人工检测得知，缺乏专业的舆情信息采集、分析过滤、引导控制系统，难以迅速从海量的网络信息中提取出关键要素；核心技术能力不强，没有十分过硬的“撒手锏”，基础性、通用性技术亟待加强，信息资源深度整合不够，往往是重计划轻执行、重发展轻安全、重单体突破轻链式推进、重研究机构轻企业作用，总体创新能力跟不上实际需求；信息化发展缺少整体战略，信息基础设施水平与西方发达国家相比还有不小的差距。此外，在加强网络传播及解决网络舆情应对方面的法律法规也未能及时跟上信息化发展步伐，尚未形成一系列配套有序的网络法律法规体系。

三、推进构建清朗网络空间的建议

（一）加强网络安全意识宣传

加强网络安全宣传教育，提升网络安全意识和基本技能，是构筑国家网络安全保障体系的第一道防线，美、英、加拿大、意大利、荷兰、捷克、澳大利亚等 30 多个国家和欧盟等都把开展全民网络安全教育、提高网民安全意识作为本国或本地区网络安全战略的重要内容。2014 年 11 月 24 日，我国启动首届“国家网络安全宣传周”活动，并将每年 11 月的最后一周作为“国家网络安全宣传周”，这标志着开展增强全社会网络安全防范意识和公众自我保护技能的全民网络安全教育活动在我国正式拉开了帷幕。网络安全意识宣传是一项长期的工作，今后在此基础上还应认真贯彻落实《国务院关于大力推进信息化发展和切实保障信息安全的若干意见》中关于面向全社会开展信息安全宣传教育培训的要求，常抓不懈，提升亿万网民依法上网、文明上网、安全上网的意识，共同维护网络安全和国家安全，维护网民的切身利益。

（二）加大网络正能量传播

要集纳专题报道、专家访谈、评论跟帖、文艺创作等多种形式，综合运用数据库、图表、视频、动漫等多种手段，正确解读、广泛传播、有效引领，全媒体、全方位的展现习近平总书记系列重要讲话精神，引导广大网友学而信、学而用、学而行，切实增强“三个自信”。要在网上持续推进中国特色社会主义和中国梦的学习宣传，在全体网民中牢固树立理想信念这个根本，用中国梦凝聚中国力量、推动中国发展、讲好中国故事，用中国理论解读和指导中国实践，唱响新常态、新成效、新风貌，让互联网成为传播中央精神最及时、最全面、最鲜活的渠道，让党的精神、中央要闻始终占据网站首页、客户端首屏，提升广大网民的发展信心。要在网络上深入解读社会主义核心价值观十二个主题词，开展“入脑”“走心”“传神”的宣传，推出群众喜闻乐见的网络文化精品，讲好百姓榜样、身边感动等鲜活案例，春风化雨，润泽心灵，久久为功。要大力弘扬中华传统文化，从传统文化精髓中挖掘时代力量，倡导全体网民争做“中国好国民”。要坚持以德立网，充分发挥道德教化作用，以道德滋养网络土壤，教育网民形成理性文明的道德习惯和观念，自觉把污浊泥水从网络空间清除出去。

(三)提高网络舆情应对能力

一是健全网上舆论应急响应机制。形成上下联动、指挥有力、协调顺畅、处置高效的应急响应机制，第一时间发现、预警、处置网上不良有害信息。一旦在网上发现不良有害信息，应立即启动应急响应程序，对不良有害信息及时进行有效处置。二是健全网上舆论分析与甄别机制。在网络环境中网民分享思想、传播信息，会出现不同的观念和思想，有时还会出现激烈的观点交锋，甚至伴有批评、指责和人身攻击谩骂等，这就需要健全网上舆论分析与甄别工作机制，认真梳理分析网上舆论产生的原因、发展的趋势及网民的思想。同时，相关职能部门应切实履职，增强党性修养，不断提高话题设置和有效发声的能力，调动整个社会共同在网络空间“除毒瘤”，为净化网络环境筑起“防火墙”。三是健全网上舆论应对与处置机制。坚持“严”字当头，依法打击网上政治类有害信息、网络谣言、淫秽色情、非法传教等各种违法犯罪行为，敢于发声，勇于亮剑，加强管理。

(四)加快法治网络建设

要充分运用法治思维和法治方式探索网管之道，深入贯彻落实党的十八届四中全会精神，全面推进依法治国，加快网络立法，健全互联网法律法规体系，确保网络社会向健康、稳定、和谐的方向发展。一是加快网络专项立法的制定。应加快制定有关互联网活动对象权利和义务的规定，完善处置网络犯罪、信息安全方面的法规；应规范商业网站行为，加强政府门户网站与商业网站之间的互动，让商业网站在法律的范围内、在政府的引导下高效运行。二是完善基本法、网络行业自律方面的法律建设。以宪法为依据，遵循安全、开放、协调性的原则，健全和完善网络管理、网络监督的相关法规，净化网络环境，有效释放网络舆情的正面效应；应在如刑法、民法、行政法等基本法中补充关于互联网的内容，并建立相应的部门规章、行政法规和司法解释，出台法律实施细则，形成较为完整的网络法律体系。具体建议有：对网站实行分类管理，加快推进网络实名制，加强对网站的考核奖惩，对网站、新闻客服端、公共账号实施牌照管理。

(五)共建用网管网队伍

一是要提高普通网民综合素养。要加强民众的法律意识教育，努力提升道德水平，培养健康的网络道德观，营造良好的网络文化氛围；要提高公众的网络媒介素养，增强信息分析判断能力，并以理性思维看待事实，勇于同错误言论作争辩，不制造谣言、传播谣言，保证信息传播过程的真实性。二是要大力发挥社会自组织、网络志愿者的作用。可组建成立网络发展、网络诚信、网络安全等大批互联网社会组织，广泛招募网络文明志愿者，建立网络有害信息义务监督员队伍，动员各方力量参与，实现网上有效监管。三是要加强网信人员队伍建设。要按照习近平总书记的要求，忠诚于党、忠诚于事业、忠诚于人民，在思想上政治上行动上同党中央保持高度一致；要干干净净做人做事，自觉践行“三严三实”的要求；要勇于担当，敢于坚持原则，敢于较真碰硬，遇到矛盾不回避，碰到问题敢发声，敢打硬仗，善打硬仗，为构建清朗网络空间贡献力量。

参考文献

[1]张玉立，詹华蕊．浅析计算机使用方面的安全问题．企业技术开发．2015(7).

[2]蔡翠红．网络空间治理中的责任担当．中国社会科学报．2014年6月13日．

[3]张飞燕．新媒体时代网络舆情管理面临的挑战．民族论坛．2014(8).

[4]薛一静．中国政府提升网络舆情应对能力的对策研究．首都师范大学硕士学位论文．2014.

[5]杨光．新时期加强网上舆论工作的探索与思考．计算机与网络．2014(12).

[6]徐海荣．唱响网上主旋律　凝聚网络正能量．党建．2013(11).

（作者系共青团云南省委宣传部部长）

关于构建“大数据警务”的几点思考

沈瑞华

随着互联网,特别是移动互联网的飞速发展,一个以信息爆炸为特征的大数据时代扑面而来,数据成为人类宝贵的生产要素,正深刻改变着人类的生活、工作、组织方式与社会形态。大数据时代的来临,呼唤着包括公安事业在内的公共管理与公共服务领域的深刻变革,对公安机关警务信息化建设将产生一次革命性推动,给公安工作带来前所未有的机遇和挑战,对现行的警务模式产生无法回避的冲击和变革。公安机关必须以前瞻性的理念和大数据思维,顺势而为,积极谋变,抓住大数据革命带来的“机会窗口”,积极深化公安体制机制改革,深入推进科技强警战略,着力构建“数据服务警务、警务依靠数据”的“大数据警务”模式,让公安工作插上大数据的翅膀,适应时代发展需要,满足群众需求,实现公安事业跨越式发展。

一、大数据推动警务工作新变革

大数据时代,数据走向主体地位,万物皆可数据化,一切关系皆可用数据来表征,一切活动都会留下数据足迹。海量数据的产生,为公安机关社会治安管理拓展了巨大空间,提供了无限可能。大数据在公安机关警务预测、侦查破案、服务群众等方面正发挥着越来越重要的作用。大数据浪潮正推动着公安机关警务模式发生深刻变革。

(一)大数据预测治安形势,提高警务决策水平

当前,社会流动性增强,人流、物流、资金流、信息流相互交错融合,形成了巨大而复杂的流动空间,每一次任何形式的流动都不可避免地要在大数据中留痕。公安机关通过从海量的案例信息和大量的社会信息中提取有效数据,结合时间、空间等要素进行加工分析,探寻数据间的相关性,找到隐藏在数据背后的规律特点,发现恐怖犯罪、暴力犯罪以及群体性事

件等各类案(事)件的发生要件,总结出其发生的要件特征,建立预警模型。根据预警,公安机关可以及时调整警力部署,突出重点区域巡防,做好相应处置准备,有效提高控制社会治安大局能力。譬如,依据每日刑事案件发案情况、抓获犯罪嫌疑人员情况,以及各类热点问题、苗头隐患等信息,运用一定的分析研判措施,归纳特定时期、特定区域犯罪活动规律,分析治安变化情况,相应地部署打击防范警力,可以有效掌握治安防控的主动权。交警部门通过采集路面车辆传感数据和驾驶员手机GPS数据,及时分析交通拥堵情况,根据数据分析结果可以及时发布道路交通提醒,制定缓解城市交通拥堵措施。通过有关场所手机信号源及视频监控数据绘制人流密度热力图,可以分析人员聚集情况,及时采取有效管控措施,防止踩踏事故和群体性事件发生。因此,公安工作要从“业务驱动”向“数据预测”转变,提高警务决策的预见性、前瞻性和科学性。

(二)大数据引导侦查破案,提升精确打击能力

随着“人、财、物、信息”等社会要素形成循环不断的“社会流”,与之相伴的各种犯罪活动也趋向流窜化、职业化、集团化、高智商化发展,违法犯罪活动的动态特征越来越明显,传统的时空、地域、条块概念不断被突破,公安机关侦查破案和人员控制越来越难。大数据时代,人的数据化生存和物的数据化存在状态,以及人和事之间以数据形式保持的千丝万缕的关联在大数据中留下了大量“痕迹”,公安机关可以沿着这些“蛛丝马迹”追踪定位犯罪嫌疑人。因此,公安机关要占据“制高点”,拿起“放大镜”,通过对各种社会数据进行深度挖掘,深度分析,结合指纹、文本、照片、音视频等数据资源,有效进行融合处理、比对、辨析,绘制人员背景和行动轨迹,及时发现违法犯罪活动,有效控制有关违法犯罪人员。因此,公安机关打击违法犯罪活动要从传统侦查向情报导侦转变,提高精确打击能力。

(三)大数据助推公共服务,增进和谐警民关系

服务民生是公安工作的基本内容,群众满意是公安机关追求的目标。互联网时代,各种网络媒体为社会公众提供了无限话语空间,互联网上留下了民情、民意的丰富数据资源。人们通过QQ、微博、微信、论坛等各种网络平台互动交流,其中隐含着人们各种情感、利益诉求、生活需求等有用信息。通过对这些海量数据收集、提取和整合分析,公安机关可以有效

掌握社会舆情动向和民意情况，了解公众心理活动和利益诉求。可以依托网络互动平台，开展互动交流，及时回应群众呼声，疏导群众情绪，化解矛盾纠纷。同时，也可以发现公安机关在户籍、交通、出入境、消防等公共服务方面存在的缺陷和不足、在队伍管理上存在的漏洞和短板，及时调整工作措施，提高服务质量，加强队伍管理，实现打击与防控并举、管理与服务并重。因此，公安机关服务民生要从被动回应向主动服务转变，不断提高社会满意度。

二、大数据带来警务工作新挑战

对公安机关而言，大数据必将成为破解“治安迷雾”，增加未来治安工作主动权的重要工具和有效方法。从当前公安工作整体情况来看，目前公安机关大数据应用与发展还处于起步阶段，无论思想观念还是组织管理，无论人才队伍还是技术保障，都还无法适应大数据警务的发展需要。

（一）数据理念相对滞后

大数据将会成为引领未来科技和社会进步的重要载体。然而，目前一些公安机关的领导和民警还停留在传统的数字时代，对大数据还处在启蒙阶段，缺乏足够的思想准备和知识储备。机关领导对大数据缺乏应有的关心，基层民警对大数据缺少足够的关注。在有关大数据的政策措施制定上粗放而不具体、宏观而不实际。数据采集上还局限在传统数据，并以考核的方式加以固定，为完成考核任务而采集，采集数据的氛围不浓、体量不大、质量不高。数据使用上还仅仅停留在单一的人、事、物的信息查询上，碰撞意识、分析意识、预测意识不强，深度挖掘数据价值的主动性不强。

（二）数据资源非常有限

数据的价值在于共享，缺乏共享的数据只能是“死数据”。近年来，公安机关经过金盾工程建设，公安工作信息化水平不断提高，拥有了大量的人员、事件、组织、场所数据。由于缺乏顶层设计，公安机关的海量数据分布在公安机关各个警种和部门、各个系统和平台，纵向数据开放度低——上级公安机关掌握的数据资源尚未完全对下级公安机关开放，各种数据无法综合应用；横向数据流通性差——部门业务数据各自为阵，无法充分共享，数据孤岛、信息碎片阻碍着公安警务数据的深度开发应用。社会数据方面，由于缺乏相应的法律和政策支持，缺少政府的统一牵头，大多数地方没有建立政务信息共享交换机制和数据交换平台，公安机关对其他部门掌握的数据仍停留在自主采集层面，采集难度大，整合程度低，共享困难。因此，公安机关拥有数据的数量、共享数据的程度还难以适应大数据时代对数据完整性、混杂性、多样性的要求。

（三）数据挖掘能力不强

“采集、共享”是传统的数据应用，是信息化建设的第一次革命；“碰撞、分析”是大数据时代的智能应用，是信息化建设的第二次革命。进入大数据时代，一些公安机关还停留在信息化建设的初级阶段，重系统建设、轻数据采集，重信息查询、轻数据挖掘，驾驭数据的能力不强，应用数据的水平不高，数据分析人才严重短缺。首先，在数据应用上，常常借助传统经验，沿用传统方法，技术创新、数据使用创新不够，很多数据的处理还只停留在简单的累加和比对、数据统计等方面，数据分析的方法不多，难以满足警务实战需要。其次，数据挖掘仅限于个案化因果分析，缺乏关联性研判预测，分析的效率不高，应用大数据的思路、措施和方法尚未跟上时代步伐。最后，信息应用的专门人员欠缺，专门人才更多的是在疲于应付日常工作，致使数据平台、分析软件等开发建设还比较落后，与公安业务衔接不够紧密，作用发挥受到限制。

三、大数据催生警务工作新措施

2014 年，国务委员、公安部部长郭声琨在全国公安厅局长座谈会上指出，大力推进基础信息化、警务实战化、执法规范化、队伍正规化。2015 年是我国建设制造强国和网络强国的关键之年，国家制定发布了《中国制造 2015》和“互联网＋”行动计划，明确了大数据发展的战略方向。可以说，公安机关开展“大数据警务”正当其时。

（一）加强数据资源整合，解决好有效数据数量的问题

大数据的核心是数据。目前，海量的数据通过网络存储分布在不同地域、各种类型的服务器和存储设备中。公安机关利用大数据，必须首先解决好拥有数据的问题。一要竭尽全力整合政府数据资源。据统计，约 80％的数据资源掌握在各级政府部门手中。公安机关要始终紧紧依靠党委政府支持，加强与有关部门沟通联系，争取政府部门对公安机关大数据

使用支持，建立公安数据和政务数据相互交换、相互整合和更新维护机制，最大限度发挥政务数据在维护社会治安稳定中的作用。二要不遗余力收集社会数据资源。采用行政收集、网络搜集、自愿提供、有偿购买等各种方式，着力收集散落在电信运营商、互联网企业、社会组织中的各类社会数据资源，加强整合清洗，构建社会数据资源收集整合长效机制。三要全力以赴共享公安系统数据。打破公安机关各警种、部门、系统之间的信息壁垒，把分散在各个部门和警种信息系统中的数据资源统一归集到公安云计算中心，全警共用共享，为大数据警务提供全面、足量的数据资源。

（二）加强技术研发应用，解决好数据挖掘技术的问题

管理学家西蒙指出："信息并不匮乏，匮乏的是我们处理信息的能力"。数据挖掘技术和分析软件是大数据应用的重要手段。要加强公安信息化技术的研发投入，一方面要搭建公安信息数据库，实现对各种格式数据资源进行系统整合、统一管理，深度挖掘数据中隐藏的各种犯罪信息。另一方面，要加强研发创新，着力开发数据挖掘智能软件，使其具备数据抽取、比对、分析和深层挖掘等高端技术，能够满足公安工作多样化和个性化需求。既能产生实战甄别取证、循线追踪的指令，也能分析研判发展趋势的预测预警和防范引导的建议，构建全面、科学的现代警务运作全景视图。此外，要建立健全数据系统运维、评估考核、绩效问责等机制，加强监督制约，努力向信息要警力，向数据要战斗力，实现公安机关警力无增长改善。

（三）加强公安队伍建设，解决好应用数据人员的问题

大数据时代不仅是一场技术变革，也是一场思想观念变革。要树立大数据意识、大采集意识、用数据说话意识、注重挖掘数据价值的意识，强化全警大数据应用培训，普及大数据知识，提升广大民警数据采集、网上比对、网上作战、综合研判等信息化应用的本领和技能，增强民警对信息需求的主动性。要着力培养一批既熟悉公安业务又懂大数据技术的行家里手，时时为公安机关大数据应用和大数据警务发展出谋划策。针对公安专业数据人才严重缺乏的情况，要采取购买社会专业公司人才服务、招聘社会人才、聘请专家培训或外派培训等方式，着力提高公安机关大数据技术研发、数据挖掘、数据应用能力，提高公安队伍整体数据使用水平，推动公安工作跨越式发展。

参考文献

[1]王露(主编). 大数据领导干部读本 . 北京:人民出版社,2015.

[2]张兆瑞 . 智慧公安 . 北京:中国人民公安大学出版社,2015.

[3]冯冠筹 . 大数据时代实施预测警务探究 . 广东公安科技 . 2014 年 3 月 3 日 .

[4]山西警官高等专科学校 .“大数据”战略是全面深化警务改革的必要途径 . 人民公安报,2014 年 8 月 17 日 .

(作者系宁夏公安厅指挥部副主任、情报信息中心主任)

浅析 PPP 模式在兵团新型城镇化进程中的可行性应用

陈志杰

一、引言

历届党和国家领导人都高度重视兵团社会事业的发展，对于兵团稳疆戍边的历史地位和积极贡献给予了充分肯定。胡锦涛总书记提出：要发挥好兵团“三大作用”，处理好“三大关系”；习近平总书记指出：要发挥好兵团“稳定器、大熔炉、示范区”的作用。兵团党委始终牢记党中央的谆谆嘱托，在“热爱祖国、无私奉献、艰苦创业、开拓进取”的兵团精神指引下，走过了六十余载的发展历程，取得了举国瞩目的成就。时至今日，自第一次中央新疆工作座谈会召开以来，兵团党委始终把加快推进“新型城镇化、新型工业化、农业现代化”作为首要的任务和目标，在兵团领域内以“城镇化为载体、新型工业化为支撑、农业现代化为基础、信息化贯穿其中”的战略发展格局，正在稳步快速推进。

兵团党委指出：“城镇化是兵团调结构、转模式的首要任务，是增强兵团凝聚力向心力、提高维稳戍边能力的重要基础，是拉动投资、扩大内需和改善民生的重要结合点，必须坚定不移加快推进。”从屯垦戍边向建城戍边转变，已成为当代兵团人履行职责使命的时代担当。“党政军企”合一的特殊体制，造就了兵团组织化程度高、能集中力量办大事的优势。但在城镇化快速发展的进程中，大量的资金投入，特别是基础设施与公用事业的巨大资金需求，依然是很突出的现实矛盾。这类项目被称为准公共产品，如果完全由兵师团三级财政提供，则存在资金短缺、效率不高、风险较大等诸多弊端。近年来，PPP 模式成为党中央、国务院提倡发展的一种投融资体制的重要创新模式。本文拟以 PPP 模式为基础，就发挥市场的决定性作用，拓宽师团投融资渠道，为兵团职工群众提供高效、完备、全面的公共产品和公共服务的角度，对 PPP 模式在兵团城镇化进程中的基础设施与公用事业中的应用进行探讨。

二、PPP 模式基本概念及主要应用方式

PPP(Public-Private Partnerships)即公私伙伴关系，也称公私合作制。通俗地讲，就是政府和社会(私营)企业的合作。PPP 模式可以有不同的形式。作者以如下两张图表，从 PPP 模式基本概念的角度，以非经营性项目和经营性(准经营性)项目的区分为切入点，予以表述。

非经营性 PPP 模式

类型	操作方式
业务外包	政府与社会企业签订外包合同，将部分服务性工作外包给社会企业，由政府向社会企业付费，购买社会企业提供的有偿服务
委托运营(O&M)	政府与社会企业签订委托运营合同，将既有设施的运营和维护工作委托给社会企业完成，政府向社会企业支付费用，以维系其服务成本和委托管理费用

经营性(准经营性)PPP 模式

类型	操作方式
BT(建设—移交)	政府与社会企业签订合同，共同成立项目公司，政府负责项目立项，社会企业负责基础设施的融资、建设，并在完工后交付给政府
TOT(转让—运营—移交)	政府将既有设施作价转让给社会企业运营，合同期满后，社会企业将设施无偿移交给政府
BTO(建设—移交—运营)	项目立项后，社会企业负责项目的融资、建设，完工后再将设施移交给政府，其后政府再以签订长期合同的方式将设施运营权交给社会企业
BOT/BOOT(建设—运营—移交)	项目立项后，社会企业负责项目的融资、建设，社会企业拥有、运营该设施，合同期满后，社会企业再将设施所有权移交给政府
ROT(改建—运营—移交)	社会企业负责对政府拥有的既有设施予以改建，并负责改建项目的融资、建设及运营，合同期满后，社会企业将设施的所有权无偿移交给政府
BOO(建设—拥有—运营)	政府负责发放特许经营权给社会企业，社会企业负责该设施的融资、建设、运营，并长期拥有该设施的所有权

从以上两张表格不难看出，对于一些非经营性项目，政府可以与合作

的社会企业，以签订外包合同或是委托运营合同的操作方式，由政府付费，购买社会企业提供的有偿服务。这样的操作方式，便于政府集中精力从事经济社会的建设，做到“抓大放小”。对于一些经营性项目（准经营性项目），则可广泛地采取 BT、TOT、BTO、BOT/BOOT、ROT 或是 BOO 等方式，与社会企业合作，共同完成立项项目的建设和运营工作。这样的操作方式，一方面便于政府解决融资难的问题，另一方面又为有实力的社会企业提供了获得有偿服务的共建平台。但是，从共同承担的风险来看，BT 和 TOT 等方式，社会企业承担的运营风险较小，所获得的回报相对稳定，政府为购买相应服务所支出的费用也相对稳定，易于预算控制；而 BTO、BOT/BOOT、ROT 或是 BOO 等方式，社会企业所承担的融资风险较大，政府和社会企业可以针对具体项目共同协商，采用合适的方式对新建或是改建项目予以合作。

三、基于 PPP 模式在我国城镇化推进过程中的政策支持

PPP 模式在我国的应用早在 20 世纪 80 年代就出现了。早期主要以 BOT 方式的合作为代表，后来逐渐出现了以外资、国企和社会资本等多种形式的合作方式，主要采用 BOT、TOT 等方式的 PPP 模式。如北京奥运会场馆——鸟巢的 PPP 项目，北京地铁 4 号线的 PPP 项目等。2010 年 5 月 7 日，国务院颁布《关于鼓励和引导民间投资健康发展的若干意见》，自此，PPP 模式在我国的应用范围得以不断扩大。

2012 年，发改委、住建部、工信部、国资委等近三十个部委先后发布导向性文件，鼓励民间投资采用 PPP 模式介入地方政府的基础设施建设。2013 年 11 月 12 日，中央发布《中共中央关于全面深化改革若干重大问题的决定》，文件将 PPP 模式的应用提到体制机制改革的高度。2014 年以来，国务院及国家相关部委密集发布了一批重要的指导性文件，大力推动了 PPP 模式在国内的广泛应用。

2014 年 11 月 6 日，国务院发布《关于创新重点领域投融资机制鼓励社会投资的指导意见》（国发〔2014〕60 号）。文件指出：“在公共服务、资源环境、生态保护、基础设施等领域，积极推广 PPP 模式，规范选择项目合作伙伴，引入社会资本，增强公共产品供给能力。”11 月 29 日，财政部发布《关于印发政府和社会资本合作模式操作指南（试行）的通知》（财金〔2014〕113 号）。12 月 2 日，发改委发布《关于开展政府和社会资本合作的指导意见》（发改投资〔2014〕2724 号）。文件中明确提出了 PPP 模式的

适用范围和操作模式:“一是经营性项目。对于具有明确的收费基础,并且经营收费能够完全覆盖投资成本的项目,可通过政府授予特许经营权,采用建设—运营—移交(BOT)、建设—拥有—运营—移交(BOOT)等模式推进。二是准经营性项目。对于经营收费不足以覆盖投资成本、需政府补贴部分资金或资源的项目,可通过政府授予特许经营权附加部分补贴或直接投资参股等措施,采用建设—运营—移交(BOT)、建设—拥有—运营(BOO)等模式推进。三是非经营性项目。对于缺乏‘使用者付费’基础、主要依靠‘政府付费’回收投资成本的项目,可通过政府购买服务,采用建设—拥有—运营(BOO)、委托运营等市场化模式推进。要合理确定购买内容,把有限的资金用在刀刃上,切实提高资金使用效益。”

2015 年 2 月 13 日,财政部、住建部联合发布《关于市政公用领域开展政府和社会资本合作项目推介工作的通知》,文件指出:“在城市供水、污水处理、供热、供气、道路桥梁、公共交通基础设施、公共停车场、地下综合管廊等市政公共领域开展政府和社会资本合作。”3 月 5 日,李克强总理在《政府工作报告》中指出:“大幅放宽民间投资市场准入,鼓励社会资本发起设立股权投资基金。政府采取投资补助、资本金注入、设立基金等办法,引导社会资本投入重点项目。在基础设施、公用事业等领域,积极推广政府和社会资本合作模式。”

自此,基于 PPP 模式在我国城镇化推进过程中的应用有了更为可靠、合法、合规的法律法规和政策支持。但是,我们也要清晰地把握 PPP 模式所带来的优势和所对应的风险。其优势大致可归纳为以下几点:一是提供融资机会,减轻了各级财政(财务)支出压力;二是提高项目建设效率,分担了政府“多头并举”的压力;三是引入契约精神,达成多方参与、互利共赢、风险共担;四是取长补短,引入社会企业的先进技术和管理经验,提高项目建设运营质量和效益;五是政府对项目仍有一定的监督权、控制权和所有权,可以有效控制基础设施和公共服务领域的公共性。其风险大致可归纳为以下几点:一是项目立项是否科学合理所带来的决策风险,二是公共资源能否被充分利用所带来运营风险,三是社会企业融资所带来的投资风险,四是项目建成运营后能否达成预期社会效益的风险。

下文将以 PPP 模式为基础,以发挥市场的决定性作用和国家所给予地方党政的政策支持为前提,探讨 PPP 模式在兵团新型城镇化进程中的可行性应用。

四、PPP模式在兵团新型城镇化进程中的可行性应用

兵团是“党政军企”合一的特殊组织，在国家实行计划单列，党政接受中共中央、国务院和自治区党委的双重领导。在兵团推进“三化”进程中，农业现代化是兵团的传统优势产业，农业机械化示范基地、全国节水灌溉示范基地建设已初步完成，现代农业示范基地建设正在快速推进。新型工业化呈现快速发展，在三次产业结构中，其经济总量已遥遥领先。新型城镇化的发展，则对兵团经济社会进步发挥着重要的载体平台作用。“师市合一、团镇合一”的发展思路和模式，非常契合时代赋予兵团履行好新三大作用的要求。但是，兵团在新疆的地域布局，有着师团跨域较远、团场相对分散、连队布局不够集中的特点，这也就使得在城镇化建设过程中，一些必要的基础设施、公用事业建设等存在面广、分散、不宜集中的问题，有限的项目建设资金还不能满足城镇化发展的需要。PPP模式的引入，为缓解师团建设资金的筹措提供了广泛的机会。笔者认为，基于PPP模式非经营性和经营性（准经营性）项目的区分，可以将如下一些项目采用新模式予以建设。

（一）非经营性项目

非经营性项目，往往具有可经营性低的特点，这类项目对于资金需求、专业化管理等要求相对较高。比如，小城镇的广场、公园、绿地、道路、文化设施，居民小区的道路、绿化、景观、路灯、停车场、健身设施，连队营区的道路、绿化、职工综合文化活动场所等硬件设施。概而言之，小城镇的绿化、硬化、亮化、美化、地上、地下等设施建设，基本都属于非经营性项目，这些项目往往在建设完成后，对于后期维护、养护仍需要长期投入较大的人力、物力和财力。以往，这些项目的实施，资金来源一是依靠专项资金支持，二是主要依靠实施单位自筹。

基于PPP模式的引入，在此类项目实施过程中，可以采用作业外包或是委托运营的模式，通过招投标，与具有合法资质的社会企业合作，签订外包合同或是委托运营合同，从规划、建设、交付、运营、维护、养护等程序着手，本着“专业化管理、全方位服务、延长（延缓）资金供应、扩大就业面、培育专业队伍”的原则，进行项目的实施。作业外包或委托运营的合作模式带来的主要优势是：一是能够引进社会企业的先进管理理念、技术和经验；二是在资金不足的情况下，可由社会企业先行垫资，之后根据合

同约定,逐年按照服务期限予以资金支付(比如绿化苗木的引入、养护等);三是可以分流出部分闲散劳动力,交由社会企业管理,并为其缴纳社保费用,但仍可保留其职工身份;四是能够提高公共服务的质量和效率;五是师团依然具有监督和管理权。

非经营性项目 PPP 模式,并不能解决资金短缺、融资难的问题,但是针对城镇化必要的一些基础设施和公用事业建设,却可以引入社会力量,合理控制成本支出,用"花钱买服务"的方式为城镇居民提供高质量、全方位的服务。

(二)经营性(准经营性)项目

经营性(准经营性)项目,往往具有可经营性高的特点,这类项目对于资金需求度更高,市场化、专业化管理难度更大。比如,城镇的供水、供气、供热、电力、通讯、垃圾和污水处理、公共交通、养老、殡葬、教育培训、旅游开发、商业区开发等基础设施和公用事业建设。基于 PPP 模式,在此类项目实施过程中,可以采用"建设、运营、转让、移交"等多种组合方式,本着"土地所有权归师团、特许经营权归企业、监督权归使用者、管理权遵循合同、使用者付费、利益均沾、风险分担"的原则,因地制宜地加以组合运用。

1. 供水、供热等设施建设可运用 ROT 或 TOT 模式

现今,大部分团场都已建起了功能相对完善的供水和供热设施,但是随着城镇化的逐步推进,尤其是居民小区和商业区、工业区的不断发展和扩建,原有设备的供给能力、地上地下管网布局,往往需要重新规划和建设。采用 ROT 模式,即在已有设施基础上需进行改扩建,采用"改建—运营—移交"的方式,交由社会企业去融资、扩建、运营,所有权仍归属师团,合同期满后移交师团;采用 TOT 模式,即由社会企业先按照评估价值支付相关费用,然后由师团授予其经营权,运用"转让—运营—移交"的方式实施,合同期满后移交师团。引入 ROT 或 TOT 模式,可以较好地解决资金不足、提升服务、保证供给等问题。

2. 供气、污水和垃圾处理等设施建设可运用 BTO、BOT/BOOT 模式

现今,有条件的团场正在逐步实施天然气入户工程,这也是兵师党委切实为团场职工群众办的一大实事、好事。采用 BTO 模式,即由社会企业依据团场规划,进行融资、建设,然后将设施所有权移交团场,再由团场授权于社会企业予以长期运营,运用的是"建设—移交—运营"的方式,诸如天然气母站、汽车加气站、管道入户等项目均可交由社会企业实施;

BOT/BOOT 模式，即由社会企业进行融资、建设，并拥有和经营相关设施，待合同期满后将设施及其所有权移交团场，运用的是“建设—运营—移交”的方式。引入 BTO、BOT/BOOT 模式，可以较好地解决资金投入大、专业化管理经验不足、改善职工群众生活质量的问题。

3. 养老、医疗、旅游开发、商业区开发、殡葬等服务业设施建设可运用 BTO、BOT/BOOT 或 BOO 模式

截至 2014 年，兵团城镇化率已达到 64%，在册户籍总人口超过 270 万人。随着城镇功能设施的逐步完善，兵团的职工群众在养老、医疗、殡葬服务、旅游资源开发、小城镇商业区开发等领域的需求也是与日俱增。依托产城融合的发展理念，提供完备的城镇服务功能，集聚城镇人口，打造宜居宜业的生态环境，是当下兵团城镇化进程的发展目标。上述服务性产业的发展，可挖掘的市场化程度相对很高。除了前文提到的一部分 PPP 模式，上述产业的发展还可引入 BOO 模式。即社会企业在团场授权的前提下，融资、建设、运营相关设施，并长期拥有设施的所有权，运用的是“建设—拥有—运营”的方式。引入 BTO、BOT/BOOT、BOO 模式，可以大大缓解资金筹措、降低负债的供需矛盾，用市场化的手段盘活团场的资源存量，发挥市场的决定性作用，完善城镇服务功能，提升团场居民的幸福指数。

五、探索与思考

综上所述，自十八大胜利召开以来，新一届党中央领导集体提出了“两个一百年”的奋斗目标、“四个全面”的战略布局。随着我国深化改革逐渐进入深水区，体制机制的创新发展成为时代的必然要求。他山之石可以攻玉。PPP 模式的引入和在当代中国的发展，必然会随着新一轮的改革逐步深入。古人说得好：“兵无定势，水无常形。”笔者认为，PPP 模式并没有一成不变的固定程序，只有遵循市场决定资源配置的市场化规律，并在实践中不断探索、思考，开拓、创新，因地制宜地熟练运用 PPP 模式各种组合，才能探索出最适合当地发展的新模式。

（作者系新疆生产建设兵团第二师 37 团党委副书记、团长）

后 记

功崇惟志，业广惟勤。经过大家认真学习思考，实践探索，辛勤笔耕，共同努力，《思考与研究》终于成书。这本论文集，既是灵感的源泉、智慧的结晶，映现了专家教授乐于思考、探究理论的足迹；又是记忆的整合、情感的交流，凝聚了学院老师倾注精力、谆谆教诲的心血；更是理念的碰撞、思想的升华，展示了青年干部乐于思考、潜心研究的风采。

红日初升，其道大光。青年，是国家的未来，也是民族的希望。国家行政学院按照国务院《关于加强和改进新形势下国家行政学院工作的若干意见》举办青年干部培训班，旨在培养国家战略储备型人才。本期培训班 28 名学员来自全国 25 省区市，涵盖了党建、经济、统战、公安、高校等领域，均是担任正处级领导职务的优秀青年干部，平均年龄 36 岁。一年来，学院从政治素养、政府管理、领导思维与能力、问题与研究四个模块入手，采取听、读、写、讲、研、练等形式进行系统化、专业化培训。全班学员时刻以“学如逆水行舟”的紧迫感，始终把善于学习作为一种工作责任，把乐于思考作为一种精神追求，把勤于研究作为一种生活方式，让思考成为青春远航的助推器，让研究成为青春搏击的正能量。

思如弓弩，研如箭镞。爱因斯坦说过，思考就是力量，人类倘若丢失思考便丢失了整个辉煌的历史。思考研究，需要最坚实的基础理论，需要最新的研究方法，需要最专业的分析能力。

一年来，青干班学员牢牢把握时代发展脉搏，敏锐捕捉当前理论热点、前沿问题，深入研究工作实践难点，在实践中反思，碰撞思想火花，在反思中实践，绽放思想光芒。我们择优汇集论文33篇，其中课题5篇，涉及公共管理、群团工作、经济建设、社会发展等方面，及时传递来自基层最质朴、最接地气的“好声音”。汇编的论文中，既有理论探索，忽如山立水聚的思考；也有实证研究，好似若有所思的顿悟；还有定性分析，更似蓦然回首的释然，体现了思想碰撞、百家争鸣的多彩，彰显了万流归宗、道法兼具的统一。古语云，人生有“三不朽”：太上立德，其次立功，其次立言。立言就是著书立说。我们编书“立言”，旨在学习交流，使思考之树植根沃土，意在取长补短，让研究之花灿烂芬芳。

积沙成塔，集腋成裘。这部论文集是多方努力的成果。国家行政学院党委书记陈宝生和常务副院长马建堂对本书给予充分关心，副院长杨克勤亲自为本书作序。各课题组指导老师全程参加、精心指导，付出了大量心血。学院出版社为本书的出版给予了大力支持。北京市委组织部和有关部门、区县、街镇、村居、社会组织给予了大力支持和热情帮助，尤其是北京市基层一线的干部群众提供了大量鲜活的材料、案例和思想。在此一并表示诚挚的感谢！

本书既成，重负未释。掩卷之余，遗憾颇多。虽已尽力，水平所限，书中如有疏漏谬误之处，恳请读者提出宝贵意见。

编　者

2015年11月